시장경제와 소비자

MARKET ECONOMY AND CONSUMER

MARKET ECONOMY AND CONSUMER

시장경제와 소비자

김기옥 | 정순희 | 허경옥 | 김혜선

(주)교문사

머 리 말

이 책은 1998년 「소비자와 시장」으로 출발하여 2001년 「소비자와 시장경제」로 집필의 틀을 옮겼던 저자들이 변화하는 시장경제주체들의 시장활동과 소비환경을 새롭게 집필한 세 번째 결과물이다. 이 책은 총 5부 13장으로 구성하여 시장경제의 기초 원리는 재편하고 변화하는 경제주체들의 시장활동과 소비환경의 내용은 완전히 새롭게 집필하여 시장경제에서 소비자의 역할과 기능 및 의미를 탄탄히 정립하는 데에 주력하였다.

시장경제체제는 소비자의 욕망충족과 기업의 영리추구라는 개별 경제주체의 이기심에 기초한 판단과 선택에 희소 자원의 배분을 맡기는 경제체제로서, 그 어떤 계획과 통제기구에 의한 방식보다도 국민경제 전체의 부와 번영을 누릴 수 있도록 함으로써 인류가 고안한 가장 효율적인 경제체제이다. 시장경제의 가격기구가 시장상황을 충분히 반영하는 정보를 발산하고 이를 통해 경제주체들의 경제행위를 조정하는 메커니즘으로 작용할 때에만 소비자는 비로소 시장경제에서 주권을 갖는다. 즉, 시장경제의 가격기구가 정보제공 기능과 행위조정 기능을 제대로 담당할 때 소비자가 원하는 바가 시장에 전달되어 무엇이 생산되어야 하는가를 결정하게 되는데, 이것이 바로 소비자주권의 실현인 것이다. 따라서 시장경제의 핵은 소비자의 선택이며, 소비자의 선택행위는 시장경제의 내용과 방향을 좌우한다.

이 책은 「소비자와 시장」, 「소비자학」 등 소비자학의 전공기초과목과 「소비자와 시장경제」, 「소비자와 시장환경」, 「현대사회와 소비자」, 「시장경제와 소비자」 등 교양과목에 적합하도록 하기 위해 다음과 같은 세 가지의 목적을 가지고 집필되었다.

첫째는 소비자학 전공기초과목 및 교양과목에서 소비자와 시장경제에 관한 체계적인 지식을 전달하여 급변하는 세계경제환경에서 현명한 소비자로서 그 역할과 기능을 다하여 소비부문의 효율성 제고에 도움을 주고자 한다. 이는 생산자의 관점에 치우쳐 있는 시장경제 각 부문에서 활동하는 모든 경제주체들의 사고에 소비자의 관점을 접목시킴으로써 시장경제의 균형발전을 도모하려는 것이다.

둘째는 변화하는 시장환경과 소비환경에서 한층 확대되는 소비자의 역할을 다룸으로써 경제주체로서의 소비자의 역량 제고와 정보기술 발전에 따른 시장환경과 소비환경에 대한 이해를 높이고자 한다.

셋째는 시장경제에서 소비자의 위치와 관점뿐만 아니라 기업의 시장활동과 시장실패에 따른 정부의 시장개입과 지원을 다룸으로써 소비자학 전공자의 기초를 다지는 데에 도움을 주고자 한다.

이 책은 총 5부 13장으로 구성하였다. 제1부에서는 시장경제에 관한 기본지식과 경쟁과 시장구조를 다룸으로써 시장경제에 대한 이해를 돕고자 하였다. 제2부에서는 경제주체로서의 소비자의 시장활동의 핵심을 정리하였고, 제3부에서는 경제주체로서의 기업과 정부의 시장활동을 다루었으며, 제4부에서는 급변하는 시장환경과 소비자를 중점적으로 다루었고, 마지막 제5부에서는 세계경제와 미래 소비환경을 다루었다. 1, 3, 4, 8장은 김기옥 교수, 6, 9, 13장은 정순희 교수, 2장은 김기옥·허경옥 교수, 10, 12장은 허경옥 교수, 5, 7, 11장은 김혜선 교수가 집필하였다.

21세기의 변화를 주도하는 세계화·정보화·민주화는 시장경제체제를 보다 역동적으로 전환시키고 있다. 격동의 시대에는 투명하고 공정한 시장경제의 룰을 마련하여 한쪽으로 치우침 없는 경제주체 간의 균형발전을 도모하는 것이 무엇보다도 중요하다. 경제주체 간의 균형 발전을 이루기 위해 이 책이 소비자학 전공자의 전공서적으로, 교양과목의 교재로, 그리고 단순히 참고서적으로 독자 여러분에게 도움을 줄 수 있기를 바란다. 아울러 소비자의 관점에서 시장경제와 그 변화 및 소비자의 역할 확대를 정리한 이 책을 내놓으며 소비자학의 선배 및 동료 여러분의 질책과 비판을 받고자 한다.

끝으로 편집과 출판에 각별한 관심과 애정을 쏟아주신 (주)교문사의 류제동 사장님과 임직원 여러분께 진심으로 감사의 말씀을 전한다.

2012년 3월

저자 일동

차 례

CHAPTER 02

경쟁과 시장구조 _ 17

CHAPTER 03

소비자와 시장경제 _ 42

Part 2 경제주체로서의 소비자

CHAPTER 05

진화하는 소비자, 프로슈머 _ 98

CHAPTER 06

책임 있는 소비자 _ 120

Part 3 경제주체로서의 기업과 정부

CHAPTER 07 기업의 시장활동 _ 146

Part 4 시장환경과 소비자

Part

1 시장경제의 이해

시장경제는 인류가 고안하고 경험한 다른 어떤 경제체제보다도 우월하다는 사실이 역사적으로 이미 입증되었다. 시장경제란 개별 경제주체의 경제적 자유와 경쟁에 희소 자원 배분의 기본질서를 맡기고, 소비자의 욕망충족과 기업의 영리추구라는 이기심에 기초한 개인과 기업의 판단과 선택에 경제질서를 맡긴다. 시장경제는 자유경쟁에 의해 형성되는 가격기구를 통하여 각자가 자신에게 가장 유리한 선택을 내릴 때 국민경제 전체가 부와 번영을 누릴 수 있는 경제체제이다.

시장에서 결정되는 가격이 시장의 상황을 반영하는 정보제공과 이를 통해 경제주체들의 경제행위를 조정하는 메커니즘으로 작용할 때 소비자는 시장에서 자신의 주권을 행사할 수 있게 된다. 즉, 소비자가 무엇을 원하느냐에 따라 그 시장에서 무엇이 생산되어야 하는지가 결정되기 때문에 소비자는 상품의 생산과 소비에서 중요한 역할을 담당하고 결과적으로 소비자의 선택이 시장경제의 핵이 된다.

제1부에서는 시장경제의 작동 원리를 기초로 소비자에 대한 기본 개념을 이해하고 소비자의 관점에서 시장경제에 대한 기초를 다지고자 한다.

CHAPTER 01

시장경제의 기초

사회가 산업사회로 진입한 이래 인간은 각자의 생활영위를 위해 필요한 수많은 물자를 시장에서 조달받는다. 또한 인간 생활에 필요한 물자를 생산하는 공급자는 최종 생산품을 시장에 내다 판다. 이와 같이 경제주체들은 자율적으로 시장에서 만나 거래하면서 실질적 이익을 충족시켜 나간다. 그러므로 시장은 아담 스미스(Adam Smith)의 '보이지 않는 손'에 이끌려 전체 사회의 복지 증진에 기여하고, 어떤 경제전문가보다도 훌륭하게 자원을 배분하면서 개인의 경제활동에 활력을 가져다준다. 결국 시장은 자원을 가장 적절히 배분하는 역사적 진화의 산물이다. 이 장에서는 시장경제와 시장의 기초 개념과 기능 및 작동원리를 바탕으로 시장경제에 대한 이해를 돕고자 한다.

1 경제문제와 경제체제

1) 경제문제

인간은 무한하고 다양한 욕망을 가지고 있고 이러한 욕망을 충족시켜 주는 자원이 한정되어 있기 때문에 희소성의 문제에 필연적으로 직면하게 된다. 희소성의 문제는 인간으로 하여금 다음과 같은 기본적인 경제문제에 필연적으로 직면하게 만들며 그 결정을 강요한다.

첫째, 어떤 재화와 용역을 얼마만큼 생산할 것인가(allocation efficiency), 둘째, 그 상품과 용역을 어떤 방법으로 생산할 것인가(technical efficiency), 셋째, 누구를 위하여 생산할 것인가(equity)의 세 가지 문제가 그것이다.

이상의 기본적인 경제문제에 직면한 인류는 지금까지 세 가지의 방법을 고안해 냈는데, 그 하나는 전통(tradition)에 따르는 것이고, 다른 하나는 지도자에 의한 혹은 계획기구에 의한 지시(command)를 따르는 것이다. 마지막 방법은 시장(market)에 세 가지 경제문제를 맡기는 것인데, 시장은 자유경쟁이 보장될 때 사회가 필요로 하는 재화와 용역을 가장 효율적으로 생산하도록 자원을 할당하고 기술적으로도 가장 효율적인 생산방법을 채택하도록 한다. 인류가 고안한 경제제도 중에서 시장경제제도가 희소성의 문제를 가장 효율적으로 해결하는 제도임이 역사적으로 입증되었다.

2) 경제체제

지구상의 모든 사회에서 사용할 수 있는 자원은 한정되어 있으나 자원에 대한 사회구성원의 수요는 이를 훨씬 초과하기 때문에 어느 사회에서든지 사회구성원이 필요로 하고 원하는 물품을 생산하고 분배하기 위해서는 한정된 자원을 조직할 수 있는 어떤 체제가 필요하다.

이러한 체제, 즉 사회구성원이 필요로 하고 원하는 물품들을 생산하고 분배하기 위해 사회의 모든 자원을 결합하는 하나의 조직을 경제체제(economic system)라 한다. 경제체제는 자원의 관리와 기업활동과 같은 모든 경제활동의 의사결정이 내려지는 틀이며, 사회구성원이 공통적으로 따르는 법·제도·태도·관습 등이 총체적으로 조직된 집합체이다.

경제체제는 위에서 언급한 기본적인 경제문제에 대한 해결 방식에 따라 크게 전통경제, 통제경제 그리고 시장경제의 세 가지로 구분된다.

전통경제(traditional economy)에서는 전통적으로 내려오는 습관, 관습 혹은 종교적 전통에 의해 경제활동이 결정된다. 이러한 경제체제 아래에서는 국민들이 변화를 추구하려 하지 않고 현실에 만족하는 경향이 높다.

통제경제(command economy)에서는 무엇을, 어떻게, 누구를 위하여 생산할 것인가의 기본적인 경제문제를 정부가 결정한다. 정부가 전체 경제의 방향을 결정하는 경제계획을 세우고, 제품을 생산하는 공장과 생산품을 분배하는 상점도 정부가 소유한다. 또한 정부는 임금과 가격을 결정하고, 누구에게 생산품을 분배할 것인가도 결정한다. 이와 같이 통제경제에서는 대부분의 자원을 정부가 소유하기 때문에 경쟁이 거의 존재하지 않는다.

시장경제(market economy)에서는 무엇을, 어떻게, 누구를 위하여 생산할 것인가의 기본적인 경제문제를 개인이나 기업이 결정한다. 전체 경제의 방향은 시장의 구매자와 판매자의 상호작용에 따라 결정된다. 사유재산권이 허용되고 제품을 생산하는 공장과 생산품을 판매하는 상점은 개인이나 기업의 소유이다. 그러므로 재화와 서비스를 제공하는 기업 사이에 경쟁이 존재한다.

실제 세상에는 완전한 통제경제와 완전한 시장경제를 따르는 경제체제가 존재하지 않는다. 대부분의 국가는 두 가지 경제체제의 요소들이 결합된 혼합경제(mixed economy)에 속한다. 혼합경제는 시장경제를 기본으로 하되 정부의 역할이 작용하는 경제체제이다. 양 체제의 요소를 채택하는 비율은 국가마다 다르며, 통제경제의 요소는 사회주의 국가에서 더 많이 존재하는 반면, 시장경제의 요소는 한국을 비롯하여 미국, 일본, 캐나다, 호주, 서유럽 등 자본주의 국가에서 더 많이 존재한다.

2 시장경제와 경제활동의 순환

1) 시장경제

시장경제에서는 세 가지의 기본적인 경제문제를 시장에서의 수요와 공급에 맡겨 해결한다. 그러므로 무엇을 생산할 것인가에 대한 결정은 시장에서의 수요에 의해 결정된다. 수요는 개인·기업·정부의 지출을 반영하는 것으로서, 수요에 가장 큰 영향을 미치는 것은 개별소비자의 선택이다. 소비자의 선택은 무엇을 얼마나 생산할 것인가를 좌우하는 기본요소이다.

다음으로 어떻게 생산할 것인가에 대한 결정은 소비자의 수요를 충족시키기 위해 공급을 담당하는 기업에 의해 주로 좌우된다. 기업은 재화와 서비스를 생산할 때 어떻게 하면 자원을 가장 효율적으로 사용할 것인지 결정한다. 기업은 보유하고 있는 자원과 기술수준 하에서 최소의 비용으로 생산하는 방법을 강구한다.

마지막으로, 누구를 위해 생산할 것인가는 분배의 문제로서 이것은 노동시장의 수요와 공급으로 대부분 결정된다. 생산에 필요한 기술, 물자, 혹은 자본을 제공할 수 있는 자는 소득이나 이윤을 얻고, 그 돈으로 재화와 서비스를 구입하기 때문에 생산요소 소유자에 의해 분배의 문제가 주로 결정된다.

한국의 경제체제는 시장경제에 기초하면서 정부가 생산자, 소비자, 이전소득의 제공자로서 경제활동에서 상당한 역할을 담당하고 있는 혼합경제 혹은 혼합시장경제(mixed market economy)이다. 도로, 항만, 경찰, 군대서비스 등은 정부에 의해 제공되고, 이것은 시민들의 세금으로 충당되며, 그 밖에 대부분의 재화와 서비스는 기업에 의해 제공된다.

한국과 같은 혼합경제는 공적 부문과 사적 부문으로 구분되는데, 공적 부문은 정부에 의해 주도되고 세금으로 충당되는 모든 재화와 서비스로 구성되고, 사적 부문은 개인과 기업이 이윤을 얻기 위해 제공하는 모든 재화와 서비스로 구성된다. 또한 정부는 노동자와 소비자의 이익을 위해 시장을 규제하고, 생산자와 소비자의 원활한 상호작용을 위해 중재역할을 담당한다.

시장경제체제란 이상의 세 가지의 기본적인 경제문제가 수요와 공급의 원리로 해결되는 경제체제를 말한다. 이것은 곧 시장의 작용에 의해서 가능하며, 시장을 움직이게 하는 근본적인 어떤 동기가 작용하기 때문에 가능한 경제체제이다. 이어서 시장경제의 작동원리를 살펴본 후, 시장이란 무엇이고, 시장을 움직이는 핵심적인 동기가 무엇인지 알아보도록 한다.

2) 시장경제활동의 순환

시장경제가 어떻게 움직이는지 이해하기 위해서는 흔히 그림 1-1과 같은 경제활동순환도(Circular Flow Diagram of Economic Activity)가 이용된다. 이 그림은 경제 3주체인 소비자, 정부, 기업의 경제활동이 어떻게 상호 관련되어 있는지 잘 보여주고 있다. 경제활동의 순환은 생산요소에 대한 지불과 여러 경제부문에 소득이 분배되는 과정을 단순하게 나타낸 것이지만, 우리가 살고 있는 시장경제의 복잡

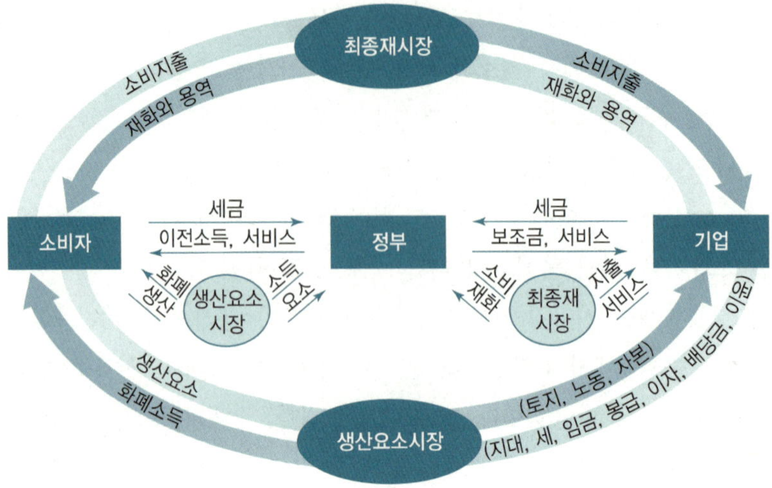

그림 1-1 경제활동순환도

성을 이해하는 데에 도움이 된다.

그림의 상반부는 무엇을 생산할 것인가라는 경제문제가 최종재 시장에서 소비자가 어떤 재화와 서비스를 선택하느냐에 달려 있음을 보여주고 있으며, 여기에서 우리는 소비자주권(consumer sovereignty)의 중요성을 음미해 볼 수 있다. 소비자는 수없이 다양한 재화와 서비스를 요구하고, 기업은 경쟁적인 가격으로 우리의 요구와 욕구를 충족시키고 그 대가를 얻어 제품생산에 사용한 자원의 비용을 충당한다.

기업이 제품을 생산할 때 필요로 하는 자원에는 인적자원, 자연자원, 그리고 기계와 같은 가공자원이 있다. 이와 같이 자원을 일반적으로 생산요소(factors of production)라고 부르고, 인적자원은 노동(labor)으로, 자연자원은 토지(land)로, 그리고 가공자원(man-made resources)은 자본(capital)으로 흔히 명명된다.

그림의 하반부는 생산요소의 소유자가 기업에 생산요소를 제공하고 그 대가를 지불받아 소득을 획득하는 생산요소시장에서의 상호작용을 나타낸다. 이렇게 획득한 소득은 다시 최종재 시장에서 재화와 서비스 구입에 사용되고 기업으로 되돌려지는 순환이 거듭된다.

그림의 중앙은 정부의 역할에 관한 것으로서, 정부는 세금을 거두어 공무원을 고용하고 필요한 물자를 기업과 소비자로부터 조달받아 그 비용을 지불하며, 생산활동에 참여하지 않는 사람들에게 이전소득을 지불하여 사회구성원에게 소득을 분배한다.

경제활동순환도는 시장경제의 모든 구성원이 소비자와 생산자의 두 가지 역할을 담당하고 있음을 나타내며, 생산과 소비가 상호 관련되어 있음을 강조하고 있다. 생산되지 않고는 소비는 있을 수 없고, 생산은 소비 없이 유지될 수 없다. 생산과 소비는 결국 소비자의 요구와 욕망을 충족시키기 위한 경제활동이므로 시장경제의 경제활동순환에서는 소비자의 역할과 기능이 중추적인 요소가 된다.

3 시장의 개념과 근본 동기

1) 시장의 개념

시장(market)이란 수요와 공급에 관한 정보가 교환되고 매매가 이루어지는 매개체이다. 수요와 공급이 만나 매매가 이루어지는 시장은 전통적으로 구체적인 장소에서 대면관계에 의해 형성되어 왔으나, 외환시장과 같이 전화나 전신에 의하거나 정보사회의 도래와 함께 네트워크에 의해 장소를 초월하여 형성되기도 한다.

시장에서는 이해관계가 대립되는 두 개의 힘이 항상 작용한다. 상품을 판매하려는 측과 구매하려는 측의 힘이 항상 대립되면서 각기 최선의 조건을 획득하려 한다. 이 과정에서 충돌과 경쟁이 계속되고, 각자의 실질적인 이익을 충족시키기 위한 노력이 계속되며, 조화나 협력보다는 경쟁과 이해의 대립이 반복된다.

그러나 대립되는 힘의 주체들의 자유경쟁은 정보의 자율적 교환과 자율적 매매를 가능하게 함으로써 거래당사자 모두에게 이익을 안겨 준다. 바로 이러한 점에서 시장은 전체 사회의 자원을 가장 효율적으로 배분하여 복지 증진에 기여한다.

시장은 아담 스미스의 '보이지 않는 손'에 의해 전체 사회의 복지를 증진시키고 가장 효율적으로 자원을 배분하여 개인의 경제활동의 활력을 가져다주는 체제이다. 이와 같이 인간은 시장이라는 매개체를 통해 자신의 이익을 추구하는데, 많은 경우 '보이지 않는 손'에 의해 전체 사회에도 이익을 가져오는 이타적 결과를 얻게 된다. 즉, 인간은 각기 자신의 이기적 동기에 의해 경제활동을 하지만 시장의 매개기능을 통해 다른 사람의 필요를 충족시키는 이타적 행위를 하는 것이다. 그러므로 시장이라는 매개체는 인간이 전체 사회를 위하는 이타적 목표를 추구할 때보다 자기 자신의 이익을 추구할 때 더욱 효율적으로 공동의 선을 위하게 만드는 체제이다.

2) 시장의 근본 동기

수요와 공급을 유발하고 시장을 움직이는 핵심적인 동기는 바로 이윤과 경쟁의 동기이다.

이윤(profit)은 개인이나 기업을 생산적으로 만드는 동기이다. 개인은 지식, 정보, 노동, 토지, 자본과 같은 생산요소를 시장에 팔고 그 대가로 소득인 이윤을 얻는다. 반면 기업은 판매에 대한 이윤을 얻기 위해 재화와 서비스를 생산한다.

이와 같이 이윤의 동기 없이는 경제가 돌아가지 않는다. 이윤의 동기가 없다면 개인은 일하려 하지 않을 것이고, 투자자는 기업에 투자하지 않을 것이며, 기업은 성장이나 판매증진에 관심을 두지 않을 것이다.

경쟁(competition)은 개인과 기업이 재화와 서비스를 더 효율적으로 생산하도록 만든다. 경쟁이 개인에게 미치는 영향은 노동시장에서 쉽게 발견할 수 있는데, 가장 높은 소득은 최대의 수요가 있는 재화와 서비스를 생산하는 직종에서 가장 능력 있는 자에게 돌아간다.

최근에 컴퓨터, 멀티미디어, 모바일 등의 IT융합제품에 대한 수요가 급성장하고 있는데, 이러한 소비자의 수요는 IT융합산업 인력에 대한 수요를 증대시키고 고급 인력에 대한 경쟁을 불러일으킨다. 그 결과 IT융합산업의 인력은 자질 있고, 교육을 잘 받고, 높은 기술을 갖추게 되어 그들의 생산성이 향상된다.

경쟁시장에서는 수요가 있는 재화와 서비스를 최소의 비용으로 생산할 수 있는 기업이 최고의 판매를 기록할 수 있다. 그러므로 경쟁은 기업으로 하여금 소비자에게 질 좋고 값싼 제품을 제공할 수 있도록 만드는 기본적인 동기로 작용한다.

4 시장경제주체의 역할과 경제활동의 매개체

1) 시장경제주체의 이중역할

그림 1-2는 정부의 개입이 없다고 가정할 때 두 가지 형태의 시장, 즉 생산된 재화와 서비스가 교환되는 최종재시장과 생산요소가 교환되는 생산요소시장에서 소비자와 기업이 구매자와 판매자의 역할을 번갈아 담당하고 있음을 나타낸다. 소비자는 최종재시장에서 필요한 재화와 서비스를 돈과 교환하여 구입하는데, 이 돈은 생산요소시장에서 그들의 자원과 교환하여 얻은 것이다. 기업도 역시 소비자와 마찬가지로 두 가지 시장에서 교환에 참여하는데, 생산요소시장에서 생산에 필요한 요소를 돈과 교환하여 구입하고 이 생산요소를 사용하여 생산품을 생산하고 최종재시장에서 다시 돈과 교환한다.

이와 같이 소비자와 기업은 두 가지 형태의 시장에서 구매자와 판매자의 역할을 번갈아 하며 시장경제에서 이중적인 역할을 담당한다. 소비자는 최종재시장에서 구매자인 동시에 생산요소 시장에서 판매자이며, 기업은 최종재시장에서 판매자인 동시에 생산요소시장에서 구매자의 입장이 된다.

그림 1-2 경제주체의 이중역할

2) 시장경제활동의 매개체: 가격과 상대가격

소비자와 기업은 구매자와 판매자로서 시장에서 상호작용 하는데, 이들의 상호교환이 가능하려면 어떤 매개체가 반드시 존재해야 한다. 바로 이러한 매개체의 기능을 수행하는 것이 곧 가격이다. 가격(price)이란 어떤 재화나 서비스 한 단위를 교환할 때 지불하는 화폐의 양이다. 상대가격(relative price)은 하나의 가격을 다른 것과 비교한 것으로서 두 가지 가격의 비로 나타낸다. 실제 시장에서는 상대가격의 집합이 가격구조를 형성한다.

모든 가격이 두 배로 상승하거나 반으로 하락하면 가격구조(혹은 상대가격비)는 변하지 않는다. 만일 사과 1개의 값이 1,000원에서 1,500원으로 상승하고, 배 1개의 값이 2,000원에서 3,000원으로 상승했다면 각각의 절대가격(absolute price)은 변했지만 사과 대 배의 상대가격의 변화는 오로지 상품 간의 교환비(exchange ratio)가 변할 때에만 일어나기 때문에 변하지 않았다. 만일 사과의 가격이 1,000원에서 1,500원으로 상승하고, 배의 가격은 변함이 없다면 사과 대 배의 가격비는 변하고, 상대가격이 변하여 가격변화 이전보다 사과를 조금 사고 배를 더 사고 싶게 만든다.

소비자는 상대가격을 비교함으로써 어떤 재화와 서비스의 묶음을 구입하는 것이 가장 이익인지 결정한다. 마찬가지로 기업도 재화와 서비스를 가장 저렴하게 생산할 수 있는 생산요소의 묶음을 가려낸다. 또한 여러 시장에서의 상대가격을 비교함으로써 생산요소의 소유자는 어디에서 가장 유리한 조건으로 팔 수 있는지 결정한다.

상대가격은 결국 기초 경제문제에 대한 답을 제공하는 수단으로 작용한다. 무엇을 생산할 것인가에 대해서는 가장 이윤을 남길 만한 재화와 서비스가 답이 될 것이고, 어떻게 생산할 것인가는 가능한 한 최저비용으로 생산하는 방법이 답이 될 것이며, 누구를 위하여 생산할 것인가는 시장가격을 지불할 수 있고 또 지불할 의사가 있는 자가 될 것이다.

상호의존적인 시장가격체제에 의해 어떤 중앙통제나 계획 없이도 수많은 재화와 서비스가 원하는 양만큼, 원하는 장소에서, 원하는 때에 생산되고 분배될 수 있는 것이다. 이러한 시장기제는 상대가격의 세 가지 기능에 의해 가능하다.

3) 상대가격의 기능

(1) 정보제공의 기능

상대가격은 소비자, 생산자, 생산요소 소유자가 무엇을 얼마나 구매할 것인지 결정할 때 꼭 필요한 정보를 제공한다. 가격의 정보제공적 기능의 중요성을 이해하기 위해 전혀 가격표시가 없는 슈퍼마켓에서 장을 보거나, 월급을 알려주지 않고 두 가지 아르바이트 가운데 하나를 선택해야 하는 경우를 상상해보라.

(2) 동기제공의 기능

상대가격의 변화는 자원의 이동과 재분배의 동기를 유발한다. 만일 의사에 비해 변호사의 소득이 감소하면 의대를 더 많이 지원하고 싶은 동기가 유발되고, 배추에 비해 무값이 상대적으로 상승하면 무를 더 재배하고 싶은 동기가 작용한다.

(3) 자원배분의 기능

가격은 그것을 원하고 또 지불할 능력이 있는 사람에게 제한된 자원이나 재화와 서비스를 할당하는 수단으로 작용한다. 가령 가수 소녀시대의 콘서트가 1,000명이 입장할 수 있는 장소에서 기획되었으나 티켓을 구입하려는 관객이 1만 명이라면, 티켓의 가격은 지불할 의사를 가진 자가 1,000명이 되고 나머지 9,000명은 비싼 가격 때문에 콘서트 관람을 포기할 때까지 상승할 수 있다.

경제활동의 순환에서 화폐의 흐름은 모두 상호의존적인 시장가격의 집합으로 결정된다. 모든 가격은 어느 정도 다른 재화와 서비스의 가격에 달려 있다. 소비자가 지불할 의사가 있는 가격은 생산요소시장에서 받은 가격(소득)에 달려 있고, 생산요소의 가격은 다시 기업이 생산요소가 제공하는 서비스에 대해 지불할 의사에 달려 있다. 생산요소에 대해 기업이 얼마를 지불하려는 가는 그들이 판매하는 최종재의 가격에 달려 있다. 그러나 기업이 받는 가격이란 최종재에 대해 지불할 의사가 있는 소비자의 선택 여하에 달려있고, 이러한 과정은 계속 반복·순환된다.

5 시장의 기능

1) 수요공급 조절: 자원배분

시장의 가능으로 우선 꼽을 수 있는 것은 수요와 공급을 조절하여 자원을 적절히 배분하는 것이다. 시장에서 공급에 비해 수요가 적은 상품은 상대적으로 가격이 내려가고 생산자는 재고가 쌓이게 되어 생산량을 줄이게 된다. 또 공급에 비해 수요가 많은 상품은 다른 상품에 비해 상대적으로 가격이 올라가고 생산자는 가격이 오른 상품의 생산을 늘리게 된다. 이와 같이 시장은 희소자원을 수요와 공급의 조절작용에 의해 사회가 필요로 하는 생산과정에 적절히 배분하는 기능을 담당한다.

시장의 자원배분 기능은 모든 경제활동의 근간을 이루며 정부가 막대한 비용을 들여 경제계획을 세우지 않더라도 경제운용이 자동적으로 이루어질 수 있도록 한다. 네트워크 사회에서의 시장의 자원배분 기능은 더욱 고도화되고 있다. 이제까지의 시장거래에서는 수요와 공급의 상황을 전달하는 정보가 부족하여 시장가격이 수요와 공급의 상황을 효과적으로 전달하지 못하였고, 생산자와 소비자 사이에 여러 중간상인들이 개입하여 소비자가격이 불필요하게 높아지기도 하였다. 그러나 시장에 관한 정보가 네트워크를 타고 쉽고 빠르게 전달되어 가격이 보다 효율적으로 수요와 공급의 상황을 반영하고 있다.

2) 자율적인 거래를 통한 복지증진

시장의 또 다른 기능은 경제주체 각각이 유익한 거래를 할 수 있게 해 준다는 것이다. 경제주체들이 각자의 필요에 의해 시장에서 자율적으로 거래에 참여한다면, 거래에 참여하는 모든 경제주체들의 복지가 증진된다. 즉, 시장은 경제주체들로 하여금 자율적인 거래를 통하여 하나를 가지고도 둘 이상의 효과를 얻을 수 있도록 해준다.

경제학자들은 시장의 복지증진 기능 때문에 시장에서 이루어지는 거래를 '포지티브섬 게임(positive-sum game)' 이라고 한다. 이것은 복지증진의 효과가 전혀 없는 '제로섬 게임(zero-sum game)' 이나 오히려 복지를 감소시키는 '네가티브섬 게임(negative-sum game)' 과 대조된다.

그러나 시장에서의 모든 거래가 항상 포지티브섬 게임이 되는 것은 아니다. 거래 당사자 모두에게 유익한 거래가 이루어지기 위해서는 거래의 자율성이라는 전제조건이 충족되어야 한다. 정부나 타인에 의해 강제로 이루어지는 거래는 거래 당사자의 복지를 오히려 감소시킬 수 있다. 그러므로 사회의 복지 증진, 즉 포지티브섬 게임은 경제적 자유를 바탕으로 자율적인 거래가 이루어질 때에만 가능한 것이다.

3) 경쟁의 촉진

시장의 세 번째 기능은 경쟁을 촉진시킨다는 점이다. 각 경제주체는 각자의 이익을 위해 자율적으로 시장활동에 임하면서 다양한 경쟁을 한다. 가격경쟁을 비롯하여 제품의 질을 향상시키기 위한 경쟁, 보다 앞선 애프터서비스를 제공하기 위한 경쟁, 생산비용을 낮추기 위한 경쟁, 새로운 시장을 개척하기 위한 경쟁, 보다 좋은 직장을 얻기 위한 경쟁 등 경쟁이 취할 수 있는 형태는 거의 셀 수 없을 정도로 많다. 이러한 경쟁은 시장활동에 임하는 각 경제주체들로 하여금 최선의 노력을 다하도록 하며, 결과적으로 전체 경제가 좋은 성과를 거둘 수 있게 한다.

경쟁은 각 경제주체들로 하여금 자율적으로 활동하고자 하는 동기를 불어넣어 줄 뿐만 아니라 최선을 다하게 함으로써 시장의 효율성을 높여 준다. 경쟁이 갖는 효율증대 효과는 마라톤 경기에서 잘 나타난다. 마라톤의 세계 신기록은 대개 선두그룹의 치열한 경쟁상황에서 나오지 1, 2위 간의 거리가 심하게 벌어진 상황에서는 나오기 어렵다.

자유무역이 이루어지는 세계시장에서 경쟁은 심화되고 국경을 초월한 세계를 무대로 무한 경쟁이 전개되고 있다. 그러므로 안일한 태도로 경쟁을 피하려는 경제주체는 자연 도태될 것이고 경쟁에 적극적인 자세로 참여하려는 경제주체는 무한한 가능성과 성과를 얻을 수 있다.

4) 혁신력과 기술발전

마지막으로 시장은 경쟁의 동태성에서 파생되는 혁신력과 기술발전을 촉진한다. 경쟁에 노출된 경제주체들은 최소의 비용으로 최대의 효과를 얻기 위해 끊임없이 혁신하며, 그 결과 눈부신 기술발전을 이루게 된다.

현대의 경제사는 기술혁신의 역사라고 해도 지나치지 않을 정도로 놀라운 기술발전을 이루며 전자, 컴퓨터, 통신, 우주산업, 나노, 바이오 등에 이르기까지 혁신적인 발전이 일어났다. 특히 컴퓨터의 발달은 광섬유, 위성통신과 같은 통신기술의 발달과 함께 인간활동의 생산성을 획기적으로 증대시켰다. 또한 국경 없는 세계시장에서 성공을 거두기 위해서는 시장이 부여하는 혁신과 기술개발을 향해 전력 질주하는 길 이외에 달리 방법이 없다.

놀라운 기술혁신의 뒤에는 시장경제의 역동적인 힘이 존재하며, 이것은 소비자의 기호의 변화에 기초한다. 생산단가를 절감하고 소비자의 기호에 맞는 제품을 개발하려는 경쟁은 생산기술과 제품 디자인 및 종류에 있어서 끊임없는 혁신을 낳고 있다. 기업이 혁신력을 발휘하여 세계경제에 기여할 수 있기 위해서는 소비자의 기호를 정확히 파악하고 예측하는 일이 중요하게 부각된다.

6 경쟁과 소비자이익

1) 경쟁의 이익

지금까지의 논의에서 우리는 시장에서의 경쟁촉진이 인력의 질 향상을 통한 생산효율의 극대화와 기술혁신의 요체라는 것은 인식할 수 있었다. 우리가 시장경쟁을 중요시하는 이유는 두 가지로 요약해 볼 수 있다. 하나는 현존하는 희소 자원을 가장 효율적으로 배분하는 것이 가격신호에 의해 이루어질 때 가능하고, 가격신호는 시장의 경쟁이 촉진될 때 가장 잘 기능하기 때문이다. 만일 자금, 인력 등의 생산요소시장이나 소비재 등의 상품시장이 정부나 시장지배력을 가진 기업에 의해 왜곡된다면 가격이 자원의 상대적 희소성을 나타내주는 신호의 구실을 하지 못하기 때문에 자원의 배분이 왜곡된다. 이와 같이 자원배분을 효율화하는 시장의 가격기구가 왜곡되면 전혀 효율적이지 않은 산업 혹은 기업이 성하고 유망한 산업이 전혀 발전하지 못할 수 있다.

시장경쟁의 다른 하나의 기능은 기술진보를 가져온다는 점이다. 경쟁이 없고 독점이윤을 장기적으로 누리는 기업이나 산업은 기술개발의 필요성을 인식하지 못하는 경우가 많다. 그러므로 치열한 시장경쟁이 인력개발과 기술진보를 유발하여 경제발전의 가장 유력한 수단이 된다는 것은 선진국의 사례에서 흔히 엿볼 수 있다.

한국의 상황에서 시장경쟁의 촉진을 위해 가장 중요한 것은 미비하거나 왜곡되어 있는 시장규칙을 바로잡는 일과 정부개입의 원칙을 재정립하는 일이다. 시장경쟁을 제한하는 힘은 앞서 살펴본 바와 같은 규제를 통해 어떠한 것이라도 배제하는 것이 중요하다. 정부의 역할의 재정립은 두 가지 상반된 것들이다. 하나는 정부의 역할이 보다 강력하게 이루어져야 할 부문이고, 다른 하나는 정부가 과감하게 손을 떼어야 하는 부문이다.

정부가 강력하게 개입해야 하는 일은 시장기구가 제대로 기능하도록 공정한 게임규칙을 만드는 일이다. 즉, 시장경쟁이 공정하게 그리고 효율적으로 이루어지도록 규칙을 세우고 제도를 개혁하는 일이다. 이러한 개혁을 통해 자금과 인력 및 정보 등 생산요소시장에서 시장 지배적 독점기업을 규제하고 상품과 생산요소의 독과점 시장을 바로 잡아 공정한 경쟁이 이루어지도록 해야 한다.

또한 불로소득에 의한 전근대적 시장파괴행위를 근절하고 땀흘려 일하고 아이디어를 내는 사람이 정당한 보상을 받는 제도가 확립되도록 하여 시장기구를 살려야 한다. 즉, 생산성을 높이는 곳에서 소득이 발생될 수 있도록 생산적 부문에의 투자를 유도하는 강력한 대책을 정부는 추진해야 한다.

이와 반대로 정부가 과감하게 손을 떼어야 하는 일은 시장경쟁을 제한하는 각종 규제와 특혜이다. 기존시장에의 진입을 규제하고 매매 등 거래활동, 생산활동 등에 관련된 수많은 인가, 허가사항을 과감하게 축소시켜야 한다.

결론적으로 시장에서의 공정한 경쟁은 소비자의 후생을 극대화시키며 이것은 정부의 중요한 역할이기도 하다.

2) 시장개방의 효과

바야흐로 우리는 무한경쟁시대에 돌입하여 한국의 기업들은 국제시장뿐만 아니라 국내시장에서도 외국기업들과 치열한 경쟁을 해야 한다. 무한경쟁사회는 기업들에게 고통스러운 체질 변화를 요구하지만 무한한 기회 또한 가져다 줄 것이다. 그러므로 시장개방은 서로에게 득이 되는 자유무역을 촉진하는 경제행위이다.

시장개방은 소비자에게 싼 값으로 보다 질 좋은 상품을 공급받을 수 있도록 함으로써 소비자의 생활수준을 향상시키는 효과가 있다. 경쟁력이 약한 국내 산업을 보호 육성하기 위해 수입규제를 해 왔던 보호무역 아래에서는 소득이 소비자로부터 국내산업으로 이전되어 소비자에게 산업 보호 육성의 부담이 전가되었다. 그러나 시장개방은 소비자의 선택의 폭을 획기적으로 넓히고 소비자의 복지 및 후생을 현저하게 증가시켜주는 이점이 있다. 또한 경쟁의 증대로 한국의 기업들은 세계시장의 동향과 외국의 기술에 대해 많은 정보를 수집할 수 있게 되어 혁신의 속도를 가속시켜 경쟁력을 갖출 수 있게 되었다.

세계는 국경을 초월해 생산시설과 자본이 엄청난 속도로 움직이는 '통합시장'을 형성해 나가므로 한국의 정부와 기업들도 이에 적절히 대응하여 기회를 포착해야 한다.

참고문헌

강철규 외(1993). **현대경제학: 이론과 정책**. 박영사.

김연석·구형건(1996). **21세기 한국경제 비전**. 매일경제신문사.

D.B. Eastwood 저, 김용희 편역(1987). **소비자경제학**. 비봉출판사.

서정희(1991). 소비자주권을 실현하기 위한 소비자보호행정의 역할과 기능. **소비생활연구**, 7, 57-66.

서정희(1993). **소비자주권론**. 울산대학교 출판부.

이승신·김기옥·김경자·심영·정순희(1996). **가계경제학**. 학지사.

이준구(1994). **미시경제학**. 법문사.

정갑원(1996). **경제학원론**. 형설출판사.

최동수(1997). **경제학원론**. 박영사.

한국공정경쟁협회(1996). 공정거래법: 집결 해설 및 평가.

한국공정경쟁협회(1996). 공정거래법 자율준수편람: 준수프로그램의 작성과 운영.

CHAPTER 02

경쟁과 시장구조

시장은 경쟁의 상태에 따라 구조가 다르게 조성된다. 시장의 경쟁상태는 공급자의 수와 그 규모에 따라 결정되며, 소비자에게 미치는 영향이 다르게 전개된다. 여기에서는 시장구조의 개념, 시장구조에 영향을 미치는 요인, 시장경쟁과 소비자 이익 등에 대해 다루고자 한다.

1 경쟁과 시장구조

소비자와 공급자 사이에 근본적으로 다른 두 개의 힘이 작용되는 시장은 그 구조에 따라 매우 다른 상호작용이 전개된다. 소비자의 입장에서는 제한된 예산으로 최대의 효용을 얻는 능력이 시장구조에 따라 다르며, 공급자의 입장에서는 이윤극대의 행동이 시장구조에 따라 다르다. 시장구조는 공급자의 수에 따라 다음과 같이 분류해 볼 수 있다.

표 2-1 시장구조의 유형과 특성

구 분	완전경쟁시장	독점시장	과점시장	독점적 경쟁시장
정 의	소수 사업자의 시장점유율 높지 않음	1개 사업자의 시장 점유율이 50% 이상	3개 사업자의 시장 점유율이 75% 이상	다수의 공급자가 유사상품 공급
공급자 수	다 수	하 나	소 수	다 수
수요자 수	다 수	다 수	다 수	다 수
상품의 동질성	동질적	이질적 (단일제품)	동질적	어느 정도 이질적 (차별적)
가격 통제력	가격순응	가격설정	임의의 상당한 가격설정	타 기업에 의존적인 가격설정
시장진입 /탈퇴자유	자유로움	매우 곤란	비교적 용이	비교적 용이
비가격경쟁	없 음	PR광고에 국한	중 요	중 요
상호의존성	없 음	없 음	극 대	약 간
산업실례	주식, 선물시장	전력, 철도, 담배	자동차, 가전, 타이어, 철강, 조선	미용실, 목욕탕

출처: 허경옥(2010). 소비자학의 기초. 교문사.

1) 완전경쟁시장

완전경쟁시장(pure competitive market)은 시장구조의 극단적인 한 형태로서 현실의 세계에서는 그 예를 찾아보기 힘들다. 그러나 완전경쟁시장은 논의의 기준으로 널리 활용되기 때문에 그 개념을 이해할 필요가 있으며, 이러한 논의의 출발은 경쟁에 대한 이해로부터 시작해야 할 것이다.

(1) 경쟁의 존재

경쟁(competition)은 시장구조의 핵심적인 개념이며, 경제학에서 경쟁에 대한 두 가지의 전통적 시각이 있다. 그 하나는 경제주체의 행위에 기초하여 경쟁의 개념을 파악하는 것이고, 다른 하나는 시장의 구조적 특성에 기초하여 경쟁을 파악하는 것이다. 예를 들어 기업가에게 경쟁이란 경쟁기업과 벌이는 치열한 싸움으로 인식될 수 있고, 정책입안자에게 경쟁이란 기업의 수가 많아서 시장진입의 장벽이 존재하지 않는 상태로 인식될 수 있다. 여기에서 전자는 '행위'에 중점을 둔 경쟁의 개념이고 후자는 공급자의 수, 즉 '구조'에 중점을 둔 개념이다.

경제이론에서는 경쟁의 행위보다는 시장의 구조에 중점을 두며, 경쟁을 어느 특정 기업이 다른 기업과 경쟁한다는 사실조차 느낄 수 없을 정도로 많은 기업이 동일한 상품을 생산하는 상태로 파악한다. 즉, 각 경제주체는 가격형성력(price making ability)을 가지지 못하고 가격을 있는 그대로 수용해야 한다. 시장이 어떤 구조를 가지면 결국 경제주체의 행위에 영향을 미치게 되기 때문에 사실 시장구조와 행위는 별개의 것이 아니라 상호보완적이다.

경쟁은 소비자에게 특히 중요한 개념인데 그 이유는 경쟁이 경제의 효율성(efficiency)뿐만 아니라 공평성(equality)과 밀접하게 관련되기 때문이다. 다수의 기업이 존재하는 시장에서는 각자의 이윤을 추구하는 건전한 경쟁이 일어나고 그 결과보다 효율적으로 기업활동을 펴며, 이것은 결과적으로 부나 소득의 편중을 막는다. 그러나 소수의 기업이 시장을 독점하는 경쟁이 존재하지 않는 시장에서는 효율성뿐만 아니라 공평성에도 문제가 발생하게 된다.

(2) 완전경쟁시장의 조건

완전경쟁시장은 일반적으로 다음과 같은 네 가지의 조건을 갖추고 있어야 성립된다.

① 상품의 동질성

상품이 동질적이고 표준화되어 있어야 한다. 이 경우 여러 판매자의 상품 간에 차이가 없어 완전대체가 가능하고 오직 한 가지의 가격이 성립될 수 있다. 완전경쟁시장에서의 소비자는 어떤 공급자의 상품을 구입하든 전혀 차이를 느끼지 않게 되어 거래하는 상대 공급자가 누구인지 상관없게 된다.

② 가격 수용적 공급자와 수요자

시장에 참여하는 공급자와 수요자의 수가 많고 그 규모가 전체 시장에 비해 작아서 어떤 하나의 개별 경제주체도 상품의 가격에 영향을 미치지 못해야 한다. 각 경제주체는 시장에서 결정된 가격을 그대로 수용해야 할 정도로 전체 시장에서 차지하는 비중이 아주 작아야 하며, 단순히 경제주체의 수가 많고 적음 그 자체가 중요한 것은 아니다.

③ 자원의 완전이동성

모든 경제자원은 시장의 어느 부문으로든 완전히 자유롭게 이동될 수 있어야 한다. 구체적으로 노동력은 이 지역에서 저 지역으로 그리고 이 직장에서 저 직장으로 자유롭게 옮겨 다닐 수 있고, 생산요소는 어떤 경제주체에 의해서도 독점되지 않으며, 어떤 산업분야에 새로운 기업이 자유롭게 진입할 수 있고 기존 기업도 자유롭게 퇴출할 수 있다는 것을 의미한다.

④ 완전정보

완전경쟁시장은 소비자, 기업 및 자원의 소유자들이 그들과 관계되는 모든 경제적·기술적 정보를 가지고 있어야 한다. 소비자는 모든 상품의 가격을 알아야 하고, 노동자와 자본의 소유자는 그들이 가지고 있는 자원의 가능한 사용에 대해 얻을 수 있는 모든 대가를 알아야 한다. 완전정보의 조건은 엄밀히 말해 과거와 현재뿐만 아니라 미래에 관해서도 모든 경제주체가 정확한 지식을 갖추기를 요구한다.

이상에서 언급한 네 가지의 조건에 따르면 완전경쟁시장은 현실 세계에서 발견하기 어렵다. 몇몇 농산물시장은 처음 세 가지의 조건을 비교적 충족하기 때문에 가까운 예가 될 수 있으나, 네 번째의 완전정보의 조건은 현실적으로 거의 불가능하다. 이러한 사실에도 불구하고 완전경쟁의 모형은 현실 세계에 대한 매우 유용한 통찰력을 제공하기 때문에 가장 많이 논의된다. 완전경쟁의 모형에서 도출된 결론은 현실 세계에서의 행동을 설명하고 예측하는 데에 매우 유용하다는 것은 이미 입증되었다. 또한 경제의 주요 부문에서의 자원배분에 대한 비교적 정확한 관점을 가질 수 있도록 한다는 이점이 있다.

(3) 완전경쟁시장의 경제적 효과

완전경쟁시장은 매우 이상적인 시장형태로서 바람직한 경제적 효과를 가져오는데 이에 대해 간략히 살펴보도록 한다.

첫째, 완전경쟁시장에서는 소비자주권(consumer sovereignty)이 강하게 작용한다. 소비자주권이란 경쟁시장에서 소비자들이 갖는 영향력을 의미하는데, 모든 기업의 생산활동 및 자원배분이 소비자의 영향력에 의해 결정되는 것이다. 즉, 기업이 무엇을 얼마만큼 어떻게 생산할 것인가 또는 그 상품의 가격을 어떤 수준에서 결정할 것인가 등이 궁극적으로 소비자의 수요에 의해 결정되는 것을 의미한다.

둘째, 완전경쟁시장에서는 주어진 자원을 가지고 가능한 한 최대의 사회·경제적 가치를 창출할 수 있기 때문에 사회의 희소한 생산자원을 최적의 상태로 사용할 수 있는 시장구조이다. 여기에서 어떤 상품이나 용역의 사회·경제적 가치란 인간의 욕망을 충족시켜 줄 수 있는 상대적 가치를 말하며, 이 가치는 소비자가 기꺼이 지불하고자 하는 가격으로 측정될 수 있다. 어떤 특정 상품에 대해 소비자가 높은 가격을 지불하고자 하고 또 지불할 수 있다면 낮은 가격의 상품에 비해 상대적으로 보다 높은 효용수준을 얻는다는 것을 의미한다. 같은 논리로 어떤 생산요소에 대한 사회·경제적 가치는 소비자의 욕망을 충족시켜 줄 수 있는 기여도로 평가될 수 있고, 완전경쟁시장은 사회의 자원을 최적으로 사용할 수 있도록 함으로써 가장 높은 효용수준을 얻을 수 있게 해준다.

셋째, 완전경쟁시장에서는 장기적으로 시장가격과 평균비용이 일치하기 때문에 최적생산량을 산출하기 위해 소요되는 생산요소의 총비용이 극소화되며 그 결과 자원배분의 효율성을 달성할 수 있다. 즉 시장가격과 평균비용이 일치한다는 것은 자원이 소비자의 선호에 따라 효율적으로 배분된다는 것을 의미하며, 생산자는 소비자들이 가장 원하는 상품이나 가장 우수한 상품을 생산해야 자원배분의 효율성을 달성할 수 있다.

이와 같이 완전경쟁시장으로부터 기대할 수 있는 성과는 오직 효율성과 관련된 것일 뿐이며, 또 하나의 중요한 사회후생의 구성요소인 공평성과 관련된 성과는 매우 불투명하다. 물론 완전경쟁시장은 다른 시장형태에 비해 공평한 분배를 가져다 줄 가능성이 높지만, 효율성의 차원에서와 같이 공평성의 차원에서도 어떤 뚜렷한 성과를 기대하기는 어렵다.

2) 독점시장

독점의 영어 단어인 'monopoly'는 그리스어로 하나의 판매자 라는 말에서 유래되었으며, 독점시장은 완전경쟁시장의 정반대의 극단적인 시장형태를 의미한다. 이것은 오직 하나의 공급자와 다수의 수요자가 존재하는 시장으로서 유사한 대체품이 없는 상품을 단독으로 판매하는 경우이다.

(1) 독점시장의 조건

독점시장의 성립조건은 다음과 같이 정리해 볼 수 있다.

① 상품의 이질성(대체재의 부재)

시장의 유일한 공급자인 독점기업은 동질의 상품이나 밀접한 대체재를 생산하는 경쟁상대가 없으므로, 독점시장에서의 기업 간 상호의존성은 전혀 존재하지 않는다.

② 가격 설정적 공급자

하나의 시장에서 유일한 독점기업은 판매량을 조절하여 시장가격을 변경시킬 수 있는 시장지배력(market power)을 가지며, 원하는 바에 따라 시장가격을 임의로 결정하는 가격설정자(price marker)의 입장에 서게 된다.

③ 자원의 제한적 이동

기업간 상호의존성이 전혀 존재하지 않는 독점산업에서의 생산요소의 이동은 극히 제한적인 범위에서만 가능하다.

④ 불완전 정보

독점기업은 제한된 시장정보와 지식을 갖고 있다. 이상의 네 가지 조건을 두루 갖춘 독점시장은 현실 세계에서 찾아보기 어렵다. 그러나 공기업에서 제공하는 수도, 전기, 전화 등의 공공재의 경우에는 이들을 완전히 대체할 수 있는 대체재가 거의 존재하지 않기 때문에 독점시장은 공공부문에서 그 예를 흔히 찾아 볼 수 있다. 물론 양초와 램프는 전기의 대체재로, 편지와 전보는 전화의 대체재로 어느 정도 대체성을 가지고 있으나, 그 대체의 정도는 매우 낮다. 독점시장모델은 현실적으로 대부분을 차지하는 과점이나 독점적 경쟁기업들의 행동을 분석하는 데에 유용한 기초가 된다.

(2) 독점의 발생원인

독점시장의 특징은 다른 기업이 시장에 진입할 수 없는 시장진입의 부자유로 설명될 수 있다. 시장진입의 부자유는 경쟁이 완전히 제한된 상태로서 독점과 완전경쟁의 시장형태의 중간에 있는 과점과 독점적 경쟁을 이해하는 데에 유용한 개념이다. 시장진입의 부자유가 어느 정도 완화되어 소수의 기업이 시장에 참여할 수 있는 상태를 과점이라 하고, 더 나아가 상당수의 기업이 시장에 참여할 수 있는 상태를 독점적 경쟁시장이라 한다. 시장진입이 완전히 제한되어 있는 독점의 발생요인은 무엇인지 살펴보도록 한다.

첫째, 어떤 기업이 생산에 필요한 원료의 공급원을 완전히 독점하는 경우에 다른 기업이 독점기업의 경쟁사가 될 수 있는 가능성은 원천적으로 봉쇄되어 가장 쉽게 독점시장이 형성될 수 있다.

둘째, 어떤 시장에 규모의 경제가 발생하면(즉, 생산량을 증가시키기 위해 생산규모를 확대할 때 평균비용이 계속적으로 감소하면) 저렴한 가격으로 소비자에게 상품을 공급할 수 있기 때문에 소수의 기업 혹은 극단적으로 하나의 기업이 시장을 독점하게 된다. 이와 같이 규모의 경제라는 기술적 요인이 독점화의 경향을 가져오게 되는 경우를 자연독점(natural monopoly)이라 한다. 전화, 전기, 철도 등 대부분의 공익산업은 생산 기술적 측면에서 규모의 경제가 발생하기 때문에 자연독점산업이라 할 수 있다.

셋째, 특허와 연구·개발 등에 의해서도 독점이 형성될 수 있다. 기업 내부의 연구·개발이나 외부로부터 특허권의 매입을 통해 기업은 독점적인 위치에 설 수 있다.

넷째, 경우에 따라서는 정부가 특정 기업에게 독점영업권 혹은 전매권(franchise)을 허용하여 전매수익을 올리게 함으로써 독점시장이 형성되기도 한다. 우리나라의 담배인삼공사가 국산 담배의 독점적 생산을 맡고 있는 것은 그 좋은 예가 될 수 있다.

이상의 네 가지 주요 원인 외에도 하나의 기업이 다른 경쟁기업을 흡수·합병함으로써 일시적으로 독점기업의 위치에 서게 되는 경우도 있다. 또한 어떤 기업이 신상품을 시장에 내놓고 상당한 이윤을 얻고 있다고 해도 시장진입에는 시간이 소요되기 때문에 일시적으로 독점기업의 지위를 유지할 수도 있다.

완전독점시장은 완전경쟁시장보다 덜 희귀하지만 이 역시 그다지 흔하지는 않다. 그 이유는 어떤 기업이 독점력을 가지고 있다고 해도 대부분의 상품은 성격상 대체관계에 있는 다른 상품이 흔히 있기 때문으로, 독점력을 사용하는 데에는 한계가 있을 수밖에 없다. 또한 일정한 소득의 범위 내에서 상품을 구입해야 하는 소비자의 입장에서 보면 많은 상품들이 넓은 의미에서는 대체재가 되기 때문에, 독점력을 가지고 있는 기업이라고 할지라도 잠재적인 경쟁자를 신경쓰지 않을 수 없다.

(3) 독점시장의 경제적 효과

독점시장에서는 진입장벽이 존재하기 때문에 기존의 독점기업에 비해 훨씬 효율적인 생산능력을 갖춘 기업이 새롭게 등장할 수 없다. 철저하게 적자생존의 원칙이 적용되어 경쟁의 압력이 존재하는 경쟁시장에 비해 독점시장에서는 진입의 장벽을 구축하는 것만 일단 성공하면 효율적인 생산에 대한 관심은 부차적인 것이 된다. 그러므로 일반적으로 독점기업은 효율성보다 진입장벽에 더 관심을 쏟게 되며, 독점기업이 진입장벽을 구축하는 데에 쏟아 붓는 낭비적인 지출의 규모가 상당할 것이라는 지적도 있다.

자원배분의 효율성의 측면에서 독점체제가 가져오는 또 하나의 문제점은 기술혁신이 활발하게 이루어지지 않는다는 점이다. 경쟁체제에서는 끊임없이 기술혁신을 통해 남보다 앞서 가야 하는 압력이 항상 존재하는 데 반해, 독점체제에서는 진입장벽으로 인해 대개 이와 같은 압력으로부터 자유롭다. 또한 어떤 발명이나 기술혁신이 독점기업의 이윤에 도움이 되지 않는다고 판단될 때 이를 억압하려는 경향까지 있는 것으로 지적되기도 한다.

그러나 어떤 학자들은 독점체제와 기술혁신 사이의 관계에 대해 정반대의 견해를 주장하기도 한다. 즉, 완전경쟁체제에서는 장기적으로 아무런 경제적 이윤도 얻지 못하기 때문에 기업들이 과감하게 연구개발에 투자하는 의지가 결여되어 있으나, 독점체제에서는 충분한 독점이윤을 향유할 수 있기 때문에 장래가 불투명한 연구개발에 과감하게 투자할 수 있다는 것이다. 또한 모든 기술혁신의 밑바탕에는 독점이윤을 획득해 보고자 하는 욕망이 작용한다고 그는 주장하였다. 실증연구에서도 독점체제가 기술혁신에 반드시 저해요소가 된다는 확증이 나타나지 않아 독점체제가 기술혁신에 도움이 된다는 주장도 일리가 있는 것으로 받아들여지고 있다.

독점시장은 자원배분의 효율성의 문제 이외에도 분배의 측면에서 부의 편중을 심화시킨다는 또 하나의 문제점을 안고 있다. 독점체제로 인하여 경제력이 소수에게 집중될 때 사회적·정치적 권력 역시 이들에 의해 장악될 가능성이 커지게 되며 이는 소위 정경유착은 경쟁체제보다 독점체제에서 더욱 흔하게 나타나는 현상이다. 또한 독점체제는 다양한 종류의 소비재를 시장에 내놓지 못하기 때문에 소비자들의 선택의 자유를 제약하는 체제이다. 독점기업은 유리한 위치에서 상품의 가격을 올림으로써 소비자의 실질구매력을 떨어뜨리고 이것은 결국 소비자의 선택의 자유를 제한하는 결과를 가져온다.

(4) 독점의 규제

독점체제는 여러 가지 측면에서 문제점을 가지고 있으며 정부는 이를 부분적으로 시정하기 위해 여러 가지의 규제를 가하게 된다. 독점에 대한 규제는 조세를 통한 규제와 가격에 대한 규제의 두 가지 유형으로 나눌 수 있다. 조세를 통한 독점규제는 독점이윤을 방지하기 위한 목적에서 수행되는 방법이기 때문에 다른 측면, 예를 들어 공급조절에 의한 가격의 상승과 같은 문제점에 대해서는 효율적인 규제방식이 되지 못하고 오히려 악화시키는 경우도 있다. 그러므로 조세를 통한 독점규제는 자주 사용되는 방식이 아니며, 이보다는 가격에 대한 규제방식이 더 많이 사용된다. 가격에 대한 규제는 독점이윤의 제한이라는 목표와 함께 효율적인 공급량을 선택하도록 유도하는 목표를 가지고 행해진다는 특징이 있다.

3) 독점적 경쟁시장

완전경쟁시장과 독점시장은 현실에서 그 예가 극히 드물며 현실적으로 존재하는 대부분의 시장형태는 완전경쟁시장과 독점시장의 중간적 시장형태인 독점적 경쟁시장(monopolistic competition market)과 과점시장(oligopoly market)이다. 이 가운데 독점적 경쟁시장은 개별기업이 어느 정도 독점력을 가지고 있지만 기업의 수가 다수라는 점에서 완전경쟁시장에 가깝고, 과점시장은 기업의 수가 소수라는 점에서 독점시장에 가까운 시장형태에 속한다. 독점 경쟁시장 이론은 경제학자들의 커다란 관심을 모은 바 있으나 현실설명력의 측면에서 기존의 경쟁시장이나 독점시장 이론에 비해 뒤떨어지기 때문에 그 관심이 점차 줄어들고 있다.

(1) 독점적 경쟁시장의 조건

독점적 경쟁시장은 다음과 같은 기본가정이 성립되는 시장형태이다. 첫째, 하나의 시장에 많은 수의 기업이 존재하며 서로 조금씩 그 질이 다른 차별화된 상품을 생산하고 있다. 각 기업의 상품은 다른 기업의 상품과 상당히 밀접한 대체성을 가지고 있다. 둘째, 시장에 존재하는 기업의 수가 충분히 많기 때문에 어느 특정 기업의 공급량이 전체시장의 총공급량에 비해 비교적 적으며 그 결과 시장가격에 대한 영향력과 다른 경쟁기업에게 미치는 영향력도 크지 않다. 셋째, 새로운 기업의 시장진입과 기존기업의 시장탈퇴가 완전경쟁시장 만큼 완전히 자유롭지는 않지만 상당히 자유롭다. 넷째, 독점적 경쟁기업들이 생산하는 상품들은 약간씩 차이가 나기 때문에 타경쟁사의 상품에 비해 우수하다는 점을 강조하여 더 많은 판매를 이루기 위해 가격경쟁보다는 판매서비스, 연구·개발, 광고, 판촉활동 등의 비가격경쟁(non-price competition)이 매우 활발하게 일어난다.

독점시장에서는 밀접한 대체재가 존재하지 않고, 완전경쟁시장에서는 주어진 시장가격으로 같은 품질의 상품을 모든 기업이 팔 수 있기 때문에 비가격경쟁이 일어나지 않는다. 그러므로 독점과 완전경쟁에서 찾아볼 수 없는 비가격경쟁이 발생한다는 점이 독점적 경쟁시장의 특징이며, 이러한 비가격경쟁은 과점시장에서 그 강도가 훨씬 강하게 나타난다.

(2) 독점적 경쟁시장의 경제적 효과

독점적 경쟁시장은 장기적으로 신규기업의 시장진입이 자유롭게 이루어진다는 점에서 독점시장과는 근본적으로 다르다. 독점적 경쟁시장 내의 특정 기업이 초과이윤을 얻게 되면 신규기업이 시장에 진입하고, 그 결과 기존기업의 초과이윤은 감소하게 된다. 신규기업의 시장진입은 기업의 초과이윤이 0이 될 때까지 계속된다. 독점적 경쟁시장에서는 최적규모보다 적은 산출량에서 생산이 이루어지는데 이것은 유휴생산능력(excess capacity)이 존재한다는 것을 의미하며 자원이 비효율적으로 이용되고 있음을 나타낸다. 즉, 생산시설을 완전히 이용하지 못하고 초과능력이 있음을 의미한다. 또한 독점적 경쟁시장의 상품가격은 완전경쟁시장에 비해 일반적으로 높으며, 경제 전체로 볼 때 자원의 비효율적 배분이 초래된다. 자원배분의 효율성 측면에서 보면 독점적 경쟁시장은 완전경쟁시장보다는 비효율적이고 독점시장보다는 효율적이다.

독점적 경쟁시장의 가장 뚜렷한 특징은 차별화된 상품(differentiated product)에 있으며 실제로는 빛, 색 혹은 단순히 포장 등의 피상적인 차이로 상품을 차별화 하면서 소비자의 다양한 욕구에 부응하는 긍정적 측면과 함께 사소한 차이를 위해 자원을 낭비하는 부정적인 측면도 있다. 특히 독점적 경쟁시장에서는 차별화된 자사제품의 특징을 부각시키기 위해 많은 자원을 광고에 투입하게 되고 그 결과 생산비용이 증가하며, 그 부담은 결국 소비자에게 전가된다.

4) 과점시장

과점의 영어단어인 'oligopoly'는 그리스어에서 유래되었으며 몇 개의 기업이 같은 상품을 놓고 서로 경쟁하는 경우를 가리킨다. 과점시장(oligopoly market)은 소수의 기업이 시장에 존재하면서 경쟁기업의 반응을 민감하게 의식하고 행동하는 시장형태이다. 우리가 현실에서 흔히 볼 수 있는 시장형태는 바로 이러한 과점이라고 할 수 있다.

(1) 과점시장의 일반적 성격

과점시장은 소수의 기업이 존재하는 시장형태인데 과연 몇 개의 기업이 존재해야 과점시장인지는 애매하지만, 분명한 것은 경쟁기업들이 서로의 존재를 인식하기에 충분할 정도의 작은 수가 되어야 한다. 과점시장에서 가장 적은 수의 기업이 존재하는 경우는 단 두 개의 기업이 존재하는 복점(deploy)이다.

과점시장의 상품은 동질적(homogeneous)일 수도 있고, 각 기업마다 조금씩 다를 수도 있다. 상품의 질이 동일한 경우를 순수과점(pure oligopoly)이라 부르고, 상품의 질이 약간씩 차이가 있는 경우를 차별화된 과점(differentiated oligopoly)이라고 부른다.

과점시장이 가지는 특징은 몇 가지로 요약해 볼 수 있다. 첫째, 과점시장 내의 기업들 사이에는 강한 상호의존성(interdependence)이 존재한다. 경쟁기업이 존재하는 과점시장에서는 어느 한 기업의 가격이나 생산량의 변화가 나머지 기업들에게 큰 영향을 미치게 되기 때문에 각 기업은 경쟁기업들의 반응을 민감하게 고려하면서 신중하게 가격이나 생산량을 결정하게 된다.

둘째, 과점시장 내의 가격은 경직적이며 비가격경쟁이 치열하게 일어난다. 과점기업 간에는 가격인하경쟁이 서로에게 불리하다는 인식으로 인해 가격경쟁을 피하고 상품의 차별화, 광고, 품질개선, 판매조건 등의 비가격경쟁에 몰두하게 된다.

셋째, 과점시장에서는 기업들이 담합(collusion), 기업연합(cartel), 기업공동(trust), 합병(merger) 또는 묵계에 의한 가격선도제 등과 같이 경쟁제한행위를 통해 독점력을 행사하려는 성격이 강하게 나타난다. 가격경쟁이 서로에게 불리하다는 인식아래 과점기업들은 상호간에 협조적인 행동을 취하려는 경향이 높다.

넷째, 새로운 기업의 시장진입에는 상당한 장벽이 존재한다. 소수의 과점기업들이 경쟁하는 과점시장에서의 생산시설의 규모는 일반적으로 매우 크며, 시장진입에는 막대한 자본이 소요되기 때문에 신규기업의 시장진입을 어렵게 만든다. 이러한 시장진입에의 장벽은 독점에서와 같이 완벽하지는 않지만 독점적 경쟁시장보다는 훨씬 높다.

이상에서와 같이 과점시장 내에 존재하는 기업들은 상대기업이 어떤 결정을 내리느냐에 따라 각 기업의 최적선택이 달라지는 전략적 상황(strategic situation)에 놓이게 되는 특수성이 있다. 그러므로 경쟁기업에 대한 끊임없는 추측과 그에 따라 의사 결정하는 높은 상호의존성으로 말미암아 무모한 경쟁은 서로에게 불리하다는 인식이 팽배해 있고 그 결과 공동이익을 추구하려는 유인이 높게 작용한다.

(2) 과점 발생의 원인

과점이 발생하는 원인에는 여러 가지가 있다. 우선 첫째, 과점은 규모의 경제(economies of scale) 때문에 생기는 경우가 많다. 만일 전체 시장의 수요를 하나의 기업이 충족시켜도 될 만큼 크지는 않지만 그래도 상당히 큰 경우라면 과점이 발생할 수 있다. 둘째, 각종의 시장진입 장벽 때문에 신규기업의 진출이 막혀있을 때에도 과점이 발생할 수 있다. 마지막으로, 기업들이 경쟁의 압력을 줄이기 위해 합법적 혹은 비합법적인 방법을 동원하여 경쟁기업을 몰아낸 결과로서 과점이 발생하기도 한다. 그러나 과점에는 특징이 다른 여러 형태의 과점기업이 있는데 이들에 대해 간략히 알아보도록 한다.

(3) 과점기업의 형태

① 담합과 카르텔

과점시장의 특징은 과점적 상호의존성과 의사결정이 매우 불확실한 상황에서 이루어진다는 점이다. 이러한 두 가지의 특징은 과점기업으로 하여금 시장수요와 적대기업들의 가격정책 및 광고전략을 알아내기 위한 시장조사에 막대한 비용을 지출하게 만들며, 이러한 상호경쟁으로 인한 막대한 희생을 피하기 위해서 과점기업들은 어떤 형태의 담합(collusion)을 하게 된다. 과점기업 간의 담합이란 생산량, 가격, 판매활동 등에 관하여 명시적 혹은 묵시적으로 서로 합의에 도달하는 것을 말한다.

과점기업들이 서로 담합을 하려는 이유는 첫째, 과점기업 간의 경쟁을 제한함으로써 마치 하나의 독점기업과 같이 행동하여 공동이익을 극대화하려는 데에 있고, 둘째, 무모한 가격경쟁을 사전에 예방함으로써 과점의 불확실성을 감소시키려 하며, 셋째, 공동보조를 취함으로써 신규기업의 시장진입을 저지하여 과점시장의 안정을 도모하려는 데에 있다.

과점기업 간의 담합의 대표적인 사례가 카르텔(cartel)이다. 카르텔이란 같은 종류의 상품을 생산하는 과점기업들이 서로 모여 협조체제를 조성함으로써 하나의 독점기업처럼 행세하는 기업연합체이다. 카르텔에 참가하는 기업들은 담합을 보다 조직적으로 행사하기 위해 협회, 조합, 연합회 등의 중앙기구를 구성하고 개별기업은 경영상의 결정권을 중앙기구에 위임하는 형식을 취함으로써 개별기업의 이윤을 극대화를 꾀한다.

과점기업들이 카르텔을 형성하는 일반적인 목적은 첫째, 판매조건의 통제, 둘째, 최저가격의 설정, 셋째, 생산량과 판매량에 대한 최고 한도의 설정 및 생산량, 판매량의 분할, 그리고 참가기업 간의 사업활동 분할 등이다.

카르텔의 좋은 예는 OPEC(석유수출국기구)인데 OPEC은 1973년에 처음 결성되었다. 일단 카르텔이 결성되면 회원국은 생산량을 할당받고 협정가격을 준수해야 한다. 각 회원국은 지리적으로 널리 퍼져있어도 할당된 양만큼만 동일한 협정가격으로 판매하게 된다. 그러나 카르텔의 회원국가가 지리적으로 흩어져 있다는 사실과 회원국가 간 빈부의 격차와 상품의 질적 차이로 인해 판매량 할당을 정하는 데 마찰이 일기도 하고, 또 협정가격을 어길 소지도 있기 때문에 카르텔은 쉽게 무너질 위험이 있다.

② 가격선도

과점시장이 한두 개의 대기업과 그보다 규모가 작은 여러 개의 과점기업으로 구성된 경우에 소기업들은 스스로 가격을 결정하는 것이 아니라 대기업이 결정해 놓은 가격을 그대로 따르는 경향이 있다. 이와 같이 어떤 과점기업이 가격변화를 선도하고 다른 과점기업들은 그 가격에 순응하는 묵시적인 담합을 가격선도(price leadership)라 한다. 가격을 선도하는 과점기업은 다른 과점기업보다 적은 비용으로 상품을 생산할 수 있는 저비용기업이거나, 다른 기업보다 훨씬 큰 생산시설규모를 갖추고 있는 대규모기업, 혹은 경험과 명성을 갖고 가격을 선도해 나가는 표준적인 기업인 경우가 대부분이다.

③ 판매극대화 모형

과점기업이 이윤의 극대화보다 판매량의 극대화를 목표로 삼는 경우가 있다. 그 이유는 여러 가지가 있는데 그 하나는 장기적으로 시장지배력을 획득하기 위해 단기적으로 이윤극대를 최종목표로 삼지 않고 판매에 치중하려는 데에 있다. 또 다른 이유로는 기업의 소유와 경영의 분리 상태에서 최고경영자 자신이 기업의 이윤극대보다는 판매량극대에 치중하여 최고경영자 자신의 이익을 극대화하려는 데에서 비롯된다. 이와 같이 경영자들이 판매량극대에 관심을 가지게 되는 이유로는 첫째, 판매량의 증가로 인해 판매점을 더 많이 확보할 수 있고 그 결과 소비자들로부터 기업이 생산하는 상품에 대한 평가가 좋아지고 고객을 더 많이 확보할 수 있다는 점, 둘째, 판매량 증가로 금융기관의 신용평가가 높아져 자금조달이 용이해진다는 점, 그리고 마지막으로 판매량의 증가로 경영자의 사회적 지위와 보수가 높아진다는 점 등이다.

(4) 과점의 평가

과점시장의 가격은 일반적으로 독점시장과 완전경쟁시장의 가격수준의 사이에서 결정되는데, 과점기업의 수가 많을수록 신규기업의 시장진입이 용이할수록 가격은 하락하여 완전경쟁시장의 가격에 접근하게 된다. 그러나 과점시장의 가격은 완전경쟁시장의 가격에 비해 경직적인 특징을 갖는다. 과점시장에서의 시장공급은 완전경쟁시장에 비해 적으며 장기적으로 초과이윤을 얻을 수 있는 시장형태이다.

일반적으로 과점기업은 거대한 규모를 가지고 치열한 경쟁을 하기 때문에 신제품 개발이나 기존제품의 생산기술의 향상을 위해 연구·개발을 적극적으로 수행할 수 있는 능력을 가진다. 반면 독점이나 완전경쟁기업은 연구·개발에 적극성이 없거나 기업의 규모가 영세해서 효과적으로 연구·개발에 투자할 수 없다.

과점시장의 경제적 효율성에 대해서 정태적으로 평가해보면 과점기업이 상품의 가격을 높게 책정하고 생산량을 적게 생산하게 된다는 점에서 완전경쟁시장보다 비효율적이라고 볼 수 있다. 그러나 완전경쟁시장이 정태적으로는 낮은 가격과 높은 생산량을 생산한다는 점에서 효율성이 높지만, 반면에 기술진보에 수반되는 규모의 경제나 축적에 의한 성장 등의 동태적인 측면에서 그 경제적 효율성은 유효하게 실현되지 못하는 측면이 있다.

현실의 경제는 기술적·사회적 여건이 부단히 변하는 발전적인 과정에 있고, 반전하고 성장하는 산업에서의 기업의 최적규모는 기술진보에 수반하여 증대할 뿐만 아니라 성장을 위한 초과이윤의 축적이 필요하기도 하다. 그러므로 현실적으로 시장의 과점적 특징을 전제로 하면서 독점에 의한 비효율성을 최소화하기 위해 기업 간의 담합과 같은 협조체제를 최대한 억제하고 배제함으로써 경쟁이 시장에 항상 작용하도록 조치를 취하는 것이 현실에 입각한 경제적 효율성을 증대시키는 방안이라고 할 수 있다. 이와 같은 시장형태를 클락(Clark)은 유효경쟁(effective competition)이라고 명명했다. 유효경쟁이란 자연독점이나 경제성장, 공공재 혹은 소득분배 등을 고려하면서 경쟁을 저해하는 요인들을 모두 제거하고, 또 한편으로는 경쟁이 산업발전과 사회전체의 후생을 저해하는 산업분야에서는 경쟁의 억제요인을 의도적으로 설정하여 적절한 경쟁이 유지되도록 하는 산업형태를 의미한다. 이러한 유효경쟁은 경제정책을 통해 달성할 수 있는 가장 바람직한 산업형태라고 볼 수 있다.

2 시장구조의 측정과 영향요인

1) 시장구조 측정방법

특정의 시장이 완전경쟁시장, 독점시장, 과점시장 혹은 독점적 경쟁시장인지를 판단하는 방법은 시장집중도를 측정하여 그 정도에 따라 시장구조를 가려낼 수 있다. 시장집중도의 측정은 다음과 같이 여러 가지 방법이 있다.

첫째, 가장 단순한 방법으로서 시장에 존재하는 기업의 수로 측정하는 것이다. 어느 특정 시장에서 공급자인 기업의 수가 아주 많다면 이것은 완전경쟁에 가까운 시장이라고 할 수 있고, 이와 반대로 단 하나의 기업이 존재한다면 독점시장이라고 할 수 있다. 또한 완전경쟁과 독점의 양극단적 시장구조의 중간 어디에 해당된다면, 다시 말해서 소수의 기업이 존재하는 경우는 과점시장이라고 할 수 있고, 제품차별화가 이루어지고 있는 다수의 기업이 존재하는 경우에는 독점적 경쟁시장이라고 할 수 있다. 이 방법은 가장 간단한 것이지만 시장에 존재하는 여러 기업 중 핵심기업(central core)과 나머지 다수의 기업(fringe)이 공존하는 경우에는 경쟁관계를 설명하기가 곤란하여 시장구조를 명확히 가려내기 어려운 단점을 가지고 있다.

둘째, 방법은 소득분배에서 흔히 사용되고 있는 지니계수(Gini coefficient)를 이용하는 방법이다. 이 방법은 x축에 누적기업 수의 백분율을 가장 작은 기업부터 누적적으로 표시하고 y축에 누적기업의 당해 누적 판매량의 백분율을 표시하여 그 좌표의 궤적을 이어서 그려지는 곡선인 로렌츠 곡선(the Lorenz curve)을 이용하는 것이다. 로렌츠 곡선은 분배의 불평등도와 상대적 집중도를 측정할 수 있는 도구가 된다. 지니계수(Gini coefficient)는 대각선과 로렌츠 곡선 사이의 면적을 대각선, x축, y축이 이루는 삼각형의 넓이로 나누어줌으로써 얻으며, 0과 1 사이의 범위로 분포의 불균등도를 나타낸다. 지니계수가 0일 때는 로렌츠 곡선과 대각선이 완전히 일치하는 경우로서 완전균등분포를 나타낸다. 그러나 지니계수가 1에 가까울수록 불균등도는 증가하게 되고 지니계수 1은 한 개의 기업이 시장을 완전히 독점하는 완전독점을 나타낸다. 지니계수의 단점은 각 기업의 판매액이 동일하다면 기업의 수와 무관하게 지니계수가 0이 나올 수 있다는 점과 기업의 수가 감소하면 지니계수도 낮아지는 경향이 있기 때문에 시장집중도를 올바르게 평가하기 어렵다는 점이다.

셋째, 시장집중도 측정방법으로 가장 널리 사용되는 방법으로서 상위기업 누적집중률(cumulative concentration ratio)로 파악하는 것이다. 상위 k개의 기업의 누적집중률(CRk)은 특정시장에서 상위 k개 기업이 차지하는 시장집중률의 누계를 의미하는데 그 계산방법은 아래 식과 같다.

$$CRk = (\Sigma Si) \times 100, \quad Si = Xi/\Sigma Xi$$

여기에서 Si는 i번째 기업의 시장판매량(Xi)이 전체 시장에서 차지하는 비중이며, 이 때 판매량 대신 고용이나 부가가치 등의 자료를 사용 할 수도 있다. 이 방법의 장점은 소수의 대기업의 지배적인 위치를 잘 나타내고 있다는 점이지만, k개의 기업 간의 규모의 불균등도를 나타낼 수 없거나 k개의 기업을 선정할 때 자의적일 수 있다는 단점도 가지고 있다.

누적집중률에는 산업의 구별 없이 상위 기업체군이 차지하는 집중률을 나타내는 일반집중률(overall concentration ratio)과 상위 3대 기업 혹은 5대 기업과 같이 k개의 기업이 특정산업에서 차지하는 비중을 나타내는 산업집중률(industrial concentration ratio)이 있다. 누적집중률의 계산은 상품 수나 출하액을 이용할 수도 있으며, 상위 1개 기업의 시장집중률이 80% 이상일 때 독점, 상위 3사의 시장집중률이 60~80%일 때 과점, 그리고 상위 3사의 시장집중률이 60% 이하일 때 경쟁시장으로 보기도 한다.

2) 시장구조 결정 영향요인

시장구조는 기본적으로 시장의 조건이나 정부의 정책, 혹은 기업의 전략 등에 의해 좌우된다. 시장의 조건으로 중요한 것은 시장의 규모, 규모의 경제, 자원의 희소성, 시장의 성장률 등이 있다. 시장의 규모가 크면 클수록 시장집중도 혹은 경제력 집중도는 낮은 경향이 있고, 시장의 규모에 비해 최적규모의 경제 수준이 크면 클수록 시장집중도는 높은 경향이 있다. 생산에 필요한 자원이 희소할수록 시장집중도는 높아질 것이고, 시장이 빠르게 성장할 때 시장집중도는 낮은 경향이 있다.

시장구조에 영향을 미치는 정부의 정책으로는 「독점금지법」, 특허, 인허가, 관세, 쿼터제 및 정부조달정책과 각종 정부규제 등이 있다. 이 가운데에서 시장구조에 가장 직접적으로 영향을 미치는 것은 독점금지법이다. 특허제는 정부가 기술의 발전과 기술투자를 촉진하기 위해 발명이나 새로운 아이디어에 대해 독점권을 인정하는 제도이고. 인허가, 관세정책 및 쿼터제는 국내 혹은 외국으로부터의 시장진입을 억제하는 정책으로써 시장집중도를 높이는 효과가 있다. 정부조달정책의 경우에도 조달계약을 맺은 기업과 그렇지 않은 기업간의 격차가 발생되어 시장집중도에 영향을 미칠 수 있다.

기업의 전략도 시장집중도에 영향을 미치는 중요한 요인이다. 즉, 기업 합병, 인수 등은 시장집중도를 높이는 효과가 있다. 또한 기업의 제품차별화 전략도 차별화된 제품에 대해 독점적 지위를 확보할 수 있도록 하기 때문에 시장집중도를 높이는 효과가 있다.

표 2-2 시장구조 결정요인

시장구조 결정요인	완전경쟁시장 조건	독점시장 조건	과점시장의 조건
공급자/수요자	다수의 공급자와 수요자의 존재	유일한 공급자와 또는 수요자가 존재	소수의 공급자와 다수의 수요자가 존재
제품의 성질	동질적	이질적(대체재의 부재)	동질적
시장진입 여부	자유로운 진입과 탈퇴	매우 곤란	비교적 용이한 진입/탈퇴
정보 여부	판매자와 소비자의 완전한 정보	판매자와 소비자의 불완전한 정보	판매자와 소비자의 불완전한 정보

3 시장경쟁과 소비자주권

1) 시장경쟁구조와 가격결정

시장에서 경쟁의 정도에 따라 가격을 설정하는 방식이 다르다. 완전경쟁시장과 경쟁시장에서는 제품의 가격은 시장의 수요와 공급에 의해 자동적으로 조절된다.

이같은 가격설정은 소비자에게 피해를 주지 않으며 진정한 소비자의 주권이 실현됨을 의미한다.

그러나 과점적 경쟁시장이나 독점적 시장에서 수요자는 가격 수용자(price taker)의 입장이 된다. 이 경우 지나치게 높은 가격으로 인하여 소비자피해가 발생한다. 소비자는 소비자주권을 침해받지만 구매하고자 하는 제품을 생산하는 기업이 하나뿐이기 때문에, 즉 대체제가 없기 때문에 부당하게 설정된 가격임에도 불구하고 선택을 할 수밖에 없다. 다양한 제품을 생산하지 않아도 판매될 것이라는 것이 독점적 시장의 입장이므로 소비자선택의 범위를 제한함으로써 자유로운 소비활동을 할 수 있는 소비자주권의 실현을 어렵게 한다. 그리고 기업 간에 담합을 통하여 부당하게 높은 가격을 부과할 가능성이 존재한다. 기업 간의 담합은 단순히 높은 가격만이 소비자에게 피해를 주는 것이 아니다. 최근 LPG 업계의 담합 과징금을 부과하고 국고로 환수하겠다는 내용의 기사가 있었다(주권닷컴, 2009년 12월 14일). 이 경우 LPG 기업들이 담합을 함으로써 부당한 방법으로 이익을 획득한 것이다. 이러한 이익은 소비자의 돈으로부터 발생한 것이다. 그럼에도 불구하고 정부는 담합행위에 대한 과징금을 국고로 환수하는 것이다. 소비자의 돈이 국고로 환수되는 것은 담합의 피해가 소비자에게로 전가됨을 보여준다.

경쟁시장이 아닌 독점적 시장과 같은 시장구조에서는 가격차별이 가능하다. 가격차별은 동일한 상품에 대해 구입자에 따라 다른 가격을 받는 행위를 말한다. 이러한 가격차별은 이중가격제이기도 하다. 동일 상품에 대해 국내 시장에서는 비싼 가격을, 해외 경쟁시장에서는 낮은 가격을 정하는 것도 가격차별에 해당한다. 이러한 가격차별도 소비자 주권을 침해하는 문제를 발생시킨다. 최근 휴대폰 시장에서 국내가격을 해외 판매 가격보다 지나치게 높게 설정하여 판매하여 소비자의 불만이 많다는 기사가 있다(뉴스핌, 2011년 10월 6일). 뿐만 아니라 소비자 개개인에 따라 가격을 차별함으로써 원래의 가격보다 몇 배 높은 가격을 부과하여 판매하였다. 이러한 문제는 휴대폰 시장에서 유통가격이 명확하지 않아 생긴 시장왜곡현상으로부터 발생한 것이다. 또한 이 문제는 고스란히 소비자가 피해를 입게 된다. 판매자에 비해 소비자가 정보를 덜 갖고 있기 때문에 이러한 부당행위는 쉽게 발생하게 된다.

2) 시장경쟁구조와 제품선택의 범위

완전경쟁시장에서는 공급자의 수가 많기 때문에 다른 경쟁시장에 비해 소비자가 선택할 수 있는 제품의 범위가 넓다. 그에 반해 독점적 시장에서는 소비자가 선택할 수 있는 제품의 범위가 좁다. 자연 독점기업인 한국전력을 예로 들어 보자. 자연 독점기업은 초기에 막대한 자본 규모를 필요로 하기 때문에 대부분 정부가 운영하는 기업이 많고, 전기, 수도와 같은 사업이 이에 해당한다. 그러나 이와 같은 자연 독점은 오히려 이렇게 공급자가 하나일 때가 더욱 효율적이라 할 수 있다. 왜냐하면 초기의 비용이 막대하기 때문에 이러한 기업이 하나 더 추가된다면 그만큼 생산비용은 증가하게 되기 때문이다. 만약 공급자가 늘어난다면 늘어난 총 비용을 충당하기 위해 그만큼 생산가격이 상승할 우려도 존재한다. 이는 곧 소비자에게 전가됨을 의미하기도 한다. 그러므로 자연 독점과 같은 독점구조에서는 제품의 범위가 매우 한정적이다. 극단적인 경우에는 하나라고 볼 수도 있다.

소비자주권은 소비자의 자유로운 선택에 의해 한 경제의 자원이 배분될 수 있음을 의미한다. 그만큼 소비자의 선택이 중요하다. 완전경쟁시장에서도 소비자가 선택할 수 있는 범위가 넓다고 하였으므로, 그만큼 시장의 수요와 공급이 적절하게 반영되고, 이에 따라 효율적인 자원 배분이 가능해진다. 그러나 독점구조에서는 소비자주권실현에 있어 중요한 역할을 하는 선택의 자유를 제한하고 있다.

3) 시장경쟁구조와 제품의 품질

완전경쟁시장에서 제품은 대부분 비슷한 품질을 가진다. 제품의 성질이 동일하기 때문에 비슷한 품질을 가질 수밖에 없다. 그러나 이러한 완전경쟁시장은 현실에 존재하기 힘들다. 그리고 독점적 경쟁시장의 경우에는 제품의 성질이 어느 정도 이질적이다. 즉, 어느 정도의 제품의 차별성을 둘 수 있다는 의미이다. 제품을 차별화하기 위해서는 당연히 제품의 품질을 차별화하게 된다. 예를 들어, 쌀의 경우에도 쌀이 무슨 맛이 나느냐에 따라 차별화가 가능하다. 겉으로는 동질적으로 보일지라도 제품차별화 전략이 가능하다. 물론 이러한 전략에는 좀 더 좋은 품질을 홍보하고 있다. 그러나 이러한 제품차별화 정책은 제품의 품질을 높일 뿐만 아니라 소비자가 선택할 수 있는 제품의 범위를 다양화시킴으로써 소비자주권을 실현시켜준다. 그러나 과점시장은 경쟁제품이 동질적이다. 그럼에도 불구하고 소수의 기업 간의 치열한 경쟁으로 제품을 차별화시키고자 한다. 그러나 과점시장에서는 기업 간의 담합이 존재할 우려가 있다. 이러한 경우 담합은 소비자에게 부정적인 영향을 미친다. 담합으로 인하여 품질을 높여 소비자에게 좀 더 좋은 제품을 제공하겠다는 목표보다는 이익 증가만을 추구할 수 있기 때문이다. 이런 경우 제품의 차별화 정도가 낮아지고 품질 또한 낮아지게 되면서 소비자는 낮은 품질의 가격을 구매해야 하는 피해가 발생한다. 그러나 독점시장에서는 공급자가 하나여서 아예 대체제가 존재하지 않는다. 그러므로 제품의 품질이 어떠하든 소비자는 자신들의 제품을 구매할 것이라는 확신이 존재하여 기업 입장에서는 제품의 품질을 떨어뜨리려 할 우려가 있다. 품질만이 낮아지는 것이 아니라 제품의 가격 또한 상승하여 좋은 품질과 낮은 제품을 소비할 수 있다는 소비자의 주권은 침해당한다.

4) 시장경쟁구조와 기업의 마케팅전략

완전경쟁시장에서는 공급자와 수요자가 많고, 경쟁제품의 성질 또한 동질적이다. 다시 말해, 경쟁사의 제품이 비슷하기 때문에 홍보에 대한 필요성이 낮다. 제품의 성질만이 동일한 것이 아니라 판매 및 판매 후 서비스와 관련된 조건도 같다는 것을 의미한다. 즉, 제품뿐만 아니라 서비스에도 동질성이 적용되어 마케팅의 필요성을 또한 낮추게 된다.

그러나 독점적 경쟁시장의 경우에는 다르다. 이 시장에서 기업들은 자사제품의 차별화에 초점을 두고 있기 때문에 마케팅 및 홍보의 필요성은 매우 높다. 우리나라의 대부분의 시장은 독점적 경쟁시장의 형태이므로 그만큼 다양한 마케팅과 홍보전략들이 존재한다.

과점시장에서는 소수의 공급자만이 존재하기 때문에 그만큼 상대 기업의 변화에 민감하다. 이에 대한 예로, 우리나라는 삼성과 LG가 TV 부문 점유율을 대부분 차지하고 있는 과점시장인 상태에서 이마트가 저가 제품으로 과점시장에 참여한 사례가 있다(연합뉴스, 2011년 10월 27일). 올해로 아날로그 방송이 종료되는 시점에서 TV에 대한 수요가 급증할 것이기 때문에 저소득층을 대상으로 한 마케팅은 소비 대상자를 확대시키고, 그로 인해 더욱 많은 소비자들이 주권을 실현할 수 있게 된다. 이것은 소비자의 선택 범위의 확대는 물론 질 좋은 제품을 선택할 수 있는 기회가 된다.

그러나 독점시장에서는 다른 시장에서와는 달리 치열한 마케팅이 필요 없다. 우선 공급자는 한 명뿐이고, 기업의 홍보가 없더라도 소비자는 이 기업의 상품 및 서비스를 수요하고 소비하게 되어 있기 때문이다.

마케팅이 꼭 좋은 측면만 있는 것은 아니다. 예를 들어 독과점적 경쟁시장에서 기업이 블로그 마케팅을 활용한다고 하자. 블로그 마케팅은 소비자가 알고 싶어 하는 정보가 아닌 불필요한 정보만을 올리는 경우도 있고, 소비자와의 소통의 창구가 아닌 자사제품의 일방적 홍보의 창구로써 이용한다는 단점이 존재한다. 또한 너무나도 많은 블로그 마케팅이 존재하면서 소비자들은 무분별한 정보를 접하게 되고, 어느 것이 진실인지 정보를 잘못 판단하게 만든다. 제대로 된 정보를 제공하여야 소비자가 합리적인 선택을 할 수 있고, 올바른 주권 실현이 가능하다. 또한 지나친 광고는 상품의 시장가격을 상승시켜 증가된 만큼을 소비자에게 전가시킨다. 그럴 경우 소비자는 그만큼 높은 가격을 지불하여야 하는 피해가 발생한다.

5) 시장경쟁구조와 기업의 고객관리

고객관리란 기존 고객에게 다양한 피드백을 제공하여 재구매를 유도하는 활동이다. 그리고 고객을 잠재고객, 가능고객, 가망고객, 구매고객, 재구매 고객, 충성고객, 마니아 등으로 나눌 수 있다. 그러므로 기업의 측면에서는 기존 고객을 지속적 관리를 통하여 충성 고객으로 만드는 것이 중요하다. 충성고객은 재구입시 결정이 빠르며, 주변 사람들을 새로운 고객으로 소개하게 된다. 뿐만 아니라 이러한 충성고객은 그 자체로서 걸어 다니는 광고로 볼 수 있다. 그만큼 주변의 지인들에게 홍보를 할 뿐만 아니라 자신의 블로그나 기타 소셜 네트워크를 통하여 광고할 수 있기 때문이다. 이러한 측면에서 기업은 잠재고객을 충성고객이나 마니아로 만드는 것이 목표라 할 수 있다.

이러한 고객관리 방법을 체계화 한 것 중 한 가지 방법으로 고객관계관리(customer relationship management, CRM)가 있다. 이는 고객의 충성도를 높이고 기존 고객을 유지하며 기업의 수익성을 제고하기 위하여 기업과 고객 간의 관계에 관한 제반 문제를 다루는 것이다. 즉, 기업은 고객이 없으면 기업이 존재할 수 없다는 것을 이해하고, 고객 만족을 제고하기 위하여 최선을 다하는 것이 중요함을 알아야 한다. 특히, 제품의 차별화가 어려운 독점적 경쟁시장과 같은 구조에서는 CRM이 기업의 중요한 자산의 하나가 될 수 있다. 이러한 CRM의 혜택은 다양하다. 보다 나은 고객 서비스를 제공하여 많은 소비자를 유인하고 소비를 이끌어 내며, 판매 직원들의 거래를 보다 신속하게 처리할 수 있도록 하여, 제품뿐만이 아닌 판매 서비스 측면에서도 소비자의 만족을 우선시한다. 이와 비슷한 방법으로 콜 센터의 능률을 향상시키고, 새로운 고객을 발굴하는 것이 CRM의 혜택들이다. 현대에서는 고객의 힘이 증가하고 있지만, 모든 소비자의 능력이 동등하지 않다. 그러므로 CRM과 같은 방식을 통해 소비자들을 구분하고, 이에 맞는 서비스를 제공해야 효율적이다.

그러나 이처럼 소비자들의 수요에 맞게 구분할 수 있는 것은 모든 경쟁시장에서 가능한 것은 아니다. 완전경쟁시장의 경우에는 소비자의 개개인 수요를 반영할 수 없기 때문에 오히려 이런 고객관계 관리방식이 적합하지 않다. 이에 반해 독점적 경쟁시장이나 과점시장, 독점시장의 경우가 이에 적합하다. 고객의 수요파악이 신속하며, 이들의 수요를 파악해야만 소수의 경쟁시장에서 살아남을 수 있기 때문이다. CRM의 방식에 의해 고객층을 나누어 만족시키는 방법은 소비자의 주권 또한 동등하게 실현시켜주는 역할을 한다.

그렇다면 이러한 고객관계 관리방법이 각 경쟁구조별로 어떻게 적용되어지는 살펴볼 수 있다. 우선 완전경쟁시장의 경우는 고객을 개인화하는 것이 어렵다. 다수의 공급자와 수요자가 존재하는 시장이기 때문에 각 기업들이 소비자의 개개인 수요를 파악하는 것은 기술적으로 어렵다. 그리고 독점적 경쟁시장의 경우는 고객관계 관리가 필수적이다. 물론 다수의 공급자가 존재하지만 경쟁제품의 성질이 어느 정도 이질적이기 때문에 상품의 차별화가 한 전략이 될 수 있다. 상품을 차별화함으로써 잠재고객을 유인하고 이들의 요구를 파악하여 충성고객으로 만들 수 있다. 과점시장과 독점시장은 정보의 제공이 불완전하여 소비자주권 실현에 어려움이 있다. 그러나 과점시장의 경우는 오히려 공급자가 소수이기 때문에 이들의 경쟁이 치열할 가능성이 있다. 그렇기 때문에 이러한 기업들은 소비자의 만족에 더욱 더 중점을 둘 것이고, 고객의 관심을 확보하여 자주 접촉하며 한 번의 구매가 끝난 뒤에도 사후적으로 관리가 가능할 것이다. 물론 독점시장의 경우에는 고객관계 관리의 전략 방식이 덜 효과적일 수 있다.

그렇지만 요즘은 소비자보호 측면보다는 소비자주권의 시대이다. 그만큼 소비자는 기대치가 점점 높아지고 있으며, 어떤 시장구조 속의 기업이든 소비자의 높아진 기대치를 충족시켜 주길 원하며, 소비자들은 자신들의 주권을 지키고자 하는 의사가 적극적으로 표출되고 있다. 그러므로 만약 소비자에 대한 피해가 발생할 경우 극단적인 경우에는 소비자들이 독점 기업을 대상으로 대규모 소송이 이루어질 수도 있다. 이러한 예는 마이크로소프트 사의 독점행동에 대한 소비자들의 소송이 있었다(중앙일보, 1999년 11월 11일). 미국 내에서도 독점행위로 시장 가격을 증가시켰고 이는 미국 사회에서 문제가 되었다. 그러나 이 회사가 국내에 진출했을 때에도 이와 같은 문제가 발생하였다. 그래서 결국 이 회사에 내려진 조치로, 독점적 지위를 남용하는 관행의 근절을 요구한다는 것이 생기게 되었다. 가격조절을 통하여 PC 제조업체들을 협박하지 못하도록 똑같은 가격으로 공급할 것을 요구하였다. 이러한 사례를 통해서도 알 수 있듯이 독점시장에서는 고객관계관리를 통한 소비자주권실현에 문제가 존재함을 의미한다.

그러나 고객관계관리 전략에서도 소비자피해가 발생하게 된다. 예를 들어, 업체들 간의 과열 경쟁으로 인하여 대다수의 백화점들의 수익성이 악화될 우려가 있다. 또한 외국 선진 유통업체들의 기존 상권 내의 진출로 인하여 국내의 경쟁이 심화되는 것이다. 물론 소비자의 입장에서는 기업 간의 적당한 경쟁은 이롭다. 그러나 과열경쟁은 소비자의 선택의 범위를 늘려주지만 그만큼 가격의 상승과 같은 문제점을 갖게 된다. 결국 제품 및 서비스를 소비하는 주체는 소비자들뿐이고, 소비자는 경쟁적인 제품의 출현으로 인해 무분별한 광고 및 정보에 노출될 우려가 있고 이로 인해 합리적인 소비를 못하게 된다. 또한 만약 경쟁심화로 인해 값싼 제품이 생산된다면, 소비자는 그만큼 저품질의 상품을 구매해야 하는 문제점이 발생한다.

참고문헌

강철규 외 6인(1993). **현대경제학: 이론과 정책**. 박영사.

김연석 · 구형건(1996). **21세기 한국경제 비전**. 매일경제신문사.

공정거래위원회(2009). **석유시장, 4대정유사 과점체제가 고착화된 시장구조**. 공정거래위원회용역보고서.

대한석유협회(2004). 석유편람.

D.B. Eastwood 저 · 김용희 역(1987). **소비자경제학**. 비봉출판사.

Baltzan · Phillips 공저 · 고석하 역(2009). **비즈니스 정보시스템**. 생능출판사.

산업자원부(2005). 에너지산업연감.

서정희(1991). 소비자주권을 실현하기 위한 소비자보호행정의 역할과 기능. **소비생활연구**, 7, 57-66.

서정희(1993). **소비자주권론**. 울산대학교 출판부.

이승신 · 김기옥 · 김경자 · 심영 · 정순희(1996). **가계경제학**. 학지사.

이준구(1994). **미시경제학**. 법문사.

지식경제부(2011). 석유시장 투명성 제고 및 경쟁 촉진방안. 지식경제부 용역보고서.

정갑원(1996). **경제학원론**. 형설출판사.

최동수(1997). **경제학원론**. 박영사.

한국공정경쟁협회(1996). 공정거래법: 집결 해설 및 평가

한국공정경쟁협회(1996). 공정거래법 자율준수편람: 준수프로그램의 작성과 운영.

허경옥(2011). 소비자학의 기초. 교문사.

홍성태(1999). 마이크로소프트 독점판정과 소비자보호. 서울 YMCA 주최로 열린 토론회 발제문.

CHAPTER 03

소비자와 시장경제

시장경제에서는 무엇을 생산하고, 어떻게 생산하며, 누구를 위해 생산할 것인가의 세 가지 기본적인 경제문제를 시장에서의 수요와 공급에 맡겨 해결한다. 특히 무엇을 생산할 것인가에 대한 결정은 시장에서의 수요에 의해 결정되는데, 수요에 가장 큰 영향을 미치는 것이 바로 개별소비자의 선택이다.

하나의 사회가 사용 가능한 자원을 분배하는 문제가 소비자가 어떤 재화와 서비스를 선택하느냐에 전적으로 달려 있을 때 소비자주권(consumer sovereignty)이 실현된다. 생산과 소비의 상호작용으로 운용되는 시장경제에서 생산되지 않고는 소비가 가능하지 않고, 소비 없이는 생산이 유지될 수 없기 때문에 생산과 소비는 결국 소비자의 요구와 욕망을 충족시키기 위한 경제활동이다. 즉, 시장경제의 경제활동순환에서 소비자의 선택은 가장 중추적인 요소인 것이다. 소비자의 선택은 시장경제의 핵을 이루고 소비자의 수요패턴의 변화는 경제에서 매우 중요한 변수로 작용한다. 따라서 소비자의 올바른 경제행위 없이 시장경제가 제대로 작용하기 어렵다.

이 장에서는 소비자의 개념과 권리, 책임 및 소비자주권에 대해 살펴봄으로써 소비자에 대한 올바른 이해를 돕고자 한다. 또한 소비자에 관한 다양한 시각과 관점을 살펴보면서 소비자의 특성을 파악하고, 개별 소비자의 소비생활이 종합되어 나타나는 소비문화의 특징을 간략히 살펴보기로 한다.

1 소비자와 소비자주권

1) 인간과 경제생활

사회의 구성원인 인간 개개인은 생을 살아가면서 끊임없이 경제활동에 참여한다. 각자의 지식과 기술을 사용한 대가로 소득을 얻고, 필요한 물자를 시장에서 구입하기 위해 지출하며, 부족한 자금을 차용하여 자동차나 집을 구입하기도 한다. 이와 같이 인간은 경제생활을 통해 삶을 영위하며, 소유하고 있는 자원을 가지고 가능한 최대의 만족을 얻으려고 노력한다.

경제생활에서 인간이 담당하는 역할은 다양한데 이를 크게 다음의 세 가지로 구분해 볼 수 있다. 첫째는 일하는 사람(worker)으로서 기술, 지식, 노동 등의 인적자원에 적합한 직업을 구하고, 소득향상에 관심을 둔다. 둘째는 소비자(consumer)로서 벌어들인 소득을 가지고 필요한 물자를 시장에서 조달하기 위해 지출하고, 미래를 위해 저축하며, 물가상승에 관심을 둔다. 셋째는 시민(citizen)으로서 소득, 지출, 저축, 투자, 고용기회 등과 관련된 정책이나 법에 관심을 가지며, 사회공동체를 유지·발전시켜 나간다.

이 가운데에서 소비자의 역할은 경제성장과 산업발전에 따라 한층 중요해졌으며, 소비자의 수요패턴의 변화는 경제의 내용과 방향을 좌우하는 근본 요인으로 작용한다. 즉, 경제성장의 일정 단계에 도달할 때까지는 소비자의 욕망에 관심을 두지 못하고 생산기술의 개발에 주력하며, 일하는 사람(worker)의 역할이 강조된다. 산업화의 진전과 함께 노동자의 소득이 향상되고 구매력을 갖게 되면서 소비자의 역할은 증가한다. 경제발전과 함께 인간은 하루 24시간, 1년 365일을 걸쳐 소비자로서의 다양한 활동과 관심을 표출하며 삶을 영위한다.

2) 소비자의 개념

우리 모두는 소비자이다. 누구나 포함되는 소비자는 흔히 잊기 쉽고 끊임없이 변화하는 집단이다. 모든 사람은 소비자이지만 순간적으로 소비자의 역할에서 빠져

나와 정반대의 관심과 문제를 갖고 소득과 임금을 벌기 위해 직장에서 열심히 일하는 역할에 놓이곤 한다. 그러나 소비자의 개념을 규정하는 것은 일하는 사람으로서 갖게 되는 관심과는 차별되는 독특한 공통관심을 추구하고 실현하고자 한다는 점에 있다.

소비자의 개념에 대한 견해는 여러 각도에서 살펴볼 수 있는데, '개인적 이용을 위해 상품이나 서비스를 제공받는 사람', '타인이 공급하는 물자나 용역을 소비생활을 위해 구입·사용하는 자', '거래과정의 말단에서 구매자로 나타나는 생활인' 등과 같이 국민 일반으로서 공급자에 대립하는 개념이 보편적이다.

현행 「소비자기본법」 제2조 1호에는 "소비자라 함은 사업자가 제공하는 물품 또는 용역(시설물 포함)을 소비생활을 위하여 사용(이용)하는 자 또는 생산활동을 위하여 사용하는 자로서 대통령령이 정하는 자"라고 명시되어 있다.

이와 같이 소비자는 사업자가 공급하는 상품과 서비스를 각자의 생활을 위해 구입·사용하는 자로서 사업자에 대립하는 개념이며, 거래과정의 말단에서 최종소비자로서 각자의 생활을 영위하기 위해 구매하는 생활자이다. 소비자는 구매자와 동의어로 사용되는 경우가 있으나, 시장에는 다양한 구매자가 존재한다. 즉, 생산에 필요한 원료를 구매하는 제조업자(일명, '산업사용자')나 상품을 싸게 사서 이윤을 붙여 다시 파는 중개상인과 소매상인(일명, '중간소비자')도 구매자이다. 그러나 소비자는 사용을 위해 구매하지 판매를 위해 구매하지 않는 유통의 말단에 위치한 구매집단으로서 최종소비자를 의미한다.

3) 소비자주권

헛(Hutt)은 1936년에 '소비자주권(consumer sovereignty)'이라는 용어를 최초로 사용했는데 그는 민주사회에서 국민들이 정치적인 주권을 가지고 있듯이, 시장에서는 소비자들이 경제적인 주권을 가지고 있다고 주장하였다. 소비자주권은 소비자선택의 자유, 혹은 소비자권리와 구별되는 개념이다.

소비자주권은 사회 전체의 자원배분이 소비자의 자유로운 선택에 의해 결정되는 상태를 의미하는 반면, 소비자선택의 자유는 소비자가 구매 여부를 결정할 수 있는 선택대안이 존재하는 시장조건을 의미한다. 그러므로 소비자주권이란 모든 경제과정이 궁극적으로 최종소비자의 욕구를 충족시키는 방향으로 움직일 수 있도록 하는 조건 및 상태 또는 소비자선호에 순응하는 생산활동으로 정의할 수 있다.

소비자가 제한된 자원을 가지고 하나의 경제가 무엇을 얼마만큼 생산할 것인가를 최종적으로 결정한다면, 즉 소비자가 자신의 선호에 따라 욕구충족을 할 때 시장에서의 화폐투표로서 가격기구를 통하여 생산자 측에 그들의 뜻을 전달하여 생산내용과 생산량을 조정한다면 소비자주권은 실현된다. 이와 같이 소비자주권이 실현된다면 소비자의 사후적 후생은 자동적으로 최대가 될 수 있다. 그러나 이를 실현하기 위해서는 그 전제조건이 충족되어야 하는데, 객관적 조건인 경쟁질서의 확보와 주체적 조건인 소비자선택의 합리성이 충족되어야 한다. 오늘날의 소비자문제의 핵심은 소비자주권이 실현될 수 있는 객관적 조건과 주체적 조건이 충족되지 못했다는 점이다.

소비자주권을 실현하기 위한 방안으로는 다음의 여섯 가지를 제안할 수 있다.

첫째, 경쟁정책이 시장경제를 유지하기 위한 질서정책의 기본이 될 수 있도록 경제정책의 기조가 개편되어야 할 것이다.

둘째, 소비자정보가 충분하고 적합하게 공급될 수 있어야 한다.

셋째, 소비자교육을 확대·실시해야 한다.

넷째, 민간소비자단체가 소비자의식을 제고시키고 소비자행정을 강력하게 추진시킬 수 있는 압력단체가 될 수 있도록 소비자운동이 강력한 시민운동으로 정착되어야 한다.

다섯째, 소비자피해구제가 신속하고 간편하게 그리고 저렴한 비용으로 이루어질 수 있어야 한다. 소비자피해구제는 사후적인 소비자보호방법이긴 하지만 소비자피해구제제도가 잘 정비되어 있다면 기업의 횡포를 사전에 방지할 수 있다는 점에서 중요하다.

여섯째, 유효경쟁을 유지하기 위한 경쟁정책은 물론이고, 소비자정보를 제공하고, 소비자교육을 확대하고, 소비자운동을 지원·육성하고 소비자피해구제제도를 정비하는 일에 정부의 활동을 강화해야 한다. 이를 위해서는 소비자행정을 총괄하여 기획하고 조정할 수 있는 전담기구가 설치됨이 바람직하다. 또한 소비자행정에 소비자가 적극적으로 참여할 수 있는 방안이 마련되어야 한다.

2 소비자의 권리와 책임

1) 소비자의 권리

앞서 살펴본 바와 같이 소비자는 시장에서 종속적 지위에 놓인다는 관점에서 소비자문제를 효과적으로 예방하고 구제하여 인간생활의 안정을 도모해야 한다는 당위성이 제기되고 이로부터 소비자권리가 주장된다. 소비자권리를 최초로 선언한 것은 1962년 3월 15일 미국의 케네디 대통령이 의회에 보낸 '소비자의 권익보호에 관한 특별교서'이다. 이 교서에서 선언된 소비자의 4대 권리는 ① 안전할 권리(the right to be safety), ② 알 권리(the right to be informed), ③ 선택할 권리(the right to choose), ④ 의견을 반영시킬 권리(the right to be heard)이다.

1979년 국제소비자연맹(International Organization of Consumers' Unions, IOCU; 1995년에 Consumers International로 개명)에서는 케네디 대통령의 4대 권리에 이어 ⑤ 피해보상 받을 권리(the right to be redress), ⑥ 소비자교육을 받을 권리(the right to be educated), ⑦ 환경을 정화할 권리(the right to clean the environment) 세 가지를 추가하여 7대 소비자권리를 주창하였다.

한국은 1980년 1월 4일에 제정되고 2006년 9월 27일에 전면 개정된 「소비자기본법」에 소비자의 8대 권리가 명시되어 있다. 「소비자기본법」이 규정하는 소비자의 8대 권리에는 첫째, 안전할 권리, 둘째, 알 권리, 셋째, 선택할 권리, 넷째, 의견을 반영할 권리, 다섯째, 피해보상을 받을 권리, 여섯째, 소비자교육을 받을 권리, 일곱째, 단결권 및 단체행동권, 그리고 여덟째로 쾌적한 환경에서 소비할 권리가 포함된다. 이 가운데에서 셋째 권리까지는 사업자의 사업활동의 적정화를 통해서 지원되는 영역이고, 넷째부터 여덟째까지는 소비자에게 지원되는 영역이라 할 수 있다.

「소비자기본법」에 명시된 소비자의 8대 권리를 구체적으로 살펴보면 다음과 같다.

(1) 안전할 권리

모든 소비자는 인간이기 때문에 개인의 생명과 신체의 위험으로부터 자신의 생존을 보호하려는 본능을 가지고 있다. 따라서 모든 소비자는 사업자들로부터 제공받는 상품 및 서비스로 인한 생명·신체 및 재산상의 위해로부터 보호받을 권리를 가지고 있다.

(2) 알 권리

오늘날과 같이 고도화된 경제사회에서 소비자들이 자기가 원하는 상품이나 서비스를 올바르게 구매하여 자신들의 욕구를 만족시키기 위해서는 이들에 대한 정확한 지식과 정보가 필요하다. 따라서 소비자는 상품 및 서비스를 바로 선택함에 있어서 필요한 지식 및 정보를 제공받을 권리를 가진다.

(3) 선택할 권리

모든 소비자는 자기가 원하는 상품이나 서비스를 스스로 선택할 권리를 가지고 있다. 즉, 자본주의 경제체제하에서는 소비자주권을 가진 소비자가 상품이나 서비스에 대한 최종적인 판단자로서의 역할을 하고 있다. 따라서, 소비자는 상품 및 서비스를 사용 또는 이용함에 있어서 거래의 상대방, 구입장소, 가격 거래조건 등을 자유로이 선택할 권리를 가지고 있다.

(4) 의견을 반영할 권리

모든 국가활동의 궁극적인 목적은 국민들의 복지후생증대에 있다. 따라서 모든 국민들인 소비자는 그들의 생활에 영향을 주는 정부의 정책수립과 시행에 대하여 의견을 반영시킬 권리를 가지는 것은 당연하다. 그러므로 소비자는 소비생활에 영향을 주는 국가 및 지방자치단체의 정책과 소비자의 사업활동 등에 대하여 의견을 반영할 권리가 있다.

(5) 피해보상을 받을 권리

소비자보호의 가장 효율적인 방법은 소비자피해를 미연에 방지함으로써 소비자 불만을 없애는 것이다. 그러나 현대 경제사회에서는 여러 가지 구조적 모순에 의해 소비자의 피해를 사전에 완전히 방지하는 것은 불가능한 일이다. 따라서 소비자의 피해가 발생하면 이를 보상해 주어야 한다. 그러므로 소비자는 상품이나 서비스의 사용 및 이용으로 인해 입은 피해에 대해서 신속하고 공정한 절차에 의해 적절한 보상을 받을 권리가 있다.

(6) 소비자교육을 받을 권리

소비자교육은 모든 소비자를 경제학에서 말하는 합리적인 결정을 하는 인간으로 교육함으로써 소비자문제를 해결하는 데 매우 중요한 기능을 가지고 있다. 그러므로 소비자는 합리적인 소비활동을 영위하기 위하여 필요한 교육을 받을 권리를 갖는다.

(7) 단결권 및 단체행동권

소비자문제를 해결하는 데 있어 가장 중요한 것은 소비자 스스로의 권리와 의무를 다하는 것이다. 따라서 소비자는 경제적·사회적 지위향상과 권익보호를 위해 단체를 조직하고 이를 통해 활동할 수 있는 권리를 가진다.

(8) 쾌적한 소비생활 환경에서 소비할 권리

환경에 대한 의식이 높아지면 2001년 제4차 개정된 「소비자보호법」에는 환경에 대한 소비자의 권리와 역할이 명시되고 환경친화적 소비와 관련된 국가 및 사업자의 의무가 규정되었다.

2) 소비자의 책임

일반적으로 권리에는 이에 상응하는 책임을 포함해야 하는데 소비자책임에 대해서는 소홀히 취급되는 경향이 있다. 소비자권리는 소비자 자신이 이를 자각하고 권리의 주체로서 적극적으로 행동할 때 비로소 실현된다. 소비자는 스스로의 권익을 향상시키기 위해 필요한 지식을 습득하고 자주적이고 적극적인 행동을 취함으로써 그 책임을 다 해야 한다. 국제소비자기구(Consumers International)는 소비자의 책임에 대해 다음의 다섯 가지로 정리한 바 있고, 최근에는 기업의 사회적 책임을 더욱 강조하는 입장에 있다.

(1) 비판의식(critical awareness)

소비자는 시민으로서 모든 재화와 서비스의 유용성, 가격 및 품질에 대해 비판적인 질문을 던질 수 있어야 한다.

(2) 적극적 참여(action and involvement)

소비자는 시민으로서 지식과 의식을 터득한 후에는 그들의 요구가 받아들여 질 수 있도록 확실하게 행동해야 한다.

(3) 생태학적 책임(ecological responsibility)

소비자는 무분별한 자원과 에너지의 사용이 자연환경에 미치는 심각한 영향을 인식해야 한다.

(4) 사회적 책임(social responsibility)

소비자는 경제적인 이익의 우선 때문에 그들의 선택이 문화적·사회적으로 어떤 결과를 가져오는지 무관심하지만 사회적인 책임을 인식해야 한다.

(5) 단결(solidarity)

소비자는 공공의 관심과 지지를 확보하기 위해 소비자 조직을 통하여 활동해야 한다. 이밖에 고든(Gordon)과 리(Lee)는 현대 경제사회에서 소비자가 담당하는 역할과 기능을 잘 인식하고, 노동력시장에서 착취당하지 않거나 착취하지 않아야 하며, 모든 거래에서 정직해야 한다고 하였다. 스탬플(Stample)은 소비자가 개인이나 기계의 기능적 혹은 사회·심리적 효용을 극대화시키는 시장선택을 하도록 노력하고, 시장선택에 앞서 유용한 모든 정보를 수집해서 그 진가를 파악해야 하며, 상품사용에 따른 물리적인 위험을 이해하고, 판매자가 제시한 사용지시서 대로 사용하여 잘못 사용하는 일이 없도록 하고 다른 소비자의 물리적·심리적·환경적 안전을 침해하지 않도록 상품을 사용해야 한다고 지적하였다. 또한 데이비스(Davis)도 표시책자, 사용설명서 등에 있는 정보를 사용할 책임을 강조하였고, 청구서에 대해 지불해야 하며 계약서에 도장을 찍기 전에 그 내용을 읽고 이해해야 할 책임이 있다고 하였다.

3 소비자에 관한 다양한 관점

20세기 후반부터 인간은 샐러리맨, 교사, 기술자 등의 역할보다도 소비자라는 입장에서 서로 이야기하고 생각하고 생활하기 시작하였다. 인간생활에서의 기쁨과 즐거움은 거의 소비하는 양과 질로 표현되고, 성공도 소비자로서 얼마나 잘 지내고 있는가의 측면에서 평가되기 시작하였다. 그러므로 소비의 의미가 단순히 인간의 욕구를 충족시키는 수단에 머물지 않고, 사회생활과 대인관계 그리고 인식과 이미지까지 관련되는 의미로 확장되었다.

인간생활의 거의 모든 분야에서 소비자는 관심의 대상이 되었고 정책입안자, 마케터, 정치가, 환경보호론자, 언론인 등 각 분야 종사자들은 그들의 눈과 귀를 소비자에게서 떼지 못하고 있다. 이와 같이 각기 그 전통과 관점이 다른 다양한 분야에서 소비자에 대한 관심이 고조되면서 소비자에 대한 설명과 해석은 매우 다양하게 이루어지고 있다. 소비자에 관한 다양한 관점을 살펴봄으로써 소비자의 의미가 얼마나 다양한 측면에서 중요한지 생각해보도록 하자.

1) 선택자로서의 소비자(the consumer as chooser)

선택은 소비자 생활의 중심 가치로 자리잡고 있다. 선택이 소비자에게 주는 이점은 첫째, 모든 선택은 좋은 것이고 바람직한 것으로서 소비자에게 더 많은 선택이 주어질수록 좋은 것이다. 둘째, 선택은 경제 전반에도 유익한 것으로서 효율성, 성장, 다양성 등을 움직이는 힘으로 작용한다. 셋째, 선택이 존재하는 사회체계는 그렇지 않은 체계에 비해 월등히 낫고, 선택이 궁극 가치로 작용한다. 마지막으로 소비자본주의란 모든 사람에게 더 많은 선택이 주어진다는 것을 의미한다.

이와 같이 선택이 소비자에게 중요한 의미를 가지지만 선택에는 몇 가지 제한점이 있다. 첫째, 정보가 주어지지 않은 상태에서의 선택이란 진정한 선택이 아니기 때문에 어떤 종류의 정보가 얼마만큼, 그리고 누가 제공하는 것이 소비자에게 적합한 것인지의 문제가 제기된다. 둘째, 비슷비슷한 대안들 사이의 선택이란 진정한 의미의 선택이기보다는 제한된 범위 안에서의 선택일 뿐이다. 셋째, 자원을 가진 자에게만 선택이 국한된다면 모든 사람에 대한 선택의 이점은 감소한다. 왜냐하면 부자라는 것은 도움이 되겠지만, 여유가 있어야 한다는 것이 선택을 통해 행복을 얻는 전제조건은 아니기 때문이다. 넷째, 선택범위가 지나치게 많으면 최상의 대안을 선택하는 일이 골칫거리가 되기 때문에 너무 많은 선택은 오히려 보상을 감소시킨다. 다섯째, 구매한 중고차가 자주 고장이 난다거나 수술의 결과가 만족스럽지 않을 때 불평의 한계가 있듯이 때로는 선택이 책임회피나 속임수의 연막으로 이용될 수도 있다.

선택은 옳고 그름, 좋고 나쁨과 같이 도덕적 차원과 필연적으로 연결되어 있다. 모든 소비자가 선택에 익숙해 있기 때문에 선택은 민감한 문제이다. 사람들은 선택을 당장 하지 못하더라도 선택할 권리는 가지고 있다고 믿고싶어 한다. 모든 것을 다 잃는다 해도 가장 마지막까지 움켜쥐고자 하는 것은 아마도 선택의 권리일 것이다.

선택자로서의 소비자에 대한 설명은 다양하게 이루어졌다. 소비게임에서 이기려고 노력하는 게임 참여자로 소비자를 비유하는 게임이론(game theory)이 있는가 하면, 소비자가 위험과 불확실성을 감소하기 위해 공식적·비공식적 정보, 판매원, 판매촉진 등 제반조건을 잘 고려하여 현명하게 선택한다는 설명도 있다.

선택에 관한 또 다른 관점은 소비자를 문제해결자로 간주하고 문제를 어떻게 인지하고 선택의 결과를 어떻게 인지하느냐에 따라 선택이 달라진다는 설명이 있다. 또한 소비자는 목표를 가지고 정보를 탐색·평가하여 최상의 대안을 가려내는 정보탐색자나 정보처리자로 설명되기도 한다. 소비자선택을 사회적 접촉을 위한 하나의 매개체로 간주하기도 하여 소비자들이 사교를 위해 쇼핑을 한다는 설명도 있다. 또 다른 학자들은 원하는 목적을 상품이 달성하는지 아닌지를 의식적으로 가려내는 행위로 선택을 파악함으로써 소비자들이 실용주의자라는 주장을 펴기도 한다.

이상에서와 같이 소비자선택에 대한 다양한 설명이 존재하는 것은 소비자선택이 매우 복잡한 현상을 포함하고 있음을 의미한다. 그러나 소비자선택에 대한 여러 가지의 설명의 밑바탕에는 소비자선택이 합리적으로 이루어진다는 가정이 깔려 있다.

2) 의사소통자로서의 소비자(the consumer as communicator)

소비자를 의사소통자로 보는 관점은 소비제품과 같은 물질적인 사물에 대해 소비자가 부여하는 의미나 느낌에 따라 그 사물의 사회적 가치가 다르고 사물은 소유자의 사회적 위치를 나타내는 표시물 혹은 의미전달물이 될 수 있으며, 이러한 표시물들을 이용하여 의사소통이 이루어진다는 것이다. 물론 우리는 언어를 통해 의사소통 하지만 몸동작이나 예절을 통해 그리고 매일매일 사용하고 전시하고 버리는 셀 수 없이 많은 소비제품들을 통해 의사소통한다.

소비자를 의사소통자로 보는 것은 상품의 문화적 가치와 그들을 구성하고 있는 의미에 대해 연구하기 시작한 문화인류학자와 사회학자의 관점으로서 사물의 경제가치나 교환가치가 생물학적 혹은 사회적 요구에 의해서 보다도 궁극적으로 문화적 가치로부터 나온다고 간주한다. 그러므로 소비자가 상품을 구입하는 것은 그 상품이 소비자에게 무엇을 해줄 수 있기 때문이기보다는 그 상품이 소비자에게 어떤 의미가 있고 소비자 자신들에 대해 무엇을 말해줄 수 있기 때문이라는 것이다. 사물은 어떤 일이 있었는지를 나타내주거나 혹은 애매 모호함을 없애주거나 또 경우에 따라서는 의미를 확고히 하는 증거물이 된다는 것이다. 예를 들어 결혼반지는 두 독립된 남녀를 아내와 남편으로 바꾸어 혼인상태를 나타내는 사물이고, 결혼반지의 용도는 그것을 끼고 있는 사람들에 대해 전하는 이야기에 있다는 것이다.

상품이 갖는 의사소통적 특성에 초점을 맞춘 초기 이론가로는 소스타일 베블런(Thorstein Veblen)과 조지 짐멜(George Simmel) 두 사람을 꼽을 수 있다. 1899년에 초판이 발행된『유한계급론(A Theory of Leisure Class)』에서 베블런은 상품이 신흥부유층 사이에서 기능적 특질을 잃어 가는 대신 사회적 지위를 나타내주는 사물이 되어가고, 상품의 소유자나 사용자가 그들 손으로 일하지 않는다는 것을 나타내는 기능을 한다는 것이다. 그러므로 상품은 소득수준과 여유로운 라이프스타일을 나타내주는 지위표시물이라는 것이다. 베블런은 상품을 소득수준을 나타내주는 확실한 증거로 간주함으로써 과시소비나 과소비가 욕심이나 탐욕 때문이 아니라 사회적 지위와 연결된 동기에 기인하는 것으로 파악하였다. 그의 주장의 핵심은 인간은 남보다 뒤지지 않기 위해 좀 더 소비하려는 경쟁적인 지출을 한다는 것이다.

베블런과 마찬가지로 짐멜도 소비를 사회적 지위와 계층이 형성되고 의사소통되는 과정으로 간주하였다. 1904년에 초판이 발행된 짐멜의 유행(fashion)에서 사람들은 사회적으로 자신들보다 위에 있는 사람들의 의상패턴을 경쟁적으로 모방하려 하고, 상위집단은 끊임없이 새로운 유행과 경향을 수용함으로써 추종자와 격차를 벌이려 한다고 하였다. 그러므로 짐멜은 지위경쟁이 모방뿐만 아니라 차이 혹은 차별에 의해 일어난다는 주장을 폈고, 유행도 바로 모방과 차별의 동기에서 비롯된 것이라고 보았다.

베블런과 짐멜의 논리가 널리 인식되기 시작하면서 상품이 사회적 지위를 나타내는 상징물이라는 개념이 자리잡게 되었고, 오늘날 소비자를 의사소통자로 간주하는 발판이 마련되었다. 그 후 차츰 소비를 수동적인 모방이나 경쟁적인 차별의 동기 대신에 소비자들이 선택하는 상품으로 자신들이 구축하고픈 세계를 만들어 나가기 위한 목적에서 행해지는 의미로 인식하게 되었다. 상품은 단지 사회적 범주와 계층을 전달하는 의사소통수단일 뿐만 아니라 아주 다양하고 구체적이고 상징적인 의미를 구축하는 수단으로 파악되었다.

상품이 의사소통체계의 일부분이라는 인식은 끝도 없이 충족될 것 같지 않는 현대 소비의 특성을 탐욕과 시기의 개념을 빌리지 않고도 설명할 수 있다는 가능성을 열어주었고, 또 얼마나 많은 다양한 상품들이 혼합된 이야기를 만들어내기 위해 합해지는지, 그리고 왜 사람들은 사치재를 구입하기 위해 필수재는 없이 지내는지 등을 이해하는 데에 많은 도움을 주고 있다. 그러나 소비자를 의사소통자로 파악하는 관점은 이러한 장점과 함께 여전히 소비행동의 어느 부분만 다룬다는 한계를 지닌다.

3) 탐험가로서의 소비자(the consumer as explorer)

채워지지 않는 호기심을 가지고 끊임없이 색다름을 추구하며 활동적이고 참을성 없는 탐험가로서의 소비자에 대한 이미지는 일찍이 보드리아르(Baudrillard)를 비롯해 1980년대 부르디외(Bourdieu), 바우만(Bauman), 페더스톤(Featherstone), 그리고 맥크라겐(McCracken)과 같은 문화이론가들의 생각을 뒷받침했다. 쇼핑행위는 질 좋은 상품을 값싸게 사는 관리능력으로부터 좀 색다르고 규격에서 벗어나며 각자의 이름이나 얼굴이 새겨진 전용상품을 찾는 다분히 창조적인 능력을 요구하는 행위로 바뀌었다. 이와 같이 호기심 어린 탐험가로 소비자를 간주하는 관점은 차이나 색다름을 찾는 인간의 욕구에서 비롯된다.

소비자의 탐험가적 기질은 마케터의 끊임없는 공격대상이 되고, 이색적인 진열, 독특한 향기, 색다른 볼거리, 현란한 판매행사 등의 유혹을 받아보지 않은 소비자가 없을 정도이다. 현대 소비자에게 쇼핑과 탐험은 하나가 되어 신제품, 새로운 유행, 새로운 형태의 즐거움 등을 찾아다니는 쇼핑행위에서 소비자들은 호기심을 발산한다. 집에서 편안히 잡지를 보거나 이웃과 만날 때도 탐험은 계속되고, 좀 더 적극적으로 여행하면서 진기한 풍경을 카메라에 담거나 기념품을 모으기도 한다. 또는 거리의 진열창을 지나며 최신의 유행을 탐험하기도 하고, 모바일 기기를 이용한 새로운 쇼핑 형태에서도 탐험은 이어진다. 결국 탐험 없는 소비행위를 상상할 수 없게 되었고 소비행위 없는 탐험을 상상할 수 없게 되었다.

또한 값싸고 질 좋은 상품을 찾아다니는 알뜰구매도 탐험의 한 과정으로 간주할 수 있는데, 이러한 탐험적 행위는 경제학자, 사회학자, 심리학자들의 소비연구의 대상이 되지 못했고 단지 문화이론가의 관심의 대상이었다. 현대 소비에 대한 논의에서 탐험의 개념을 소개한 몇 안 되는 경제학자들 가운데 스키토브스키(Scitovsky)는 소비자행동과 같은 인간행동의 가장 중요한 근본 동기가 새로운 것에 대한 갈망, 즉 미지의 것을 알고싶어 하는 욕망이라는 것을 인식하지 못한 경제학자들을 비판했다. 새로운 것과 새로운 생각에 대한 갈망은 인류 발전과 문명의 원천이고, 이것이 만족의 또 하나의 원천이라는 것을 인식하지 못한 것은 잘못이었다고 그는 지적한다.

그러나 탐험가로서의 소비자에 대한 관점은 무엇이 탐험할 가치가 있게 만들고 어느 시점에 매력을 잃고 새로운 것을 찾게 만드는지를 밝히지 못했다. 또한 상표충성과 같이 소비자들이 익숙한 것, 안전한 것을 찾는 수많은 경우에 대해 설명하지 못했다. 현대 소비의 뚜렷한 모순의 하나는 친숙한 것과 낯선 것을 동시에 갈망하는 것이며, 소비자들은 습관적인 것으로부터 편안함을 얻는 동시에 모험적인 것을 추구한다. 바로 이것이 현대 소비현상에서 일관성과 보편성이 상실되고 부조화와 분열이 공존하는 포스모더니즘적 특성을 나타내는 하나의 단면이다.

4) 피해자로서의 소비자(the consumer as victim)

1950년대 밴스 패커드(Vance Packard)의 책 「숨은 설득자들(The Hidden Persuaders)」에서 심리학의 새로운 기법과 광고가 소비자들을 조종한다는 사실이 폭로된 이래 피해자로서의 소비자에 대한 이미지는 소비사회에 깊이 자리잡게 되었다. 소비자는 부도덕한 상술의 희생자로 보여졌을 뿐만 아니라 심리학의 발전과 함께 고도의 기법을 적용해보는 소재로 여겨졌다.

문화이론가의 관점과는 달리 소비자옹호자와 소비자운동가들은 시장개방의 물결로 하나가 되어 가는 세계자본주의시장에서 소비자의 약점은 더욱 증가한다고 강조했다. 그들은 상거래가 존재하는 한 소비자를 속이고 위해할 가능성은 항상 존재하고, 소비자와 기업 간에는 힘의 불균형이 존재하여 소비자보호가 필연적이라는 주장을 편다. 선진국에서의 소비자보호는 시장행위에 대한 법규와 경쟁의 결합으로 이루어지는 추세에 있고, 소비자와 정부 그리고 기업의 3 경제주체 간의 힘의 균형에 관심을 쏟는다. 소비자보호에 영향을 미치는 요소로는 법이나 정책과 같은 구조적인 요소와 정보, 소득, 사회적 지위와 같은 개인적인 요소의 두 가지가 포함된다.

피해를 경험한 소비자들의 수가 증가하면서 협력의 원리를 발견하여 공동 행동을 행사하는 소비자조직이 결성되고 소비자운동이 활발하게 이루어졌다. 그러나 소비자 집단은 매우 이질적이고 개인적인 집단이기 때문에 무임승차의 유인이 크게 작용한다는 점에서 소비자운동의 한계가 있다.

또한 소비자들이 정부기관으로부터 부적당한 정보를 얻거나 기업과 불리한 거래를 하게 될 때뿐만 아니라, 더 좋은 상품을 기대할 때 소비자는 계속해서 피해자가 된다는 지적이 나오고 있다. 즉, 재화에 대한 높은 기대감과 끊임없는 재화에 대한 욕구로 인해 삶은 힘을 잃어갈 것이라는 지적이다. 최상의 거래를 갖는다는 확신을 가지며 점점 더 재화의 노예가 되어 간다는 것이다. 그러므로 소비에 의해 우리의 삶을 개선시키려는 노력을 경주하면서 우리들은 우리의 소외를 악화시키는 힘에 스스로 굴복하고 말 것이라는 것이다.

5) 운동가로서의 소비자(the consumer as activist)

운동가로서의 소비자에 대한 이미지는 도덕적인 맥락에서 모든 소비자의 몫을 향상시키기 위해 집합적인 조직체의 필요성을 강조하는 관점이다. 행동주의적 소비자운동은 지금까지 네 가지의 물결로 발전되어 왔다.

첫 번째의 소비자운동의 물결은 상품의 과도한 가격과 조악한 품질에 대한 노동자 계층의 협동조합적 반응으로부터 시작되었다. 현대적 형태의 협동조합운동은 1844년 산업화 과정이 극도에 달할 무렵 영국의 북서부지방 로치테일(Rochdale)에서 조합원들이 매점을 직접 운영하는 데에서 시작되었다. 그 당시의 열악한 상황에도 불구하고 소비자에 대한 이념은 탄생하게 되었고 발전하였을 뿐만 아니라 소비자들이 생산에 대항하는 힘을 행사할 수 있음이 실질적으로 입증되었다.

두 번째의 소비자운동은 19세기 후반과 20세기 초반에 미국에서 시작되어 1930년대에 현대적 형태를 갖춘 것으로써 독점자본에 의해 소비자에게 부과되는 위험을 인식하고 상품테스트와 소비자교육 및 정보에 관심을 쏟는 것이었다. 소비자가 시장환경에 좀 더 효과적으로 행동할 수 있도록 교육하고 정보화시킴으로써 지불한 돈에 상응하는 가치(value-for-money)를 얻는 데에 관심을 두었다. 그러나 이러한 소비자운동은 소비자들 사이에 공통적인 관심사가 존재하지 않아 무임승차의 유인이 크게 작용하며, 민간 소비자단체가 힘을 행사할 수 있기 위해서는 더 많은 세금을 내야 한다는 한계점을 안고 있다.

세 번째 소비자운동의 물결은 두 번째 물결과 같이 미국에서 시작되었는데 그 중심 인물은 랄프 네이더(Ralph Nader)이다. 네이더는 개별 소비자와 거대한 기업 간의 힘의 불균형에 대해 역설하였고, 소비자정책의 새로운 혁명을 불러일으켰다. 그는 소비자운동의 역할을 시장에서 소비자가 최상의 거래를 하는 것으로부터 점차 확장하여 시장 자체에 맞서는 것으로 간주하였다. 두 번째의 물결에서처럼 정보의 중요성이 강조되고 정보가 자유롭게 흐를 수 있어야 하고 공명정대해야 한다고 주장하였다. 네이더 주의는 1990년대 세계적인 규제철폐와 경제블록의 대두와 함께 새로운 국면을 맞아 소비자집단뿐만 아니라 환경단체, 동물보호단체, 무역연맹 등의 단체와 연합하는 범세계적 소비자운동으로 발전하여 국제소비자기구(Consumers International)와 같은 국제기구의 출현 배경이 되었다.

네 번째 소비자운동의 물결은 1970년대에 서서히 등장하여 1980년대에 가속화된 대안적 소비(alternative consumption)에 관심을 쏟는 것이다. 이 물결은 녹색(green), 도덕적(ethical), 제3세계 연대(Third World solidarity), 공정무역기구(fair trade organization)와 같은 다양한 요소를 포함하는데, 이 가운데에서 가장 영향력 있는 것은 환경보호적 소비자운동으로써 환경친화적 제품의 사용으로부터 소비 자체를 절제하는 데에 이르는 다양한 방법으로 환경을 보호하는 데에서 소비자가 주도적인 역할을 담당해야 한다는 주장을 한다.

이상과 같이 소비자를 운동가로 간주하는 소비자행동주의는 소비자복지에 지대한 공헌을 했다. 그러나 이상하게도 소비자행동주의는 현대 소비문화이론가들의 논의에서 제외되었으나, 소비자운동가의 공헌이 없었더라면 소비에 대한 논의의 내용도 달라졌을 것이다. 소비자행동주의는 소비를 개인주의적이지 않은 인간의 행동으로 해석하여 집합적인 원리에 따라 조직화될 수 있다고 보았다. 소비자운동가의 영향은 소비에 도덕적이고 정치적인 행동의 차원이 존재한다는 것을 밝혔다는 점에서 매우 중요하다.

6) 시민으로서의 소비자(the consumer as citizen)

우리가 소비자로서 생각하는 것은 전혀 어색한 일이 아니지만 시민으로서 자신을 바라보는 것은 좀 어색하다. 시민이라는 개념은 분명하지도 않고 특별히 매력적이지도 않은 권리와 의무 사이의 균형뿐만 아니라 상호의존과 견제를 포함한다. 반면 소비자는 사회구성원일 필요도 없고 사회를 위헤 행동해야 할 의무도 없으며, 시장에서 죄책감이나 사회적 의무감 없이 자유로이 선택할 수 있다. 이렇게 상이한 두 개념이 1980년대에 들어와 합쳐지게 되었다.

소비사회의 물질주의의 한계와 환경오염의 문제에 직면하면서부터 책임 있는 소비자, 사회적 식견이 있는 소비자, 앞서 생각하고 사회적 자각에 비추어 자신의 열망을 조화시키는 소비자, 도덕적 행동을 하고 공동복지를 위해 개인적 쾌락을 희생시킬 준비를 할 줄 아는 소비자의 개념이 필요해졌고 이러한 배경에서 소비자의 개념은 시민의 개념 쪽으로 방향을 확대해 나갔다. 소비자는 새로운 사회규칙을 수립하기 위해 결속해야 하고, 그 새로운 사회규칙이란 지역사회 단위의 협소한 범위가 아니라 세계적 규모로 사회통합을 회복시키는 것이다. 앞으로의 소비자는 인류공동의 부의 견지에서 시민으로서 행동하고 살아나가야 한다. 이와 같이 시민의 개념이 소비의 논점에 들어오게 되면서 시민으로서의 소비자는 직접적인 행동이나 참여뿐만 아니라 간접적으로 국가를 통해 시장을 있는 그대로 받아들이는 것이 아니라 조정하고 통제하고 변화시켜나갈 수 있다.

시민으로서의 소비자의 관점은 그리 전망이 밝지는 않다. 왜냐하면 이미 1980년대와 1990년대에 서구 국가의 투표권자들이 사회적으로 책임 있는 행동을 촉구하는 말들을 많이 들어왔으나 막상 투표장에서는 세금을 적게 내어 자신의 봉급을 더 많이 쓸 수 있는 기회를 주는 후보에게 표를 던졌다. 세계는 G5, G7, G20로 확대되는 세계경제 현안 논의 체제나 OECD와 같은 강력한 조직으로 경제 정책 협력을 위해 연합되어 가고 있고 IMF나 세계은행 등의 세계적 기구들은 더욱 강력해지고 있으므로 시민으로서의 소비자가 그들의 경제를 통제하고 조정할 수 있는 능력은 제한될 것으로 보인다. 그러나 시민으로서의 소비자는 경제구조를 재조정하고 어떤 식으로든 세계화된 의사결정과정에 그들의 주장을 반영할 수 있을 것이기 때문에 범세계적 시민, 국경 없는 시민으로 재정의되고 재형성된 개념으로 다가올 소비사회의 심각한 도전에 임하는 탄탄한 동맹을 형성할 수 있어야 할 것이다.

지금까지 우리는 소비자에 관한 다양한 관점을 살펴보았다. 이 과정에서 우리는 '소비한다'라는 개념만큼 다양한 의미로 파악되는 말이 없다는 것을 확인할 수 있었다. 다양한 분야에서 소비자를 가장 관심 있는 대상으로 삼기 시작하였고, 다양한 의미로 파악될 수 있게 된 배경에는 역사적인 요인이 작용한다. 프로테스탄트의 노동관의 퇴화, 냉전시대를 통해 서구 소비사회의 우월성 입증, 기업 측뿐만 아니라 소비자 측도 정치적 권리를 행사하는 중요한 집단으로 인식, 그리고 정보시대를 맞아 새로운 형태의 의사소통과 정보교류의 대두 등이 소비자에 대한 관심을 고조시켰다. 그러므로 역사가 발전하여 앞으로 전개되는 미래사회에서의 소비자는 오늘날의 소비자와 그 모습이 전혀 다를 것이고, 지금까지 논의한 소비자에 관한 다양한 관점도 전혀 쓸모 없는 것이 될 수도 있을 것이다.

본 서에서는 선택자로서의 소비자에 대한 관점을 그 중심으로 삼으며, 아울러 피해자로서의 소비자에 대한 관점과 운동가로서의 소비자에 대한 관점을 도입하여 소비자와 시장의 상호작용 및 시장실패에 따른 소비자보호의 측면을 중점적으로 다룬다.

4 소비자의 특성과 역할

1) 소비자의 특성

소비자는 자신의 생활영위를 위해 시장거래에 임하는 거래의 주체로서 인간의 약점이 항상 전면적으로 드러난다. 소비자가 행하는 거래의 주체는 인간이고 거래의 목적은 생활영위에 있으며, 시장거래에 있어서 경제적 효율성뿐만 아니라 인간의 약점을 동시에 드러내는 특성을 지닌다.

또한 소비자의 요구(needs)와 욕망(wants)은 다양하기 때문에 그들의 관심영역과 거래행위는 광범위하다. 이러한 광범위성으로 말미암아 대부분의 제품군에서 소비자는 비전문적이며 이것은 소비자의 힘을 분산시켜 총체적으로 국민경제에 미치는 거시적인 힘은 있으나 개별소비자의 행동으로 행사할 수 있는 미시적인 힘은 매우 미약하게 만든다.

한편, 자본주의 경제기구는 자본의 집중으로 거대한 기업체를 생성하고 사업자는 자본과 조직력을 바탕으로 각종 정보를 집중 관리하여 특정 시장에서 전문화하게 된다. 이러한 결과 소비자는 사업자에 대해 종속적 위치에 놓이게 된다.

소비자는 생산과 유통의 말단에 위치함으로써 시장거래에서 받는 불이익을 전가할 곳이 없으나 사업자는 시장거래상의 불이익을 전가할 수 있으므로 소비자에 비해 상대적으로 유리한 위치에 서게 된다. 따라서 소비자의 이익이나 복지를 유지·향상시키는 데에서 야기되는 수많은 소비자문제(consumer problems)는 경제활동의 최종 단계에서 발생되며, 그 피해자는 생활자인 소비자뿐이다.

경제발전과 함께 생산부문은 혁신되고 전문화되는 반면, 개별 소비자의 위치와 역할은 시장의 규모에 비해 너무나 왜소하기 때문에 소비자가 자신에게 일어나고 있는 소비자문제를 통제할 힘을 잃고 소비자무기력(consumer impotence)을 경험하게 된다.

그러나 소비자는 약자인 동시에 이성적 행동을 학습할 수 있는 개발가능성의 특성을 지니기 때문에 생산을 좌우하는 강력한 선택자로 발전 가능하다. 소비자라는 용어에는 그들의 욕망과 시장에서의 선택에 반영되는 그들의 관심과 행태가 함축되어 있다. 그러므로 선택자로서의 소비자는 체계적인 경제활동과정을 통해 욕구를 충족하고 목표를 달성하는 능동적인 힘을 행사할 수 있는 존재이다.

2) 소비자의 역할

흔히 역할(roles)이란 특정 사회 안에서 개인이 차지하는 지위에 따라 사회적으로 규정되는 행동유형을 뜻한다. 소비자역할이란 소비자 개인에게 기대되어지는 행동유형이라고 할 수 있는데, 최근에 소비영역이 확대되면서 소비자역할을 보다 포괄적으로 보고 있다.

소비자역할은 소비행동 및 구매행동을 향상시키는 것과 관련된 기능, 그리고 사회 구성원 최대수의 만족을 위하여 자원을 효율적으로 사용하는 것과 같은 사회적으로 바람직한 행동을 하는 기능이라고 정의할 수 있다. 구체적으로 소비자의 역할을 열거해 보면 구매자로서의 역할, 사용자로서의 역할뿐만 아니라 예산자, 채무자, 예금주, 투자자로서의 역할 등이 모두 소비자의 역할에 해당된다. 또한 소비자가 시장에서 담당하는 역할은 단순히 소비와 관련된 제한된 범위에서의 역할만이 아니라 자원의 획득, 자원의 배분, 소비지출, 구매, 사용과정 등을 포함하는 광범위하고 종합적인 개념으로서 사회와 끊임없이 상호작용하는 과정에서의 다양한 역할이 포함된다.

이와 같이 소비자는 시장에서 다양한 위치에 서게 되며 그 결과 다음과 같은 다양한 역할을 수행한다.

첫째, 소비자는 획득자의 역할을 담당하는데 어느 정도의 소득을 어떤 원천으로부터 어떻게 획득하는가의 문제에 직면한다.

둘째, 소비자는 배분자의 역할을 담당하는데 소유한 자원을 어떤 목표를 가지고 어떻게 배분할 것인가의 문제를 풀어나간다.

셋째, 구매자 혹은 선택자로서의 역할을 담당하며 어떤 재화와 서비스를 어떻게 효율적으로 구매할 것인가의 문제에 직면한다.

넷째, 사용자의 역할을 담당하며 구입한 재화와 서비스를 어떻게 효율적으로 사용할 것인가의 문제를 풀어나간다.

다섯째, 처분자로서의 역할인데 이것은 환경오염문제에 대한 인식이 고조되면서 대두된 것으로서 소비자가 사용 후 환경에 나쁜 영향을 미치지 않는 처분행동을 함으로써 환경을 보호하는 것을 의미한다.

마지막으로 소비자-시민의 역할로서 경제문제와 관련된 시민으로서의 역할과 권리의 행사 및 책임 수행을 의미한다.

5 소비생활과 소비문화

인간은 다양한 욕구를 가지고 있으며 이를 충족시켜나가는 과정이 삶이며 생활이다. 현대사회에서 인간의 욕구는 소비자로서의 다양한 역할을 통해 충족되는 부분이 크며, 그 결과 자신의 삶에 대한 통제를 넓힐 수 있는 중요한 수단으로 소비의 의미가 매우 중요해졌다.

소비자 스스로는 일상생활을 재생산할지라도 상품을 생산하지 않고, 오히려 생산활동을 통해 창조된 유형의 재화나 무형의 시비스를 소비함으로써 다양한 욕구를 충족시킨다. 따라서 인간의 일상생활에서 소비생활은 매우 큰 비중을 차지하고, 소비생활은 시장에서 재화나 서비스를 선택·구입하여 소비자 자신의 시간과 노력을 투입함으로써 다양한 욕구를 충족시켜 나가는 일상생활의 중요한 부분이 되었다.

소비생활은 의·식·주생활, 교통·통신생활, 여가생활, 의료서비스 및 건강 관련 생활, 저축 및 부자 관련 금융생활, 그리고 기타 사회생활 등의 구체적 분야에서 소비자의 시장활동을 근간으로 이루어진다. 소비자의 시장활동은 주어진 소득수준 안에서 이루어지며 소비자의 기호와 가치관 등의 개인적 요인뿐만 아니라 경제·사회·기술·문화 등의 환경적 요인의 영향을 받는다. 따라서 소비자의 소비생활은 단순히 재화와 서비스의 기능적 효용을 추구하는 경제적 활동일 뿐만 아니라 심리·사회·문화적 효용을 추구하는 사회·문화적 활동이다.

생산기술의 발달에 따른 생산성의 향상은 인간의 생존에 필요한 수준 이상의 재화와 서비스를 생산하고 소비하는 것을 가능하게 하였고, 결과적으로 소비는 인간 생존과 편리함, 안락함 등의 실용적 욕구 이상의 사회적 욕구를 충족시키는 활동으로 그 의미가 확대되었다. 소비행위를 통해 사회·경제적 지위를 나타내려하거나, 자신의 정체성을 형성하려는 등의 상징성과 사회성의 의미가 소비에 담겨지게 되었다. 소비행위가 실용성과 효용성을 추구하는 경제행위로부터 상징성과 사회성을 추구하는 문화행위로까지 확대되면서 소비와 문화는 밀접한 관계를 맺게 되었다.

한 사회의 인간행동을 규정짓는 사회적 규범과 양식의 총체적 복합체 혹은 한 사회구성원의 삶의 양식이며 생활양식으로 정의되는 문화(culture)는 그 주된 구성요소로서 소비를 빼놓을 수 없게 되었다. 현대 사회에서 소비는 사회적 관계를 형성하는 중요한 과정으로서 개인과 집단의 행동양식 및 자기정체성 형성의 핵심기제가 되어 문화를 구성하는 중심요소가 되었다. 따라서 문화의 하위개념으로서 소비를 통해 인간의 욕구를 충족시키는 생활양식, 즉 물질문화의 구체적 형태를 나타내는 소비문화(consumption culture)의 개념이 대두되었다. 소비문화는 하나의 사회 안에서 통용되는 소비에 대한 관념, 사고, 태도를 포함하는 소비에 대한 공통된 사고방식, 소비행위 및 소비관습, 그리고 이들로 이루어지는 소비생활양식을 의미한다.

소비문화는 한 사회의 생산과 자원배분양식을 좌우하고 나아가 사회의 정체성을 형성하는 핵심기제이다. 소비생활이 개인의 정체성 형성과 밀접하게 관련되듯이 소비문화는 사회의 정체성 형성과 밀접한 관련을 맺는다. 하나의 사회 안에서 개개 소비자들이 영위하는 소비생활이 모여 일반적이고 공통적으로 영위되는 소비생활양식이 형성되며, 이와 같은 소비생활양식은 그 사회의 역사적, 제도적 배경에 의해 변모해나가는 소비문화가 된다. 따라서 개개 소비자의 소비생활이 건전하고 바람직하게 영위될 때 그 사회의 소비문화 또한 건전하고 바람직한 방향으로 발전될 수 있음은 자명하다. 이것은 곧 소비자와 시장의 상호작용이 어느 한쪽에 유리하게 치우치지 않고 공정하게 이루어져야 함을 시사한다.

참고문헌

강명구(1995). **소비대중문화와 포스트모더니즘**. 민음사.

강창경·정순희·허경옥(1998). **소비자법과 정책**. 학지사.

고명희(1991). 소비자주의의 이해와 소비자태도에 관한 연구. 서울여자대학교 경영학과 석사학위논문.

김인숙·정용선(1995). 세대별 소비지향태도와 소비자역할수행에 관한 연구. **대한가정학회지**, 10월호.

김재교(1989). 소비자권리의 법리와 법제에 관한 연구. 충남대학교 법학과 박사학위논문.

김종구·박성용(1997). **소비문화에 관한 연구**. 한국소비자보호원.

김태명(1998). 우리나라의 소비문화와 환경오염 실태분석. **지역사회개발연구**, 23(2), 147-165.

백경미(1998). 현대소비문화와 한국소비문화에 관한 고찰. **소비자학연구**, 9(1), 17-32.

서영만(1991). 우리나라의 컨슈머리즘에 관한 연구. 한양대학교 경영대학 석사학위논문.

서정희(1991). 소비자주권에 관한 연구. 서울대학교 소비자아동학과 박사학위논문.

이기춘(1988). **소비자교육학**. 교문사.

Bonnice, J.G. & Bannister, R.(1990). *Consumers Make Economic Decisions(2nd Ed.)*. Cincinnati, South-Western Publishing.

Bourdieu, P.(1984). *Distinction: A Social Critique of the Judgement of Taste*. Routledge.

Cambell, S.R.(1990). *The Confident Consumer*. South Hommand, Illinois: The Goodheart-Willcox.

Chaney, D.(1996). *Lifestyles*. Routledge.

Featherstone, M.(1991). *Consumer Culture and Postmodernism*. Sage.

Firat, A.F.(1992). Fragmentations in the postmodern. *Advances in Consumer Research, 19*, 203-6.

Gabriel, Y & Lang, T.(1995). *The Unmanageable Consumer: Contemporary Consumption and its Fragmentations*. Sage.

Giddens, A. (1991). *Modernity and Self-Identity*. Cambridge: Polity Press.

Lunt, P.K. & Livingstone, S.M.(1992). *Mass Consumption and Personal Identity*. Buckingham: Open University Press.

Miller, D.(1995). *Acknowledging Consumption: A Review of New Studies*. Routledge.

Mandell, L.(1981). *Consumer Economics*. Science Research Associates.

McCracken, G.(1988). *Culture and Consumption*. Bloomington: Indiana University Press.

Simmel, G.(1904). Fashion, reprinted in D. Levine(1971), *George Simmel: On Individuality and Social Form*. Chicago University Press.

Swagler, R.M.(1979). *Consumers and the Market: An Introduction Analysis*. D.C. Heath.

Part 2
경제주체로서의 소비자

● 경제 행위를 하는 행동의 주체를 경제주체라 하며 가계, 즉 소비자, 기업, 정부를 3대 경제주체라 한다. 재화와 서비스의 교환이 이루어지는 시장에서 각 경제주체는 때로는 특정 재화나 서비스의 소비자가 되기도 하고 때로는 공급자가 되기도 한다. 그러나 이들 경제주체의 다양한 시장활동은 경제주체별로 다른 특징을 갖는다. 제2부에서는 경제주체로서의 소비자의 시장활동과 그 변화를 다룬다. 소비자의 시장활동은 자신의 욕구를 최대한으로 충족시킬 목적으로 효용을 극대화시키기 위하여 소비계획을 세우는 소비 중심적 활동이 중심을 이루지만, 시장의 변화와 함께 생산에 참여하는 활동의 범위와 깊이가 나날이 확대되고 있다. 또한 소비가 환경에 미치는 영향에 대한 인식이 높아지면서 지속가능한 소비와 물질을 뛰어 넘는 정신적 풍요에 대한 관심도 높아지고 있다. 이제 소비자는 그 행동반경이 국경을 넘어 전 지구로 확대되었고 의식 있고 책임 있는 경제주체로서 인류 사회의 미래와 번영에 중요한 몫을 담당해야 하는 중요한 위치에 서 있다. 진화하는 소비자, 프로슈머는 시장에서 소비자의 역할이 소비부문을 너머 생산부문에 까지 확대되었음을 의미하고, 책임 있는 소비자는 사회에서의 역할의 폭과 깊이가 한층 확대되었음을 의미한다.

제2부에서 경제주체로서의 소비자의 역할 확대를 집중적으로 알아보기로 한다.

CHAPTER 04

소비자의 시장활동

가격으로 운용되는 시장경제에서 소비자는 선택의 자유를 가지며, 무엇이 생산되어야 하는가를 결정하는 최종 권한을 갖는다. 반면에 생산자는 그들 상품의 판매가능성, 받을 수 있는 가격, 그리고 그 가격에 팔릴 수 있는 수량 등 시장에서의 상품의 운명, 즉 금전적 보상에 관심을 둔다. 상품의 운명은 소비자가 선택자로서 그 상품을 구매하는 것으로부터 출발되고 이때 소비자가 지불하는 가격과 소비자가 구입하는 양이 생산자의 생산활동에 대한 금전적 보상, 즉 이윤을 결정한다. 그러므로 소비자는 수요(demand)이고, 시장(the market)이며 거래 혹은 가격결정과정이 완성되기 전에 구매를 해야 하는 구매자이다.

소비자의 시장활동은 시장경제의 핵을 이루고 그들이 지불한 가격과 구입한 양은 그들의 선택과 선호를 반영한다. 그러므로 소비자는 시장경제를 지휘하는 지휘자와 같다. 그러나 소비자가 시장경제의 지휘자가 될 수 있는 것은 가격이 어느 누구의 힘으로 결정되기보다는 시장의 수요와 공급의 원리로 결정될 수 있을 만큼 경쟁이 충분히 보장될 때에 한한다. 이 장에서는 소비자의 시장활동, 즉 소비자의 선택활동을 중점적으로 다루어 보도록 한다.

1 소비자가 시장에서 당면하는 경제문제

1) 희소성의 원리

선택자로서의 소비자가 당면하는 경제문제는 무한한 욕망을 한정된 자원으로 충족시켜야 하는 '희소성(scarcity)의 문제'에서 시작된다. 희소성의 문제는 결국 한정된 자원을 가지고 어떤 종류의 욕망을 우선적으로 충족시키며, 어느 정도 충족시킬 것인가를 결정해야 하는 '선택의 문제'를 수반한다.

소비자가 사용 가능한 희소한 자원을 가지고 다양한 욕망을 충족시키기 위해서는 자원의 선택적 배분이 이루어져야 한다. 자원의 선택적 배분이란 자원이 대체적으로 이용될 수 있다는 자원의 대체성과 인간 욕망에는 우선 순위가 있다는 두 가지 조건을 전제로 한다. 결국 선택자로서의 소비자의 경제문제는 다음의 네 가지 원인에 의해 발생한다.

첫째는 소비자의 욕망이 무한하고 다양하기 때문이고, 둘째는 무한한 욕망을 충족시켜 줄 자원이 한정되어 있기 때문이며, 이러한 두 가지 조건으로 인해 자원의 선택적 배분의 문제가 발생하고, 자원은 같은 용도에 대체적으로 이용될 수 있다는 세 번째와 인간욕망에는 우선 순위가 있다는 네 번째 조건으로 인해 소비자는 선택적 배분에 관한 다양한 경제문제에 직면한다.

소비자는 생을 살아가면서 수많은 종류의 선택을 내려야 한다. 두 개의 장소에 동시에 참석할 수 없어서 어느 한 곳을 선택해야 하고, 월드컵 축구를 볼 것인지 아니면 특집 다큐멘터리를 볼 것인지 어느 한 채널을 선택해야 하는 등 사소한 선택으로부터 시작하여 복잡하고 까다로운 선택에 이르기까지 수많은 선택상황에 놓이게 된다. 소비자가 직면하는 수많은 선택상황 중에서 돈의 사용, 즉 구매의사결정은 시장경제를 순환시키는 원동력으로써 매우 중요한 의미를 갖는다.

2) 선택과 기회비용

모든 희소 자원에는 그에 상응하는 비용이 관련되어 있기 때문에 희소성의 문제로부터 시작된 자원의 선택적 배분에는 비용의 문제가 항상 뒤따른다. 그러므로 소비자는 비용을 고려하여 가장 가치있는 것 혹은 가장 큰 효용을 가져오는 대안을 선택해야 한다. 자원사용에 뒤따르는 비용은 흔히 화폐비용으로 표현된다.

예를 들어 스마트폰이 50만 원이라면 때와 장소를 가리지 않고 인터넷과 통신을 할 수 있기 위해 가지고 있던 50만 원을 포기해야 한다. 그러나 50만 원이 그 스마트폰의 실질적인 비용을 나타내주지는 못한다. 선택에 뒤따르는 실질적인 비용을 평가할 수 있는 유일한 방법은 그 돈으로 다른 무엇을 할 수 있었는가를 아는 것이다. 50만 원을 가지고 여름휴가를 다녀올 수도 있고, 마음에 드는 옷을 고를 수도 있으며, 혹은 이자가 불도록 은행에 예치하는 방법도 있다. 이러한 대안들 가운데서 여름휴가가 그 다음 번으로 하고 싶었던 일이라면 스마트폰을 구입하기 위해 여름휴가의 기회를 상실했다고 볼 수 있다.

기회비용(opportunity cost)이란 자원을 어떤 한 가지 목적에 사용하는 선택을 내렸을 때 그 다음 번으로 좋은 목적에 사용하여 얻을 수 있는 기회를 상실하여 잃게 되는 가치를 의미한다. 또한 기회비용은 하나를 얻기 위해 다른 것을 포기해야만 하는 교환의 의미가 담겨 있기 때문에 상충관계(trade-offs)를 나타낸다. 앞의 예에서 스마트폰의 기회비용은 여름휴가이고, 스마트폰 구입과 여름휴가를 다녀오는 것은 상충관계에 있다. 여기에서 스마트폰의 기회비용을 여름휴가뿐만 아니라 마음에 드는 옷과 이자 등 50만 원으로 하고 싶은 대안을 모두 합한 개념으로 오해하지 말아야 한다. 왜냐하면 대안들은 상호 배타적(mutually exclusive)이고 한 가지를 선택하면 다른 대안들은 포기해야만 하기 때문에 포기한 대안들의 가치를 모두 합하는 것은 중복 계산하는 오류를 범하는 것이다.

소비자가 선택결정을 내릴 때마다 기회비용이 항상 발생되기 때문에 어떤 선택을 내릴 때 그 선택으로 인해 포기해야 하는 것은 무엇이고 잃게 되는 것은 무엇인지 살펴 보는 습관을 들일 필요가 있다. 이러한 습관은 결과적으로 기회비용보다 적어도 같거나 큰 대안을 선택하는 결과를 가져옴으로써 소비자에게 실질적으로 도움이 되는 합리적인 선택을 내릴 수 있게 한다.

3) 가치관과 목표

소비자의 선택은 실제로 자신에게 가장 좋은(what is best for you) 대안을 선택할 때 합리적이라고 말할 수 있다. 이때 '가장 좋은' 대안을 선별할 수 있기 위해서는 각자가 갖고 있는 욕망들 사이의 우선 순위와 중요도에 대한 명확한 이해가 있어야 한다. 욕망의 우선 순위와 중요도는 각자의 가치관에 따라 다르기 때문에 소비자의 합리적 선택은 가치관의 명료화(value clarification)로부터 시작되어야 한다.

가치(value)란 인간행동을 조절하고 인간행동에 영향을 미치는 생각으로서 개인이나 집단 혹은 사회가 옳고 바람직하고 중요하다고 여기는 이념과 원리들을 말한다. 가치에 포함되어 있는 '바람직함' 혹은 '중요함'의 의미는 목표설정의 기본적인 평가기준이 된다. 가치의식은 문화나 관습과 같은 사회적 환경, 학교환경, 그리고 가족과 친구와 같은 개인적 환경에 의해 주로 형성된다. 가치관의 명료화는 의사결정을 할 때마다 '왜 그렇게 결정했는가?' 라고 자문해봄으로써 어떤 것에 가치를 두고 있는지 알 수 있거나 주변 사람들의 신념, 취향, 선호와 비교해봄으로써 명확해질 수 있다.

인간의 삶에 변화가 있듯이 가치관도 변한다. 끊임없이 자신의 가치관을 명료화해 나간다면 실제 상황과 관련되어 새롭게 부각되는 새로운 가치에 서서히 적응하면서 생활양식을 바꾸어 나갈 수 있다. 그러나 급작스런 가치관의 변화는 갈등을 초래하게 된다.

인간행동에 지대한 영향을 미치는 가치는 매우 추상적인 개념이기 때문에 실제로 생활해나가면서 어떤 행동을 통해 직접적으로 실현되는 것이 아니다. 그러나 목표(goals)란 동기 유발된 행동이 추구하는 결과를 나타내기 때문에 실재가 있고 확실하다. 그러므로 가치관의 명료화는 구체적인 목표를 설정하고 그것을 달성함으로써 해결될 수 있다. 인간의 행동은 모두 목표 지향적이고, 행복달성방식은 결국 각자의 가치관에 달려 있다. 소비자가 각자의 목표의 중요도에 따라 우선 순위를 정한다면 실제 행동의 순서와 과정을 명확히 할 수 있고 소비자의 선택결정은 쉬워질 수 있다.

이와 같이 소비자가 자신의 가치관을 스스로 정하고 그 가치관대로 선택결정을 내린다면 합리적이라고 할 수 있다. 그러므로 각자의 기준과 가치관을 가지고 다른 사람의 행동을 평가하는 것은 어리석은 일이며, 이미 내린 결정대로 행동한 결과가 예상보다 나쁘다고 해서 그것에 너무 집착하지 말고 다음 번 선택에 참고하는 태도가 필요하다.

4) 합리성과 효율성

지금까지의 논의에서 합리적(rational)이라는 표현이 자주 언급되었는데 합리성(rationality)의 개념은 소비자가 시장활동을 할 때 마음속으로 어떤 등급체계가 있는 선호에 따라 일관성 있게 행동을 하다면 그 결과는 소비자에게 가장 큰 이익을 가져온다는 것을 의미한다. 그러므로 합리성의 개념은 내적 일관성(internal consistency)과 자기이익의 극대화(maximization of self-interest)라는 두 가지의 의미가 포함한다. 즉, 합리성의 개념은 소비자의 선호가 내적으로 완전하고 일관성 있는 상태에 있다는 가정을 전제하는 개념이다.

반면에 효율성(efficiency)은 최소의 희생으로 최대의 효과를 얻는 경제성을 의미한다. 효율성 혹은 경제성은 동일한 결과(output)를 얻기 위해 최소한의 자원(input)을 사용하던지 아니면 동일한 자원(input)을 가지고 최대의 결과(output)를 얻을 때 달성될 수 있기 때문에 효율성의 판단은 객관적으로 이루어질 수 있다.

그러나 합리성은 개별 소비자의 선호에 따라 우선 순위가 결정되고 그 우선 순위에 따라 의사결정이 내려지는 것을 의미하기 때문에 주관적인 개념이다. 그럼에도 불구하고 우리는 흔히 정상에서 벗어난 행동을 비합리적이라고 단정짓는 우를 범한다. 충동적 구매나 유명상표 선호, 혹은 신용카드의 남용 등을 비합리적인 소비자행동으로 간주하기도 한다. 그러나 이러한 소비자행동을 비합리적이라고 표현하는 것은 어떻게 소비자행동을 해야 하는 가에 대한 규범적 의식이 반영되어 있는 것으로서 어느 한 소비자의 기준과 가치관이 다른 소비자에게 적용되고 있음을 의미한다.

그러나 여기서 우리가 짚고 넘어가야 할 것은 우리 모두가 개인적으로는 소비자이지만 사회적으로는 한 사람의 시민이라는 사실이다. 그러므로 우리 모두는 소비자-시민으로서의 두 가지 역할에 대한 책임이 있다. 이것은 소비자로서의 개인적인 선택과 시민으로서의 공동체적 책임감을 조화시켜 나가야 함을 의미하며, 공적인 책임과 사적인 책임의 양 측면을 조화롭게 감안하는 의사결정을 해 나가야 함을 의미한다. 즉, 자기이익 추구적인 합리성의 개념은 타인과 사회에 대한 책임감을 배제한 것으로서, 아담 스미스의 시대처럼 소자본가들 사이의 경쟁이 고작이었던 시대에는 적합한 개념이었을지 모르지만, 오늘날과 같이 거대한 다국적 기업의 출현과 환경오염의 문제가 제기되는 시점에서는 새로운 도전에 직면하게 된다.

개인의 선호에 따라 일관성 있는 의사결정을 통해 만족의 극대화를 얻는 기존의 합리성 개념은 지극히 미시적인 개념이다. 그러므로 사회 전체가 지향하는 가치관이나 환경을 의식하는 의사결정을 함으로써 공동체적 책임감을 조화시켜 나가는 '거시적 합리성'도 함께 추구하는 노력이 필요한 때이다.

이와 같은 거시적 합리성을 추구할 때 개별 소비자는 자신의 취향과 선호가 아니라 타인, 즉 사회 전체의 취향과 선호를 따라야 하기 때문에 각자의 만족은 감소된다는 문제를 경험하게 된다. 그러나 사적 이익의 추구와 함께 발전해온 '소비사회'가 우리에게 생활수준의 향상과 풍요를 가져다 준 반면, 독과점의 횡포나 빈부의 격차와 같은 '시장실패'나 자연파괴와 환경오염과 같은 '외부비경제성'을 함께 가져다주었다는 사실을 직시해야 한다. 즉, 사적이익의 극대화 행위가 전체 사회와 인류에게 바람직하지 못한 결과를 초래할 수 있음을 알아야 한다. 그러므로 미시적 합리성과 거시적 합리성의 조화 속에서 미래의 소비사회를 건강하게 지켜나가는 현명함을 발휘해야 한다.

2 소비자가 시장활동을 통해 추구하는 가치

소비자의 시장활동의 핵심은 선택행위이며 바로 이러한 선택행위를 통해 소비자는 무엇을 얻고자 하는 것일까? 소비자는 시장에서의 선택행위를 통해 자신의 욕구를 충족시키는 가치를 내포하고 있는 상품을 찾는다. 그러므로 소비자의 선택행위의 근본 동기는 바로 가치추구에 있고 이러한 가치추구는 소비자행동에만 국한되는 것이 아니라 모든 인간행동이 바로 가치추구의 근본 동기에서 이루어진다고 볼 수 있다. 그렇다면 소비자가 시장에서의 선택을 통해 궁극적으로 추구하는 가치는 어떤 것일까? 이에 대한 설명은 가정학자의 관점에 지대한 영향을 미쳤던 경제학과 기업의 입장에서 거래 대상인 소비자의 행동을 연구하는 경영학의 마케팅분야의 주요한 관점을 중심으로 살펴보도록 하자.

1) 경제학의 설명

소비자가 시장에서의 선택을 통해 추구하는 가치에 대한 경제학에서의 설명은 신고전경제학파와 제도학파의 상반된 주장을 중심으로 살펴보도록 한다.

(1) 신고전경제학파의 관점

신고전경제이론에 따르면 소비자는 완전한 정보(perfect information)와 일관성 있는 선호(stable tastes and preferences)를 가지고 자신의 예산안에서 합리적으로 선택하여, 즉 각 상품으로부터 얻을 수 있는 만족의 양을 비교하여 가장 큰 만족을 주는 선택을 하여 효용을 극대화한다고 설명된다. 다시 말하면 신고전 소비자선택이론은 각 소비자가 예산제약이라는 조건 아래에서 일정기간 동안 효용을 극대화하고자 한다는 가정에 기초한다. 그러므로 잘 정돈된 의사결정환경 속에서 소비자의 효용함수는 식 4-1과 같이 표현될 수 있다.

$$U=f(X1,\ X2,\ \cdots,\ Xn) \quad \cdots \text{ 식 } 4\text{-}1$$

여기에서 선택대상인 Xi=1, 2, …, n은 n개의 시장재(재화와 용역)의 소비율로 해석되며, 소비자가 선택결정권을 행사하는 변수들인 Xi군은 일정기간 내에 소비자에게 효용을 제공하는 것으로 가정된다. U는 Xi군이라는 불완전한 대체재들 중에 이루어진 선택의 결과로서 발생하는 만족의 흐름을 나타내며 효용은 측정불가능하기 때문에 주관적으로 결정되는 서수적 지수(ordinal index)로 표현된다. 이러한 효용함수는 소비자의 명목소득 Y와 시장에서의 가격묶음 Pi=1, 2, …, n으로 인해 식 4-2와 같은 예산제약 아래 극대화한다고 주장된다.

$$Y=\Sigma PiXi \quad \cdots \text{ 식 } 4\text{-}2$$

신고전 소비자선택이론에서는 소비자가 시장에서의 선택행위를 통해 추구하는 가치를 효용(utility), 즉 소비자의 주관적이고 쾌락적인 만족으로 간주한다. 그런데 신고전경제학의 소비자선택이론은 어디까지나 사적인 입장에서 최소의 비용으로 최대의 효용을 얻는 '효율성(efficiency)' 과 내적 일관성과 자기이익의 극대화에 의한 '합리성(rationality)' 을 강조하는 개인주의적 사고에 기초한다.

그러므로 신고전경제학의 소비자선택이론은 크게 다음의 세 가지 측면에서 많은 지적을 받아 왔다. 첫째로, 소비자가 추구하는 가치가 자기중심적이고 자기만족적인 쾌락적 의미의 효용이라고 주장하는 단일효용주의, 둘째로, 흔들림 없는 선호체계에 따라 일관성 있게 선택함으로써 자기이익의 극대화가 달성된다고 주장하는 합리주의, 셋째로, 자유로운 의사결정 단위로서 주변 환경의 영향을 전혀 받지 않는 독립된 개인의 선택으로 간주하는 개인주의의 세 가지가 그것이다. 이러한 제한점에도 불구하고 신고전경제학파의 관점은 다른 어떠한 관점에 비해 월등한 예측력으로 인해 주류경제학의 중심적 사조를 이룬다.

(2) 제도학파의 관점

미국에서 시작된 제도학파는 신고전 소비자선택이론이 단순히 쾌락적 효용추구의 동기를 갖고 효용을 계산하는 기계와 같은 경제인(economic man)의 개념에서 출발함으로써 심각한 한계가 있음을 지적하였다. 제도학파는 심리학과 철학의 발전으로 인간 개개인에 대한 연구가 시작되어 완전히 독립된 주체로서가 아니라 사회적 동물이고 사회집단의 구성원이며 복잡한 사회조직의 일부분으로서 개인을 연구하면서 사회심리학적 분석의 영향을 많이 받았다.

제도학파는 모든 인간행위의 문제를 가치판단의 문제, 즉 선택의 문제로 간주하고, 소비도 선택의 문제이고 가치판단의 문제라고 설명한다. 인간이 사고하고 행동하는 생활의 근본이 되는 것은 가치의 문제이고, 이것은 정신적인 조직체의 성향이며, 우선 선택하고 자신의 생활에 필요한 것은 무엇이든지 자신의 통제 안에 묶어두려는 성향으로 파악된다.

그러므로 소비자의 선택행위도 욕구를 충족시킬 수 있는 가치를 포함하고 있는 상품을 선택하는 것으로 이해된다. 여기에서 가치판단의 과정은 인간이 태어날 때부터 갖고 있는 본성이나 살아가면서 후천적으로 얻게 되는 관심에 맞춰 끊임없이 행동하는 결과에서 나오는 유기체의 본질적 과정의 한 측면으로 간주된다. 제도학파에 따르면 가치판단은 다분히 개인적인 과정으로써 인간이 의식한다는 것은 개인적인 일이지만 의식하는 내용은 근본적으로 사회적인 데에서 기인한다. 그러므로 가치판단은 철저하게 사회적인 과정에서 일어난다. 인간이 선택하고 가치 있다고 판단하는 것은 사회구성원의 하나로 생활하고 사회적으로 인정받고 싶은 욕망의 결과로 이루어지며, 우리 마음 속에서 판단하는 것은 우리 자신이 아니라 사회적인 요소들에 의한 것이다. 이러한 사회적인 요소들은 마치 우리 스스로가 판단한 가치인 것처럼 보이는데 그 이유는 우리가 이미 사회적인 표준을 의식적으로 닮아가고 있기 때문이다.

제도학파는 소비자선택의 문제를 가치판단의 문제로 파악하였고, 소비자의 선택을 유도하고 경제활동을 조절하는 경제가치를 사회적으로 적절하고 필요하다고 여기는 어떤 '표준(standard)'에 의해 영향을 받는다고 보았으며, 소비자선택에 영향을 미치는 표준을 '생활표준'의 개념으로 설명하였다. 소비자는 시장활동을 통해 실현하고픈 생활표준이 있고 이러한 생활표준은 상당한 위력을 갖고 소비자의 소비습관을 지배한다고 하였다.

생활표준(standard of living)이란 어떤 생활양식에 대한 태도나 그것을 간주하는 방식, 혹은 그것을 평가하는 방식이며, 어떤 객관적인 사실들에 대한 하나의 주관적인 견해이고, 재화를 필수적/비필수적으로 구분 짓고 소비자의 물질생활에 대한 만족/불만족을 결정짓는 것이다. 생활표준은 고정적이기보다는 융통성이 있고 주로 유한계급으로부터 파생되는데, 실현할 수 있는 표준보다 한 단계 높은 표준에 의해 이끌리기 때문에 높이기는 쉬워도 낮추는 것은 매우 어렵다. 또한 생활표준은 시장에서의 선택을 통해 충족되고, 필수적인 것으로 간주되는 만족으로 파악되기도 한다.

이와 같이 생활표준은 소비자가 실제로 누리는 생활수준(level of living)보다 포괄적인 개념으로써 이를 구성하는 요소에 대해 카이르크(Kyrk, 1923)는 첫째, 생존적 가치 때문에 선택된 요소, 둘째, 사회적 견지에서 귀하다는 가치 때문에 선택된 문화적 요소, 셋째, 사회집단의 최대의 관심이나 이상을 나타내는 가치를 포함하는 복지개념을 반영하는 요소의 세 가지를 제시했다. 또한 호이트(Hoyt, 1938)는 생활표준의 구성요소로써 첫째, 생존에 필수적인 생리적 요소(physiological elements), 둘째, 사회적으로 인정받고 싶은 욕망에 필요한 관습적 요소(conventional elements), 셋째, 각자의 개성을 나타내는 개인적 요소(personal and individual elements)의 세 가지로 설명했다. 한편 베블렌(Veblen, 1899)은 생활표준의 구성요소를 구체적으로 제시하지 않았지만 인간의 생존에 필수적인 습관과 이보다 높은 단계의 욕망으로부터 나중에 생기는 불규칙적인 습관을 언급했다.

이상에서와 같이 제도학파는 신고전학파와 전혀 다른 관점과 시각을 가지고 소비자의 선택을 설명하였다. 신고전학파는 개인이 집단과 독립적으로 존재하며 공통된 가치를 추구하지도 또 그것에 의해 영향을 받지도 않는다는 개인주의적인 관점에서 소비자가 시장활동을 통해 추구하는 가치를 자기만족 중심적인 개념인 효용으로 파악하였다. 반면에 제도학파는 모든 인간이 그가 속한 사회의 구조와 문화적 가치의식의 영향을 받는다는 집단주의적인 관점에서 소비자가 추구하는 가치를 사회적으로 널리 형성되고 도달하고 싶어하는 생활표준의 실현으로 파악하였다.

2) 마케팅의 설명

기업의 경영철학의 하나인 마케팅개념(the marketing concept)은 충족되지 않은 소비자욕구를 발견하여 이를 마케팅전략을 통해 충족시켜야 한다는 개념으로써 1952년 미국의 제너럴 일렉트릭(General Electric, GE) 사의 연례보고서에서 처음 등장한 이래 많은 각광을 받고 있다. 한국에서는 1980년대 이후 소비자의 소득수준이 향상됨에 따라 소비자욕구가 다양화·개성화되면서 시장성장이 둔화되고 기업간 경쟁이 심화되면서 서서히 수용되기 시작했다. 마케팅개념은 고객의 욕구를 파악하여 이를 효과적으로 충족시킬 수 있도록 기업활동을 마케팅 중심으로 통합하는 것을 의미하고, 이러한 개념이 수용되면서 소비자욕구를 파악하기 위한 소비자조사가 빈번히 이루어지고 있다.

경제학에 의해 주도된 소비자행동연구는 1950년대 이후 심리학과 사회학의 발전과 함께 관련 이론들이 도입됨에 따라 다양한 형태의 소비자행동 연구로 이어졌다. 마케팅 학자들은 1960년대 후반에 들어 심리학이나 경제학 등의 단일 학문으로는 복잡하고 광범위한 소비자행동을 설명하는 데에는 한계가 있음을 인식하기 시작하고 여러 기초 행동과학으로부터 다양한 개념과 이론을 도입·종합하는 소비자행동 모델의 개발에 주력하였다.

소비자가 시장에서의 선택을 통해 얻고자 하는 가치에 대한 마케팅의 관점은 1960년대 후반 이후 현재까지 소비자행동연구의 지배적인 개념적 틀로 작용하는 '소비자정보처리관점(consumer information processing perspectives)'과 1980년대에 대두된 '쾌락적·경험적 관점(hedonic and experiential perspectives)'의 두 가지를 중심으로 살펴보도록 한다.

(1) 소비자정보처리 관점

소비자정보처리 관점에서는 소비자를 논리적이고 체계적인 의사결정자로 간주하고 소비자는 의사결정과정을 통해 인지적인 노력을 행사하는 것으로 가정된다. 그러므로 소비자정보처리 관점은 소비자가 시장에서의 선택을 통해 추구하는 가치를 효용적 혹은 실용적 가치(utilitarian value)로 파악한다. 소비자가 추구하는 효용적 가치란 제품이 지니는 객관적 속성으로 파악되고, 제품의 객관적 속성은 성능이나 품질과 같은 구체적인 제품의 특성을 의미한다. 소비자는 인지적 노력을 기울여 가장 적절한 객관적 속성을 지니는 상품을 선택함으로써 효용적 가치를 얻는다고 설명된다.

이러한 관점은 소비자정보처리모델(consumer information processing model, CIP)을 낳았고, 소비자정보처리모델은 소비자의 의사결정과정과 정보처리과정에 초점을 맞추고, 이에 영향을 미치는 다양한 요인들의 작용을 체계적으로 보여준다. 소

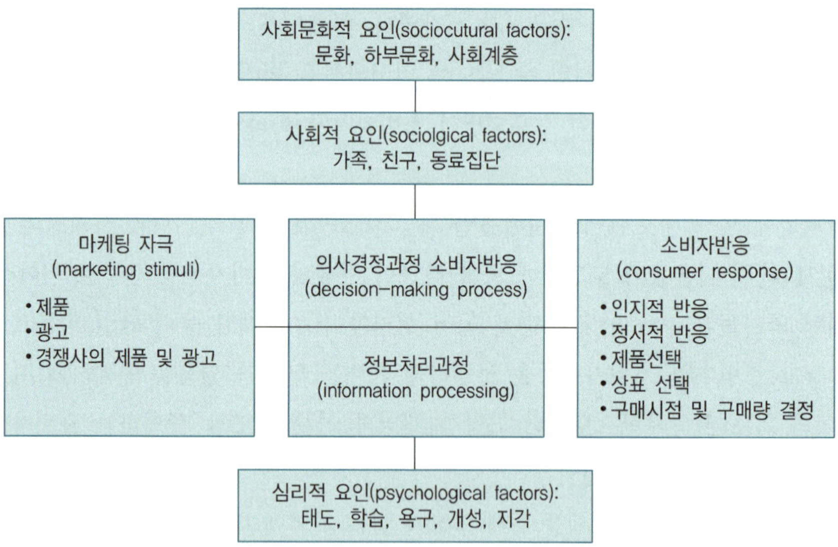

그림 4-1 소비자정보처리 관점에서 본 소비자행동모델

출처: 이학식·안광호·하영원(1997). 소비자행동: 마케팅 전략적 접근. 법문사, p. 19.

비자정보처리모델은 심리학, 사회학, 인류학에서 개발된 개념과 이론을 도입하여 소비자행동에 영향을 미치는 다양한 요인들의 상호작용을 나타낸다. 심리학에서 연구되는 개인의 심리적 요인, 사회학에서 연구되는 사회적 요인, 그리고 인류학에서 다뤄지는 사회문화적 요인들을 총체적으로 묶어 소비자행동의 설명변수로 취급하는 포괄적인 소비자행동모델이 개발된 것이다. 이 모델을 단순하게 표현해 보면 그림 4-1과 같다.

(2) **쾌락적·경험적 관점**(hedonic and experiential perspectives)

1980년대에 시작된 소비자행동연구의 쾌락적·경험적 관점은 소비자행동을 합리적이고 논리적인 인지적 과정으로 간주하기보다는 정서적·감정적 동기에서 이루어진다고 파악한다. 이 관점에서는 소비자가 시장에서의 선택을 통해 추구하는 가치를 상징적 가치(symbolic value)로 간주한다. 즉, 소비자가 선택하고자 하는 제품이 단순히 객관적 속성들의 집합이 아니라 즐거움, 지위, 사랑 등을 주관적으로 표현하는 상징물(subjective symbols)로 간주하고, 소비자가 시장에서의 선택을 통해 추구하는 가치도 바로 이러한 상징적인 가치라는 것이다.

쾌락적·경험적 소비자행동모델(hedonic and experiential model)은 소비자가 감성적·정서적 동기에서 소비자행동을 하고 소비과정에서 좋은 느낌을 경험하기 위해 소비자행동을 한다고 가정한다. 이러한 관점은 문화인류학자나 사회학자의 소비문화에 관한 연구에서도 잘 나타나고, 사회가 후기 산업사회로 진입하면서부터 합리적이고 이성적이며 예측 가능한 소비자행동이론의 설명력이 감소하면서 주목을 받기 시작하였다.

그러나 앞서 설명한 바와 같이 마케팅에서의 소비자행동연구는 정보처리 관점이 지배적이며, 소비자의 구매의사결정과정에 대한 영향요인에 초점을 맞춘 심리학적 행동모델이 개발되었다. 소비자의 구매의사결정과정과 그 영향요인에 대해 좀 더 자세하게 알아봄으로써 소비자의 시장활동의 효율성을 높여보도록 하자.

3 소비자의 의사결정과정

소비자가 한 번도 구매해 본 적이 없거나 지식이 부족한 제품과 구매해 본 적이 있고 잘 아는 제품을 구매하는 것은 정보탐색의 측면에서 매우 다른 의사결정과정을 거치게 된다. 이와 같이 제품지식과 경험에 따라 정보탐색 노력의 정도가 다르고, 소비자가 얼마만큼의 정보를 탐색하느냐에 따라 소비자의 의사결정은 ① 포괄적 의사결정(extensive decision-making), ② 일상적 의사결정(routinized decision-making), 그리고 ③ 제한적 의사결정(limited decision-making)의 세 가지 유형으로 나누어 볼 수 있다.

포괄적 의사결정이란 본격적으로 소비자들이 밟게 되는 문제해결과정으로써 정보탐색과 대안평가를 거쳐 꼼꼼하고 신중하게 내리는 의사결정을 의미한다. 이에 반해 소비자들은 평소 자주 구매했던 제품을 구매할 때에는 복잡한 의사결정과정을 거치지 않고 일상적으로 의사결정한다. 이 두 가지 유형의 중간에서 제품지식은 어느 정도 가지고 있으나 상표나 스타일, 가격대 등에 대한 지식이 결여되어 있는 경우 포괄적 의사결정 보다는 제한적인 의사결정과정을 거친다. 포괄적 의사결정과정을 이해한다면 나머지는 이것보다 단순한 의사결정이므로 그림 4-2의 통합된 소비자행동모델을 통해 포괄적 의사결정과정을 중점적으로 다루어 보도록 하자.

그림 4-2는 소비자행동연구를 위한 준거틀로 가장 많이 이용되는 EBM(Engel, Blackwell, Miniard)의 1986년도 교재 제5차 개정에서 소개된 통합모델이다. 이 모델은 자극의 투입, 정보처리, 의사결정과정, 그리고 의사결정에 영향 미치는 요인의 네 가지 구성요소를 통해 소비자행동이 어떻게 형성되는가를 정보처리관점에서 잘 나타내고 있다. 특히 소비자의 태도와 행동 사이를 매개하는 구매의도개념을 도입하여 신념이 태도에, 태도가 의도에, 의도가 행동에 단계적으로 영향을 미치는 행동의도모델을 수용하고, 소비자의 개인적 특성뿐만 아니라 환경적 영향요인을 포함하여 포괄적 의사결정과정을 묘사함으로써 가장 우수한 소비자행동모델로 평가되고 있다. 여기에서 우리는 의사결정과정에 초점을 맞춰 설명하고, 이어서 의사결정의 영향요인에 대해 알아보도록 한다.

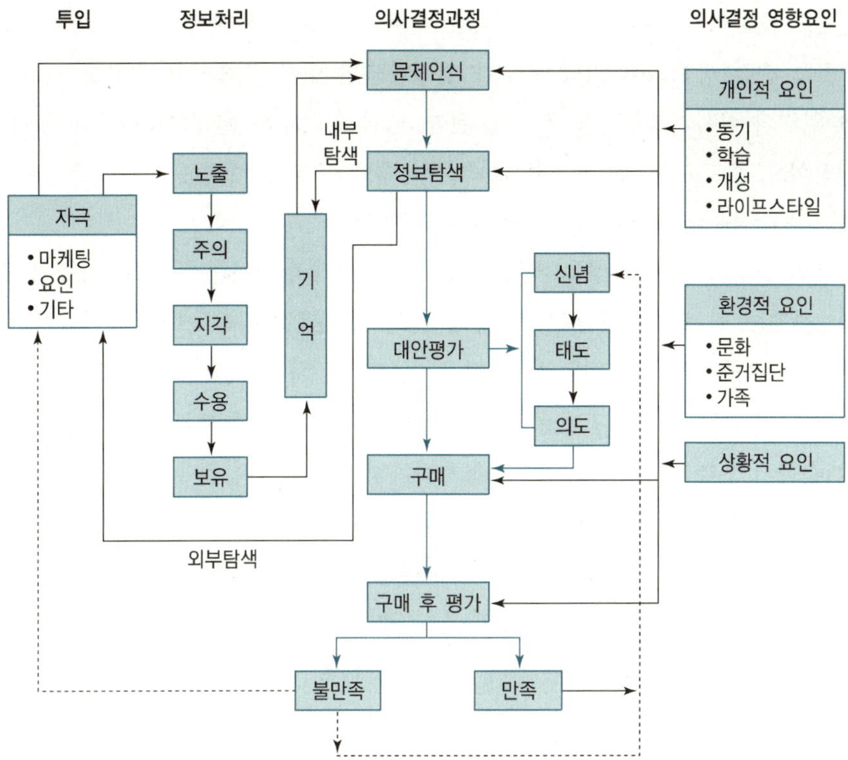

그림 4-2 **소비자행동모델(EBM모델)**

출처: Engel, J.F., Blackwell, R.D, & Miniard, P.W.(1986). Consumer Behavior, 5th ed., Hinsdale, Ill: The Dryden Press, P. 35.

1) 문제인식

소비자의 구매의사결정과정은 문제인식(problem recognition) 혹은 욕구발생 단계로부터 시작된다. 소비자가 구매의 필요성을 느끼며 심리적으로 불안한 상태에 놓이게 될 때, 즉 소비자의 현재 상태와 이상적인 상태와의 사이에 상당한 차이를 느끼게 될 때 소비자는 이를 구매를 통해 해결하고자 하는 동기를 갖게 된다. 따라서 문제인식은 소비자가 처한 현재 상태와 그가 원하는 이상적 상태 사이의 격차에서 발생되는 욕구를 인지하고 이를 해결하고자 하는 동기를 갖게 되는 것이라 할 수 있다.

인간의 행동이란 의식적 혹은 무의식적으로 어떤 욕구를 충족시키기 위한 행위이고, 어느 순간 잠재되어 있던 욕구가 활성화되면 이를 충족시킬 수단을 찾아내기 위한 일련의 의사결정과정을 거치게 된다. 따라서 욕구의 활성화(need arousal)를 문제인식으로, 그리고 그 욕구를 충족시킬 수단을 찾아 해결하는 의사결정과정을 문제해결(problem solving)로 파악할 수 있다.

문제인식이 의사결정과정을 거쳐 구매로 이어지기 위해서는 두 가지 요소가 중요하다. 첫째는 현재 상태와 이상적 상태 간의 지각된 차이의 크기이고, 둘째는 그 문제 혹은 욕구의 중요성이다. 두 상태 간의 지각된 차이가 별로 크지 않거나, 혹은 지각된 차이가 크더라도 그 욕구의 중요성이 높지 않다면 문제는 인식해도 그 문제를 해결하기 위해 구매로 이르는 의사결정과정이 일어나지 않는다. 구매에 따르는 비용에는 금전적 비용뿐만 아니라 시간적·사회적 제약요인이 포함되기 때문에 활성화된 욕구의 크기와 중요성이 이러한 비용요소를 극복할 만큼 충분히 클 때 비로소 소비자는 구매를 위한 의사결정과정을 거치게 된다.

문제인식을 유발하는 요인은 소비자가 처한 현재 상태와 그가 원하는 이상적 상태 두 가지 측면에서 찾아볼 수 있다. 첫째는 소비자가 처한 현재 상태의 변화이고, 둘째는 소비자가 원하는 이상적 상태의 변화인데 이 두 가지 변화 중 어느 하나 혹은 양자 모두로 인해 문제인식이 유발될 수 있다. 예를 들면, 프린터의 잉크를 다 썼거나 과일이 떨어졌을 때는 전자의 상황이고, 컴퓨터 소유자가 업그레이드된 신제품에 노출되면 후자의 상황에 직면하며, 여러 해 동안 사용하던 냉장고의 성능이 떨어진다고 느낄 즈음 새로운 모델의 냉장고에 노출되면 전·후자의 상황 모두에 직면하는 것이다.

또한 문제인식을 유발하는 요인은 소비자의 내적 요인(internal factors)과 외적 요인(external factors)으로 나누어 볼 수도 있다. 소비자의 내적 요인에 의한 문제인식은 소비자 스스로 문제를 인식하는 것으로서 생리적 욕구나 생애주기의 변화에 따른 욕구, 그리고 사용하던 제품이 소모되었거나 성능이 저하됨으로써 발생하는 욕구에 의한 경우가 해당된다. 외적 요인에 의한 문제인식은 가족, 준거집단, 혹은 기타 사회적 요인 등의 영향이나 광고, 판매원 등 마케팅 자극에 의한 욕구의 발생이 해당된다. 이 가운데에서 마케팅 자극은 소비자가 의식하지 못하던 잠재욕구를 자극하여 활성화시킴으로써 소비자가 처한 현재 상태와 이상적 상태간의 간격을 벌

려놓음으로써 문제인식을 유발시켜 필요 이상의 구매에 이르게 만들 수 있다. 따라서 소비자는 구매의사결정의 첫 단계인 문제인식 단계에서부터 과연 구매를 통해 문제해결을 추구하는 것이 꼭 필요한지 꼼꼼하게 따져보는 자세가 필요하다.

2) 정보탐색

소비자가 구매의 필요성을 인식하는 문제인식 단계를 지나면 구매에 대해 더 많은 것을 알고자 의도적 노력을 기울이게 된다. 정보탐색(information search)이란 소비자가 구매의 불확실성을 감소시키기 위해 관련 지식을 얻으려는 의도적인 노력이라고 할 수 있다.

소비자는 만족스러운 구매의사결정을 내리기 위해서 신뢰할 수 있고 적절한 양의 정보탐색을 필요로 한다. 그러나 소비자의 정보탐색은 상황에 따라 적극적일 수도 있고 소극적일 수도 있으며, 때로는 자신의 기억 속에 보관된 경험이나 지식을 내적으로 탐색하는 것으로 그치기도 한다. 소비자가 정보탐색을 어떻게 그리고 어느 정도 하느냐에 따라 구매의사결정과정과 결과는 달라질 수 있다.

소비자의 정보탐색은 자신의 기억 속에 보관된 경험이나 지식을 먼저 검토하는 내부탐색(internal search)으로부터 시작되어 여기에서 문제해결을 위한 충분한 정보를 보유하고 있지 않다고 판단될 때 외부로부터 정보를 획득하기 위한 의도적인 노력을 기울이는 외부탐색(external search)을 하게 된다. 소비자가 내부탐색만으로 정보탐색을 마칠 것인가 아니면 외부탐색을 어느 정도 할 것인가는 그가 가지고 있는 경험과 지식이 얼마나 충분하고 질적으로 우수한가에 달려 있다.

소비자는 일상적이고 정형적인 구매행동(routine purchase behavior)의 경우에 내부탐색만으로 구매의사결정을 하는 경향이 있다. 소비자가 내부탐색에 의존할 가능성은 과거의 구매결과가 만족스러웠거나, 구매 간격이 좁아 자주 구매하거나, 신제품 개발이 느리고 제품변화가 크지 않을 경우에 높다. 한편, 구매경험이 없고 구매결정이 중요하며 충분한 정보를 보유하고 있지 않은 경우 소비자는 외부탐색을 통해 더 많은 정보를 얻고자 의도적인 노력을 기울인다. 외부탐색의 정도는 제품의 특성, 개인적 특성, 그리고 상황적 특성에 달려있는데, 제품특성에는 비교적 고가이고 대안들 간에 가격이나 특징의 차이가 크거나 대안의 수가 많은 경우가 포함된다.

소비자의 개인적 특성에는 제품지식과 경험, 중요성과 관련성을 나타내는 관여도, 그리고 지각된 위험이 포함된다. 상황적 특성에는 소비자 욕구의 긴급성, 붐비는 정도, 분위기와 쾌적성과 같은 점포 내부적 환경, 그리고 유사점포들의 밀집성 등이 포함된다.

소비자의 정보탐색 정도는 탐색을 통해 얻게 될 정보의 가치와 그 정보를 얻는데 드는 비용 간의 차이에 대한 지각에 달려있다. 정보탐색에 따르는 비용에 비해 얻게 될 정보의 가치가 클 것이라고 소비자가 지각하면 보다 적극적이고 광범위한 정보탐색을 펴게 된다. 정보탐색의 혜택에는 가격절감과 같은 직접적인 경제적 이득뿐만 아니라 위험부담의 감소나 자신감과 같은 심리적 혜택이 포함되고, 비용에도 직접적인 경제적 비용뿐만 아니라 탐색에 소요된 시간과 노력의 기회비용과 구매결정 지연이나 정보 과부하로 인한 갈등 혹은 탐색과정에 겪게 되는 불쾌감 등의 심리적 비용이 포함된다. 대체로 소비자는 구매결정이 중요하거나 구매결과가 불확실할 때, 보다 적극적으로 외부탐색을 하게 되는데 고가품, 내구재, 가시적 상품, 안전성이 요구되는 상품의 구매, 그리고 후속결정을 유발하는 구매의 경우에 외부탐색을 적극적으로 수행하는 경향이 있다.

소비자가 정보를 외부탐색할 때 이용할 수 있는 정보원천(information source)은 상업적 혹은 마케터주도적 원천, 소비자주도적 원천, 그리고 중립적 원천의 세 가지로 구분해볼 수 있다. 상업적 원천에는 광고, 판매원, 포장, 점포 내 정보 등 마케터의 직접적인 통제하에 있는 커뮤니케이션 수단이 포함된다. 소비자주도적 원천에는 가족, 친지, 동료 등 소비자 주변의 인적 정보원과 시험사용을 통한 소비자 자신의 경험이 포함된다. 중립적 원천에는 신문·잡지 등의 대중매체, 소비자보호원이나 시험기관 등 정부 산하 기관, 그리고 중립적 소비자단체들이 포함된다. 각각의 정보원천은 장·단점을 가지는데, 상업적 원천은 적은 노력과 낮은 비용으로 많은 정보를 거의 지속적으로 얻을 수 있는 반면, 소비자에게 필요한 정보가 누락되거나 편견이 개재되어 신뢰성이 결여될 수 있는 단점이 있다. 소비자주도적 원천은 신뢰할 수 있고 다양한 정보를 욕구에 맞춰 낮은 비용으로 얻을 수 있는 반면, 정확성이 떨어지거나 간헐적이어서 때때로 정보제공이 중단되므로 소비자 스스로 정보를 추구해야 하는 단점이 있다. 마지막으로 중립적 원천은 사실에 근거한 객관적이고 신뢰할 수 있는 정보를 제공하는 반면, 정보비용이 상대적으로 높고 일정 수준의 지적 능력이 요구되며 완벽성과 최신성이 결여되는 단점을 가지고 있다.

소비자의 합리적인 구매의사결정을 위해서는 질 높은 정보를 낮은 비용으로 이해하기 쉬운 형태로 제공될 수 있도록 소비자정보환경을 조성하는 정부의 정책적 배려가 필요하다.

3) 대안평가

소비자는 정보탐색 결과 구매 가능한 선택대안(choice alternative)을 고려하게 되는데, 대안평가(alternative evaluation)란 선택대안을 비교·평가하여 소비자의 욕구에 가장 합치하는 특정 대안을 선택하는 과정을 말한다. 대안평가과정은 그림 4-3에서와 같이 세 단계의 과정으로 구성된다. 우선 소비자 자신의 신념에 따라 대안을 비교·평가할 평가기준을 선정하고 이 기준에 따라 각 대안들의 장단점을 비교·평가한 후, 각 대안들에 대한 태도가 형성 또는 변경되고, 마지막으로 특정 대안에 대한 구매의도가 형성된다.

대안평가 단계에서 소비자들은 선택대안들이 가지고 있는 속성 중에서 자신이 중요하다고 생각하는 속성을 평가요소로 선정한다. 평가기준(evaluative criteria) 혹은 선택기준(choice criteria)은 소비자의 구매목적과 동기 및 상황에 따라 다르고, 그 기준은 객관적일 수도 주관적일 수도 있으며, 또한 제품에 따라 기준의 수와 중요도가 다르다. 이렇게 선정된 평가요소를 기준으로 소비자는 자신이 원하는 대안평가방식으로 선택대안들을 평가하게 된다.

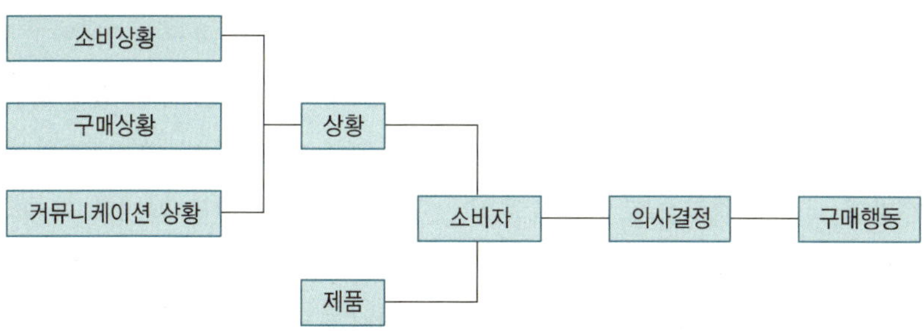

그림 4-3 상황변수를 고려한 단순소비자행동모델

출처: 이학식·안광호·하영원(1997). 소비자행동: 마케팅 전략적 접근. 법문사, p. 113.

선택대안에 대한 신념(beliefs)이란 평가기준의 관점에서 각 대안이 가지고 있는 특성에 대해 소비자가 지각하고 있는 주관적인 믿음을 의미한다. 여러 선택대안들에 대한 평가기준과 이에 대한 소비자의 신념은 각 대안에 대한 호의 또는 비호의적인 태도를 형성한다. 태도(attitude)란 특정 대상에 대하여 호의적 또는 비호의적으로 일관된 반응을 보이는 학습된 선유성향(predisposition)을 의미하며, 태도는 개인으로 하여금 특정 대상에 대해 일관된 방향으로 지각하고 행동하게 만든다. 그러나 소비자의 태도가 호의적이라고 해서 반드시 구매로 이어질 가능성은 낮을 수 있다. 따라서 소비자의 실제 구매행동은 호의적인 태도에 이어 구매의도가 형성되어야 한다. 구매의도(purchase intention)란 최종적으로 선택된 대안을 구매하기로 결심하는 상태를 의미하며, 실제로 구매할 의향이 있는지의 여부를 나타낸다. 따라서 의도가 태도와 행동을 매개하므로 소비자의 실제 구매행동은 태도가 아니라 구매의도에 의해서 좀 더 정확하게 예측할 수 있다.

소비자가 대안을 평가하고 각 대안에 대한 태도를 형성하여 특정 대안에 대한 구매의도를 형성하는 절차와 방식을 대안결정방식(decision rules)이라 한다. 대안결정방식은 아주 단순한 것으로부터 매우 복잡한 것에 이르기까지 매우 다양한데, 크게 보완적 방식과 비보완적 방식으로 나누어 볼 수 있다. 보완적 방식(compensatory rule)은 특정 평가기준에서 낮은 평가를 받은 것을 다른 기준에서 높은 평가를 받은 것으로 보상하며 여러 대안들을 종합적으로 비교·평가하는 방식을 의미한다. 반면에 비보완적 방식(noncompensatory rule)은 하나의 기준에서 낮은 평가를 받은 것을 다른 기준에서 높은 평가를 받았다고 해서 보완되지 않는 방식으로서 비교적 간단한 평가방식이다.

선택대안에 대한 소비자의 신념과 태도는 소비자 자신과 마케터 양측 모두에게 매우 중요한 의미를 가진다. 소비자의 신념과 태도는 대안평가에서 결정적인 역할을 수행하는 데 소비자가 사실과 다른 왜곡된 신념을 가지고 있다면 비호의적인 태도를 가지게 되고 결과적으로 합리적인 대안평가가 어려울 뿐만 아니라 마케터에게도 상당한 영향을 미치게 된다. 소비자의 부정적인 신념이나 비호의적인 태도는 제품판매의 직접적인 장애요인이 되기 때문에 마케터들은 소비자의 신념과 태도를 변경시켜 구매행동을 유도하기 위한 다양한 전략을 구사한다.

또한 소비자들의 대안결정방식도 마케터에게 매우 중요한 정보를 제공한다. 보완적 방식으로 대안을 결정하는 경우에는 소비자들이 중요하게 여기는 평가기준을 알 수 있게 되고 이것을 제품개선, 기존제품의 포지셔닝 및 신제품 개발을 위한 전략에 이용할 수 있다. 이와 같이 소비자의 대안평가과정은 마케터에게 매우 중요한 정보를 제공하기 때문에 평가기준과 평가방식 및 자사 상표에 대한 평가결과가 자주 조사된다. 이러한 조사결과를 바탕으로 마케터들은 자사 상표에 대한 평가결과를 향상시키기 위해 전략적 노력을 기울인다. 그러므로 소비자들은 대안평가의 능력을 향상시켜 마케팅전략의 영향에 의해 왜곡된 평가를 내리지 않도록 주의를 기울여야 한다.

4) 구 매

소비자가 대안을 평가한 후 특정대안을 구매하기로 결정하면 구매단계에 다다른다. 구매단계에서는 특정대안의 구매결정뿐만 아니라 상점 선택 및 방문, 상점 내 쇼핑, 비용지불과 운반 및 설치 등의 세부행동이 포함된다. 그러나 이러한 구매행동은 관여도에 따라 매우 다양한 유형으로 나타나며, 또한 상황의 영향에 따라서도 다양하게 나타나기 때문에 이에 대해서는 나중에 좀 더 자세하게 알아보기로 한다.

한편 소비자는 제품에 대한 강한 호의적 감정이 발생되는 순간 즉흥적으로 구매를 결정하는 충동구매(impulse purchasing)를 하거나, 지나치게 소비에 집착하여 통제할 수 없는 강한 구매욕구에 끌려 강박적 구매 혹은 중독적 구매를 하기도 한다. 이러한 비계획적인 구매행동은 구매 후에 부정적 감정인 후회를 낳는데, 충동구매는 소유욕이 강하게 작용하는 것에서 비롯된 것이라면, 강박적 구매는 실추된 자아존중감을 회복하거나 심리적 긴장을 해소하기 위해 이루어진다.

구매 단계에서 소비자들이 내리는 선택결정이 결국 소비자의 시장활동의 꽃이라고 볼 수 있다. 이와 같이 중요한 의미를 담고 있는 구매결정은 기술의 진보에 따른 혁신품들의 끊임없는 출현, 고도의 마케팅기법 및 시장개방 등의 환경변화와 함께 점점 더 어려운 과업이 되고 있다. 그러므로 소비자-시민으로서 사적인 미시적 합리성과 공동체 추구적인 거시적 합리성의 조화를 이루는 성숙한 선택결정을 내릴 수 있도록 소비자를 교육하고 계몽하는 일을 결코 소홀히 해서는 안 된다.

5) 구매 후 과정

소비자의 구매의사결정은 구매하는 것으로 끝나는 것이 아니라 구매한 제품을 실제로 사용하면서 만족 또는 불만족을 경험하고, 자신의 구매의사결정과정을 평가하여 그 결과를 다음 번 구매에 이용하는 등의 일련의 과정을 포함한다. 소비자가 구매 후에 경험하게 되는 과정에는 인지부조화(cognitive dissonance)와 소비자 만족/불만족(consumer satisfaction/dissatisfaction) 및 불평행동 등이 포함된다.

인지부조화는 소비자가 구매결정을 내린 후에 과연 자신의 선택이 옳은 것이었는가에 대해 불안감을 느끼는 것이다. 마케터들은 이러한 인지부조화를 해소하거나 감소시키기 위해 구매자의 선택이 현명했다는 것을 강화광고(reinforcement advertising)를 통해 확인시켜주거나, 판매 직후 감사의 뜻을 담은 서신, 팸플릿, 전화 등을 전략적으로 이용하기도 한다.

소비자 만족/불만족은 다음 번 구매에 지대한 영향을 미치는데, 소비자가 제품성과에 대해 가졌던 기대수준과 구매 후 경험한 실제 제품성과 사이의 차이, 즉 불일치에 대한 지각 정도에 따라 좌우된다. 구매 후 만족하는 소비자는 더욱 호의적인 태도를 갖게 되고, 더 높은 구매의도를 갖게 되며, 결과적으로 상표애호도가 형성될 수 있다. 한편 불만족한 소비자는 비호의적인 태도를 갖게 되고, 구매의도가 낮거나 아예 갖지 않게 됨으로써 상표를 전환하거나, 불평행동을 하거나, 부정적인 구전(word-of-mouth)활동을 펴는 등 보다 적극적인 행동을 하기도 한다.

그러므로 마케터들은 소비자의 기대수준을 너무 높여 놓지 않기 위해 과다한 약속을 하지 않고, 약속된 품질을 보장하려고 애쓰며, 소비자상담실 등을 운영하여 소비자불만족을 해소하고 만족시스템을 관리하려고 노력한다.

이와 같이 소비자가 구매 후의 과정에서 소비자상담실을 적극 활용하는 등의 능동적인 행동을 취한다면 시장환경을 소비자에게 유리하게 끌고 갈 수 있다는 것을 인식해야 한다. 소비자의 시장활동은 궁극적으로 소비자의 적극적인 참여와 의식개혁으로 발전할 수 있다.

4 소비자 의사결정에 영향 미치는 요인

소비자의 의사결정은 여러 요인의 영향을 받는데 크게 두 가지 요인, 즉 소비자의 개인적 특성과 환경적 요인으로 나누어 볼 수 있다. 이것은 인간의 행동을 '환경요인의 자극에 대한 행동주체의 반응' 으로 보는 행동과학관을 반영하는 것이다. 환경요인의 성격과 이에 반응하는 행동주체의 개인적 특성에 따라 매우 다양한 형태의 행동양식이 나타날 수 있는데, 소비자행동은 인간행동의 하나이므로 이 두 가지 요인, 즉 소비자의 개인적 요인과 환경적 요인의 영향을 받는다고 볼 수 있다.

1) 개인적 요인

소비자의 의사결정은 개인에 따라 매우 다르다. 비록 똑같은 상황에서 동일한 마케팅자극에 노출되더라도 소비자들의 반응은 매우 상이하게 나타난다. 이것은 외부자극을 받아들이고 해석하는 개인의 지각 및 인지구조가 서로 다르기 때문이다. 개인의 동기, 학습, 개성, 라이프스타일 등의 요인들은 소비자의 의사결정에 영향을 미치게 된다.

동기(motives)란 행동을 유발시키고 그 행동이 특정목표를 지향할 수 있도록 강력하고 지속성 있는 내적 성향을 의미한다. 동기가 활성화되어 구체적인 행동을 유발시키는 과정을 동기유발(motivation)이라 하는데, 동기유발의 동인에는 본능이나 습관으로부터 지식과 사고력에 이르기까지 선천적·후천적 요소가 포함된다. 또한 잠재되어 있던 욕구가 활성화되면 특정 행동이 유발되기 때문에 욕구는 동기유발의 중요한 동인이다. 마케터는 신제품개발, 포장디자인 개량, 광고 및 다양한 판촉활동에서 소비자의 잠재된 욕구를 환기시키거나 충족되지 않은 욕구를 자극함으로써 소비자들의 욕구와 동기를 활성화시키려 한다.

학습(learning)이란 어떤 대상에 대한 신념이나 태도가 처음으로 형성되거나 기존의 신념이나 태도가 변화되어 비교적 항구적인 행동 변화를 의미한다. 학습은 물리적·인지적 행동변화를 야기시킬 정도로 강하게 반복되는 경험의 습득과정이라고도 볼 수 있다. 소비자에게 학습이란 다양한 경험을 통해 제품, 상표, 상점 등에 대한 지식, 신념, 태도 및 구매행동에 변화가 일어나는 것을 의미한다. 즉, 소비자의 학습 결과는 최종 구매행동에 반영된다. 소비자의 학습과정에 대한 설명은 인지적 접근과 행동주의적 접근의 두 가지 견해가 있다. 인지적 학습(cognitive learning)은 소비자의 사고과정에 의해 이루어지는 학습을 의미하고, 행동주의적 학습은 자극과 반응의 관계로 일어나는 학습을 의미한다. 마케터들은 소비자들이 특정 대상에 대해 무엇을 어떻게 경험하고 학습하게 되는지 학습과정을 이해하고 이를 촉진활동에 이용함으로써 마케팅 목적 달성을 위해 소비자들의 학습을 조장하기도 한다.

개성(personality)이란 환경적 상황에 대응하여 비교적 일관성 있고 지속적인 반응을 가져오는 개인의 심리적 특성을 의미한다. 개성은 개인의 기본적이고 일반적인 행동양식을 결정하는 주된 동인인 동시에 그의 행동에 반영되어 그 특성이 쉽게 외부로 표출되는 특징을 갖는다. 따라서 마케터들은 소비자의 구매 및 소비행동의 잠재적 동기를 이해하기 위해 구매행동과 개성과의 관계에 높은 관심을 가지고 있다. 그러나 소비자의 개성과 행동간의 관계는 미약하게 나타나는데, 그 이유는 개성이 소비자행동을 설명하는 많은 변수 가운데 하나에 불과하고, 개성을 측정하는 방법이 일치하지 않기 때문인 것으로 지적된다.

라이프스타일(lifestyle)이란 특정 사회, 특정 집단, 또는 개인이 지니고 있는 독특한 삶의 방식을 의미한다. 구체적으로 라이프스타일은 사람들은 어떻게 시간을 사용하는지 행위(activity)의 측면, 살아가면서 중요하게 고려하는 것은 무엇인지 관심(interest)의 측면, 그리고 주위세계에 대한 생각은 어떠한지 의견(opinion)의 측면 등 세 가지 측면의 총체로 나타난다. 소비자는 라이프스타일 유형에 따라 구매행동양식이 다르고, 선호하는 제품이나 광고매체가 다르기 때문에 마케터들은 소비자의 라이프스타일을 마케팅전략 개발에 자주 이용한다. 예를 들면, 표적시장을 결정하기 위해 시장을 세분화하고, 표적시장에 대한 제품포지셔닝 전략을 개발하고, 표적시장에 적합한 촉진전략을 개발하기 위해 라이프스타일을 자주 이용한다.

2) 환경적 요인

문화(culture)란 특정 사회에서 구성원들이 사회학습을 통해 획득하고 공유하는 생활방식 내지는 행동양식을 의미한다. 어느 사회에서나 어떻게 살아야 하고 어떻게 행동해야 하는가에 대한 구성원들의 가치 또는 신념체계가 있고 그에 따라 특유의 생활방식이 존재하며 결과적으로 사회구성원들은 유사한 행동양식을 공유하게 된다. 소비자로서의 행동도 문화적 환경에 의해 영향을 받지 않을 수 없으며, 소속된 사회계층 내 다른 사람들의 가치와 행동의 영향도 받게 된다. 한편, 문화적 가치는 시간이 흐름에 따라 변화하고, 이것은 마케터에게 새로운 시장기회를 제공하게 된다. 세계화로 인해 기업들의 활동영역이 확대되면서 다른 나라의 문화와 문화적 가치를 이해하고, 문화적 차이로 인한 소비자행동의 차이를 분석하는 비교문화적 소비자연구의 필요성이 증대되고 있다.

준거집단(reference group)이란 개인의 가치·태도·행동에 직·간접적으로 영향을 미치는 개인이나 집단을 의미한다. 사람들은 누구나 가족을 비롯하여 학교, 직장, 사회단체, 종교단체 등 여러 집단에 소속하게 되고, 이들 집단의 규범의 영향을 받게 된다. 또한 사람들은 소속하기를 희망하거나 회피하는 집단에 의해서도 영향을 받는다. 누구나 소속하기를 희망하는 집단에 대해서는 그 집단의 기대와 규범에 부응하는 행동을 하려는 경향이 있다. 따라서 현재 소속해 있는 집단뿐만 아니라 소속해 있지 않은 집단이라도 자신의 가치, 신념, 행동 등에 영향을 주는 집단은 준거집단이 된다. 준거집단은 소비자에게 직접 또는 간접적으로, 의식 또는 무의식적으로, 뚜렷한 대면적 접촉 없이도 영향을 미칠 수 있는 중요한 소비자행동의 영향요인의 하나이다. 따라서 마케터들은 준거집단을 이용하여 소비자들의 구매행동에 영향을 미치려 한다. 예를 들면, 준거집단의 구매행동이나 라이프스타일을 소구함으로써 자사제품에 대한 긍정적 태도를 형성하거나 집단규범에의 순응압력을 유발하기도 한다.

가족(family)은 함께 거주하면서 혈연, 결혼 혹은 입양에 의해 맺어진 2인 이상의 집단을 의미한다. 가족은 한 개인이 최초로 소속하는 일차적 준거집단으로서 소비자사회화 기능을 통해 개인의 소비 혹은 구매행동에 일차적인 영향을 미친다. 또한 가족은 그 자체가 하나의 독립된 경제 또는 소비단위로서 의사결정의 주체가 되며 제한된 소득으로 가족구성원 개개인의 다양한 욕구를 최대한 충족시켜야 하는 공동체적 경제단위이다. 따라서 가족단위의 구매결정에서 가족구성원 각자는 다양한 역할을 분담하여 수행하게 된다. 마케터들은 누가 구매의 제안자이고, 누가 최종의사결정권자이며, 누가 정보를 수집하고 영향력을 행사하는지 식별한 후, 그들을 표적으로 촉진전략을 펴게된다. 한편, 시간의 흐름에 따라 대부분의 사람들이 거치게 되는 가족구성의 단계적 변화과정인 가족생활주기(family life cycle)의 개념은 단일의 인구통계변수에 비해 훨씬 명확하게 소비자행동유형의 특성을 설명해주기 때문에 마케터의 시장세분화, 표적시장 확인, 그리고 표적시장에 적합한 제품이나 서비스를 개발하려 할 때 많이 이용된다.

5 관여도와 상황적 영향

1) 관여도

실질적으로 개별 소비자는 시장에서 다양한 선택상황에 놓이게 되고 그에 따라 소비자의 시장활동은 상이한 의사결정과정을 거치게 된다. 소비자행동을 연구하는 마케팅 학자들은 관여도(involvement)의 개념을 개발하였고, 소비자의 의사결정과정, 정보처리과정, 태도형성과정 등이 관여도에 따라 달라진다고 설명한다. 소비자의 시장활동을 이해하는 데에 관여도의 개념이 도움이 되기 때문에 그 개념과 측정방법을 살펴보도록 한다.

(1) 관여도의 개념

관여도란 '특정 상황에서 어떤 대상에 대해 개인이 지각하는 중요성이나 관심도의 수준 혹은 자신과의 관련성을 지각하는 정도'를 의미한다. 각 개인의 관여도는 그 대상이 무엇이냐에 따라 다르고, 그 대상에 대한 관여도는 개인에 따라 다르며, 이것은 또한 상황에 따라 달라진다. 그러므로 관여도는 사람(개인적 요인), 대상(제품요인), 상황(상황적 요인)의 세 요인들이 모두 관련된다.

소비자가 직면하는 선택상황은 때로는 매우 신중하게 심사숙고하기도 하고 때로는 생각 없이 즉흥적으로 결정하기도 하는 등 매우 다양하다. 이와 같이 소비자의 선택상황은 고관여(high involvement)와 저관여(low involvement)로 표현되는 연속적이면서 상대적인 상황이 모두 포함된다. 소비자가 관심이 높은 제품의 어떤 상표를 선택할 때에는 정보도 탐색하고 비교적 심사숙고하는 등 관여도가 높으며, 반면에 자신과 별로 상관이 없는 제품인 경우에는 관여도가 낮아 광고에 노출되어도 주의를 기울이지 않는다.

이와 같이 소비자는 관여도에 따라 상이한 의사결정과정과 정보탐색과정을 거치기 때문에 소비자의 시장활동은 관여도에 따라 달라진다고 할 수 있다.

(2) 관여도의 측정방법

관여도는 소비자행동의 여러 측면에 영향을 미치기 때문에 관여도를 측정하기 위한 다양한 방법이 개발되었다. 여기에서는 자이코우스키(Zaichkowsky)가 1990년에 개발한 20개 항목으로 구성된 PII(Personal Involvement Inventory)를 우리말로 번안하여 12개의 항목으로 구성하여 그 신뢰성과 타당성이 검증된 것을 소개하도록 한다.

그림 4-4의 12개 항목은 제품의 중요성 차원을 '중요하다-중요하지 않다', '관심이 많다-관심이 없다' 등과 같이 의미차별화 척도(semantic differential scale)로

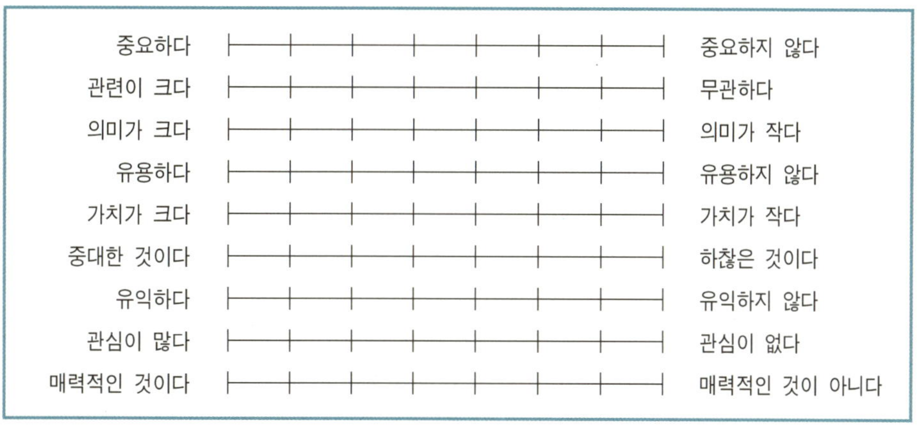

그림 4-4 자이코우스키의 관여도척도의 한국어판

출처: 이학식(1990). 소비자정보처리에 대한 관여도와 광고유형의 조정적 역할. 경영학연구, 19(2), p. 100.

측정하는 것이다. 본래 20개의 항목으로 개발된 척도를 우리말로 번역하는 과정에서 유사한 의미로 중복되는 항목들을 하나의 항목으로 표현하여 12개의 항목이 되었다.

2) 상황적 영향

지금까지 우리는 소비자의 인지적·감정적 반응과 행동을 다루며 소비자가 구매하고 사용하는 상황에 대해서는 언급하지 않았다. 그러나 때로는 제품이나 소비자와는 무관하게 특정환경에서 일시적으로 일어나는 상태나 조건이 소비자행동에 영향을 미치기도 한다. 이것을 마케팅에서는 상황적 영향(situational influence)이라고 한다.

(1) 상황의 유형

① 소비상황

소비상황(consumption situation)은 구매 후 사용하는 상황을 말하며, 사용할 때의 사회·물리·시간적 환경이 포함된다. 소비자가 상품을 구매한 후 소비하는 사회·물리적 상황은 집에서 혼자, 손님접대 시, 직장에서, 혹은 여행 중에서와 같이 매우 다양하다. 또한 언제 소비하는가의 시간에 따라 선호가 달라지기도 한다. 이와 같은 다양한 소비상황에 따라 소비자의 제품이나 상표선택은 달라지는데, 예를 들면, 손님을 접대할 때에는 원두커피를 마시고 평소에는 인스턴트 커피를 마실 수도 있고, 우유나 오렌지주스는 아침에만 마시고 다른 시간에는 다른 종류의 음료수를 마실 수도 있다.

소비상황은 대체로 미리 예측할 수 있는 경우가 많지만, 때로는 예측하지 못한 상황이 발생하기도 한다. 이러한 상황에서는 쇼핑할 시간적 여유가 없으므로 평소에 비해 비싼 가격으로 구매하게 된다. 또한 소비가 판매장소에서 이루어지는 서비스업이나 레저산업에서는 마케터가 소비환경에 많은 영향력을 행사할 수 있고 직접적으로 통제할 수 있기 때문에 소비자의 선택결정이 마케팅 전략의 영향을 많이 받는다. 그러므로 소비자는 소비환경에 따라 자신의 선택결정이 어떻게 달라지는지 살펴 보는 노력이 필요하며, 마케팅 전략적 차원에서 조장된 소비환경의 일방적인 영향을 피할 수 있어야 한다.

② 구매상황

구매상황(purchase situation)은 소비자가 시장에서 상품을 구매하는 상황으로서 구매할 때의 환경적 영향이 모두 포함된다. 소비자가 직면하는 구매상황은 방문한 상점의 내부환경, 상점입지, 구매목적, 구매시기 등 다양하며, 이러한 구매상황은 소비자의 최종 선택결정에 지대한 영향을 미친다.

- 상점내부환경: 많은 경우의 상황적 영향은 마케터에 의해 통제되지 못하지만, 상점내부환경은 마케터의 의지대로 통제될 수 있다. 상점내부환경에는 조명, 색, 음악, 향, 온도, 습도 등의 물리적 환경과 제품이나 의자의 배치나 배열 및 붐비는 정도와 같은 공간적 환경, 그리고 판매원의 친절, 외모, 전문지식과 같은 인적 환경이 포함된다.

  상점내부환경이 소비자의 구매행동에 많은 영향을 미치는 것으로 검증되면서부터 마케터들은 그 영향을 고려하여 상점내부환경을 구성하기도 한다. 예를 들면, 따뜻한 색의 벽 근처에는 차가운 색에 비해 많은 사람들이 모이지만, 차가운 색의 실내를 따뜻한 색의 실내보다 더 멋있고 편안하고 호의적으로 느끼는 것으로 나타나 상점외부나 진열창가는 따뜻한 색으로, 그리고 상점내부는 차가운 색으로 단장하는 것이 권장된다. 또한 배경음악의 템포가 영업목적의 달성에 영향을 미치는 것으로 나타나 슈퍼마켓이나 패스트푸드점 등에서는 발걸음을 재촉하거나 고객순환을 빠르게 하기 위해 빠른 템포의 배경음악이, 반면에 백화점 등의 고품격 상점에서는 발걸음을 여유롭게 옮기며 더 많은 구매를 유도하기 위해 느린 템포의 배경음악이 이용되기도 한다. 또한 최근에는 향기가 상점내부환경을 쾌적하게 느끼도록 하는 데에 중요한 역할을 하는 것으로 인식되면서 자동향분무기가 설치된 매장이 늘어나고 있다.

  이와 같은 상점내부의 물리적 환경 못지 않게 제품이나 의자의 배열과 배치도 소비자의 구매행동에 많은 영향을 미치는 것으로 입증되었다. 예를 들면, 슈퍼마켓에서는 눈높이에 진열된 상품과 배열면적이 여러 열로 넓게 자리잡을수록 유리하고, 백화점에서는 에스컬레이터 부근이 유리하여 다른 층으로 이동을 하기 위해서는 한 바퀴를 반드시 돌도록 설계하거나, 계산대 근처에는 그 이전까지의 쇼핑하는 즐거운 마음과 달리 계산을 기다려야 하는 무료함으로 인해 껌이나 초콜릿 등의 값싼 제품을 쉽게 구매한다는 점을 이용하여 간단한 진열대가 대부분 설치되어 있다. 또한 상점내부의 진열대나 선반을 서로 직각으로 배치함으로써 막다른 공간에서는 일직선의 통로를 지나는 동안의 걸음걸이와 달리 U자로 회전하는 동안 가장 많은 시선이 상품배열에 쏟아져 더 많은 선택이 이루어질 수 있도록 하는 격자식(grid) 배치나, 소비자가 자유자재로 이동할 수 있도록 설치물을 배치하는 자유흐름식(free-flow) 배치가 기본적인 상점내부 배치방법으로 널리 이용되고 있다. 그런데 격자식은 주로 슈퍼마켓이나 양판점에서 그리고 자유흐름식은 전문점이나 부티크에서 많이 이용된다. 한편, 공항터미날의 의자배치는 일직선으로 마주 볼 수 없게 고정시켜 놓은 경우가 많은데, 이것은 대화하기에 불편한 환경을 의도적으로 조성하여 공항 내 휴게실이나 식당으로 사람들을 유인하기 위한 것이라는 지적도 있다.

상점에서 만나는 판매원은 지금까지의 비인적 물리적 요소에 비해 훨씬 중요한 역할을 발휘한다. 친절하고 세심하게 배려하며 말끔한 외모와 상품에 관한 전문지식을 갖춘 판매원은 소비자의 상점애호도를 높이는 데에 결정적인 역할을 한다. 또한 상점 안의 붐비는(crowding) 정도도 소비자의 구매행동에 영향을 미치는 요소로 최근 확인되고 있다. 때로는 붐비거나 또는 그 반대로 너무 한산하거나 하는 공간적 환경이 부정적인 느낌을 주어 그 상점을 떠나게 만드는 요소가 되기도 하고, 호프집, 운동경기장, 공연장 등과 같은 경우에는 붐비는 환경이 오히려 도움이 되기도 한다. 이와 같이 적당히 붐비는 정도는 최적의 분위기를 만들어 소비자의 구매행동에 영향을 미친다.

- 구매목적: 구매목적이 자기 자신이 사용하기 위한 것인가, 아니면 타인에게 선물하기 위한 것인가 혹은 자신에게 선물하기 위한 것인가에 따라 소비자의 구매행동은 달라진다. 보통 우리가 선물을 할 때 상징적인 메시지도 함께 전달하고자 하기 때문에 선물을 고를 때에는 적합한 메시지를 전할 수 있는 선물의 종류, 가격, 상표 등을 신중하게 고려한다. 그러므로 선물을 고를 때에는 더 많은 시간이 소요되고 정보탐색도 더 광범위하며 광고보다는 판매원을 이용하고 어느 정도의 가격대를 정해 놓는 경우가 많다. 또한 선물은 자발적으로 하는지 아니면 의무적으로 하는지의 상황에 따라서도 평가기준이 달라진다.

반면에 자기가 사용하기 위해 구매할 때에는 시간과 노력을 적게 들이고 정보도 판매원보다는 광고에 의존하고 가격에 대해서도 더 민감해진다. 소비자들은 때때로 자기 자신에게 선물을 주는 구매를 하기도 한다. 그러므로 구매목적이 무엇인가에 따라 시장에서의 구매상황이 다르며 선택의 평가기준이 달라진다.

- 구매시기 및 시간: 제품에 대한 수요는 시기에 따라 변하고, 또한 소비자가 구매하는 데에 얼마나 시간적인 여유가 있는가 혹은 바로 전에 언제 소비했는가도 구매에 영향을 미친다. 추석이나 구정과 같은 명절이나, 크리스마스와 같은 특별한 의미가 있는 시기, 그리고 여름이나 겨울철과 같은 계절 및 식사 후 경과한 시간 등은 소비자의 구매에 많은 영향을 미친다.
- 기분상태: 구매할 때의 소비자의 기분상태(mood state)도 중요한 구매상황을 만들어 낸다. 소비자가 기분 좋은 상태인지 아니면 우울한 상태에 있는지에 따라 상표에 대한 정보처리나 회상이 달라지고 그 결과 상표선택을 다르게 할 수 있다.

③ 커뮤니케이션 상황

커뮤니케이션 상황(communication situation)이란 판매원과 같은 인적매체와 광고나 상점의 진열과 같은 비인적 매체를 통해 제공되는 정보에 노출될 때의 상황 또는 주변배경(setting)을 의미한다. 이러한 상황에는 친구나 판매원과 이야기하는 것으로부터 시작해서 진열이나 광고를 통한 의사소통상황이 포함된다.

예를 들어 커뮤니케이션 상황 중에서 광고상황(ad context)은 광고가 이루어지는 전후상황으로써 잡지광고는 잡지기사, 라디오나 TV광고는 방송 프로그램 및 다른 제품의 광고 등이 포함된다. 이러한 광고상황은 소비자의 정보처리 및 태도 형성에 인지적 영향을 미치기도 하고, 기쁨이나 우울과 같은 감정적 영향을 미칠 수도 있다. 코카콜라는 대개 뉴스가 나쁜 내용도 많이 포함하고 있기 때문에 코카콜라의 경쾌하고 상쾌한 제품이미지에 좋지 않은 영향을 미칠 수 있기 때문에 뉴스시간대에는 광고를 하지 않는다.

(2) 상황과 소비자행동

지금까지 상황은 소비자행동에 많은 영향을 미친다는 것을 알 수 있었다. 그림 4-3은 이러한 영향을 고려하여 소비자행동모델을 간단하게 표현한 것이다. 소비자의 구매행동은 구매가 이루어지는 때와 장소에서의 상황과 제품 그 자체가 갖는 속성, 그리고 이러한 두 가지 요소와 개별 소비자와의 상호작용에 의해 이루어진다.

소비자가 시장에서 구매결정을 했을 때 그것이 상황에 의한 것인지 아니면 제품특성에 의한 것인지를 아는 것은 마케터에게 중요하다. 왜냐하면 특정 상표의 반복구매의 가능성은 상황보다는 제품특성의 영향을 더 많이 받기 때문이고, 또 한편으로는 상황변수의 영향을 마케팅전략으로 이용하여 더 많은 구매를 유도하는 것이 가능하기 때문이다. 그러므로 소비자는 시장에서 구매결정을 내릴 때 과연 그 결정이 상황의 영향을 받아서인지 아니면 제품이 지니는 특성 때문인지 신중히 생각하고, 제품특성의 평가에 의한 인지적인 의사결정을 내리는 습관을 갖도록 노력해야 한다.

참고문헌

김기옥 · 정순희(1994). 개방시대의 소비자 선택모델: 신고전선택이론의 한계와 대안적 모델 모색. **소비자학연구**, 5(2), 145-156.

이승신 · 김기옥 · 김경자 · 심영 · 정순희(1996). **가계경제학**. 학지사.

이학식 · 안광호 · 하영원(1997). **소비자행동: 마케팅 전략적 접근**. 법문사.

임종원 · 김재일 · 홍성태 · 이유재(1994). **소비자 행동론: 이해와 마케팅에의 전략적 활용**. 경문사.

Shelling 저, 정창인 역(1992). **미시동기와 거시행동**. 한국경제신문사.

Arrow, K.J.(1994). Methodological individualism and social knowledge. *American Economic Review, 84*(2), 1-9.

Bonnice, J.G. & Bannister, R.(1990). *Consumers Make Economic Decisions(2nd Ed.)*. South-Western Publishing.

Cambell, S.R.(1990). *The Confident Consumer*. South Hommand, The Goodheart-Willlcox.

Davis, J.S.(1945). Standards and content of living. *American Economic Review, 35*, 1-15.

Engel, J.F., Balckwell, R.D., & Miniard, P.W.(1995). *Consumer Behavior*. The Dryden Press.

Etzioni, A.(1988). *The Moral Dimension: Toward a New Economics*. The Free Press.

Kyrk, H.(1923). *A Theory of Consumption*. Houghton Mifflin.

Hoyt, E.E.(1938). *Consumption in Our Society*. McGraw-Hill.

Leet, D.R., & Driggers, J.(1990). *Economic Decisions for Consumers*. Macmillan Publishing.

Mandell, L.(1981). *Consumer Economics*. Science Research Associates.

Veblen, T.(1899). *The Theory of the Leisure Class*. The Macmillan Publishing.

Walsh, V.(1994). Rationality as self-interest versus rationality as present aims. *American Economic Review, 84*(2), 401-405.

Walkie, W.L.(1994). *Consumer Behavior(3rd Ed.)*. John Wiley & Sons.

CHAPTER 05

진화하는 소비자, 프로슈머

현대의 시장에서 소비자는 수동적 참여자에서 능동적 행동자로 변모하기 시작하였고 생산자와 소비자의 관계가 동시에 이루어지는 경우가 많아지고 있다. 이를 가리켜 프로슈머, 즉 생산자인 'Producer'와 소비자인 'Consumer'를 합친 프로슈머(Prosumer)라고 한다. 프로슈머는 과거보다 적극적이고 참여적인 소비자를 지칭하는 일반적인 용어로 사용되고 있다.

이 장에서는 프로슈머가 등장하게 된 배경과 프로슈머라고 일컬어지는 소비자가 더 이상 수동적으로 시장에 주어진 재화를 구매하는 데 그치지 않고 보다 적극적으로 자신들의 욕구와 욕망을 표현하며 이러한 것들이 시장에 반영되도록 하고 이러한 소비자의 변화에 따라 시장에는 어떠한 변화가 일어나고 있는지를 살펴보기로 한다.

1 프로슈머란?

1) 프로슈머의 어원

프로슈머(Prosumer)라는 말은 미래경제학자 엘빈 토플러(Alvin Toffler)가 1971년 그의 저서 미래 충격에서 처음 사용한 말로, 생산자를 뜻하는 'Producer'와 소비자를 뜻하는 'Consumer'의 합성어이다. 말 그대로 생산자적 기능을 수행하는 소비자를 말한다.

그는 『제3의 물결(The Third Wave)』(1980)에서 판매나 교환을 위해서라기보다 자신의 사용이나 만족을 위해 제품, 서비스 또는 경험을 생산하는 이들을 가리켜 '프로슈머(Prosumer)'라는 신조어로 지칭했다. 그리고 21세기에는 산업 사회인 제2의 물결사회의 양축인 생산자(producer)와 소비자(consumer) 사이의 경계가 불분명해지면서 소비만 강요당하던 소비자들은 다양한 경로를 통해 생산과정에 직접 자신들의 의사를 반영하게 되어 양자의 역할을 모두 수행하는 생산하는 소비자, 즉 프로슈머(Prosumer)가 등장할 것이라고 예견하면서 프로슈머라는 용어를 처음 사용하였다.

또한 최근 저서인 『부의 미래(Revolutionary Wealth)』에서 '개인 또는 집단들이 스스로 생산(PROduce)하면서 소비(conSUME)하는 행위를 프로슈밍(prosuming)'이라고 명시했고 프로슈머의 생산력은 전체 화폐 경제가 의존하는 상당한 부분이라고 언급했다(Alvin Toffler, 2006).

2) 프로슈머의 개념

프로슈머는 생산자인 프로듀서(producer)와 소비자인 컨슈머(consumer)가 결합된 용어로 제품이나 서비스 제작에도 직접, 또는 간접적으로 참여하는 능동적인 소비자를 말한다. 이들은 자신이 소비하는 물건에 대해 단순히 제품을 사용하는 데 그치지 않고 기업의 제품 개발단계에서부터 자신의 견해를 제안하기도 하고 더 나아가서는 소비자의 관점에서 느꼈던 생각과 아이디어를 가지고 직접 상품을 제작하는 소비자를 말한다(이진천, 2007; 정세원, 2008). 프로슈머는, 소비는 물론 제품 생산과 판매에도 직접 관여하여 해당 제품의 생산 단계부터 유통에 이르기까지 소비자의 권리를 행사한다. 시장에 나온 물건을 선택하여 소비하는 수동적인 소비자가 아니라 자신의 취향에 맞는 물건을 스스로 창조해나가는 능동적 소비자의 개념에 가깝다고 할 수 있다. 토플러가 프로슈머에 주목한 것은 공장에서 대량 생산된 개성 없는 표준화된 제품으로는 더 이상 시장이 성장하지 않을 것이라는 점 때문이었다. 그는 기업이 지속적으로 성장하기 위해서는 맞춤형 생산방식으로 이런 징후

표 5-1 프로슈머 정의의 유형

프로슈머의 정의	언급 빈도
자발적이고 능동적으로 기업활동에 참여하는 소비자	30
자신의 만족과 유희를 위해 창조하고 공유하는 소비자	11
기업활동의 참여를 넘어 소비문화 형성의 주체적 기능을 수행하는 소비자	9
소비자주권의 실현에 적극적으로 행동하고 앞장서는 소비자	7

출처: 박혜란·이기춘(2009). 프로슈머의 개념화와 성향측정도구 개발. 소비자학연구, 20(3), p. 143.

를 타개하여야 하며 이는 소비자 참여 없이 불가능하다고 역설하였다.

한편 프로슈머를 '전문적인'을 의미하는 'professional'과 '소비자'를 뜻하는 영어 'consumer'의 합성어로 이해하자는 의견도 있다. 이 경우 프로슈머는 전문적 지식을 바탕으로 구매하는 소비자들이라는 의미로 쓰인다. 디지털 카메라를 구입한다고 할 때 프로슈머들은 디지털 카메라의 기종과 성능, 가격 등을 전문적으로 검토하여 최적의 조건과 가격에 물품을 구입한다.

학계와 기업 등 다양한 관련 전문가들이 프로슈머의 핵심적 속성이라고 언급한 것은 표 5-1에 정리된 바와 같다.

전문가 패널은 프로슈머를 가장 잘 설명해 줄 수 있는 성격으로 자발성, 적극성, 능동성, 주체성, 활동성, 창조성, 열정적, 생산성, 주도적, 표현적 성격, 선도적 성격, 미래지향성, 독창성이 핵심 속성이라고 의견을 모았다(박혜란·이기춘, 2009).

이러한 다양한 프로슈머에 대한 견해를 종합하여 프로슈머의 활동범위를 그 활동이 자신의 효용 및 만족 증대를 위한 기업영역에 대한 참여인가, 개인적인 필요에 의한 작업인가, 또 그것이 재미와 보람을 위한 활동인가 타인과의 상호작용 및 관계형성을 통한 사회적 동기에 의한 활동인가를 기준으로 그림 5-1과 같이 정리할 수 있다.

이러한 다양한 논의를 종합해 볼 때 프로슈머는 기업의 마케팅이나 혹은 다른 외부의 압력으로부터 영향을 받지 않고 자율적인 소비자 행동의 실천을 통해 소비자주권과 복지를 이룩하는 자로서 과거의 소비자에 비해 역량과 힘이 강화된 바람직한 소비자상을 의미한다. 따라서 프로슈머는 '자발적인 만족과 유희의 동기에 의해 적극적으로 소비물을 창조하거나 기업의 생산활동에 능동적으로 참여하는 소비자'라 할 수 있다(박혜란·이기춘, 2009).

기업영역

	관계적 동기	유희적 동기
기업영역	타인과의 사회적 관계 형성을 위한 기업생산과정에의 참여 활동(예: 단체활동을 통한 소비자 교섭력 증대)	재미와 보람을 추구하기 위한 기업생산과정에의 참여활동(예: 적극적인 소비자 체험단활동, 제품의 고객 맞춤화(customization)에 참여함)
개인영역	타인과의 사회적 관계 형성을 위한 개인적 창조활동(예: 블로그를 통한 정보의 생성 및 공유, 지식iN서비스 등을 통한 Q&A)	재미와 보람을 추구하기 위한 개인적 창조활동(예: UCC · 유튜브 등 재미를 위한 동영상 제작, 기존의 상품을 자신이 버전에 맞게 새롭게 창조해 사용)

개인영역

그림 5-1 **델파이 분석에 나타난 프로슈머 활동의 정리**

출처: 박혜란·이기춘(2009). 프로슈머의 개념화와 성향측정도구 개발. 소비자학연구, 20(3), 147.

2 프로슈머의 등장 및 성장배경

현대의 소비자들은 산업화 초기의 소비자들과 비교할 때 여러 가지 측면에서 많은 차이를 보인다. 수요가 공급을 초과하던 산업화 초기에 수동적일 수밖에 없던 소비자는 권리를 주장하기보다는 피해조차도 감수했어야 하는 반면, 공급이 수요를 초과하는 현대 소비사회에서 소비자의 위상은 그 어느 때보다 높아졌다고 할 수 있다.

제한된 자원 때문에 발생하는 3대 경제문제를 해결함에 있어서 가장 효율적이라 할 수 있는 완전경쟁시장은 시장에 참여하는 공급자와 수요자가 셀 수 없을 만큼 많고 그러한 시장참여자가 서로 시장에 대한 완전한 정보를 가지고 있을 것을 선제로 한다. 그러나 시장에 참여하는 소비자가 정보 면에서 생산자나 공급자보다 불리한 위치였던 것이 현실이다. 그러나 지속적인 과학기술과 정보통신환경의 변화로 무엇보다도 정보화라는 매우 중요한 트렌드가 형성되었고 이러한 트렌드는 사회환경 뿐 아니라 시장환경에도 매우 큰 영향을 미치게 되었다. 특히 컴퓨터 기술의 눈부신 성장과 함께 만들어진 인터넷은 소비자들이 엄청난 정보를 쉽게 접할 수 있을 뿐 아니라 공유할 수 있도록 하여 이전까지 시장에 대한 정보부족에 기인한 비합리적이거나 왜곡된 소비행동의 개선에 큰 기여를 하게 되었다. 뿐만 아니라 소비자들이 스스로 정보를 생산하여 확산시키거나 공유하는 비용이 거의 없어지게 되어 기업에 비해 조직력이 부족했던 소비자가 필요에 의해 조직적인 행동을 할 수 있는 기반이 형성되었다.

이러한 여러 가지 변화로 인해 시장에서 소비자도 수동적 참여자에서 능동적 행동자로 변모하기 시작하였고 이러한 소비자의 변화에 걸맞는 새로운 용어로 등장한 것이 프로슈머이다.

프로슈머는 네트워크의 발달, 소비자들의 제품과 시장에 대한 지식의 증가, 그리고 맞춤형 대량 생산을 할 수 있는 기업들의 능력이 결합되어진 산물이다(김태호, 2004). 제품에 대해 보다 많이 알고 있는 똑똑한 소비자들은 더 구체화된 요구를 가지게 되고, 이러한 요구가 쌍방향 커뮤니케이션을 통해 보다 쉽게 생산자들에게 전달되며, 생산자들은 보다 낮은 비용으로 개별 고객들의 요구를 반영하는 것이 가능하다는 것이다.

이러한 프로슈머의 등장은 다음과 같은 사회의 변화에 의해 더욱 활발하게 진행되었다.

1) 전체적 소득 및 여가시간의 증대

지속적인 경제 발전으로 소비자의 소득이 계속 증가하였고 이에 따라 소비자의 지불능력이 향상되어 이를 근거로 소비자가 자신의 욕구를 보다 적극적으로 시장에 표현할 수 있게 되었을 뿐 아니라 여가시간이 늘어남에 따라 경제적인 목적이 아니더라도 여가시간을 활용하는 방안으로 소비자가 직접 필요한 재화를 생산하고 더 나아가서는 다품종 소량생산으로 만들어진 획일적인 상품으로 충족되지 않는 개별적인 욕구를 충족시키기 위해 부분 완성품을 기반으로 최종물을 만드는 소비자가 점차 늘어가고 있다. 이러한 소비자의 변화는 DIY(Do-It-Yourself)와 같은 트렌드를 형성하였고 이에 반응하여 기업은 점차 많은 DIY 관련 제품을 만들어 내고 있다.

또한 소득의 증가는 소비자의 구매력 향상을 가져왔고 소비자는 이렇게 향상된 구매력을 기반으로 시장에서 보다 더 많이 자신의 욕구를 적극적으로 표출할 수 있게 된 것이다. 또한 시장에서 획일적으로 대량생산되어 판매되는 상품으로는 다 채워지지 않는 소비자의 욕구를 스스로 보완하여 생산하는 일이 여가시간의 증대로 가능하게 되었다.

2) 인터넷 등 통신 매체의 발달로 인한 정보 확보의 용이

프로슈머는 인터넷과 멀티미디어 매체를 통하여 자신의 지식과 노하우를 다른 일반 소비자에게 쉽게 전파할 수 있으며, 프로슈머 간의 지속적인 네트워크를 형성함으로써 스스로 집단화할 수 있는 기반을 마련하였다. 소비자들은 사회적 네트워크를 형성하여 서로의 의견을 공유하며 소비자 간, 동시에 소비자와 기업 간에 적극적으로 커뮤니케이션하고 있다. 디지털 시대에 웹과 다변화된 의사소통 네트워크의 긴밀한 연결고리가 서로 밀접해 질수록 프로슈머의 활동이 가시적으로 드러나고 있으며 기업과의 활발한 커뮤니케이션을 통해 기업활동 전반에 참여하게 되어 궁극적으로 프로슈머의 영향력이 사회경제활동 전반에 걸쳐 커지고 있는 것이다(박선영 외 3인, 2008).

3) 전기/전자 기술의 발달로 인한 각종 장비 가격의 하락

프로슈머에게 정보는 매우 중요한 요소이다. 인터넷의 발달로 정보의 공유가 매우 쉬어졌을 뿐 아니라 이러한 인터넷을 이용할 수 있는 컴퓨터의 가격도 지속적으로 낮아져서 대다수의 소비자가 컴퓨터를 소유할 수 있게 되었을 뿐 아니라 스스로 생산하는 정보를 공유하는 데 사용할 수 있는 디지털 카메라와 같은 장비의 가격도 지속적으로 하락하여 기존에 전문가들만 사용할 수 있었던 제품들을 일반소비자들도 쉽게 소유할 수 있게 되어 이러한 장비를 사용하여 정보를 생산하고 공유하는 것이 어렵지 않게 되었다.

4) 소비자의 지식 및 의식의 향상

사회전반에서 일어나고 있는 기업활동과 디지털 정보의 발달로 소비자의 지식 및 의식이 이전에 비하여 매우 높아졌고 소비자들은 인터넷을 통하여 스스로 정보를 생산, 공유, 참여하는 적극적인 소비자로 발전하고 있다.

프로슈머들의 성장에 인터넷과 같은 네트워크 기술이 중요한 역할을 한 것은 사실이다. 하지만, 인터넷 네트워크는 다만 소비자들의 그 '표현'의 통로를 마련해 준 것이고, 무엇보다도 제품에 관한 의사 결정에 보다 깊이 참여하고자 하는 소비자의 욕구가 프로슈머의 생성과 확산에 중요한 역할을 하는 것이다.

5) 마케팅 패러다임의 변화

경제발전으로 소득이 증가하면서 소비자들의 욕구를 충족시킬 수 있는 재정적 능력이 확대되었고 시장에서 공급자가 많아지면서 공급자 간의 경쟁은 더 치열해졌다. 따라서 초기 산업사회에서 공급부족으로 열세에 있던 소비자가 공급과잉으로 시장이 포화된 상태에 이르러서는 기업들 간에 자사제품의 구매자를 확보하려는 경쟁이 더욱 치열해지게 되었다. 이러한 변화로 기업의 마케팅 패러다임이 영업활동에 따른 이익추구에서 소비자를 위한 활동으로 그 무게중심이 이전에 비하여 한층 더 커지고 있다. 고객만족을 목표로 하는 마케팅활동에서 고객을 위한 혁신과 창조적 서비스 창출이라는 새로운 목표로 급속히 전환하고 있다. 무한경쟁 시대에 기업은 새로운 혁신의 원천으로 소비자에게 집중하고 있으며 기업과 소비자의 커뮤니케이션이 증가하고 있다. 기업은 핵심활동인 생산, 유통, 판촉의 프로세스에 소비자를 직접 참여시킴으로써 소비자를 기업활동의 새로운 아웃소싱 원천으로 활용하고 있다. 이러한 기업의 새로운 마케팅활동에 자발적·적극적으로 참여하는 계층이 프로슈머이다. 프로슈머는 기업의 생산활동에 관여하는 것뿐만 아니라 다양한 경로를 통하여 기업과 제품에 대한 구전효과를 일으키는 촉매역할을 한다. 기업의 생산에서 판촉까지 모든 영역에 있어서 프로슈머와 기업과의 유기적인 협력관계가 확대되고 있는 것이다(박선영외 3인, 2008).

3 프로슈머의 유형

프로슈머는 일반적으로 통용되는 소비자와는 다른 개념으로 받아들일 수 있지만, 사람들은 살아가면서 다양한 이유 때문에 프로슈머가 된다(Toffler, 2006). 가령, 자신이 절박하게 필요로 하는 물건이 있지만 단순 소비로는 그 욕구를 충족시킬 수 없는 경우에 우리는 기존 제품에 자신의 생산활동을 더해서 욕구를 충족시키고, 또한 자신이 사용한 제품에 대한 정보를 다른 사람들에게 제공하면서 일종의 생산자의 역할을 하게 되는 것이다.

프로슈머의 다양한 유형은 학자에 따라 다른 기준으로 분류한다.

1) 김용준·옥경영(2004)의 분류

김용준·옥경영(2004)은 디지털 환경이 주부라는 소비자 계층을 어떻게 변화시켰는지 설명하면서 디지털 아줌마라고 명명한 주부의 프로슈머로서의 특성을 디지털 소비자, 정보생산자, 정보공유자의 세 가지로 구분하고 있다.

(1) 디지털 소비자(digital consumer)

디지털 환경을 이용하여 소비하는 계층으로 온라인 쇼핑이나 홈쇼핑 이용자가 이에 해당한다. 특히 인터넷과 홈쇼핑 매출에 여성 소비자의 비중이 지속적으로 커지고 있는 것은 디지털 소비자 계층이 늘어나고 있는 것을 증명한다.

표 5-2 디지털 아줌마의 프로슈머 역할

구 분	디지털 소비자	정보 생산자	정보 공유자
사이트	여성·주부전용 사이트	• 블로그(국내 200만 개 추정) • 미니홈피	• 오프라인 정기참여 모임 • 블로그, 미니홈피 활용
특 징	• 인터넷구매경험 높음 • 커뮤니티에서 제품구매	• 수다를 통한 정보생산 • 온라인 구전 중심	• 봉사활동 참가 높음 • 기업 제품조사에 적극적
제 품	의류, 액세서리, 소품	자아표현, 사회, 환경 등	일반소비재 제품 평가

출처: 김용준·옥경영(2004). 디지털 아줌마. 광고학 연구, 15(5), pp. 423-438.

(2) 정보생산자(information producer)

온라인과 오프라인을 오가며 다양한 정보를 생산하고 유통한다. 특히 주부 계층의 정보 확산력이 매우 큰 편이며 커뮤니티 활동에 매우 적극적으로 참여한다.

(3) 정보 공유자(information sharer)

디지털 주부라 불리는 프로슈머는 구매의사결정과정에 있어서 정보의 공유를 매우 중시하고 있으며 직접 네트워크를 통해 확산시키는 데 기여하며 온라인과 오프라인의 네트워킹 주체로 활동한다. 국내 기업에서 주부를 대상으로 다양한 동호회를 운영하고 있으며, 이들 동호회를 통하여 다양한 구전마케팅을 펼치고 있다.

2) 이철선(2006)의 분류

이철선(2006)은 '프로슈머 마케팅의 현재와 미래'에서 프로슈머를 아래와 같은 세 가지 유형으로 분류하였다.

표 5-3 국내 프로슈머들의 유형과 사례

구 분	신제품 개발 참가형		정보공유형		DIY형
	동아리 참가	모니터링	댓글제공	평가제공	자급자족
유 통	기업커뮤니티	특정기업	인터넷쇼핑몰	• 평가사이트 • 정보공유사이트	온오프 커뮤니티
활 동	신제품 베타 버전 테스트	제품불만점 수집	구매경험댓글	• 품질평가 • 관심정보공유	• 제품제조 • 제조방식 회원 공유
사 례	• 애니콜 드리워머 • 싸이언 프로슈머 등	• CJ홈쇼핑 (깐고모) • 한불화장품 (HCC)	• G마켓 • 옥션	• DVD프라임 • 가수 조PD	• DIY 가구 • 집짓기 모임 • 아토피 모임
제 품	특정기업제품	일반 소비재	일반 소비재	전문제품	일반소비재
특 징	기업이 동아리 지원	기업이 비용 지불	무료 제공	무료 제공	기업에서 자본재 구입
대 상	동아리 회원	일반 소비자	일반 소비자	전문가형 소비자	동아리 회원

출처: 이철선(2006). 프로슈머마케팅의 현재와 미래, 미래경영연구(2006.11), 현대경제연구원.

(1) 신제품 개발 참가형

특정기업과 고용, 또는 관계를 맺고 신제품 개발에 필요한 의견을 제공하는 형태로 동아리와 모니터링 활동에 중점을 두는 유형을 말한다.

(2) 정보공유형

인터넷 쇼핑몰, 제품평가 사이트에 제품 사용경험이나 특성 등에 관한 전반적인 평가내용을 무보수로 일반인에게 제공한다.

(3) DIY형

유기농 야채를 재배하거나 주택·가구를 제조하고, 아토피 등 건강을 위한 치료제를 직접 개발하는 등 자급자족의 생산활동에 중점을 둔다.

3) 김민주·이형탁(2007)의 분류

김민주·이형탁(2007)은 '프로슈머를 활용한 기업전략'에서 프로슈머를 개인의 숙련도와 경제활동의 무대가 어니인가의 두 가지 기준을 이용하여 네 가지 그룹으로 나눴다. 프로슈머 유형에 관한 모식도는 그림 5-2와 같다.

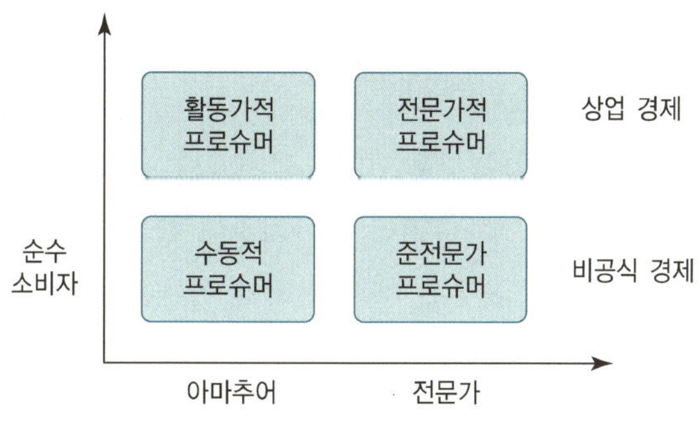

그림 5-2 프로슈머의 유형

출처: 김민주·이형탁(2007). 프로슈머를 활용한 기업전략, p. 4.

(1) 수동적 프로슈머(passive prosumer)

비전문적인 아마추어로서 금전이나 그에 상응하는 보상을 바라지 않고 프로슈밍하는 부류로 대부분의 프로슈머가 여기에 해당한다. 이러한 수동적 프로슈머의 대표적인 경제주체로는 사회 전반적으로 다양한 방면의 자원봉사자, 동호회 활동가, 전업주부, DIY(Do-It-Yourself)형 소비자이다.

프로슈머에 역할에 있어서 주류 경제학에서는 무보수로 행해지는 활동에 있어서 계량화하기 어렵다는 이유로 무시되어 왔지만 유보수와 무보수 체제가 상호작용하는 여러 가지 방식을 추적해 본다면 프로슈머가 한 경제에 미치는 영향력이 매우 크다는 것을 알 수 있다.

(2) 준 전문가 프로슈머(proteur prosumer)

개인의 숙련도에 있어서 보다 전문화된 Professional에 해당하고 수동적 프로슈머와 마찬가지로 경제활동의 무대가 비공식경제(underground economy)에 속하는 소비자집단을 말한다.

준 전문가 프로슈머의 대표적인 예로는 PCC(Proteur Created Contents)로서 과거에는 순수한 아마추어인 수동적 프로슈머들이 제작한 UCC(User Created Contents)가 주목을 받았다면 앞으로는 좀 더 전문화된 역량이 있는 전문가들이 제작한 PCC가 주목을 받을 것이다.

(3) 활동가적 프로슈머(active prosumer)

화폐경제 안에서 특정 기업과 고용, 또는 금전적인 관계를 맺고 신제품 개발에 필요한 정보나 아이디어 제공 등 단편적인 가치창조 활동으로 소비자들의 보다 구체적인 의견을 제공하는 등의 활동을 하는 소비자 집단을 말한다. 활동가적 프로슈머는 디지털제품 사용경험이 풍부한 여성들의 참여가 두드러지는 모습을 보이며 의견제공의 원천으로 동아리와 모니터링 활동에 초점을 둔다.

(4) 전문가적 프로슈머(professional prosumer)

전문가 수준의 개인 숙련도를 가지고 공식적으로 인정받을 수 있는 상업경제에사

활동하는 소비자 집단을 말한다.

토플러(Toffler, 2006)에 의하면 전문가적 프로슈머의 등장은 시장의 구조를 두 가지 방면에서 재편한다. 하나는 전문가 못지 않은 실력을 갖춘 소비자들이 직접 시장에 참여하는 것으로 이것은 기존 시장에서 유통되는 제품이나 서비스, 기술을 시장화 한다. 또 다른 방면으로는 기존의 제품, 서비스, 기술을 탈 시장화 하는 것으로 이는 음반 및 영화시장, 소프트웨어 등 경쟁구도를 바꿀 만큼의 큰 충격을 가져왔다.

4) 백혜란 · 이기춘(2009)의 분류

(1) 활동가적 소비자(proactive+consumer)

- 기업과 시장 내에서의 문제점들을 바로잡기 위해 조치를 취하거나 미래에 발생할 수 있는 문제들을 미리 예상해 대처하는 활동가로서의 소비자
- 경제적 효용의 극대화가 아니라 적은 자원을 사용하기 위해 자기 스스로의 소비를 위해 자신이 직접 생산하는 자급 생산 소비자

(2) 전문가적 생산소비자(professional+consumer)

- 타인이 제작하거나 상업용으로 제작한 음악, 게임, 영화 등 콘텐츠를 즐기는 동시에 스스로 전문가용 소프트웨어나 기기를 이용해 콘텐츠의 제작자가 되기도 하는 소비자
- 일반 소비자들보다는 많은 지식과 장비를 가지고 새로운 제품에 열광하며 몰입하는 소비자로 마케팅의 관점에서 얼리어답터들과 매우 유사한 소비자

(3) 간여(干與)적 생산소비자(providing+consumer)

- 구매하고자 하는 제품의 디자인을 하거나 고객 맞춤화(customization)를 하는데 도움을 주는 소비자
- 제품평가를 통해 생산과정에 의견을 반영하여 기업의 가치 창조활동에 능동적으로 참여하여 기업의 의사결정에 중대한 영향을 미친다.

• 신제품이 시장에 출시되기 전에 미리 특정 소비자들(상품평가단, 베타테스터 등)이 경험한 뒤 문제점이나 개선 사항들을 기업에 제공하며 제품의 품질, 가격, 서비스에 만족한 소비자가 구전광고를 통해 제품의 우수성과 혜택을 주위에 알려주기도 한다. 이들 중 일부는 사전 경험 행위를 통해서 수입을 받기도 한다.

(4) 판매자적 생산소비자(producing+consumer)

소비자 자신이 자기만족을 위해 재화를 사용하거나 혹은 경제적 이유로 판매하기 위해 생산하는 소비자를 말한다.

4 디지털시대의 프로슈머

프로슈머의 활동은 디지털 기술이 획기적으로 발달한 현대에는 매우 다양한 모습을 보인다.

디지털 시대의 프로슈머는 디지털 환경에서 활동하는 프로슈머로 직접 정보를 생산하고, 공유하며, 네트워크에 적극적으로 참여하는 디지털화된 프로슈머로 정의할 수 있다. 일반적인 프로슈머가 스스로 생산하는 특성을 중시한다면 디지털 프로슈머는 정보를 생산하고, 공유하고, 행동에 참여하는 특성을 중요시 한다(조대선, 2008). 이러한 디지털 시대의 프로슈머는 기존의 프로슈머와 비교하여 차이를 보이는데, 이를 정리하면 표 5-4와 같다.

표 5-4 프로슈머와 신프로슈머의 비교

구 분	프로슈머	신프로슈머
참여 동기	보상 〉 자기만족	자기성취 〉 보상
참여 범위	제품 기획 중심	자본, 기획, 생산, 유통, 서비스 등의 전 분야
참여 형태	아이디어 제공 중심,	아이디어 및 의견제시, 직접 생산
기업과의 관계	수동적 협력자	적극적 파트너이자 경쟁자

출처: 오창호(2004). 디지털시대의 프로슈머 마케팅; 강명수 외 5인(2007). 커스터머 인사이드. 삼성경제연구소, p.27 재인용.

디지털 기술의 활용이라는 측면에서 프로슈머는 다음과 같은 활동을 한다(백혜란·이기춘, 2009).

1) 메이븐: 시장정보의 확산자 및 전문가

메이븐(Maven)이란 전문성에 근거를 두지 않고 시장에 대한 일반적 경험이나 지식에 의하여 타인에게 광범위한 영향을 미치는 시장 전문가로 다른 소비자들보다 혁신적이고 신상품을 빨리 구매하여 정보가 부족한 소비자에게 유용한 정보를 제공하는 똑똑한 소비자를 말한다. 특히 디지털 기술의 발달로 이들은 인터넷이라는 도구를 통해 재빨리 다른 소비자와 대중에게 그들의 제품에 대한 경험을 전파하여 다른 소비자들의 구매행동에 새로운 영향력을 행사하게 된다.

2) 디지털 오피니언 리더: 정보와 의견 발신자

디지털 매체를 수단으로 소비와 관련된 정보와 의견을 제공하고, 여론에 좌지우지되지 않고 다른 사람에게 영향을 미친다. 특정 분야에 관한 의견을 제시하거나, 타인의 정보 요청에 응해 자신이 갖고 있는 정보를 적극적으로 공개하거나 타인의 의견에 댓글 등을 달아 토론 등의 활동을 한다.

3) 얼리 어답터: 혁신적 상품의 초기 수용자

다양한 범주의 제품에 관심을 가지고 신제품이 출시될 때 남들보다 먼제 제품에 대한 정보를 접하고, 제품을 먼저 구입해 제품에 대한 평가를 내린 뒤 주변 사람들에세 제품의 특성을 알려준다. 이들은 일반 소비자들에게는 제품을 고르는 기준을 제공해 줄 수 있고, 기업에게는 더 좋은 제품을 만들 수 있는 기회를 제공해 주기 때문에 일반 소비자와 제조회사 사이의 중간자 역할을 한다고 볼 수 있다.

5 프로슈머의 미래

급변하는 소비자 환경과 기업의 경쟁 환경이 인터넷의 발달과 맞물리면서 소비자에 대한 관심을 더욱 강화시키고 있다.

토플러는 프로슈머 경제는 그 규모가 상당하며, 우리가 하는 경제 활동 중에서 가장 중요한 부분들이 이미 프로슈머 경제 안에 속해 있으며, 우리의 화폐경제는 프로슈머 경제 없이는 존재할 수 없다고 주장한다(Toffler, 2006).

이러한 프로슈머가 구체적으로 기업에 어떤 영향을 미치고 앞으로 어떻게 변화해 나갈 것인지에 대해 살펴보기로 하자.

1) 프로슈머가 시장경제에 미치는 영향

프로슈머의 영향력에 있어서 엘빈 토플러는 프로슈머들이 시장경제에서 비가시적 경제로 다시 시장경제로 순환하면서 생산주체로 진화하고 있음을 주장하였다. 프로슈머는 시장경제에서 자본재를 구입하여 자급자족을 위한 생산과 소비에 치중하여 자신들의 노하우 활용과 참여욕구 실현을 위해 시장경제에서 부가가치를 창출한다. 토플러(2006)는 경제질서에 미치는 프로슈머의 영향력을 다음과 같이 제시하였다.

- 프로슈머는 무보수로 제3의 직업이나 자가 서비스 활동을 통해 일을 수행하는데 공공기관에서 무인자동화서비스를 이용하거나 슈퍼마켓에서 바코드를 이용하여 스스로 계산하는 프로슈머의 일은 단순 근로직을 줄이며 화폐경제의 노동비용을 감소시킨다. 정보검색을 통해 스스로 요리하고, 병자나 노인을 돌보고, 실내 인테리어를 변화시키고, 홈스쿨링(home-schooling, 아이들을 정규 학교에 보내지 않고 부모들이 스스로 행하는 교육)을 하거나, 전문가에게 보수를 주고 일을 시키는 대신 스스로 일하는 경우가 이에 해당된다.
- 프로슈머는 화폐경제에서 자본재를 구입한다. 프로슈머는 인터넷을 통한 정보탐색이 가능한 컴퓨터, PDA(Personal Digital Assistants), PMP(Portable Multimedia Player), 디지털 카메라 등을 구입하여 비화폐 경제 안에서 자신뿐

만 아니라 타인을 위한 가치를 창출해낸다. 이러한 가치창출 활동으로 인하여 화폐 경제에 또 다른 시장이 형성된다.

- 프로슈머는 자신의 도구와 자본을 개방하여 화폐 경제에 있는 정보가 필요한 대다수의 사용자들에게 빌려준다. 이것은 또 다른 공짜 점심이다. 예컨대, 환경 연구를 위해서, 생명과학 및 의학 연구를 위해서, 천문학적인 관찰을 위해서, 보다 많은 사회적으로 다양하고 중요한 목적을 위해서, 프로슈머는 정보가 필요한 다른 사람들이 컴퓨터를 통한 잉여능력을 무료로 사용할 수 있도록 허락한다.
- 프로슈머는 주택의 가치를 향상시킨다. 프로슈머는 건축시공(execution of building works)에 있어서 공사 인력을 고용하는 대신에 스스로 지붕 교체하기, 방 면적 늘리기, 페인트 칠, 외부 경관 조성과 같은 일을 할 때마다 주택의 가치를 높일 수 있다. 이렇게 프로슈머의 역할로 인하여 상승된 주택의 가치는 모기지(mortgage, 장기주택담보대출), 이자율, 기타 화폐경제 안의 다른 변수에까지 영향을 미친다.
- 프로슈머는 새로운 제품이나 보다 나은 서비스 및 기술을 시장화한다. 프로슈머는 자신만의 차별화된 개인적인 용도로 개발한 제품이나 기술, 서비스를 화폐경제에 내놓기도 한다. 이러한 과정에서 가끔 새로운 회사나 사업이 만들어지는데 예를 들면, 프로슈머의 역할로 만들어진 리눅스는 화폐시장 안으로 들어와 중요한 상업적 가치를 가진 제품이 되었다.
- 프로슈머는 기존 제품이나 서비스를 탈 시장화한다. 프로슈머는 정보를 필요로 하는 사용자들에게 공짜나 다름 없는 대안제공 및 정보를 공유를 통해 기존 화폐경제 속의 재화나 서비스를 시장 밖으로 이탈시킨다. 화폐경제 밖에서 가해지는 이러한 프로슈머의 위협은 기존 재화 및 서비스에 있어서 보다 새로운 아이디어로 혁신적이고 저렴한 제품을 만들어 내는 원동력이 된다. 이러한 프로슈머의 활동은 탈 시장화 및 시장경제의 주기를 단축시킬 수 있다.
- 프로슈머는 무보수로 일을 수행하는 자원봉사자로서의 가치를 창출한다. 프로슈머는 보수를 바라지 않으며, 자신의 시간을 할애하여 도움이 필요한 이들에게 프로슈머의 전문가적 역할을 최대한 발휘하여 도움을 준다. 프로슈머는 도움이 필요한 이들에게 비상상황뿐만 아니라 날마다 봉사활동 수행을 지원하며, 지역사회협의회나 더 많은 사회적 유대감 형성에 기여할 종교단체나 조직체를 만들

고 유지시킨다. 이러한 프로슈머의 역할이 없었다면 국가 예산이 필요한 더 많은 공무원이나 경찰관, 의사 및 간호사 등이 필요하게 되어 훨씬 많은 비용이 필요했을 것이다.

- 프로슈머는 화폐경제에서 이윤을 추구하는 영리기업들에게 무료로 유용한 정보를 제공한다. 프로슈머는 영리기업들의 새로운 생산품에 대하여 자신만의 개선의 방안을 모색할 수 있는 차별화된 의견을 제시하며, 베타 테스트(beta-test, 제품 출시 전 실제 사용자를 대상으로 시험하여 오류 또는 개선점을 찾아내기 위한 검사), 바이러스 마케팅(viral marketing, 홍보를 소비자들의 입이나 이메일을 빌어 전하는 방식)과 같은 다양한 무보수 활동을 수행함으로써 영리기업들에게 보다 유용한 정보를 제공한다.
- 프로슈머는 화폐경제에서 서로의 경험 및 정보를 공유함으로써 소비자의 힘을 강화시킨다. 예를 들면 전문적인 지식이 필요한 다양한 건강 관련 문제나 의약품의 성분 등 프로슈머는 관련된 경험을 서로 공유함으로써 환자로서 전문적인 지식을 가진 의사에 대해 영향력을 높일 수 있다.
- 프로슈머는 혁신을 가속화한다. 프로슈머는 무보수 전문가, 지도자, 교사, 상담가로 활동한다. 이를 통해 기술적인 변화가 가속화되고, 유급경제의 생산성이 향상된다. 그들의 활동은 단순히 생산적인 것이 아니라 '창조생산적'이다.

표 5-5 경제 질서에 미치는 프로슈머의 영향력

토플러의 프로슈머가 경제 질서에 미치는 영향
• 프로슈머는 자가 서비스 활동을 통해 무보수 일을 수행함 • 프로슈머는 화폐경제에서 컴퓨터 등 '자본재'를 구입함 • 프로슈머는 자신의 도구와 자본을 화폐경제 사용자에게 대여해 생산성을 향상시킴 • 프로슈머는 주택 가치 향상 등을 통해 국가 화폐경제 가치를 상승시킴 • 프로슈머는 개인적으로 개발한 생산품이나 서비스, 기술을 '시장화'함 • 프로슈머는 금융 서비스와 같은 기존의 생산품이나 서비스를 '탈 시장화'함 • 프로슈머는 의료 봉사 등 다양한 공공 활동을 통해 사회적 부가가치를 창출함 • 프로슈머는 이윤을 추구하는 회사들에게 유용한 무료 정보를 제공함 • 프로슈머는 구매정보 공유 등을 통해 화폐경제의 소비자 힘을 강화시킴 • 프로슈머는 새로운 기술과 아이디어를 창안함으로써 혁신을 가속시킴 • 프로슈머는 빠르게 지식을 창출하고 그것을 배포하며 지식기반 경제에서 사용할 수 있도록 사이버공간에 저장함으로써 지식경제를 발전시키는 데 기여함 • 프로슈머는 자가 매뉴얼 등을 통해 청소년 양육과 노동력 재생산에 기여함

출처: 앨빈 토플러(2006). 부의 미래, 청림출판; 이철선(2006). "프로슈머 마케팅의 현재와 미래". 현대경제연구원, p. 4 재인용.

• 프로슈머는 지식을 신속히 창출하고 그것을 전파하여 지식기반경제에서 사용할 수 있도록 사이버 공간에 저장한다. 프로슈머의 컴퓨터 하드웨어나 사이버 공간에 저장된 많은 부분이 언젠가 시장화되어 투자자나 경제인, 화폐경제 안에서 일하는 다수의 사람들이 이용하게 될 것이다.
• 프로슈머는 어린이를 양육하고 노동력을 재생산한다. 프로슈머는 부모와 보호자로서의 역할에도 지대하다. 그들은 자손들이 대대로 부를 창출할 수 있도록 준비시킨다.

2) 기업의 프로슈머 마케팅

산업화 시대의 마케팅이 생산자로부터 소비자에게로 일방향적이었다면, 지식정보시대의 마케팅은 상호작용을 통한 양방향성으로 달라지고 있다(김용태, 2008).

'표현'과 '참여'로 대변되어지는 생산적 소비자의 등장이 기업의 마케팅활동을 점점 더 어렵게 하고 있다. 그러나 이들의 소비특성에 성공적으로 적응하는 기업들은 새로운 기회를 발견할 수 있다.

고객 만족이라는 것이 어제, 오늘 강조된 개념은 아니다. 하지만 시장에 대한 경험이 많아지고 점점 더 요구가 까다로워지는 고객들을 제대로 만족시키기란 말처럼 쉬운 일이 아니다. 이러한 가운데 일부 기업들은 원하는 것을 표현하는 고객들의 의견에 보다 적극적으로 귀를 기울임으로써 가치를 창출하고 실패의 위험을 줄여 고객들이 직접 생산에 참여하는 길을 열어주었다. 단적으로 말하면, 소비자가 아이디어를 제안하며 상품 개발에 참여하고 기업이 이를 수용해 신제품을 개발하는 것으로, 이를 프로슈머 마케팅이라 한다.

프로슈머 마케팅이란 소비자 참여 마케팅으로서 소비자가 단순히 물건을 구입하는 데 그치지 않고 다양한 방식으로 생산에 참여함으로써 소비자의 요구를 제품과 판매방식에 반영하도록 한 것이다. 기업들이 과거에 신제품을 개발할 때 소비자들의 욕구를 파악한 후 신제품을 개발하던 방법에서 발전한 형태이다. 즉, 고객만족 경영전략으로 소비자가 직접 상품개발을 요구하며 아이디어를 제안할 때 기업이 이를 받아들여 신제품을 개발하는 것이다.

고객에게 더 많은 통제의 권한 부여하는, 즉 제품의 개발이나 생산과정에 프로슈머의 적극적인 참여를 유도하는 프로슈머 마케팅 현상은 광범위한 산업에서 관찰된다. 프로슈머 전략이라는 것은 갑자기 뚝 떨어진 전혀 새로운 개념이라기보다는 '고객은 왕' 이라는 마케팅의 기본 법칙에 매우 충실한 것으로 보아야 할 것이다. 우리가 흔히 접하는 샐러드 바의 셀프 서비스나 대량 맞춤생산, 심지어는 DIY 제품 등도 이와 무관하지 않다. 이들 제품과 서비스의 가치 전달 과정 일부에도 고객들의 참여가 있기 때문이다. 금융권의 맞춤 서비스나 고객이 자신의 취향에 따라 휴대폰, 자동차, PC 등을 부분 개조하는 튜닝(tuning, 조율) 마니아들을 지원해 주는 서비스도 포함된다. 기업 간의 거래(B2B)에 있어서는 부품업자가 제조업자와 협력하여 제품을 개발하는 일이 더욱 빈번하다. 결론적으로 프로슈머 전략이란 최대한의 고객 만족을 이끌어 내기 위해 고객에게 더 많은 통제의 권한을 부여한 전략이라 요약할 수 있다.

인터넷 쇼핑몰도 이러한 프로슈머 마케팅을 적극적으로 활용하고 있다. 상품을 직접 보지 못하고 구매하는 비(非) 대면 거래의 단점을 보완하고, 인터넷을 통해 고객과 24시간 대화를 나누는 시스템을 갖추고 있는 것이다. 인터넷 서점의 책 서평이나 쇼핑몰업체들의 상품 후기 등이 그것으로, 고객들이 상품에 대해 자유롭게 의견을 교환하는 장을 마련하고 있다. 이 외에도 대부분의 쇼핑몰에서 시행하고 있는 고객 모니터링제도는 고객의 입장에서 상품·배송·고객서비스 등의 문제점을 지적하고 서비스를 개선하도록 하고 있다(김태호, 2004).

프로슈머의 의미를 상품 영역에 한정하지 않고 문화 전반에 나타나는 하나의 경향으로 이해할 수도 있다. 과거 스타들을 맹종하기만 했던 대중들이 그들을 평가하고 비판하는 적극적인 행동을 보여주는 상황은 스타와 대중들의 역전된 관계를 드러내고, 단순한 감상자에 머물기를 거부하며 TV 드라마의 결말을 좌지우지하는 드라마 팬들은 무시할 수 없는 프로슈머의 영향력을 보여주는 것이다. 문학계에서도 독자가 감상자에 머물지 않고 직접 작품을 생산하는 문예의 프로슈머 현상도 나타나고 있다.

3) 프로슈머와 시장의 진화

기존의 소비자들은 소비생활을 위해 기업이 제공하는 상품과 서비스를 구입하거나 사용하는 사람들이었다. 산업혁명 이후 경제순환의 고리에 말단에 위치해서 직접 생상품과 서비스를 생산하지 않으면서 각자의 욕구를 충족시키기 위한 상품과 서비스를 소비하며, 생산에서부터 유통에 이르기까지 발생하는 모든 부담을 최종적으로 떠안는 불리한 위치로 전락했었다.

그러나 소비자가 정보의 생산과 공유에 혁명을 가져온 인터넷의 보급으로 일방적으로 돈을 쓰기만 하는 단순한 소비자가 아니라, 전문가에 비해 뒤지지 않는 상품지식과 제품 경험으로 무장하고 소비를 통해 과거 생산자나 유통자가 맡았던 역할까지 동시에 수행하며, 경제문제 문제에 대한 최종적인 의사결정권을 실질적으로 행사하는 이른바 생산과 소비를 동시에 추구하며 카멜레온처럼 필요에 따라 다양한 역할을 수행하는 프로슈머로 끊임없이 진화하고 있다.

엘빈 토플러는 그의 저서 『제3의 물결』과 『부의 미래』를 통해 프로슈머 시장에 대해 여러 번 언급하면서 그 성장성에 대해 확신했다. 프로슈머는 쉽게 커스텀(custom)을 뜻하는 것인데, 이는 광의로 자신의 기호품을 자신이 만들고 사용하는 것에서부터 시작해 근육통이 발생했을 때 병원에 가지 않고 집에서 얼음찜질을 해서 치료하는 행위까지 넓게 말하고 있다. 소위, 자신의 노동으로 발생하는 모든 기회비용을 프로슈머 시장에 포함시키고 있다. 프로슈머는 상품을 소비하는 사람인 소비자(consumer)에 대비되는 표현으로 사용된 말이다. 엘빈 토플러는 전체 상품시장에서 20% 이상이 프로슈머 시장이 될 것이라고 이야기하고 있다.

아주 원시적인 형태의 프로슈머는 자급자족형의 DIY(Do-It-Yourself)형이었고, 이러한 프로슈머가 인터넷의 확산과 더불어 초기에는 정보를 스스로 생산하여 공유하는 형식으로 변화하였고 이들은 점차 진화하여 신제품개발 참가형으로 그리고 다음 단계로는 진보적인 DIY형[1)]으로 확대 될 것으로 기대된다. 또한 정보통신의 발전으로 정보의 생산과 공유가 쉬워지므로 소비자 참여의 범위는 단순히 개인과 기업차원의 경제적 욕구에 대한 참여에서 사회와 국가 차원의 공공적 욕구에 대한 것으로 확대되어 사회 전체의 영역에 걸쳐 시민의식이 증대되어 봉사와 윤리의식을 고취시키는 방향으로 나아갈 것이다(이철선, 2006). 이러한 현상은 인터넷을 이용한 정보 공유로 소비자들이 각종 사회 이슈에 관심을 가지고 참여하는 현상에서 쉽

---

1) UCC(User Created Contents)라 불리는 사용자 제작 콘텐츠의 출연으로 소비자가 자신이 가진 지식과 경험을 단순히 문자와 사진으로 제공하는 것만 아니라, 재미를 첨가한 동영상물을 제작해 다른 소비자들에게 급속히 전파함으로써 그 힘을 확장한다(이철선, 2007, p. 31).

게 관찰할 수 있다.

기존의 화폐를 매개로 하는 시장경제에서 부를 창출할 수 있는 가치창조자의 역할을 기업의 몫이었고 초기 프로슈머들의 활동은 자급자족, 봉사와 같은 무료 행위로서 비가시적인 경제 분야에서 매우제한 적으로 이루어 졌으나, 유·무상으로 제공되는 디지털 카메라, 합성기술 등의 다양한 콘텐츠 개발 도구들은 프로슈머들의 시장경제 진입을 가속화시킬 것이다.

이러한 변화는 시장에도 많은 변화를 가져올 것이다. 즉 프로슈머들끼리의 다양한 정보와 경제활동 공유를 통한 화폐를 통하지 않는 비시장경제 부분의 활성화와 전문가적인 프로슈머의 경제활동의 시장경제체제로의 진입, 프로슈머의 제안을 통한 제품개선으로 새로운 제품시장이 형성되는 등 많은 부분에서 변화가 지속될 것이다. 이러한 변화로 비화폐경제 분야에 머물러 있던 프로슈머의 활동이 이제는 단순히 생산자(producer)와 소비자(consumer)의 결합된 프로슈머에 그치는 것이 아니라 여기에 사업가(enterprise)까지 결합된 프로슈머라이스(Prosumerise=PROducer+conSUMER+enterprISE)로 바뀌며 화폐경제 분야로 확대되어 갈 것으로 전망된다.

궁극적으로 이렇게 각 분야에서 소비자의 정보공유와 적극적인 참여로 경제문제에 대한 최종적인 의사결정권한을 소비자가 갖는다는 소비자주권의 실현에 보다 한 걸음 가까이 다가가고 있는 것이다.

참고문헌

김민주 · 이형탁(2007). **프로슈머를 활용한 기업전략**. emars.co.kr

김용준 · 옥경영(2004). 디지털 아줌마. **광고학연구**. 15(5). 423-438.

김용태(2008). **여성마케팅(2): 마케터들이여, 카사노바가 되라**. MARKETING. 한국마케팅연구원. 67-71.

김윤정(2009). 프로슈머 유형에 따른 맞춤형 기업소비자정보교육 모형에 관한 연구. 건국대학교 교육대학원 석사학위논문.

김진우 · 김지현 · 전윤신(2010). 디지털 컨버전스와 프로슈머의 행태 변화 및 전망. **디지털 컨버전스 기반 미래연구(II) 시리즈 10-13**. 정보통신정책연구원.

박선영 · 지성현 · 이일섭 · 김태광(2007). Prosumerism 지향적인 UCC(User Created Commerce) 신규 비즈니스 모델의 마케팅 사례연구: (주)UCC커머스의 Start-Up 사례를 중심으로. 한국소비자학회 2007 추계 학술대회.

박지연(2008). 1인 미디어에서 프로슈머들의 정보원으로서의 특성에 관한 연구 : 싸이월드 미니홈피 서비스를 중심으로. 서강대학교 석사학위논문.

백혜란 · 이기춘(2009). 프로슈머의 개념화와 성향특정도구 개발. **소비자학연구**. 20(3). 135-161.

성승훈(2006). 한국 패션 기업의 프로슈머 마케팅 활용에 관한 연구 : 모니터 제도 및 동호회를 중심으로. 한성대학교 석사학위논문.

송현석(2010). 소비자 기술준비도가 프로슈머 태도와 온라인 구전 의도에 미치는 영향. 한양대학교 석사학위논문.

엘빈토플러 · 하이디 토플러(2006). **부의미래**. 청림출판.

엘빈 토플러(1990). **제3의 물결**. 한국경제신문사.

이진천(2007). UCC열풍과 프로슈머. **설비저널**, 36(6), 36-37.

이철선(2006). 프로슈머 마케팅의 현재와 미래. 현대경제연구원.

이철선(2007). 지식을 가진 권력자. 기업혁신의 동반자로. 광고정보. 2007년 5월호. 30-33.

정세원(2008). **소비자CEO시대(1)**. emars.co.kr

조대선(2008). 소비자의 라이프스타일과 프로슈머 성향에 관한 연구 : Web 2.0 시대의 소비자를 중심으로. 건국대학교 대학원 석사학위논문.

디지털 타임즈(2004년 9월 16일자).

매일경제(2002년 5월 17일자).

서울경제(2004년 8월 5일자).

Toffler, A.(1980). *The Third Wave*. *Random House*.

Toffler, A. and H. Toffler(2006). *Revolutionary Wealth*. Random House.

Ritzer, G. & Jurgenson, N.(2010). Production, Consumption, Prosumption. *Journal of Consumer Culture, 10*(1), 13-36.

Widality, Terry Hughes(2010). *When the Enterprise beconmes the Prosumerise*.

CHAPTER 06

책임 있는 소비자

1 책임 있는 소비자의 출현 배경

산업혁명 이후 과학기술의 발전과 산업화의 급속한 진전으로 물질문명의 혜택과 풍요로운 소비생활을 동시에 누리게 되었다. 그러나 1970년대에 들어서면서 무분별한 생산과 소비는 자원낭비와 폐기물 증가뿐만 아니라 심각한 환경 불평등을 초래했고, 이에 따라 전 세계 모든 분야에서 이를 해결하기 위한 대책 마련에 나서기 시작했다. 1992년 브라질 리우에서 개최된 유엔 환경개발회의에서 바브라 워드여사가 '지속가능한 발전(sustainable development)'을 대안으로 제시하였고, 이와 관련하여 '지속가능한 소비유형'의 문제가 중요한 아젠다 중의 하나로 제기되었다(정현식, 1999). 즉, 무분별한 생산과 소비로 인한 환경문제가 본격적으로 대두되기 시작하면서 개인적인 소비에 집중하던 소비자가 환경까지 생각해야 할 시대가 온 것이며, 소비자에게 요구되거나 책임을 다하기 위한 부분도 함께 확대된 것이다.

시장에서의 비대칭적 관계 속에서 약자인 소비자의 피해를 알리고 보호하는 방안, 그리고 소비자를 교육하거나 소비자문제해결을 지원하는 1990년까지의 상황을 지나 이후 오프라인 소비자주의와 소비자운동의 전성기 도래로 소비자 지위가 개선되면서 소비사회를 비판하는 사회적 시각이 소비자의 역할과 책임에 대한 새로운 논의를 촉발시켰다. 이에 따라 최근에는 약자로서의 소비자가 아닌 파워를 가진 소

표 6-1 현대적 의미의 소비자상

메인 키워드	세부 키워드	논 문
시장에서의 역할 확대	프로슈머	백혜란·이기춘(2009). 프로슈머의 개념화와 성향측정도구 개발
	소비 가치 창출자	유창조·이상준(2010). 뉴미디어 환경에서 소비자의 역할인식 변화에 관한 심층연구
	소비자-기업 협력(공동가치 창출)	구혜정·나종연(2009). 소비자-기업 협력에 대한 탐색적 연구
사회에서의 역할 확대	사회적 책임	심연(2009). 소비자의 사회적 책임에 관한 연구
	윤리적 소비	송인숙(2005). 소비윤리의 내용과 차원 정립을 위한 연구
	소비자 시민성	• 김정은·이기춘(2008). 소비자 시민성의 개념화 및 척도 개발 • 김정은·이기춘(2009). 소비자 시민성의 구성요소와 소비생활 영역별 차이 분석
	소비자역할 확장과 소비자 운동	김기옥·황혜선(2009). 현대사회의 소비자역할 확장에 따른 소비자운동의 인식: 소비자역할과 소비자운동의 척도개발을 중심으로

출처: 김경자(2010). 소비자의 개념 변화 및 역할 확장에 관한 연구. 소비자학연구, 21(2), p. 125.

비자를 인식하고 소비자에게 권리와 책임을 함께 부여해야 한다는 주장이 주류를 이루고 있는 상황이다.

표 6-1에서 처럼 소비자의 '소비' 파워가 증가하면서, 소비자의 시장에서의 역할도 확대되고, 사회에서의 역할도 확대됨을 볼 수 있다. 세부적인 키워드를 살펴보면, 사회적 책임이나, 윤리적인 소비를 살펴볼 수 있고 소비자시민성은 바람직한 소비자역할에 관한 개념과 척도와 사회의 일원으로서 소비자가 갖추어야 할 덕목(consumer's virtue)을 표현하기 위해서 시민이라는 용어를 사용했다.

이들의 논문에서는 소비자는 개인이 아닌 사회와 환경, 타인과의 상호작용, 장기적 지속성을 고려하는 '시민다운' 소비에 대한 정의를 내리고 있다. 즉, 현재는 소비자가 소비를 통해 사회적 생태계와 물리적 생태계에 영향을 미친다는 점을 인식하여 사회에 대한 소비자의 권리보다 책임을 강조하는 사회적 추세가 반영되는 것으로 볼 수 있다. 소비자책임에 대한 학자들의 견해는 조금씩 차이가 있지만 일반적으로 소비자책임이란 소비자에게 기대하는 행동유형인 소비자역할에 대응하는 책임으로 규정할 수 있다.

국제소비자연맹(IOCU)은 소비자책임을 1980년 아세안(ASEAN) 소비자보호선언 후 채택하였으며, 그 후 많은 나라에서 이것을 따르고 있는데 그것은 다음과 같다.

첫째, 문제를 의식하는 책임으로 소비자가 소비하는 모든 재화와 용역의 유용성, 가격, 품질에 대하여 비판할 수 있어야 한다. 둘째, 참여에 대한 책임, 즉 상품을 구입하면서 공정한 대우를 받고 있는지 확인하고 참여해야 한다. 셋째, 사회적 책임으로 건전한 시민정신으로 민주사회에 기여할 수 있는 사회적 책임을 깨달아야 한다. 넷째, 환경보존에 대한 책임으로 깨끗한 환경을 보호하여 후손에게 물려주어야 한다. 다섯째, 단결에 대한 책임으로 소비자의 연대감, 조직화를 통해 소비자의 권리를 실현하여야 한다.

이기춘(1999)은 소비자에게는 권리와 함께 책임이 있으며 소비자권리가 실현되고 소비자주권이 실현되기 위해서 소비자의 도덕적인 책임이 중요하고 소비자보호가 올바르게 이루어지기 위해서도 소비자책임을 이해하고 수행하려는 노력이 소비자에게 있어야 한다고 설명하였다. 또한 소비자책임은 법적인 의무가 아니기 때문에 소비자의 가치관과 윤리적인 문제로 접근하게 된다고 하였다. 또한 고든과 리(Gordon & Lee, 1977)는 소비자역할과 기능의 인식, 효과적인 실행, 자원의 보전,

표 6-2 일반적인 소비자책임

구 분	내 용
소비자역할의 인식	소비자의 권리를 주장하고, 소비자의 화폐투표기능과 소비자의 포괄적인 역할이 미치는 사회경제적인 효과뿐만 아니라 세계화·정보화의 시대적 변화에 적응할 수 있는 소비자역할 인식 필요
소비자정보의 이용	소비자는 효율적인 의사결정을 하기 위해 모든 유용한 정보를 충분히 탐색하고 선택해야 함. 다시 말해서 다양한 정보원천으로부터 정보를 획득하고 이용하려는 노력이 필요하며 약관, 사용설명서, 표시(label) 등에 있는 정보 이용
상품의 올바른 사용	소비자는 상품의 사용에 따른 물리적인 책임을 이해해야 하며 사용 지시서를 따름으로써 상품을 잘못 사용하지 않아야 함. 그리고 타인의 물리적·심리적·환경적 안전을 침해하지 않도록 상품을 사용
정당한 의사표시 또는 소비자 저항	소비자는 개인적으로 또는 단결해서 집단의 힘으로 부정한 일에 대하여 저항해야 하며, 필요시에는 정당한 방법으로 정부와 관련 기업에 대하여 가치 있는 제언과 불만을 표시해야 함 (예) 제품에 문제가 있을 경우 제조업자에게 항의할 뿐 아니라 소비자권익과 관련되는 법률을 지지하는 의견서를 입법가에게 전달하는 것 등
소비자 도덕성	모든 거래에서 소비자는 정직해야 하며 소비자의 사유재뿐만 아니라 공공재를 포함하여 자원을 낭비하지 않고 환경친화적인 소비자행동을 통해 환경을 보전해야 함. 또한 자신에게 유리한 경우라도 거래에 착오가 있을 경우 이를 시정하도록 노력하며 취급하는 상품을 거래과정에서 손상시키지 않아야 함

출처: 이기춘(1999). 소비자교육의 이론과 실제. 교문사.

소비자의 단결, 소비자 도덕성, 부정에 대한 소비자저항을 소비자책임으로 예시하였고 스탬플(Stampfl, 1979)은 효용극대화를 위한 시장선택, 합리적인 정보 이용, 올바른 상품 사용, 정당한 의사표시를 소비자의 윤리적 책임으로 설명하였다. 이기춘은 소비자책임을 다음의 표 6-2와 같이 분류하여 설명하였다.

이득연(2004)은 소비자 역할 참여의 성격에 따라 세 가지로 분류를 하였다. 첫째는 소비자권리의 획득을 위한 주장요구 유형, 둘째는 소비자권리의 행사에 따른 행위실행 유형, 그리고 셋째는 소비자 책무의 이행과 관련된 행위실천 유형으로 구분하였다. 자세한 내용은 표 6-3과 같다.

표 6-3 소비자역할 참여 유형

성격 / 구분	유형	사례	비고 (관련 소비자권리·책임)
권리획득주장 요구	피해보상 요구	• 소비자상담 • 피해보상청구 • 소비자소송 제기	피해보상받을 권리
	안전확보 요구	• 사업자조치 요구 • 안전 관련 정보 요구 • 리콜 요구 • 안전관리대책 요구	위해로부터 보호받을 권리, 쾌적 환경 소비생활 권리
권리행사행위 실행	의견제시	• 사업자대상 의견제시 • 시장 모니터링 정보제공 • 소비자시책 의견제시	의견반영 권리
	교육 참여	• 사업자운영프로그램참여 • 소비자단체 프로그램참여	교육받을 권리, 소비자지식 습득책임
	단체활동 참여	• 소비자집단·단체 조직 • 소비자십난·난제 활동참여	단체조직활동 권리 (정당한 권리행사책임)
	정보습득활용	• 소비자정보 습득 활용 • 사용자경험정보 생산	정보제공받을 권리, 선택할 권리, 소비자지식 습득책임
책무이행행위 실천	환경친화적 소비생활 실천	• 친환경상품 구매 • 자원에너지소비 최소화 소비 • 환경오염 최소화 소비 • 자원재활용 폐기	환경친화적 소비생활 책임
	소비합리화 실천	• 합리적 소비문화 실천	소비생활 향상과 합리화, 국민경제발전에 적극 역할 책임

출처: 이득연(2004). 소비자주권시대 소비자와 기업의 역할과 책임. 한국소비자원.

소비자역할 참여 유형 중에서 소비자의 책임과 관련하여 책무이행 행위실천 유형은 소비자 스스로 실천하는 것으로서 여기에는 환경친화적 소비생활 실천과 소비합리화 실천 등이 포함된다. 환경친화적 소비생활 실천은 소비의 생태학적 책임과 관련된 것으로서 친환경상품의 구매, 사용과정에서 자원이나 에너지의 최소 소비, 환경오염의 최소화를 꾀하는 소비생활, 자원재활용에 호응하는 폐기 등이 예시이다(이득연, 2004).

법률상 근거를 살펴볼 때도, 우리나라는 기존의 「소비자보호법」에서 소비자 역할을 강조하고 있었다. 소비자는 스스로의 안전과 권익을 향상시키기 위하여 필요한 지식을 습득하는 동시에 자주적이고 성실한 행위를 함으로써 소비생활의 향상과 합리화, 21세기의 소비문화와 연구과제에 적극적인 역할을 해야 한다고 규정하고 있다. 소비자의 권리만 중요한 것이 아니며 여기에 따르는 책임도 똑같이 중요하다는 취지이다. 그리고 2007년 3월 28일 「소비자보호법」이 「소비자기본법」으로 새롭게 시행되면서 소비자보호원도 소비자원으로 이름을 새롭게 하고 상급부서들이 재경부에서 공정거래위원회로 바뀌게 되었다. 이는 그간의 소비자가 상대적 약자라는 입장에서 정책을 추진하던 것에서 앞으로는 소비자가 스스로 소비생활을 책임질 수 있도록 소비자정책의 중심이 바뀐 것이다.

2006년 개정된 「소비자기본법」 제5조는 '소비자책무' 를 명시하고 있는데, 첫째, 소비자는 사업자와 등과 더불어 자유시장경제를 구성하는 주체임을 인식하여 물품 등을 올바르게 선택하고, 제4조의 규정에 따른 소비자의 기본적 권리를 정당하게 행사하여야 한다. 둘째, 소비자는 스스로의 권익을 증진하기 위하여 필요한 지식과 정보를 습득하도록 노력하여야 한다. 셋째, 소비자는 자주적이고 합리적인 행동과 자원 절약적이고 환경친화적인 소비생활을 함으로써 소비생활의 향상과 국민경제의 발전에 적극적인 역학을 다하여야 한다. 이런 「소비자기본법」에서 소비자책무에 대한 내용은 소비자들이 책임 있는 소비자가 되기 위해 적극 수용하여야 할 사항인 것이다.

안틸(Antil, 1984)은 소비자의 사회적 책임감의 정도를 파악하고자 다음과 같은 척도 문항을 작성하여 소비자의 사회적 책임감을 측정하였다. 측정항목은 다음과 같다.

표 6-4 사회적 책임감 있는 소비자 측정 척도(Antil, 1984)

1. 사람들이 소리 공해를 일으키지 않도록 조심해야 한다.
2. 천연자원을 절약하기 위하여 물자를 아껴 써야 한다.
3. 현대사회에서 제품의 공해보다도 제품의 편리성이 더 중요하다.
4. 우리나라가 당면한 문제 중에 공해는 가장 중 하나이다.
5. 기업이 더 품질 좋은 재활용 제품을 생산하도록 압력을 가해야 한다.
6. 제한된 자원을 절약하도록 하는 제도가 미흡하다.
7. 소비자가 원하는 제품을 만들지 못하더라도 자원은 보호해야 한다.
8. 공해문제는 나의 개인생활에는 크게 영향을 미치지 않는다.
9. 환경공해를 유발하는 제품은 높은 값을 매기도록 하여야 한다.
10. 환경공해문제 해결을 위하여 서명하거나 데모에 참가할 용의가 있다.
11. 내가 좀 적게 소비하면 후손이 소비할 것이 더 많아질 것이다.
12. 제품재활용 연구를 위하여 정부가 더 많이 지원해야 한다.
13. 공기오염을 줄이기 위하여 자전거나 버스를 이용한다.
14. 환경문제만 문제시하는 단계에는 가입하고 싶지 않다.
15. 사람들이 식품에 대한 살충제에 대해서 너무 걱정하는 것 같다.
16. 공해문제는 좀 과장된 것 같다.
17. 환경문제 해결을 위하여 1인분의 봉급을 기부하겠다.
18. 세탁물의 표백이 덜 되어도 좋으니 세제를 덜 쓰면 좋겠다.

출처: 이종영(1999). 기업윤리수준 향상을 위한 소비자의 사회적 책임. 한국소비문화학회, pp. 5-18.

소비자책임은 법적 구속력이 없으며 소비자권리에 비해 비교적 소홀히 다루어져 온 것이 사실이지만, 현실적으로 많은 소비자문제 및 사회문제가 소비자의 책임 있는 행동의 결여로 인한 경우가 많으므로 소비자책임의 중요성은 더욱 강조되어야 할 것이다.

최근 소비자의 책임이 실질적으로 권리만큼 강조되면서 기업의 사회적 책임과 함께 소비자의 사회적 책임이라는 이슈로 빈번히 제기되고 있다. CI(국제소비자기구)에서는 2008년 9월 15일을 'World Consumer Responsible Day'로 제정, 공표하여 매년 9월 15일에 행사를 개최하고 기업의 사회적 책임활동 못지 않게 사회에 대한 소비자의 책임 있는 역할을 강조하고 있다.

소비자책임이라는 용어를 사용하든지 혹은 소비자의 사회적 책임이라는 용어를 사용하든지간에 현재 상황에서 한국 소비자의 경우 권리와 비교한 책임수준은 상대적으로 저조한 수준인 것으로 보고되고 있다(김연숙, 2008; 이인희, 2001; 허경옥, 1998). 다만 최근 몇 년간에 걸쳐 윤리적 소비와 관련된 사회적 인식이 확대되면서 소비자의 책임 있는 역할의 중요성이 점점 부각되어 가고 있다는 것을 알 수 있다.

홍연금(2010)은 최근에 환경뿐 아니라 노동, 인권, 빈곤 등과 같은 사회적 문제에까지 소비의 책임 영역을 넓게 생각하며 공정무역, 소비 절제나 나눔·기부 행동 등 다양한 양상으로 소비자의 사회 책임적 소비행동이 나타난다고 보았다.

결국 소비자 자신의 이익만을 추구하기보다 자신의 소비가 사회, 환경 등에 미칠 영향에 대해 생각하고 소비를 하는 의식 있는 소비자가 바로 책임 있는 소비자라고 할 수 있다. 기업의 사회적 책임정의에 대응하여 정의하자면 소비자의 사회적 책임이란 간단히 '사적 만족의 영역을 넘어(beyond satisfaction) 소비자가 사회 속에서 존재 가치를 인정받을 수 있는 당위적 의무'인 것이다.

2 책임 있는 소비자의 영역

심영(2009)은 소비자에 의한 사회적 책임의 궁극적 지향은 건강하고 통합된 지속가능한(소비) 사회실현을 통한 개개 소비자 복지 실현이라고 보았다. 사회이익의 극대화를 추구해 소비자 개인이익의 최적화는 소비자에 의한 사회적 책임의 목표이자 목적을 위한 전제라고 생각한 것이다. 이러한 소비자의 사회적 책임 목적 및 목표는 자연과 사회는 소비자를 위하여 존재하는 인간 중심적 사고가 아닌 생태 중심적 사고를 바탕으로 한 자연·소비자·사회의 공존적 삼각관계 사고를 기본으로 하되, 이 공존적 삼각관계에서 소비자가 사회적 책임에 그 주도적 역할을 수행한다고 하였다. 이러한 기본 사고를 토대로 소비자는 타인지향적, 상호관계적/공존적 태도와 자세, 함께 더불어 살아가는 상생적이고 호혜적인 태도와 자세, 역할 관련 의사결정 및 행위의 주체로서 소극적·수동적·피동적·타율적이 아닌 주체적이고 자발적인, 자율적이고 자기결정적인, 이성적인, 적극적이고 능동적인 태도와 자세를 지니는 패러다임으로 변화해야 한다고 보았다.

심영(2009)의 연구에서 쓰인 소비자의 사회적 책임 패러다임을 토대로 책임 있는 소비자의 변화되는 요소를 살펴보면 소비의 관점이 자기지향적인 관점에서 타인/환경지향적인 관점으로 옮겨갔다고 볼 수 있다. 하지만 소비자 자신의 이익 손실은

표 6-5 소비자의 사회적 책임 패러다임

구 분	기존 패러다임	사회적 책임 패러다임
목적/지향	소비자 복지	건강하고 통합된 지속가능한 (소비)사회현실을 통한 소비자 복지
목표/전제	소비자 개인 이익의 극대화	사회이익의 극대화를 통한 소비자 개인이익의 최적화
기본사고	민간 중심적 사고: 소비자를 위한 도구적 존재로서의 자연과 사회	생태중심적 사고: 자연, 소비자, 사회의 공존적 삼각관계-소비자 주도의 역학
태도/자세	• 자기지향적 • 타율적/과동적 • 수동적/소극적	• 타인지향적 • 상생적/호혜적 • 자율적/자기결정적 • 능동적/적극적 • 상호관계적/공존적 • 자발적/주체적 • 이성적 • 당위적/규범적/윤리적
접근방법	• 자기지향적 • 단연적 • 단선적 • 폐쇄적	• 지속가능성 맥락(미래지속적/장기적) • 전제론적, 통합적 및 공동체적 맥락(개방적, 다면적/다차원적, 균형적, 사회정의적, 존재론적)
모 델	소비자 개인이익 모델: 자기이익 의사결정 과정 및 선택, 자기이익 역할 수행	이해관계자 사회이익 모델: 자연·소비자·사회에 대한 사회적 책임인식, 사회적 책임역할 수행

원하지 않기 때문에 소비자의 이익이 보장된다는 가정하에 타인과 환경을 생각하는 공존의 관점으로 흐름이 바뀌었다고 볼 수 있다. 여기서 소비자의 이익이 보장된다는 의미는 꼭 물질적인 이익만을 가리키는 것은 아니다.

심영(2009)은 소비자의 영역별 사회적 책임을 총 8가지로 나누고 있다. 각각 경제적, 사회·문화적, 시민적 및 생태환경적 측면의 소비자의 사회적 역할과 개인적 및 집단적 수준의 소비자의 사회적 책임 수준을 토대로 소비자의 사회적 책임 영역을 구분지어 놓았다.

영역 1은 경제적 역할에 따른 '효율적 소비자'로서 사회적 책임영역이다. 이 영역은 소비자의 소비경제적 의사결정 및 행위와 관련된 개인적, 사적 수준으로, 개개 소비자는 합리적 선택에 의한 경제적 효용극대화에 대한 사회적 책임이 있다. 여기에서 '효율적'은 경제적 효용 극대화를 위한 합리적 선택으로 최소의 비용으로 최대의 효과를 얻고자 하는 효율적인 자원배분을 의미한다. 생애주기과정의 효율적 자원배분은 매우 중요한 경제적 측면에서의 소비자의 사회적 책임이다. 특히, 저출산·고령화 사회에서 생애주기과정에 대한 소비자 개인의 경제적 측면에서의 사회적 책임은 더욱 중요하다.

영역 2는 집단적·공적 수준에서 경제적 역할에 따른 '호혜적 소비자'로서의 사회적 책임 영역이다. 여기서 '호혜적'은 자기 이익만을 고려하는 이기적인 소비경제 의사결정 및 행위가 아니라 사회구성원들 간의 상호이익에 의한 사회적 이익을 중시하는 소비경제 의사결정 및 행위를 의미한다. 이는 결과적으로 사회 구성원들 간의 경제적 후생 증진에 기여한다. 생산의 궁극적 목적은 소비라는 아담 스미스(Adam Smith)의 주장은 '소비를 위한 생산'을 의미하며 소비의 중요성을 강조하는 것이지만, 개개 소비자가 주어진 자원을 어떻게 배분하는가는 사회 전체의 산업 및 경제에 영향을 미친다는 점은 바로 이러한 관련성을 시사하며 곧 집단적, 공적 수준에서의 소비경제 역할의 사회성을 의미한다(이승신·김기옥·김경자·심영·정순희, 2003).

영역 3은 사회·문화적 역학에 따른 '균형적 소비'자로서의 사회적 책임 영역이다. 이 영역은 개인적, 사적 수준으로, 여기에서 '균형적'은 소비자 스스로 자신을 통제할 수 있는 조화로운 균형을 의미한다. 현대 소비사회에서 소비의 사회문화적 의미의 비중이 높아지면서 소비자는 상품의 사용적 가치가 아닌 상징적 가치에 초점을 둔 사회·문화적 역할 기능을 수행하고 있다. 소비자는 개인적으로 사회에 만

표 6-6 소비자의 영역별 사회적 책임

수준 / 역할	사회적 책임	
	미시적·사회적 책임 (개인적·사적 차원)	거시적·사회적 책임 (개인적·사적 차원)
경제적 도구적 기능	영역 1: 효율적 소비자(efficient consumer) • 합리적 선택에 의한 경제적 효용극대화: 효율적 자원배분(단기적·장기적 차원)	영역 2: 호혜적 소비자(reciprocal consumer) • 상호이익에 의한 사회적 이익: 효과적 자원분배, 사회 전체의 경제후생 증진
사회문화적 의미적 기능	영역 3: 균형적 소비자(balanced consumeer) • 필요적/분수적 소비 • 상품의 사용가치	영역 4: 건전한 소비자(sound consumer) • 건전한 소비문화 조성
시민적 정치적 기능	영역 5: 깨어 있는 소비자(enlightened consumer) • 소비자 권리 및 책임 수행 • 소비 관련 법·질서·윤리 준수	영역 6: 정의적 소비자(rightful consumer) • 정의로운 민주소비사회공동체 조성, 소비(자) 관련 운동/정책 전개 참여, 물질적 나눔·후원·기부, fair-trade 상품 구매 및 사용
생태환경적 존재적 기능	영역 7: 환경적 소비자(green consumer) • 친환경적/의식적 소비 • 적정수준 소비	영역 8: 생태적 소비자(ecological consumer) • 지속가능한 생태계 조성

연해 있는 물질적, 물화적 소비풍조에 단순히 혹은 무조건 동조하고 모방하는 자세가 아닌 자신의 필요에 의한 필요적 소비, 자신의 주어진 예산범위 내에서 분수적소비, 상품의 상징적 가치가 아닌 상품의 사용적가치에 의한 소비 등을 고려하며 스스로 자신을 통제하는 조화로운 균형적 소비를 이루는 사회적 책임이 있다.

영역 4는 집단적·공적 수준에서 사회문화적 역학에 따른 '건전한 소비자' 로서의 사회적 책임 수행을 통한 사회 전체의 건전한 소비문화를 조성하는 영역이다. 여기에서 '건전한' 은 자신의 소비행위가 사회 전체의 소비문화에 미칠 사회·문화적 의미를 고려하여 바람직한 소비가치를 기반으로 한 건강하고 건전한 소비 의사결정 및 행위를 의미한다. 소비가 중신이 되는 소비사회가 되면서 개인 소비자의 경제적 행위는 더 이상 자원배분의 도구적 역할 기능으로 국한되지 아니하고 자신을 넘어서 사회구성원들에게 영향을 미치는 의미적 기능으로서 사회 전체의 소비문화, 소비트렌드를 조성한다. 현재 물질주의 가치에 의한 소비행위 결과인 물질주의, 지위에 대한 보상소비와 체면·허세에 의한 소비행위 결과인 과시소비, 소비행위를 통하여 자신의 정체성을 형성하고 행위양식을 결정하는 소비행위 결과인 소비주의문화는 한국소비사회의 사회적 문제로 지적되는 소비문화라 볼 수 있다. 이러한 문제적 소비문화는 사회 전체의 건전한 소비문화 조성에 대한 사회적 책임이 개개 소비자에게 존재함을 보여준다.

영역 5는 개인적·사적 수준에서 시민적 역할에 따른 '깨어 있는 소비자' 로서의 사회적 책임 역역이다. 여기서 '깨어 있는' 은 사적 시민으로서 소비자 자신에게 법적·정치적으로 부여된 소비자로서의 권리주장 및 책임행사와 공적 시민으로서 소비생활 관련 규범적 실서 준수를 의미한다. 안전할 권리, 정보를 제공받을 권리, 선택할 권리, 의사가 반영될 권리, 피해보상을 받을 권리, 소비자교육을 받을 권리, 쾌적한 환경에서 살 권리, 조직할 권리의 소비자 8대 권리와 문제를 지적할 책임, 인식할 책임, 행동할 책임, 이해할 책임, 참여할 책임의 소비자 5대 책임(이기춘 1999: 박희주 2007)은 소비자가 주장하고 행사해야 할 소비자의 사회적 책임이다.

영역 6은 집단적·공적 수준에서 시민적 역할에 따른 '정의적 소비자' 로서의 사회적 책임 수행을 통한 정의로운 소비사회 공동체를 조성하는 영역이다. 여기에서 '정의적' 은 소비자 개인의 자원사용 및 경제활동, 소비생활양식, 소비욕구, 소비문화 등에서 행사할 수 있는 선택권이나 통제/접근 정도가 자신이 속한 소비사회공동체 내에 존재하는 모든 소비자 혹은 소비자 집단에게 평등하고 공정할 수 있도록 함으로서 그 사회 공동체에게 소비자로서의 권리 주장과 책임 행사가 가능하도록 관여하는 것을 의미한다. 이는 상대적으로 부유국가에 속한 소비자들에게 존재하는데, 사회적으로 취약한 소비자에 대한 관심과 배려를 도태로 소비자 혹은 소비 관련 운동 및 정책의 전개 및 참여, 물질적 나눔, 기부, 후원 등이 이러한 정의적 소비자로서의 사회적 책임 수행으로 간주될 수 있다. 공정무역제품(fair-trade) 상품선택은 지구촌사회 차원에서 빈곤국가에 속한 소비자들을 위한 부유국가에 속한 소비자들의 정의적 소비자로서의 사회적 책임 수행의 예로 볼 수 있다.

영역 7은 생태환경적 역할에 따른 '환경적 소비자' 로서의 사회적 책임 영역이다. 이 영역은 개인적·사적 수준에서 소비자의 생활양식 및 소비선택 문제와 밀접한 관련을 갖는다. 이에 여기에서 '환경적' 은 소비자의 생활양식과 소비선택이 환경의식적, 환경친화적인 것을 의미한다. 적정수준에서의 상품 구매 및 사용, 환경친화적 상품 구매 및 사용, 에너지 절약 등을 포함한다. 소비자의 근검절약과 환경친화적 상품에 대한 관심과 구매, 사용 등의 환경 보호 및 보존을 위한 소비 노력은 기업이나 정부의 환경 보호 및 보존을 위한 소비 관련 노력보다 궁극적으로 더 효과적일 수 있다(고창택, 2002; 김영훈, 2002; 강병모 2005)는 점에서 환경적 소비자로서의 사회적 책임은 중요하다.

영역 8은 집단적·공적 수준에서 생태환경적 역할에 따른 '생태적 소비자' 로서의 사회적 책임 수행을 통한 지속가능한 생태계를 조성하는 영역이다. 여기에서 '생태계' 는 인간 중심적 사고가 아닌 생태 중심적 사고를 토대로 생태계에 존재하는 모든 다양한 생명체들에 대한 존재론적 존엄성에 초점을 둔 것을 의미한다. 생태계 관점에 의하면, 생태계의 한 부분으로서 소비자는 지속가능한 생태계에 대한 본질적인 사회적 책임이 있다. 소비자 욕구증가와 기술발전은 풍요로운 물질적 충족과 동시에 환경오염, 자원고갈, 생태계 균형파괴를 야기하고 있다. 따라서 소비자는 단순한 적정수준의 소비, 환경의식적/환경친화적 소비라는 개인적·사적 수준에서의 생태환경적 역할 기능의 소극적인 사회적 책임을 넘어서 지속적이고 다양하며 균형적 생태계 조성에 대한 집단적, 공적 수준에서의 소비자의 적극적인 사회적 책임을 인식하고 수행해야 한다.

소비자들의 행동에 따라 8가지의 책임 있는 소비자를 정의하였다.

• 효율적 소비자: 합리적인 선택을 최우선하는 소비자, 최소의 비용으로 최대의 효용
• 호혜적 소비자: 신용불량자와 같이 개인소비가 사회에 영향을 주는 행동을 하지 않는 소비자
• 균형적 소비: 분수적소비자
• 건전한 소비자: 건전한 소비 트렌드를 만들어 가는 소비자, '착한 소비'
• 깨어 있는 소비자: 정당한 권리를 내세울 줄 아는 소비자
• 정의적 소비자: 윤리적인 소비를 하는 소비자
• 환경적 소비자: 친환경적인 제품을 구매하는 소비자
• 생태적 소비자: 지속가능한 소비를 지향하는 소비자

사실상 총 8가지의 소비자 행동이 각각 따로 범위를 정할 수 있는 것이 아니라. 겹쳐있는 부분이 많이 있다. 공정무역의 커피를 마시는 소비자의 경우 단순히 '정의적인 소비자' 와 같이 윤리적인 소비자뿐만 아니라, '건전한 소비자' 의 범주 안에도 포함이 될 수 있다. 또한, 에코맘들의 소비를 보면, 친환경적인 제품을 선호(환경적 소비자)이면서도 이들은 낭비를 피하는 라이프스타일을 갖고 있기에(생태적 소비자)라고도 이야기 할 수 있다. 그럼에도 불구하고, 미시적인 관점과 거시적인 관점과 사회적인 역할을 합하여 총 8가지의 소비자의 사회적 책임 영역을 구분지어 놓았기에 이론적인 준거의 틀로 사용할 수 있다는 장점이 있다.

3 국내외 사례

1) 불매운동

불매운동(boycott)은 기업에 영향력을 행사하기 위해 구매를 거부함으로써 조직적으로 소비자 주권을 행사하는 것으로 전 세계적으로 진행된 대표적인 사례로 '안

티 맥도널드 데이'[2]라든가 '나이키의 불매운동'[3] 등을 들 수 있다.

소비자운동의 성격을 갖는 불매운동은 충분히 구매력이 있는 재화 등에 대하여 사회적 또는 정치적 목적의 달성을 위해서 상품의 구매를 자발적으로 포기하거나 타인으로 하여금 이를 포기하도록 권유하는 일체의 행위를 말한다. 소비자운동으로서의 불매운동도 인터넷과 현실세계로 나누어 볼 수 있다(김봉수, 2008)

이러한 불매운동의 동기는 환경보전을 위해 환경을 파괴하는 기업을 고발할 목적으로 그 제품을 보이콧하는 것, 단순한 불매가 아니라 녹색소비주의 입장에서 벌이는 보이콧, 인체나 자손에 영향을 미치는 악영향을 피하기 위해 농약, 화학약품, 의약품이나 유전자대체식품 등의 보이콧, 특정기업의 노동조건 개선을 요구하고 그 기업의 노동조합 혹은 그 외부조직이 그 기업의 상품 및 서비스에 대한 보이콧을 촉진하는 것 등으로 볼 수 있다(박재현, 2010).

소비거부 형식으로 나타나는 '불매운동'은 기업에게 가장 큰 타격으로 나타날 것이다. 사회적 고발의 성격을 띠고 있는 불매운동은 소비자들의 힘을 보여준다. 한국에서 생긴 '생쥐깡 쥐머리 사건'[4]과 같이 비위생적인 제품에 대해 많은 국민들이 분노하였고, 그 회사의 제품모두를 불매운동을 벌인 적이 있다. 많은 사과와 앞으로 개선에 대한 수많은 비용을 들이고선 이제는 잠잠해진 사건이 있었다.

하지만, 블랙컨슈머의 행동과 같이 잘못된 정보로 불매운동을 벌이거나 착한 기업의 이미지에 피해를 주는 사례도 나타나고 있다. 2010년 크리스마스 시즌에 일어난 두 제과점의 신경전으로 인해 일어난 사건을 보면, 경쟁 제과점을 견제하기 위해 자신이 직접 쥐를 넣은 식빵이 상대방 프랜차이즈 제과점 식빵에서 나왔다고 하여 사진을 인터넷에 유포한 후 불매운동을 벌인 사건이 큰 충격을 주었다. 얼마 지나지 않아 경쟁제과점의 계략인 것이 밝혀졌지만, 한동안 소비자들은 두 제과점의 제빵을 믿고 구매할 수가 없었다. 이와 같이 소비자의 불매운동은 강력한 파워를 갖고 있다.

2) 그린피스는 1985년부터 10월 16일을 '안티 맥도널드 데이'로 제정하여 세계 각국의 비영리단체와 함께 패스트푸드의 세계화에 반대하는 캠페인을 전개하고 있음

3) 1996년 라이프 집지에서 12살 짜리 파키스탄 소년이 나이키의 로고가 새겨진 축구공을 바느질하는 사진과 함께 글로벌 기업에 의한 저개발국가의 아동 노동 착취현장을 비판하는 글을 게재함으로써 나이키 제품에 대한 불매운동이 전 세계적으로 진행되었음

4) 농심이 일으킨 대형식품사고로 2008년 1월 노래방 새우깡에서 쥐머리로 추정되는 물질이 발견되어 큰 충격을 주었음. 당시 농심은 2012년까지 소비자불만 제로를 목표로 한 '고객안심 프로젝트'를 선언하고 실시하였으나 2009년 8월 다시 '쌀새우깡'에서 쌀벌레가 무더기로 나와 소비자의 불만을 야기시킨 사건임

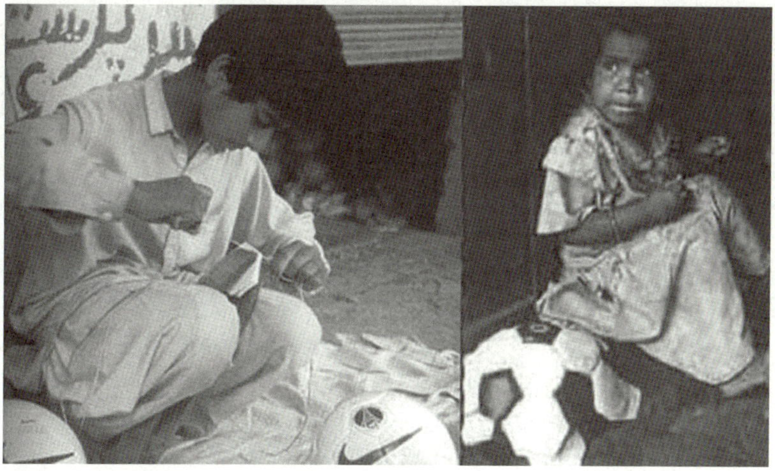

그림 6-1 나이키 공을 만들고 있는 아이의 노동모습

2) 공정무역운동

대안무역, 희망무역이라고도 불리는 공정무역운동(fair trade)은 제3세계 생산자들에게 정당한 이익을 돌려주자는 의미로 시작되었다. 두레생협, 아름다운가게, 한국YMCA연맹, (주)페어트레이드코리아, 에코생협, 한국공정무역연합 등에서 공정무역커피, 초콜렛, 차 의류 등을 수입·판매하고 있다. 공정무역운동의 시민운동차원에서 소개되어 왔는데 아직 거래규모는 크지 않지만 매년 그 규모가 20% 급성장하여 점차 확산되고 있는 추세이다(공정무역, 2007)

공정무역에서 가장 많은 비중을 차지하고 있는 제품은 커피이다. 현대소비자들이 가장 많이 마시는 커피에서 소비자들의 책임 있는 소비를 의식적으로 끌어내지 않아도 쉽게 접하고 행동할 수 있는 부분인 것이다. 커피콩은 5~6년의 오랜 기간 동안 재배를 해야 하는데 작황상황에 따른 국제가격의 변동이 가장 심한 작물 중 하나라고 한다. 대부분의 빈민국에서 커피농사를 짓는데, 이들에게 적당한 수익을 주자는 의미로 시작된 것이 공정무역 커피가 탄생하게 된 배경이다. 앞으로도 많은 기업들이 공정무역 된 커피를 소비자에게 제공하기 위해 노력할 것이라고 본다.

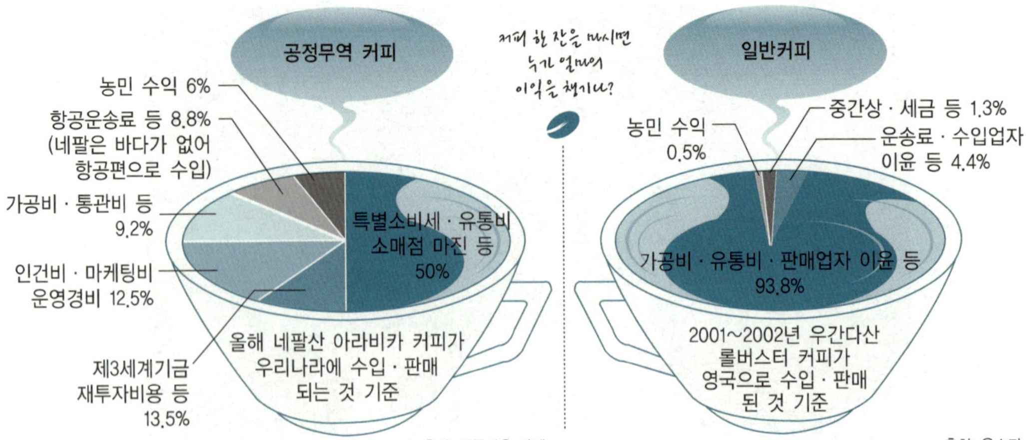

출처: 아름다운 가게.

출처: 옥스퍼.

그림 6-2 공정무역 제품들

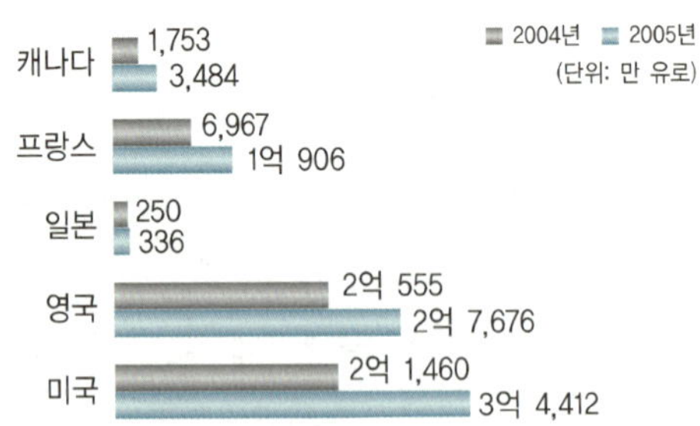

그림 6-3 세계 공정무역 거래규모

출처: 세계공정무역협회.

3) 동물복지운동: 동물 테스팅, 공장식 농장, 동물의 권리 등

동물복지는 인권을 넘어서 생명에 관심을 갖는다는 의미를 둔다. 인간이 살아가기 위해서 인간의 만족을 위해서 많은 동물들이 희생되고 있지만, 좀 더 윤리적인 방식으로 동물들과 상생할 수 있는 계기를 마련하는 것이 동물복지운동의 취지이다.

비윤리적으로 길러지는 닭과 소는 극심히 작은 공간에서 움직일 때 마다 서로 부딪치며 상처를 주는데, 상처가 곪아서 죽는 소와 닭이 늘어나자 기업에선 항생제를 밥 먹이듯이 자주 투여를 한다. 이렇게 자라난 닭과 소들을 소비자는 패스트푸드에서, 마트에서 구매를 하며 먹는 것에 대한 자각을 기본으로 하는 운동이다. 이러한 축산업으로 길러진 제품을 소비하면서 피해를 받는 건 대다수의 소비자들이다. 그리고 화장품을 만드는 과정에서 많은 애완들의 희생이 수반된다. 이러한 축산업으로 길러진 제품을 소비하면서 피해를 받는 건 우리 대다수의 소비자들이다.

Against Animal Testing

동물실험은 비윤리적이며 불필요합니다.

지금도 일부 국가에서는 화장품 및 화장품 원료에 대한 동물 실험이 계속되고 있습니다.
공공연하게 행해지는 동물실험은 토끼의 눈에 실험물질을 주입하거나 토끼나 돼지의 등에 털을 제거하고 실험물질을 주입하여 염증 등의 부작용을 연구하는 것입니다. 실험물질이 미치는 영향을 평가하기 위해 동물들에게 실험물질을 강제로 먹이거나 주입하기도 합니다.
이러한 연구들로 인해 동물들은 극심한 고통을 느끼고 심지어 죽기도 합니다. 더바디샵은 동물들에게 행해지는 이러한 화장품 실험이 비윤리적이고 불필요하며, 금지되어야 한다고 생각합니다.
더바디샵은 1986년 그린피스와 함께 멸종 위기의 동물 보호를 위한 첫 캠페인을 진행한 이래, 동물실험 반대를 위한 대규모 서명 운동 등 활발한 캠페인 활동을 진행 해 왔습니다.
이러한 더바디샵의 노력은 2009년 유럽에서 시행된 화장품에 대한 동물실험 반대 금지 법안의 통과에 주도적인 역할을 하였습니다.

그림 6-4 동물복지운동의 예

또한 화장품을 만드는 과정에서 많은 애완동물들의 희생이 감수된다. PETA의 보고서에 의하면 화장품 동물실험은 필요하지 않다고 한다. 동물과 인간의 조직체계가 다르기에 동물실험에는 이상이 없어도 사람이 사용했을 때의 부작용이 나타날 수 도 있다고 한다. 수많은 동물들이 '미'를 위한다는 명분하에 매년 고통받고 죽어가고 있다.

이러한 화장품업계의 동물실험 반대를 선두적으로 이끌어가는 '바디샵'과 같은 기업들로 인해 많은 소비자들이 지금은 동물실험제품을 반대하고 불매운동을 하고 있다. 이러한 비윤리적인 제품을 거부 할 수 있는 소비자의 책임이 필요하다.

3) 로컬푸드운동

로컬푸드(local food)운동은 지역에서 생산된 먹거리를 지역소비자에게 판매하는 운동이다. 로컬푸드운동은 크게 경제적·생태적·사회적 측면의 효과가 있다. 경제적으로는 지역사회의 유지발전, 농민들의 안정적 생활, 지역경제의 다양화, 대안시장의 창조 등을 이야기 할 수 있으며, 사회적으로는 지역 내의 관계의 복원과 신뢰의 구축을 가져오며, 생태적으로는 외부자원에 대한 의존 감소, 지역 내 자원에 대한 의존증대와 자원의 절약 등을 들 수 있다(윤병선, 2008)

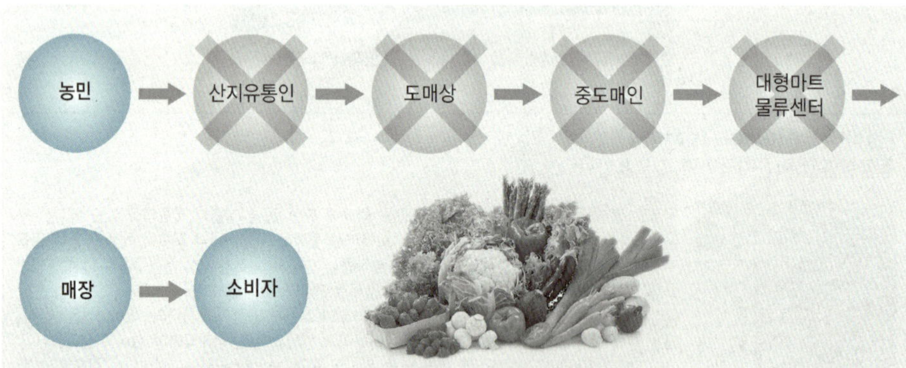

그림 6-5 로컬푸트 농산물 유통경로

출처: 이마트.

로컬푸드를 선호하는 소비자는 책임 있는 소비자 유형에서 아마 가장 많은 항목에 포함이 될 것이다. 지역에서 재배되는 제품을 소비하는 입장으로 효율적 소비자에 포함이 되고, 지역농민과 윈-윈 관계로 성공 할 수 있다는 점에서 정의적이고, 건전한 소비자이기도 하며, 먼 거리를 돌아오며 탄소배출을 생성시키지 않는 다는

소비자 휴게실 6-1

채소값 폭락 … 로컬푸드(local food) 농가는 그래도 웃었다

멀고 먼 경매시장 가도 손해 보고 파는데… 가까운 대형마트와 적정 가격에 직거래
지역에서 생산한 농산물은 지역내에서 소비하자는 취지… 불필요한 유통경로 없애

"이 상추 따가서 집에서 드시이소. 내다 팔아야 인건비도 안 나오는데 뽑아봐야 뭐 하겠십니꺼."

18일 경북 칠곡군 왜관읍 금남리의 한 비닐하우스. 4,000평 규모로 상추 등 엽채류 농사를 짓는 이 씨는 지난 8월 파종한 상추를 원망스럽게 바라보며 담배를 빼물었다. 그는 다 자란 상추를 발로 툭툭 차면서 "돈 되는 거면 내가 이러겠느냐. 상추값 폭락으로 올해 수입이 30% 이상 줄었다."며 울상을 지었다.

같은 날 대구광역시 동구 신기동의 깻잎 농가에서 만난 김익수(48) 씨의 표정은 너무나 달랐다. 깻잎 도매가격(2kg 상품 1만 3,600원) 역시 작년(1만 6,640원)보다 20% 정도 떨어진 상황이지만 김 씨는 "로컬푸드운동으로 대형마트와 직거래하는 유통 경로를 개척해 큰 손해를 보지 않는다."고 말했다.

비닐하우스 25동에서 하루에 4kg짜리 80박스를 출하하는 김 씨는 생산량의 40% 정도를 대구 시내 이마트 등에 직접 납품을 하고, 나머지 60%는 서울 송파구 가락동 농수산물시장에 내보낸다.

로컬푸드운동은 생산자와 소비자 사이의 불필요한 유통 경로를 단축하는 효과가 있다. 중간 유통과정에서 새나가는 비용이 없기 때문에 생산자는 시세보다 비싼 가격에 물건을 납품하고, 소비자 역시 싼 가격에 쇼핑할 수 있다. 김씨는 "지난 1년간 수입을 계산해보니 이마트에서 받는 가격이 경매장에서 팔리는 것보다 20% 이상 후하다."고 말했다.

김 씨가 재배한 깻잎 중 대형마트와 직거래하는 로컬푸드 물량은 유통구조가 극히 단순하다. 김씨의 비닐하우스에서 따서 바로 대구 지역 8곳의 이마트 진열대로 곧장 옮겨진다. 운송거리가 길어야 20km이다. 그러나 약 300km 떨어진 서울 송파구 가락동 농수산물시장으로 올라가는 깻잎은 산지수집상 → 유통상인 → 가락시장 도매법인 → 중매인 → 도매상을 거쳐 소비자를 만나는 데 최소 이틀 이상이 걸린다. 김씨는 "생산자는 물론 소비자 입장에서도 천릿길을 왕복하는 물건보다 훨씬 신선한 깻잎을 사먹을 수 있다."고 말했다.

(계속)

깻잎 농사를 짓는 김 씨가 이마트 채소 바이어에게 이마트 매장에 진열된 자신의 깻잎을 보여 주며 웃고 있다. 깻잎 가격도 지난해보다 20% 정도 떨어졌지만, 김 씨는 손해를 보지 않는다고 말했다.

로컬푸드와 기존의 농산물 유통 구조 비교

△ 로컬푸드 직거래

농가 → 점포 → 소비자

△ 가락시장 경매

농가 → 유통 상인 → 가락시장 도매 법인 → 중매인 → 도매상 → 점포 → 소비자

대구 김익수씨가 재배한 깻잎 가격 비교

(2kg 1상자, 10월 18일 기준)

구 분	납품 가격	소비자 가격
이마트 직거래 물량	1만 5,000원	약 1만 8,000원
가락시장 경매물량	1만 3,000원	약 2만 원

출처: 조선일보(2011년 10월 21일자).

점에서 환경적인 소비자이기도 하며, 방부제 없이 신선한 제품을 구매할 수 있는 점에서 환경적인 소비자이기도 하다.

이러한 로컬푸드 음식은 소비자의 건강에 긍정적인 영향을 줄 수 있기에 이러한 로컬푸드의 소비가 더욱 활성화 되어야 한다.

로컬푸드운동에 해당되는 것으로 미국의 '100마일 다이어트운동', 일본의 지산지소운동 등이 있다. 미국의 100마일 다이어트운동은 100마일 내에서 생산된 것만 소비한다는 뜻으로 2005년 뉴욕에서 시작되었으며, '농장에서 대학으로(farm to college)'라는 대학급식 프로그램에 참가한 것이고, 일본의 지산지소운동은 1990년대부터 시작된 '지역생산-지역소비'라는 지산지소운동으로 특히 후쿠오카의 지산지소운동은 유명하다. 이외에도 영국의 런던캠튼지역의 성공사례가 있다. 특히 인근에서 생산된 먹을거리만을 사용하면서 런던의 다른 지역들도 학교 급식에 공급되는 먹을거리를 지역 먹을거리로 교체하고 있다. 영국 런던에서 건강한 식단을 통해 지역경제, 환경, 건강, 문화를 살리자며 '런던푸드'라는 먹을거리 위원회를 운영 중이다.

이제 기업이익과 소비자의 책임이 대립 혹은 상충되기 보다는 사실상 기업의 사회적 책임 활동과 소비자의 사회적 책임이 동시에 발생하여, 양측이 상생하는 상황이 명백한 몇 가지 사례를 중심으로 소비자의 사회적 책임이 실현되는 구조를 살펴보기로 하자.

그림 6-6 착한 카드 캠페인

4) 착한 카드 캠페인

착한 카드 캠페인은 카드 연회비가 전액 기부금으로 사용이 되고 사용할 때마다 0.5%의 포인트가 기부되는 카드 캠페인이다. 소비자가 원하는 기부처를 정해 지정 기부도 가능하고 기부금은 어려운 아동들에게 전달이 된다. 소비자는 자신의 사적 욕구 충족을 위해 카드를 쓰면서 별도의 비용 없이 쓰는 것만으로 사회구성원으로서의 책임을 수행하고, 이러한 소비자를 통해 카드사도 수익을 창출하는 전형적인 사례이다.

5) 이마트

이마트는 2차 포장재를 안 쓰는 '포장재 줄이기 캠페인', '비닐 쇼핑백 안 쓰기 캠페인'을 진행하고 있고 또한 소비 금액 일부를 지역 사회에 환원해주는 '지역단체 마일리지제도'를 실시해 구입한 물품에 대한 영수증을 버리지 않고 캠페인에 참여하면 0.5%를 지역 사회봉사단체에 기부하는 활동을 하고 있다.

6) 탐스슈즈의 사례

소비자가 신발을 한 켤레 사면 탐스슈즈사가 신발 한 켤레를 저개발 국가의 빈민 어린이들에게 기증을 한다. 소비자로 하여금 구매와 기부를 동시에 할 수 있는 마케팅을 선보여 기업은 사회적 책임을 다하고 소비자는 책임 있는 소비를 가능하게 하

그림 6-7 탐스슈즈의 사례

였다. 2009년에는 30만 켤레의 신발을 남미와 아프리카의 어린이들에게 기부하였다고 한다.

7) 레드 캠페인

미국에서 시작된 캠페인으로 레드로고가 붙은 물건을 사기만 하면 아프리카의 에이즈 환자가 도움을 받을 수 있다. 현재 애플, 모토로라, 아르마니, 델, 갭, 나이키, 스타벅스 등 다국적 기업들이 이 캠페인을 실시하고 있다.

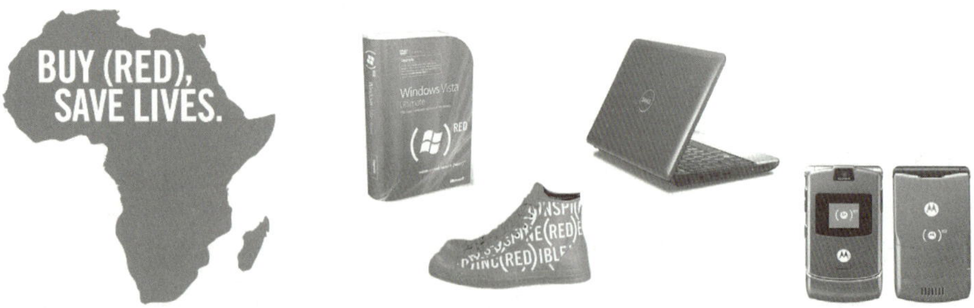

그림 6-8 미국의 레드 캠페인

8) 러브케이크 프로젝트

크리스마스 시즌, 일본의 몇몇 가게에서 한 조각이 없는 케이크를 판매하였다. 그 부족한 부분만큼은 일본의 월드비전을 통해 케냐 어린이들에게 지원을 하는 방식으로 기부가 이루어졌다. 이 캠페인은 2009년에 7개의 점포가 참여하여 9만 273엔(약 124만 원)을 기부하였고 2010년에는 전국적으로 110개의 점포가 참여하였다.

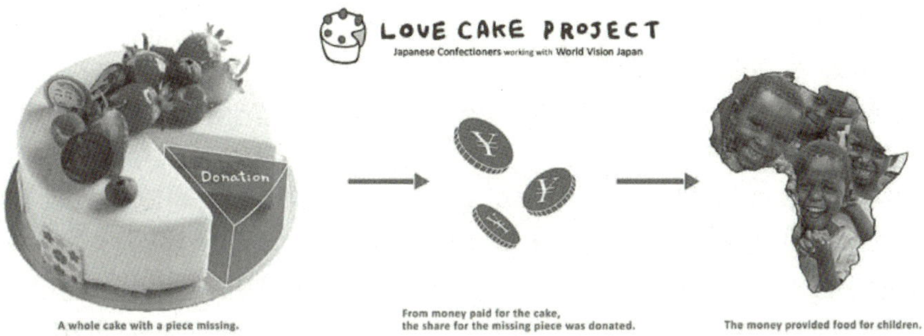

그림 6-9 러브케이크 프로젝트

매닝(Manning, 2000)은 현대 소비사회에서 소비자는 사회적으로 만연되어 있는 소비풍조를 스스로 통제하고 자신을 책임져야 하는 의무를 지닌다고 지적하였다. 매닝의 주장처럼 책임 있는 소비자는 사회적인 문제에 스스로를 통제하며, 자신의 소비행동에 대해 사회적 책임을 질수 있고, 자신의 소비가 사회와 환경에 이득이 되는 소비를 하는 소비자를 책임감이 있는 소비자라고 정의내리고 싶다.

그렇다면, 책임 있는 소비자는 어떻게 만들어질까? 가상 먼저, 소비자의 윤리적인 판단능력을 길러주기 위한 교육이 필요할 것이다. 소비는 단순히 소비자의 만족시키는 수단을 넘어서 사회와 국가의 경제행위에도 영향을 끼치는 중요한 문화의 한 부분이 되었다. 소비자들의 선택에 사회와 국가의 존폐가 달린 시점이다. 이들에게 책임 있는 소비는 앞으로 삶을 지속가능하게 살아가기 위한 필수조건이다. 책임 있는 소비자를 만들기 위해서 소비 행동의 기준이 될 수 있는 가치관 교육 등을 포함하여 소비행동의 결과는 사회적, 환경적으로 영향을 미치며 상호관계를 이루고 있다는 것에 대한 교육이 충분히 있어야 한다.

이와 같이 넓은 관점에서 소비를 이해하여 물질적 만족이 아닌 정신적 만족을 소비생활에 추구할 수 있도록 해야 할 때, 책임 있는 소비를 촉진시키고, 소비자들에게 책임 있는 소비의 중요성을 일깨워 줄 수 있을 것이다.

참고문헌

강병모(2008). 소비자지향적 정책과정을 위한 정책마케팅 전략 분석. **한국거버넌스학회**, 15(2). 49-76.

고창택(2002). 환경교육과 생태적 책임. **대한철학회**, 81. 1-24.

김경자(2010). 녹색소비역량의 구성체계와 측정지표에 관한 연구. 소비자정책교육연구, 6(3). 95-119.

김봉수(2008). 친환경 지역농업 생산자조직의 형성 및 발전과정: 한살림 아산시생산자연합회와 푸른들영농조합법인을 중심으로. 단국대학교 석사학위논문.

김연숙(2008). 소비자 불만시 소비자의 책임행동에 관한연구. 한양대학교 행정자치대학원.

김영훈(2007). 웰빙 소비자의 지속가능성의식에 관한 탐색적 연구. **한국식생활문화학회**, 22(5). 521-527.

듀안 엘진 저, 김승욱 역(1999). **소박한 삶의 철학**. 바다 출판사.

박미혜, 강이주(2009), 윤리적 소비의 개념 및 실태에 대한 고찰, **한국생활과학회지**, 18(5), 1047-1062.

박재현(2010). 불매운동에 대한 소비자 의식과 인터넷 불매운동이 기업. 공주대학교경영행정대학원.

박희주(2007). **영국의 소비자 집합이익 보호를 위한 소송제도 연구**. 한국소비자원. 1-23.

심 영(2009). 소비자의 사회적 책임에 관한 연구. **소비자학연구**, 20(2), 81-119

이기춘(1999). 소비자교육의 이론과 실제. 교문사.

이득연(2004). 소비자주권시대 소비자와 기업의 역할과 책임-새로운 협력관계의 모색-. 한국소비자원.

이인희(2001). 소비자집단별 소비자의식과 소비자행동 분석. 성신여자대학교 교육대학원 석사학위논문.

이종영(1997). **기업윤리수준 향상을 위한 소비자의 사회적 책임**. 한국소비문화학회, 5-18.

윤병선(2008). 세계 농식품체계하에서 지역먹거리운동의 의의. **환경사회학연구**, 12(2). 89-115.

정현식(1999). 산업발전과 환경오염에 관한 경제학적 분석. **성균관대학교 한국산업연구소**, 7, 1-87.

홍연금·송인숙(2010). 윤리적 소비에 대한 개념 논의와 실천영역 연구. **소비자정책교육연구**, 6(4). 91-110.

허경옥(1998). 소비자권리와 책임에 대한 소비자의식에 관한 분석. **소비자학연구**, 9(3), 75-90.

조선일보(2011년 10월 20일자). “채소값폭락 … 로컬푸드(local food)농가는 그래도 웃었다”

프레시안(2006년 10월 24일자). “이제 농업과 먹을거리도 지역자치로”

한국경제(2011년 9월 22일자). "실험용동물, 작년 151만 마리 죽었다"

Davis, R.M(1979). *Comparison of consumer acceptance of rights and responsibilities*. Ethics and the consumer Interest. 68-70

Leonard-Barton,D(1981). Voluntary simplicity lifestyles and energy conservation. *Journal of Consumer Research, 8*, 243-51

Newholm and Shaw(2007). Editorial Studying the ethical consumer: A review of research studying the ethics of consumption. *journal of Consumer Behaviour, 6*, 253-270

Stamlfl R.W(1979). "Family research:Consumer education needs in the family life cycle", *Journal of Home Economics, 71*(1). 22-27.

Webster(1975).Determining the characteristics of the socially concious consumer. *Jouranal of Consumer Research, 2*(3). 188-196.

Part 3 경제주체로서의 기업과 정부

시장경제의 3대 경제주체 중 기업과 정부는 소비자에게 재화와 서비스를 생산 공급하거나 시장거래의 양 주체인 소비자와 기업의 시장활동이 원활하게 진행될 수 있도록 개입하고 지원한다. 기업의 시장활동은 생산계획을 세우고 생산된 재화와 서비스를 시장에 공급하여 판매하므로 이윤의 극대화를 추구하는 데에 초점이 맞추어져 있다. 반면, 정부의 시장활동은 소비자와 기업의 두 거래 주체가 각자의 목표인 효용극대화와 이윤극대화를 위해 시장에서 거래하는 과정에서 발생할 수 있는 다양한 문제를 사전에 예방하고 규제하며 사후에 조치를 취하는 역할을 통해 시장에서 힘의 불균형 문제를 해결한다.

제3부에서는 기업의 시장활동과 정부의 시장개입과 지원활동을 알아보기로 한다.

CHAPTER 07

기업의 시장활동

무한경쟁시대라 불리는 현대 사회는 사회주의가 몰락하면서 자본주의 경제체계가 확산되고, 정보통신 기술의 발달로 국가 간의 벽이 급속도로 허물어지고 있는 불확실성의 시대라 할 수 있다. 이러한 가운데 세계 소비자의 기호와 욕구는 매우 빠르게 변화하여 시장환경을 더욱 불확실하게 하고 있다. 더욱이 기술의 발전으로 대량생산체제가 구축되면서 시장구조가 공급과잉 상태로 접어들어 생산자 중심의 시장(Seller's market)에서 소비자 중심의 시장(Buyer's market)으로 전환되어 가고 있다.

이 장에서는 기업의 시장활동과 관련하여 마케팅에 대하여 알아보기로 한다.

1 마케팅의 본질

1) 마케팅의 의의와 기능

마케팅이란 소비자에게 최대의 만족을 주고 생산자의 생산목적을 가장 효율적으로 달성시키는 방법으로 생산된 재화와 용역을 생산자로부터 사용자나 소비자에게 유통시키는 기업의 모든 경제활동을 말한다. 그러나 마케팅을 경제적 교환(시장거래)의 개념에 국한하지 않고 교환과정을 통해 필요와 욕구를 충족시키는 사회적 교환개념으로 확대하여 적용하기도 한다.

마케팅의 기능은 재화가 생산자나 공급자로부터 소비자 또는 수요자에게로 이전되어 가는 과정에서 수행되는 특화된 활동들로 다음과 같은 것이 있다.

(1) 교환기능

마케팅의 기능 중에서 가장 본질적인 것으로 소유권 이전기능이라고도 한다. 즉, 재화나 서비스의 교환을 이루는 구매와 판매를 말한다. 이러한 교환은 다양한 개인과 조직의 목표를 만족시키기 위해 발생한다.

(2) 물적 유통기능

상품의 생산과 소비 간의 격리를 조절하는 기능을 말하며 수요와 공급의 장소적 격리를 조절함으로써 장소효용(place utility)을 창조하는 운송과 시간적 격리를 조절하여 시간효용(time utility)을 창조하는 보관의 2대 기능이 포함된다.

(3) 조성기능

조성기능(facilitating function)은 교환기능이나 물적 유통기능이 합리적으로 수행되도록 보조하는 기능으로 수요·공급의 품질적 차이를 조절하는 표준화기능, 관념적 차이를 조절하는 시장정보기능, 마케팅활동의 자본적 뒷받침을 해주는 시장금융기능, 마케팅활동에 수반되는 부패·파손 등의 위험에 대처하는 위험부담기능 등이 있다.

2) 다양한 마케팅 관리 철학

기업이 원하는 성과를 달성하기 위해 마케팅 전략을 실행해 나가는 데 다양한 접근 방법을 취할 수 있다. 대표적인 다섯 가지 유형의 마케팅 개념은 다음과 같다.

(1) 생산개념(production concept)

소비자는 저렴하고 쉽게 구입할 수 있는 제품을 선호하기 때문에 생산과 유통을 효율성을 향상시키는 데 주력해야 한다고 생각하는 가장 오래된 관리철학이다.

(2) 제품개념(product concept)

소비자가 최고의 품질, 성능, 혁신적 특성을 가진 제품을 선호하기 때문에 지속적인 제품 개선에 마케팅의 초점을 맞추어야 한다는 입장이다.

(3) 판매개념(selling concept)

충분한 규모의 판매 촉진 노력이 이루어지지 않으면 소비자가 충분한 양의 제품을 구매하지 않을 것이라는 입장이다. 이 개념은 보험이나 헌혈 등과 같이 평상시에 별 생각을 하지 않는 비탐색재를 취급하는 기업에게 적합한 관리철학이다. 이 개념을 수용하는 기업은 가망고객을 찾아내어 그들에게 제품 편익을 설득하는 데 집중하게 된다.

(4) 마케팅개념(marketing concept)

기업의 목표를 달성하기 위해서는 목표시장의 욕구를 파악하고 경쟁사보다 그들의 욕구를 더 잘 충족시켜야 한다는 입장이다. 제품 중심적 철학이 생산한 것을 판매한다는 입장이라면 이 개념은 고객욕구를 파악하여 이에 대응한다는 고객 중심적 철학이라 할 수 있다.

(5) 사회적 마케팅개념(societal marketing concept)

소비자의 단기적 욕구와 장기적 복리의 상충관계에 관심을 가지고 소비자와 사회의 복리를 모두 유지, 향상시키는 방식으로 고객에게 가치를 전달해야 한다는 입장으로 기업의 이익, 소비자의 욕구, 사회적 복지 사회에서 균형을 맞추어 마케팅 전략을 수립해야 한다는 입장이다.

3) 현대마케팅의 특징

현대마케팅의 주요 특징은 생산한 제품을 시장으로 밀어내는 전략(push strategy) 대신 소비자가 제품이 필요해서 구입해 가도록 하는 전략(pull strategy)를 활용한다는 것이다. 이는 개별 기업의 관점이 생산된 제품을 판매한다는 제품 중심적 철학에서 잠재적 소비자의 욕구를 파악하고 이러한 욕구를 충족시켜 줄 수단으로서 제품을 생산하여 판매하는 고객 중심적 철학으로 변화되었음을 의미한다. 이는 산업혁명 이후 각종 기술의 발전으로 기업의 생산능력이 급성장하였고 이에 따라 오히려 제품의 공급이 수요를 초과하는 공급과잉현상이 나타나면서 시작된 것이다.

그러므로 현대마케팅은 소비자의 욕구를 충족시켜줄 수 있는 재화나 서비스의 제공이 핵심이 되어야 한다는 소비자지향의식(consumer orientation)이 주축이 되며 마케팅활동은 소비자의 욕구를 충족시켜 장기적으로 소비자복지를 증진시키기 위한 것이다. 그러므로 현대적 마케팅은 마케팅활동이 사회에 미치는 제 문제와 관련하여 기업의 사회적 책임을 중요시하게 되었다.

또한 중요한 하나의 흐름은 주로 영리추구사업 분야에 적용되어 왔던 마케팅이 최근 들어 대학, 병원, 박물관, 동물원 등과 같은 비영리조직의 경영전략에서도 중요한 부분을 차지하게 된 것이다.

4) 온라인마케팅

인터넷이라는 가상공간에서의 마케팅활동을 말하며 사이버마케팅 또는 인터넷마케팅, e-마케팅 등의 용어가 같은 의미로 사용된다. 온라인마케팅은 기존의 일반마케팅과는 다르게 마케팅의 대상이 개인, 그리고 지역 및 국경을 초월할 수 있다. 이러한 온라인마케팅은 기존의 일반 마케팅 다시 말해 오프라인마케팅과 비교하여 볼 때 방대한 고객정보의 데이터베이스를 이용하여 구매특성, 취향, 관심 분야별로 분류해 각 개인에게 특화된 제품 및 서비스 정보를 제공하는 원투원(one-to-one)마케팅이 가능하다는 특징을 갖는다. 이는 기업이 가지고 있는 고객의 리스트에 등록된 모든 고객에게 똑같은 제품이나 서비스 정보를 보내는 푸시메일(push-mail)과는 다르다.

2 마케팅믹스

현대적 마케팅의 의미는 소비자의 욕구를 충족시키는 것에서 찾을 수 있다. 마케팅믹스는 소비자의 욕구를 충족시키기 위해 기업이 수행하는 많은 마케팅활동의 수단이 되는 것으로 제품, 가격, 유통, 그리고 마케팅 커뮤니케이션을 4대 마케팅믹스라 한다.

1) 제 품

제품(product)은 마케팅믹스 중 가장 중요한 기본요소이다. 제품은 인간의 필요나 욕구를 충족시켜 주는 효용의 묶음 또는 조합으로 판매하는 기업에게는 영업이익을, 구매하여 사용하는 소비자에게는 만족을 제공한다. 그러므로 구입하는 소비자에게 효용을 주는 것은 서비스나 조직체 및 아이디어 등과 같이 그것이 유형이 아니라 할지라도 제품이라 할 수 있다. 제품은 일반적으로 제품기능, 상표, 포장 및 관련 고객서비스로 구성되어 있다.

(1) 제품기능

제품의 기능은 제품을 구성하는 여러 요소 중에서 가장 중요한 요인이라 할 수 있으며 구조·기능적 특징, 품질, 스타일 등으로 구성된다.

(2) 상 표

상표는 특정 판매업자의 제품 및 서비스를 다른 판매업자들로부터 차별화시키기 위하여 사용하는 명칭, 말, 상징, 기호, 디자인, 로고와 이들이 결합된 결합체를 의미한다. 상표는 제품관리를 용이하게 할 뿐 아니라 기업의 무형적인 자산으로서의 역할을 한다.

(3) 포 장

제품을 담거나 보호하려는 목적에서 시작된 제품의 포장이 이제는 소비자들의 제품선호에 영향을 미치고 더 나아가 기업이미지와 상표이미지를 부각시켜 주는 등 마케팅활동에 도움을 주는 중요한 판촉도구 및 광고수단으로 그 중요성이 높아졌다.

(4) 고객서비스

기업이 시장에 제공하는 모든 제품에는 소비자의 기본적인 필요를 충족시켜주는 제품의 핵심기능이외에 소비자에게 부가적인 만족을 줄 수 있는 서비스요소가 포함되는 것이 보통이다. 기술의 발전으로 제품의 핵심기능이 표준화되어 감에 따라 고객서비스의 구성을 어떻게 하느냐에 따라 소비자에게 제품이 다르게 인식되게 할 수 있고 이러한 것이 시장세분화 전략으로 사용된다.

2) 가 격

가격(price)은 제품의 교환가치의 표현으로 제품 및 서비스를 획득함으로서 얻는 효용에 부여하는 가치를 의미한다. 가격은 소비자가 제품을 구매할 때 가상 빈감하게 고려하는 요인으로 시장수요와 밀접한 관련이 있다. 그러므로 제품의 가격이 적절하게 결정되지 않으면 아무리 다른 마케팅믹스가 적절하게 투입되더라도 제품의 판매와 그에 따른 이익을 기대할 수 없다.

기업이 생산하여 판매하는 제품의 가격은 제품의 생산에 들어가는 비용인 제조원가 이외에도 기업의 마케팅목표, 제품의 시장 및 수요 특성, 경쟁품의 품질과 가격, 그리고 기타 법적 요인 등의 영향을 받아 결정된다.

경영학적 관점에서는 제품의 가격, 그 자체보다는 가격결정의 과정이 더욱 중요하다. 즉, 보다 높은 수익률과 보다 많은 매출액이라는 양립하기 어려운 목표를 달성하기 위해 제품이나 서비스의 가격을 여러 가지 요인을 고려하여 결정하는 것이 중요하다. 가격이 일반적으로 제품이나 서비스의 화폐적 가치를 의미하지만 이 가격이 반드시 제품의 내재적 가치를 나타내는 것은 아니므로 소비자가 기꺼이 지불할 정도의 가격을 설정하는 것은 마케팅에 있어서 매우 중요하다.

3) 유 통

유통은 생산과 소비를 연결시키는 활동이며 유통경로는 생산자로부터 제품 및 서비스를 최종 소비자에게 전달하는 활동과 관련된 상호의존적인 조직을 말한다. 일반적으로 유통경로에는 도·소매상과 같은 상업중간상, 거간이나 대리점과 같은 대리중간상, 마케팅서비스회사, 금융회사, 물류회사 등과 같은 촉진상을 포함한다. 유통경로는 다음과 같은 중요성을 가진다.

- 총 거래 수를 최소화시키고, 거래를 촉진시켜 교환과정을 활발하게 한다.
- 제품, 가격, 구입단위 및 지불조건 등을 표준화시켜 거래를 용이하게 한다.
- 소품종 대량생산을 하는 생산자와 다품종 소량소비를 하는 소비자를 연결시켜 주며 판매자에게 고객정보 및 잠재고객 도달가능성을 높여주고 소비자의 탐색비용을 절감시켜 준다.
- 다른 마케팅믹스 요인과는 달리 쉽게 변화시킬 수 없는 비탄력성과 각국의 특성에 따라 고유한 유통결오가 존재하는 유통경로의 국가별 특수성으로 인해 중요한 전략적 위치를 차지한다.

4) 마케팅 커뮤니케이션

마케팅 커뮤니케이션은 기업의 효율적인 제품관리를 위해 목표 또는 표적시장의 소비자들과 의사소통하는 활동을 의미한다. 즉, 기업의 제품 및 서비스를 소비자들이 구매하도록 유도할 목적으로 해당제품 및 서비스의 효능을 현재 및 잠재고객을 대상으로 정보를 제공하거나 설득하는 마케팅 수단을 통칭한다.

마케팅관리자가 활용할 수 있는 촉진수단은 매우 다양하지만 일반적으로 광고, 판촉, 인적판매, 홍보 등 네 가지 요소로 구분한다. 각 촉진믹스의 특징은 표 7-1과 같다.

광고는 광고주가 표적시장에 제품과 서비스에 관한 정보를 제공하거나 구매를 설득하기 위해 유료로 대중매체를 이용하는 활동을 말한다. 현대 마케팅활동에서 광고는 제품의 차별화, 시장확대 및 포지셔닝 수단으로 매우 중요한 위치를 차지한다.

인적 판매는 판매원을 매개로 직접 고객과 대면하여 구매를 설득하는 커뮤니케이

표 7-1 촉진믹스의 특징

수 단	범 위	비 용	장 점	단 점
광 고	대 중	보 통	신속, 메시지 통제가능	효과측정 곤란, 정보량 제한
인적 판매	개 별	고 가	정보의 양과 질	비용과다, 속도완만
판 촉	개 별	고 가	주의 집중, 즉각적 효과	모방용이
PR	대 중	무 료	신뢰성 높음	통계곤란

출처: 김해천·김기영·최종인(1997). 경영학 원론. 박영사, p.535.

션 수단으로 소비자에게 많은 정보를 제공하며, 쌍방적 커뮤니케이션이므로 바로 피드백을 받을 수 있다는 장점이 있으나 고객 1인당 비용이 과다하고 사생활을 침해할 우려가 있다는 단점이 있다.

판촉(sales promotion)은 특정제품 및 서비스를 단기적으로 구매유도하기 위해 설계된 다양한 수단을 말하며 샘플 증정, 쿠폰, 상품, 무료시음, 상품전시회 및 경연대회 등이 사용된다.

PR(Public Relation)은 단순한 홍보차원을 넘어서 기업과 사회의 이상적인 관계 정립 및 유지활동을 말하며 거의 무료이고 매체의 독립성 때문에 효과가 광고보다 훨씬 높다. 간행물 발행, 특별행사 기획, 뉴스거리 제공 및 탁아소, 도서관과 같은 공공서비스활동 등이 있다.

3 제품표준화

제품의 표준화는 마케팅에서 중요한 생산전략의 일환으로 추진된다. 이것은 판매시장(seller's market), 즉 대량소비를 전제로 하는 생산지향적 전략이다. 이러한 마케팅의 대표적인 예는 판매되는 제품의 질은 향상시키고 가격은 낮추어 소비자에게 이익이 되고 낮은 가격에 기초하여 박리다매하므로 얻은 이익을 노동자에게 높은 임금으로 보상하기 위해 포드(Ford)사가 도입한 3S전략에서 찾을 수 있다.

(1) 규격의 표준화(standardization)

제품규격의 표준화는 제품의 대량생산을 가능하게 하며 제품을 구성하는 부품들의 호환성을 증가시킨다.

(2) 제품구조의 단순화(simplification)

제품의 구조를 가능한 한 단순화하여 제품의 고장률을 낮출 뿐만 아니라 규격의 표준화에 의하여 부품의 호환성이 증가되므로 제품의 조립과 수리가 용이해진다.

(3) 제조공정의 전문화(specialization)

제품의 생산공정을 단순한 일련의 과정으로 연결하여 개개인의 노동자가 전체의 생산과정 중에서 하나의 공정을 전문적으로 담당하게 하여 노동자의 전문성을 증가시키고 이에 따라 작업능률을 향상시키는 것이다. 이는 생산공정의 동시화(synchronization)원리에 의한 생산시스템과 관련 생산 단계의 계열화(integration)를 전제로 한다.

이와 같은 3S의 기술적 혁신에 의한 제품표준화는 제품의 대량생산을 가능하게 하여 제품의 생산원가를 감소하므로 제품가격의 인하를 가능하게 한다. 그러므로 제품표준화는 낮은 가격에 기초하여 박리다매의 방법으로 판매량의 증대를 겨냥하는 주요 마케팅전략의 하나이다.

4 시장세분화

시장세분화(market segmentation)는 기업이 상이한 욕구, 행동 및 특성을 가지고 있는 소비자들의 집단에서 판매자들 간에 있는 중요한 차이를 기준으로 하여 자사의 제품이나 서비스를 판매하고자 하는 특정 소비자집단을 분리하여 세분하는 과정을 말한다.

시장세분화는 전체시장을 보다 세분화된 작은 하위시장으로 분화하는 것으로 이렇게 시장을 분화하므로 소비자들의 욕구를 보다 잘 충족시키고 이를 기업의 이익으로 연결시키기 위한 것이다. 이러한 시장세분화는 표준화 또는 평준화되어 있는 제품의 특성을 다양화하는 제품차별화와 밀접한 관련을 갖는다.

1) 제품차별화

오늘날 표준화되어 대량 생산되는 제품은 서로 대체 가능하여 동질적(homogeneous)이라 할 수 있다. 그러나 어떠한 형태이든 식별 가능한 특징이 있다면 이를 경쟁자의 제품과 차별화하여 소비자에게 강조하므로 자기 제품의 차별적 우위성을 획득하는 것이 가능하다. 이와 같은 방법으로 경쟁상의 우위를 추구하는 기업행동을 제품차별화라고 한다. 제품차별화(product differentiation)란 자사의 제품을 타사의 제품과 실질적으로 또는 심리적으로 다른 특징을 가지게 하는 것을 말하며 이는 좁은 의미에서 제품다양화라고 볼 수 있다.

대량생산기술이 널리 보급된 현대 산업사회에서 대부분의 기업이 생산하는 제품은 실질적으로 거의 표준화되어 그 차별성이 거의 없다. 그러므로 기업은 기존 상품의 포장, 디자인, 스타일, 상표 등을 새로이 하거나 개선하고 또는 부가 기능을 첨가하는 등의 전략으로 소비자에게 새로운 제품이라는 인식을 부여함으로써 제품을 차별화시킨다.

소비자수요를 하나의 종합적인 것으로 파악하지 않고 여러 개의 세분시장으로 분할하여 파악하는 것을 의미하는 시장세분화는 세분화된 각각의 시장에 적합한 제품을 개발하여 제공하므로 소비자의 욕구를 충족시키며 이를 통해 자사의 이익을 증대시키려는 것이다. 이러한 측면에서 볼 때 제품차별화는 시장세분화와 상호보완적인 관계를 갖게 된다. 경제발전에 따라 다양해지는 소비자들의 욕구를 맞추기 위해서는 시장세분화가 필요하고 이에 따라 각각의 시장에 맞는 제품을 공급하기 위해서는 제품차별화가 뒤따라야 하기 때문이다.

제품차별화에는 크게 다음과 같은 네 가지 방법이 사용될 수 있다.

(1) 기능적 차별화

기존 제품의 품질·성능 또는 기능을 실질적으로 개선하여 차별화하는 것을 말한다.

소비자 휴게실 7-1

제품차별화의 예

신세대 나홀로 성향을…… 초라한 더블보다 화려한 싱글이 좋다

신세대들의 입맛에 맞춰 낱개·소형·미니·하나를 추구하는 이른바 나홀로 상품이 봇물처럼 쏟아진다. 덩치가 크거나 두부모처럼 규격에 맞춘 상품은 개성파 신세대들에게 외면당하기 일쑤다. 세트로 이루어진 상품도 철저히 배격당한다.

혼자 먹기에 딱 좋은 크기로 쪼갠 수박 한쪽을 비롯해 파인애플·피자도 1/4쪽으로 나눈 한입 크기가 인기다. 반통짜리 배추, 무도 어엿한 상품으로 자리잡았고 꼬마 비스킷 등 과자류도 미니바람을 탄다.

나만의 TV와 전화기도 보편화되고 있다. 신세대 몸매에만 맞도록 한두 사이즈만 만드는 의류도 속속 선보이고 있다.

출처: 중앙일보(1997년 3월 21일자).

(2) 외관적 차별화

제품의 디자인, 색채, 포장 등과 같이 실제 성능과는 관계가 없는 품질 요인을 개선하여 차별적 특성을 부여하는 것이다.

(3) 심리적 차별화

광고를 통해 타사의 제품과는 다른 상품이미지를 갖게 하는 것이다.

(4) 서비스 차별화

판매되는 제품과 함께 제공되는 부대 서비스를 차별화하는 것으로 품질보증, 무료배달, 반품보증, 할부제 등을 새로이 제공하거나 다르게 제공하는 것이다.

2) 포지셔닝전략

제품포지션닝전략(positioning strategy)이란 자사제품이 경쟁제품보다 우월한 품질과 성능 등의 가지고 있어 소비자들의 욕구를 보다 효율적으로 잘 충족시켜 줄

수 있다는 것을 소비자에게 인식시켜 주는 과정으로 세분화된 많은 시장들에 대한 자사의 경쟁력을 평가하여 우위에 있다고 판단되는 표적시장(target market)을 결정하는 것을 말한다. 즉, 경쟁기업들과 효과적으로 경쟁하기 위하여 마케팅믹스를 사용하여 소비자의 의식에 제품의 바람직한 위치를 심어주는 과정을 의미한다. 과거에는 소비자에게 유익한 제품특성에 초점을 두고 포지션닝전략을 수행하였으나, 제품의 표준화 및 동질화, 그리고 기술의 평준화로 인해 제품 특성 간의 차이가 미미해지자 제품의 효능보다는 모방이 곤란하고 심리적 차이를 유도하는 이미지에 중점을 두는 촉진포지셔닝이 증가하고 있다.

포지셔닝전략을 개발·실시하는 일반적인 과정은 다음과 같다. 먼저 시장세분화를 통해 파악된 세분시장 내 소비자욕구와 기존제품에 대한 불만요인을 파악한 후, 자사제품의 경쟁제품을 확인하고 경쟁제품이 어떻게 평가되고 인식되는가를 분석하여 이를 근거로 경쟁우위를 확보하기 위한 자사제품의 포지셔닝을 결정한다. 이와 같은 포지션은 환경, 시간 등의 변화에 따라 변하므로 이를 조정하고 통제하는 동태적인 포지셔닝 분석이 필요하다.

5 온라인마케팅

컴퓨터와 정보기술의 눈부신 발전을 기초로 이루어진 인터넷의 급성장은 전자상거래라는 새로운 형태의 거래 유형을 만들어내었고 그와 관련된 기업들이 전자상거래를 활성화하기 위해 온라인 상에서 다양한 마케팅활동을 벌이게 하여 인터넷마케팅 또는 온라인마케팅이라는 신조어를 만들어내기에 이르렀다.

문서뿐 아니라 화상, 음성, 데이터, 영상에 이르는 다양한 형태의 정보교환을 가능하게 하는 인터넷의 눈부신 발전은 정보화혁명이라고 불리 울만큼 우리 사회에 커다란 변화를 가져 왔으며 이러한 정보가 교환되는 사이버스페이스에서 이루어지는 다양한 형태의 전자상거래가 기업들의 마케팅활동에 있어서도 무한한 기회를 제공하기에 이르렀다.

이렇게 전자상거래가 가능한 사이버스페이스에서 이루어지는 기업의 온라인마케팅활동을 이해하기 위해서 먼저 전자상거래가 무엇인지 살펴보기로 하자.

1) 전자상거래란?

전자상거래는 일반적으로 '기업, 정부기관과 같은 독립된 조직 간, 조직과 개인 간 또는 개인 간에 다양한 전자적 매체를 이용하여 상품이나 용역을 교환하는 방식' 으로 정의 내리고 있다. 전자상거래의 범위에는 돈의 흐름이 수반되는 일상적인 상거래뿐만 아니라 대 고객 마케팅, 광고, 조달, 서비스 등까지를 포함한다.

국내에서 본격적으로 인터넷 전자상거래의 시작은 1996년 인터넷에 쇼핑몰(인터파크, 롯데인터넷백화점)이 개설된 후부터이다.

좁은 의미에서 전자상거래는 웹스토어를 통해서 재화와 용역을 매매하거나 인터넷 상에서 영업을 하는 것을 의미한다. 거래되는 상품들은 중고차 같은 재화이거나 여행스케줄링, 온라인 의료상담, 원격교육과 같은 서비스일 수도 있다. 또한 여기에는 뉴스와 음성, 비디오, 데이터베이스, 소프트웨어 그리고 모든 형태의 지식기반 서비스와 같은 디지털상품을 포함하고 있다. 이런 면에서는 전자상거래가 카탈로그 쇼핑이나 케이블 TV 쇼핑과 유사하다고 할 수 있다.

2) 온라인마케팅의 정의

온라인마케팅이란 개인이나 조직 또는 기업이 컴퓨터를 이용하여 인터넷으로 연결된 디지털 커뮤니케이션의 세계인 사이버스페이스(cyber space)라는 가상의 공간에서 시공을 초월하여 실시간(real time) 상호작용이 가능한 쌍방향 커뮤니케이션을 통해 마케팅활동을 하는 것을 말한다.

무한한 정보의 바다라고 할 수 있는 인터넷의 급성장으로 방대한 양의 다양한 정보를 손쉽게 접할 수 있는 오늘날의 소비자는 선택의 폭이 매우 넓다. 이러한 소비자에게 기존의 푸쉬(push)형 마케팅은 더 이상 그 효과를 기대하기 어렵다. 오히려 소비자의 욕구를 파악하여 소비자가 원하는 것을 찾기 쉽고, 선택하기 쉽도록 하는 적극적으로 지원하는 것이 필요하다. 이러한 점에서 전통적 마케팅과는 다르게 개개의 소비자와 차별화된 1 : 1 커뮤니케이션이 가능한 인터넷을 이용한 마케팅활동은 소비자의 기업에 대한 불신감을 감소시키고 신뢰감을 높이며 개개의 소비자에 대한 정보는 기업의 시장세분화와 이용자 세분화를 용이하게 하여 비용대비 수익률을 높이는 데 기여할 수 있다.

이러한 기업의 온라인마케팅이 보다 원활하게 이루어지기 위해서는 인터넷기술과 매체의 특성이 잘 조화되어야 하며 온라인을 통하여 이루어지는 소비자의 활동을 충분히 지원할 수 있도록 전자인증, 전자화폐, 개인정보의 보호와 같은 많은 법적·기술적 단점들이 해결되어야 한다.

온라인마케팅은 기존의 마케팅 개념을 인터넷으로 확장한 것이라 할 수 있다. 그러므로 온라인마케팅은 전통적 마케팅을 대체하기보다는 보완해주는 수단으로 사용되어야 하며 이들은 항상 상호보완적으로 발전해야 한다.

3) 온라인마케팅의 특징

온라인마케팅은 인터넷 이용자와의 상호작용에 근거한 일대일 마케팅으로 마케팅비용을 획기적으로 줄일 수 있는 혁신적인 마케팅방법이라 할 수 있다. 이러한 온라인마케팅의 특성은 다음과 같이 요약할 수 있다.

- 공간적·시간적인 제약이 없다: 전 세계를 상대로 24시간 마케팅활동을 할 수 있다.
- 이용자의 대부분이 의견선도자(opinion leaders)이다: 인터넷을 이용하는 사람들은 대부분 20~30대의 중산층, 고학력의 구매력 있는 정보추구형의 의견선도자로서 적극적으로 정보를 전해 줄 것으로 기대할 수 있기 때문에 예상보다 큰 이용자집단과 만날 수 있다.
- 저렴하고 강력한 마케팅 수단이다: 과거의 불특정 다수를 대상으로 한 마케팅과는 다르게 이용자의 데이터베이스를 기초로 저렴한 1 : 1 마케팅활동을 펼칠 수 있다.
- 쌍방향 커뮤니케이션이 가능하다: 유즈넷, 게시판, 이메일 등을 이용해 소비자들의 시장에 대한 신뢰도, 선호도에 대해 정확한 조사와 분석이 가능하다. 또 소비자들도 기업에 대한 불만, 제품이나 서비스에 대한 고충, 제품에 대한 의견, 시장

경향 등에 대해 의견을 제시할 수 있게 되어 기업과 이용자 모두에게 중요한 정보가 된다.

4) 온라인마케팅의 이점

기업들이 온라인을 이용한 마케팅을 확장하는 이유는 어디에 있을까? 온라인마케팅의 급속한 성장은 인터넷을 이용하는 마케팅이 가져오는 다양한 이점에 근거한다.

(1) 소비자 측면

온라인 구매는 우선 소비자에게 다양한 편리성을 가져온다. 즉, 소비자들이 운송수단을 이용할 필요가 없고, 주차문제를 걱정할 염려도 없다. 또 제품을 찾고 검사하기 위해 매장의 미로와 같은 통로를 찾아 헤매일 필요가 없다. 소비자들은 어디에서든지 장소의 제약을 받지 않고 24시간 자신의 욕구에 따라 상표를 비교하고 가격을 검토하여 상품을 주문할 수 있다. 제품을 구입하는 소비자의 입장에서 인터넷이 주는 시간상의 이점이란 일년 365일 어느 때고 물건을 주문할 수 있고 바쁜 시간을 따로 할애해서 판매점에 직접 가지 않아도 된다는 데 있다. 맞벌이하는 부부가 늘어나고 기회가 있을 때마다 여가를 즐기려는 경향이 점점 강해지고 있는 시대에 인터넷을 통한 생필품 구입은 현대인의 생활 패턴에 더 없이 편리한 것이다. 그래서 시간과 경비를 절약하는 데 큰 장점이 있는 온라인 쇼핑은 빠른 속도로 증가하고 있다. 이러한 쇼핑시간의 제약으로부터의 해방은 맞벌이가 정착되어가고 있는 현대 경제사회에서 매우 유용한 것이다.

더 나아가 소비자는 구매 시 거의 혼란을 겪지 않으며, 판매원과 얼굴을 마주칠 필요가 없고, 설득과 감정적 요인에 자신을 노출시킬 필요도 없다.

(2) 기업 측면

온라인마케팅은 기업에게도 많은 이점을 제공한다.

온라인마케팅의 상호작용적 특성에 의해 소비자와 1 : 1 관계를 형성하고 이에 의해 기업은 소비자들의 개별적 욕구를 보다 많이 파악하여 고객 데이터베이스를 구축할 수 있다. 이러한 데이터에 근거하여 기업은 소비자가 요구하는 제품 및 서비스를 제공하므로 고객가치와 고객만족을 증가시킬 수 있다.

온라인마케팅은 원가를 절감하고 효율성을 증가시킨다. 온라인마케팅 기업은 점포유지비용 그리고 임차, 보험 및 설비에 대한 부수비용 등 기업운영에 필요한 고정비용과 상당액의 인건비를 지불할 필요가 없다. 소비자가 판매자와 직접 거래하기 때문에 온라인마케팅은 자주 주문처리, 재고처리, 수송 및 업계촉진과 같은 경로가 단축되거나 생략되므로 원가가 낮아지고 효율성이 증가하게 된다.

인터넷 판매와 비교해서 일반 판매방식은 고정적인 경비가 많이 들어간다. 기업운영에 가장 큰 부분을 차지하고 있는 인건비는 사업의 성격에 따라서 인터넷이 제공하는 독특한 판매방법으로 상당 부분 절감할 수 있다.

우선 인터넷마케팅을 이용하면 물건을 전시하고 고객을 직접 상대해야 하는 매장이 따로 필요 없어서 경영자에게는 이점이 많다. 예를 들어서 백화점에서 물건을 판매하기 위해서는 손님을 안내하는 안내원이 필요하고 상품을 설명하여 손님으로 하여금 구입하고자 하는 생각이 들도록 하는 판매원이 있어야 한다. 하지만 인터넷에 의존하는 판메는 온라인으로 들어오는 주문을 확인하고 물품을 발송하는 최소한의 인원만 있으면 되기 때문에 고객을 직접 상대하는 판매원이 필요하지 않다.

통신 판매의 경우도 대개는 고객이 부담 없이 전화할 수 있도록 무료 전화번호가 주어지는데, 전화비용 역시 판매자의 입장에서는 무시할 수 없는 경비지출의 원인이 된다. 인터넷에 웹사이트를 올려놓을 경우 고객이 스크린에 나타난 품목들을 살펴본 후에 바로 주문난에 지불방법을 기입하여 주문하기 때문에 인터넷마케팅은 그만큼 경상 경비를 절약할 수 있다.

품목에 따라서는 장소 선택이 사업의 성패를 좌우하는 큰 변수로 작용하지만, 인터넷 시장에서는 위치 선정이 그다지 큰 요인은 되지 못하고, 유통과 보관상의 편리에 따라서 매장이나 창고를 결정하면 된다. 때문에 실내장식에 들어가는 비용을 낭비하지 않고 상품 가격에 반영시킬 수 있어 일반 마케팅과 비교해서 가격 경쟁력을 키울 수 있다. 또한 재고 조정이나 가격조절도 재래식 판매보다 훨씬 유동적이고 융통성이 있기 때문에 적은 자본으로 사업을 운영하는 중소기업에도 이롭다고 할 수 있다.

또 다른 측면에서 보는 공간상의 이점은 지역을 초월할 수 있는 인터넷의 특성 때문에 생긴다. 웹은 월드와이드웹 이라고도 부른다. 인터넷에 올라 있는 웹사이트는 어느 지역에 한정되지 않고 컴퓨터가 연결이 되어 있는 한, 전 세계적으로 통용이 가능하다. 바로 이러한 특성 때문에 공간의 제약을 받지 않고 지구촌 방방곡곡 어디에서든지 인터넷마케팅을 벌일 수 있다.

인터넷마케팅이 중소기업에 주게 되는 또 하나의 이점은 제품에 관한 변경상황을 수시로 인터넷 고객에 알릴 수 있다는 것이다. 기존 광고로는 그때그때 가격변동이나 제품에 관한 여타 정보를 신속하게 제공하기 힘들지만, 인터넷 매개체는 필요할 때마다 아주 적은 비용으로 개정을 반복할 수 있다. 적은 비용으로 마케팅에 임하는 소규모업체로서는 신문광고나 TV광고의 제한된 지면과 시간을 많은 비용으로 감당하지 않아도 되기 때문에 온라인에 풍부한 공간과 시간을 현명하게 이용할 줄 안다면 인터넷은 그야말로 첨단시대에 최대 최고의 마케팅 수단이 될 수 있다.

또한 전자적으로 의사소통이 이루어지므로 우편이나 전화 등을 통한 의사소통방법보다 비용이 적게 지출된다. 예를 들면 카탈로그를 인쇄하여 우편으로 부치는 경우보다 훨씬 저렴한 비용으로 디지털 카탈로그를 제작할 수 있다. 이러한 유연성과 탄력성을 적극적으로 이용하면 온라인마케팅을 하는 기업은 일일별 또는 시간대 별로 제품구색, 가격 및 촉진을 변화하는 시장조건에 즉각적으로 적응하여 소비자의 욕구에 발 빠르게 대응할 수 있다.

또 국제 무역에 있어서 장애요인이 되고 있는 시차를 인터넷은 쉽게 극복할 수 있다. 예를 들어서 한국과 미국은 열두 시간 이상의 시간 차이가 난다. 다섯 개의 다른 시간대를 가지고 있기 때문에 지역마다 출퇴근 시간도 다르다. 지구의 서로 다른 시차 때문에 가장 불편을 느끼는 사람들이 있다면 그것은 바로 무역하는 분들일 것이다. 상대 파트너와 전화 통화하기 위해서는 시간을 맞추어야 하고 팩스로 교신을 할 때에도 여간 불편한 게 아니다. 온라인마케팅을 이용하면 이런 시차가 주는 불편을 극복할 수 있다.

(3) 사회적 측면

전자상거래가 활성화되면서 유통업계의 기존 거래관행을 급속히 무너뜨리고 곳곳에서 가격 → 물류 → 상품 → 서비스 혁명을 불러오고 있다.

- 시장·유통구조의 변화: 인터넷마케팅에서는 도매상이나 소매상 등 중간 상인이 개입할 수 있는 공간이 많지 않기 때문에 전통적인 시장 구조의 변화가 일어나고 있다. 일반 시장에서는 생산자와 최종 소비자 사이에 상품의 유통을 담당하는 중간 조직은 아무리 적어도 한 개 이상 많으면 5~6개가 서로 다른 형태를 가지고 존재한다. 그러나 제조업자가 인터넷을 이용하면 직접 상품을 안내하고 주문을 받을 수 있어서 가운데서 영업의 대가로 이득을 취하는 판매 조직이 필요 없게 된다. 다시 말해서 전자상거래는 기존의 생산자 → 도매업자 → 소매업자 → 소비자 등의 복잡한 유통단계를 생산자 → 소비자로 축소하여 생산자와 소비자 간의 직거래를 가능하게 만든다. 또한 전자상거래를 통한 유통 단계의 축소는 도매업자를 사라지게 해 고질적인 무자료 거래 관행까지 바꾸게 하고 있으며 기업 간 납품방식이 구매 담당자가 제조업체를 선정해 가격을 흥정하거나 수의계약을 하던 방식에서 인터넷입찰로 바뀌면서 사회 전반에 걸쳐 거래의 투명성을 높이는 긍정적인 결과를 가져오고 있다.

  일반적으로 온라인 비즈니스를 제공하는 기업들은 소비자들에게 풍부한 비교정보, 기업, 제품 및 경쟁사에 대한 정보를 제공한다. 그리고 시장의 포화상태에서 같거나 비슷한 제품과 서비스를 제공하는 많은 공급업체들이 거의 완전경쟁에 가까운 시장에서 경쟁하기 때문에 소비자에게 공급되는 재화의 가격이 낮아진다. 이러한 경쟁의 증가는 시장의 확대를 통해서 더 품질이 좋고 다양한 제품을 제공하도록 시장구조와 산업구조를 바꾼다. 전자상거래의 괄목할 만한 확산에 따라 눈에 보이는 시장의 변화 가운데 하나는 주문을 받은 상품을 배달해 주는 서비스산업이 비약적인 성장이라 할 수 있다.

- 환경보호: 거시적인 측면에서 인터넷을 통한 마케팅은 환경보호에 기여하는 바가 크다. 기존의 마케팅방식에서 카탈로그 제작을 위해 소요되는 종이와 인쇄잉크 그리고 운반을 위한 연료 등을 감안한다면 인터넷에 의한 상품 정보 교환은 전체 국가경제 차원에서도 대단한 이익을 가져다준다.

  또한 온라인마케팅은 전통적 마케팅 제품의 카탈로그 제작에 필요한 비용, 종이, 인쇄잉크 등 제품이 생산되는 기업에서 소비자에게 도달하기까지의 과정에 소요되는 다양한 자원을 감소시키거나 없애므로 국가적 경제 차원에서 이익을 가져올 뿐 아니라 지구의 환경 측면에도 대단한 역할을 담당할 것이다.

• 개방성 확대: 기업활동의 일부로서 인터넷이 광범위하게 채택되는 이유는 보편적인 기준과 개방성 때문이다. 광범위한 네트워크에 참가하는 것으로부터 얻는 경제적인 이득은 인터넷의 속성인 보편성과 개방성에 근거한 것이다. 개방성이란 일종의 전략으로서 현재까지 많은 성공적인 전자상거래 벤처사업은 사업의 파트너나 소비자들에게 이제까지 제공하지 않았던 데이터베이스, 인력구조 등 사업정보를 개방하였다.

이것은 소비자를 수동적이 아닌, 상품 생산과정에 직접 참여할 수 있는 능동적인 역할로 바꾸었다. 개방 확대는 소비자의 입장에서 투명성과 경쟁의 증가라는 긍정적인 효과로 나타날 수도 있고, 사생활의 잠재적 침해라는 부정적인 효과로 나타날 수도 있다.

• 시간적 제약의 탈피: 경제성을 논함에 있어 중요한 요소 중의 하나는 시간의 기능이다. 오늘날 대량생산이 보편화된 것도 최저비용으로 가장 빨리 생산할 수 있는 방법이기 때문이며, 공동체사회라는 것도 지리적으로 접근이 용이한 범위 내에서 형성되기 마련인데 이는 시간이 근접성을 결정하는 요소이기 때문이었다. 그런데 전자상거래는 생산 사이클이 돌아가는 속도를 증가시킴으로써 시간의 제약을 완화시키고 기업으로 하여금 1년 365일 영업할 수 있도록 한다. 즉, 시간의 역할이 바뀌면서 기업이나 사회구조 역시 바뀔 것이다.

• 상품도 변화시킨다: 전자상거래의 정착으로 기존의 대량구매, 대량생산 체계가 다품종, 소량생산 체제로 빠르게 변하고 있다. 인터넷 업체인 하나비는 가정 생활용품인 김치, 귀금속, 화장품 등을 전문으로 판매하는 쇼핑몰을 열고 주문자 요구 생산방식의 판매 기법을 도입했다. 고객이 자기 집에서 담그는 재료를 써 만든 김치와 같은 수제품을 살 수 있도록 한 것이다. 이 업체는 귀금속도 어떤 모델에 대해 금이나 보석의 종류를 선택해 고르게 함으로써 고객이 매장에 가서 물건을 고르는 것과 같은 효과를 내도록 했다.

용산전자상가 내 중소형 컴퓨터업체를 중심으로 소비자 취향에 맞춘 주문형 상품거래도 확산되고 있다. 미국에서 인기를 끈 델 컴퓨터가 소비자가 원하는 사양과 가격대로 맞춤형 상품을 공급하는 것과 같은 방식이다.

6 기업의 다양한 마케팅전략

소비자들은 누구나 단순히 소비함으로써 만족하는 것이 아니다. 개인의 취향과 기호, 소비자가 속해 있는 사회의 문화배경 등 여러 가지 요인들이 소비자들의 소비 행동에 영향을 미친다. 그 중에 우리가 주위에서 쉽게 관찰할 수 있는 영향요인들과 이들을 이용한 판촉전략들은 다음과 같다.

1) 분수효과와 샤워효과

일반적으로 백화점의 층별 매장배치는 소비자들의 충동구매를 가능한 한 많이 유발하여 물건을 많이 사도록 하는 데 중점을 두며, 층별 배치는 매출액을 기준으로 볼 때 대개 피라미드 구조를 이룬다. 즉, 매출비중이 클수록 소비자들이 접근하기 쉬운 낮은 층에 배치되는 것이다.

백화점 총매출액의 40% 가량을 차지하는 여성의류 매장은 대부분의 백화점에서 2층을 차지하고 있다. 최근에는 10대 후반에서 20대까지의 젊은 여성과 30대 이상의 여성을 구별하여 각기 다른 층에 상품을 모아둘 뿐만 아니라 소비자들의 접근이 보다 쉬운 아래층에 배치하는 백화점이 늘고 있는 추세인데 이는 여성들의 패션에 대한 관심 증가와 함께 소득이 증가하고 여성들의 취업이 확대됨에 따라 여성복의 매출액이 증가한데 따른 것이다.

보통 슈퍼마켓과 식품매장은 대부분 지하에 배치되어 있다. 이러한 매장의 자체 수익은 전체 매장의 수익의 10% 이하로 수익액수 그 자체로는 큰 의미가 없다. 그러나 슈퍼마켓과 식품매장을 지하에 배치하는 것은 이른바 분수효과 때문이다. 즉, 소비자들의 접근이 가장 쉬운 지하매장에 긴요도가 비교적 높은 식품류를 배치하므로 가능한 한 많은 소비자가 슈퍼마켓이나 식품매장을 이용하도록 배려하고 이곳을 찾는 소비자가 기왕에 백화점에 왔으니 한 번 둘러보고 가자는 생각을 갖고 백화점을 돌아보게 된다. 그러므로 이러한 매장이 지하에 배치되어 있을 때 모든 매장을 둘러 볼 가능성이 많아지게 되어 소비자의 충동구매를 최대한 부추길 수 있게 되는 것이다.

또한 충동구매보다는 계획구매가 이루어지는 가전제품이나 유아용품, 가구 및 인테리어제품 등은 대부분 고층에 배치하는데 이는 샤워효과를 최대한 활용하기 위한 판촉전략이다. 계획구매가 이루어지는 제품들의 소비자는 매장의 접근이 다소 어렵고 불편하더라도 반드시 찾아가기 때문에 위층에 배치하여 내려오는 길의 충동구매를 유발하기 위한 것이다.

이러한 샤워효과나 분수효과는 충동구매심리를 이용하여 소비자들의 잠재적인 구매욕구를 환기시켜 실제구매로 연결시키려 하는 판매자들의 매장배치전략인 것이다.

2) 인 스토어 머천다이징

인 스토어 머천다이징(in-store merchandising)은 소비자들의 심리와 동작에 대한 과학적 실험과 분석을 바탕으로 시각적 효과를 이용하여 소비자의 구매행동에 영향을 주기 위하여 판매장의 배치나 상품의 진열 등을 조절하여 매출액은 증가를 꾀하는 것이다.

매장통로를 지나는 소비자는 왼쪽보다 오른쪽을 더 보게 되며, 판매대 앞에 선 소비자의 시선은 가운데 부분을 먼저 본다. 이러한 사실에 근거하여 판매대의 중간에는 신상품이나 전략상품을 배치하고, 아래쪽엔 항상 잘 나가는 고정상품, 위쪽에는 잘 안 팔리는 구색상품을 배치하는 것이 일반적이다. 그리고 가격표를 작성할 때 인쇄체는 제조업체가 정한 정가라는 느낌을 주고 필기체는 판매업체가 정한 싼 가격이라는 인상을 주므로 필기체로 작성한 가격표를 사용하는 것이 인쇄체를 사용하는 것보다 매출액을 30% 정도 증가시킨다고 한다.

그리고 싸고 부담감이 없게 보이도록 하여 판매량을 증가시키기 위해 참치 통조림이나 라면, 또는 스낵 등의 과자는 차곡차곡 쌓지 않고 큰 상자에 아무렇게 담아 놓는 이른바 점블(jumble) 기법을 사용하기도 한다.

계산대 옆에 깜빡하기 쉬우면서도 부피가 크지 않은 필름, 건전지, 껌과 사탕을 진열하는 것은 쇼핑을 끝내고 계산대에서 계산을 기다리는 소비자의 관심을 다시 한 번 붙잡아 빠뜨리기 쉬운 이러한 제품의 판매를 촉진하기 위한 것이다.

그림 7-1 점블(Jumble) 기법

소비자 휴게실 7-2

백화점의 진열대는 계급사회

갤러리아백화점의 생활용품 매장 진열대(일명 곤돌라) 3층은 '로열박스'로 일컬어진다. 4개 층으로 짜여진 이 진열대에서 유독 3층에 놓인 상품이 가장 잘 팔리기 때문에 귀빈석으로 불리는 것이다. 이곳은 소비자들이 쇼핑을 다니면서 가장 편하게 물건을 집어 들 수 있는 이른바 '눈높이 진열대'. 현재 이곳에는 굿앤칩 흰우유, 농심 새우깡, 동양제과 초코파이, 제일제당 백설식용유 등 총 13종류의 상품이 차지하고 있다.

한 품목당 하루평균 최고 550만 원어치나 팔리는 A급 히트상품들이다. 상품의 회전율로 따진다면 하루에 3번 정도 상품을 새로 채워야 할 정도. 그러나 B급인 상품들은 3층의 위. 아래층인 4층과 2층에 각각 진열된다. 회전율로 보면 하루에 한번 정도 새로 채우는 상품들이다.

또 최하등급인 C급 상품의 경우 맨 아래층인 1층에 놓이게 된다. 소비자들이 허리를 굽혀야만 물건을 살 수 있는 상품으로 비인기품이 대부분이다. 이 백화점은 매일 판매동향을 전산으로 파악해 상품진열을 수시로 바꾼다. 납품업체들의 판촉 경쟁을 자극해 매출 극대화를 꾀하기 위해서다.

심지어 간장파동 등 사회적인 물의를 일으키는 상품에 대해서는 히트상품임에도 불구하고 소비자들의 따가운 눈을 피하기 위해 슬그머니 아래층으로 끌어내려지는 사례까지 있다.

따라서 소비자 입장에선 가장 편한 자리에 놓여 있는 상품을 사면 그만큼 믿을 만한 상품을 고를 수 있다는 게 백화점측 설명이다. 하지만 백화점들은 이를 역이용해 전략적으로 매출을 올리기 위한 상품들을 끼워 넣고 있다는 사실도 알아둬야 한다.

출처: 중앙일보(1999년 2월 19일자).

3) 음악마케팅

음악마케팅이란 대중매체의 등장으로 보편화된 음악을 활용하여 듣는 사람이 신경을 쓰지 않아도 될 만큼 적당한 볼륨과 튀지 않는 음색으로 밋밋하게 편곡하여 음악이 흐르고 있음을 거의 느끼지 못하게 하면서 음악의 효과를 이용하여 매출액을 증가를 유도하는 판촉전략이다.

1986년 미국잡지 '소비자연구'에 발표된 밀리만의 조사에 따르면 느린 템포의 음악일수록 소비자들의 매장 체류시간이 늘어나는 것으로 나타났다. 73bpm(1분당 비트)이하의 느린 템포의 음악과 93bpm 이상의 빠른 음악을 들려주었을 때를 비교해 보면 매장의 한 지점에서 다른 지점으로 이동하는 데 소요되는 시간이 각각 1백 27.53초와 108.93초였고 매출액도 각각 1만 6,740.23달러와 1만 2,112.85달러로 집계되었다. 특별한 사전계획이 없이 구매행동에 나서는 슈퍼마켓이나 백화점 이용자들의 경우 매장 내의 배경음악과 음악의 템포 및 크기에 따라 체류시간이 달라지므로 적절한 음악을 사용하므로 방문고객들의 체류시간을 길게 또는 짧게 조절하는 것이 음악마케팅이다.

음악마케팅의 기법은 계절·요일·날씨·시간에 따라 다양하게 개발되어 있다. 봄에는 화사하고 경쾌한 느낌의 왈츠, 여름에는 레게 등 시원한 느낌의 장르, 가을에는 고독한 무드에 빠져들게 하는 샹송·칸초네, 겨울에는 따뜻한 분위기를 연출하는 발라드가 주로 선곡된다. 일반적으로 오전에는 차분한 클래식과 경음악을 오후에는 발랄하고 경쾌한 팝송을 주로 사용하고 세일기간 중에는 매장 회전율을 높이기 위해 빠른 템포의 댄스음악을 사용한다.

와인을 판매하는 매장의 경우 클래식 음악을 사용하였을 때와 팝 음악을 사용하였을 때 팔린 와인의 병 수에는 별 차이가 없었으나 클래식 음악을 틀어주었을 때 가격이 비싼 고급와인이 더 많이 팔린다고 한다. 그리고 식당의 경우에도 느린 템포의 음악을 배경음악으로 사용할 때 식사시간이 길어지고 음료수의 주문이 늘어난다. 빠른 템포의 음악은 음식을 빨리 씹게 만들어 짧은 시간 내에 식사를 마칠 수 있게 한다. 식사속도가 빨라지면 좌석 회전율이 높아지는 대신 한 명당 매상을 줄어든다. 따라서 패스트푸드점에서는 빠른 템포의 음악, 풀 코스의 정식을 갖추고 느긋하게 먹을 수 있는 레스토랑에서는 느린 템포의 음악이 어울린다.

소비자 휴게실 7-3

백화점, 계절·날씨 맞춰 선곡

음악으로 구매 욕구 북돋운다

현대백화점 압구정점은 1일부터 정오~오후 4시 사이 매장에 흐르는 음악을 왈츠에서 레게로 바꾼다. 〈중략〉 때 이른 여름 날씨에 찌들려 만사 귀찮아하는 고객을 겨냥해 시원한 느낌의 댄스음악으로 발걸음을 가볍게 해줌으로써 무의식 중에 구매욕구가 되살아나게 하려는 것이다.

〈중략〉

그레이스백화점의 경우 하루를 4단계로 구분하고 있다. 오전에는 느긋한 클래식, 정오~오후 4시까지 나른해질 때 댄스·경음악, 장바구니 주부들로 부산해지는 오후 4~7시 무렵에는 조용한 음악으로 허둥대지 않도록 하며, 폐장이 가까워지면 볼륨을 높여 빠른 음악을 틀어줌으로써 망설이는 고객에게 선택을 재촉한다.

출처: 중앙일보(1998년 5월 1일자).

4) 향기마케팅

최근 향기가 나는 상품에 이어 판매하는 상품과 잘 어울리는 향기를 매장의 곳곳에 뿌려 소비자의 후각을 자극하여 구매욕구를 유발하는 상품판매 촉진전략이 바로 향기마케팅이다. 각각의 판매점은 판매되는 자기 상품의 이미지와 소비자층을 파악한 뒤 소비자 구매충동을 가장 잘 자극하는 향기를 골라 사용하여 소비자의 구매심리를 자극하는 것이다. 예를 들어 제과점의 경우 빵을 사고 싶은 충동이 생기도록 빵과 가장 잘 어울리는 커피 향이나 갓 구운 빵 냄새, 원목가구점의 경우는 천연원목냄새가 나는 소나무 향, 그리고 구두를 취급하는 제화점에는 가죽냄새를 사용하므로 매상을 올리는 것이다.

5) 기상마케팅

기상마케팅(weather merchandising)이란 소비자들의 특정 제품의 구매나 사용이 날씨와 관계가 깊다는 것을 이용하여 상품의 판매량을 증가시키거나 손실을 줄이기 위하여 슈퍼마켓이나 종합상가 등 소매업에 있어서 날씨를 근거로 고객 수나 상품의 매상을 정확히 예측해 경영조직의 운영에 활용하는 것을 말하며, 특히 계절과 관계가 깊은 계절상품, 예를 들면 청량음료, 에어컨, 난방기기 등의 판매와 관련이 많다.

일본 기상연구소에서 매장의 크기나 지역여건이 거의 비슷한 슈퍼마켓을 대상으로 한 조사에 따르면 과즙음료는 20℃, 사이다는 18℃가 넘어야 대량으로 팔리기 시작하고, 25℃가 넘으면 1℃가 올라갈 때마다 매출이 10~20%씩 증가한다. 콜라는 더울수록 잘 팔려 25℃가 넘으면 매상이 급격히 증가해 기온이 1℃ 올라갈 때마다 약 15% 비율로 매출이 증가하고, 맥주소비량은 맑은 날을 1백으로 할 때 흐린 날은 92℃, 비오는 날은 79℃로 떨어지며, 맑고 더운 날은 기온이 1℃ 오를 때마다 소비량이 4%씩 증가한다. 기온이 25~30℃일 때는 아이스크림이 많이 팔리지만 그 이상일 때는 빙과류와 샤벳이 많이 팔린다.

레스토랑이나 의류판매점은 비나 눈이 오면 손님이 5~10% 줄고 강우량이 10mm를 넘으면 절반으로 준다. 백화점의 방문고객수도 날씨에 따라 달라진다. 대

소비자 휴게실 7-4

궂은 날씨에 산뜻한 서비스

유통업체들 장마철 앞두고 '기상마케팅' 강화

신세계백화점은 장마철을 앞두고 '레인맨서비스'를 도입했다. 정문 앞에서 빨간 모자를 쓴 도우미가 젖은 우산을 비닐에 넣어주기도 하고 빨간 우산으로 고객을 씌워 주면서 쇼핑백을 버스 정류장이나 주차장까지 들어다 준다. 비가 갑자기 오면 우산을 1주일간 무료로 빌려주기도 한다. 신세계는 비가 올 때마다 이 서비스를 실시할 계획이다.

신세계는 또 기온이 30도 이상 올라갈 때 고객이 원하는 시간에 고객 승용차의 에어컨을 켜주는가 하면 매장에 폭포·산새·매미 소리를 들려주는 '쿨 서비스'도 선보이기로 했다.

〈중략〉

해태슈퍼는 비가 올 때마다 일부 생식품 가격을 20~30% 내려 파는 '우중(雨中) 특판전'을 가질 계획이다. 비가 오면 급감하게 마련인 고객을 끌어들이고 재고 처리가 어려운 생식품의 뒤처리 걱정도 덜자는 것이다.

출처: 중앙일보(1998년 6월 19일자).

체로 야외로 나가기에 적당한 날의 고객수가 그렇지 않은 날보다 적으며, 야외로 나가기에 적당치 않은 날이라도 비나 눈이 오는 날의 고객수가 그렇지 않은 날보다 더욱 적은 것이 일반적인 경향이다. 즉 비나 눈이 오지 않고 적당히 궂은 날이 소비자들이 야외로 나가지도 집에만 있지도 않으므로 구매행위를 유보하지 않고 백화점을 찾을 확률이 가장 높다는 것을 말해주는 것이다. 이러한 기상의 변화에 따른 소비자의 구매행동의 변화를 역으로 이용하는 것이 기상마케팅이다. 한 예로 일본 니이가타현에 있는 한 레스토랑에서 날씨에 따라 손님 수가 달라진다는 점에 착안해 날씨에 따라 음식값을 다르게 받는 기상마케팅을 시작했다. 레스토랑에 들를 때 날씨가 맑으면 480엔, 흐리면 500엔, 눈이 오면 580엔을 할인해주는 방법을 적용하여 소비자들에게 큰 인기를 끌었다한다. 일반적으로 눈이 오거나 비가 내리는 날에는 외식을 하는 사람들이 줄게 마련인데 날씨가 궂은 날에 음식점을 찾는 사람의 경제적 부담을 덜어줌으로써 구매심리를 촉발시키는 기상마케팅의 한 예이다.

6) 동선마케팅

소비자의 발걸음을 매출증대로 연결시키기 위한 다양한 마케팅 방법이 사용되고 있다. 백화점·슈퍼 등 유통업체는 매장에 입장한 고객을 최대한 오래 돌아다니도록 동선(動線)을 설계하여 소비자의 충동구매를 유도하고, 경우에 따라서는 소비자의 동선이 짧아지도록 관련제품을 같이 배치하므로 전체 매출을 증가시키려는 노력을 기울인다.

그림 7-2 관련 제품의 진열

일반적으로 사람들은 회전운동을 할 때 왼쪽으로 돌려는 경향이 강하기 때문에 에스컬레이터에서 내린 손님들이 왼쪽으로 치우치는 경향이 있다. 이러한 소비자의 성향을 이용하여 슈퍼마켓 등에서는 고객들이 시계 반대방향 한쪽으로 돌도록 동선을 배치한다. 항상 출구는 오른쪽에 있고 계산대는 왼쪽에 있는 이유는 소비자들의 일반적인 발걸음에 맞추어 매장을 배치하여 소비자가 편안하게 쇼핑을 할 수 있도록 하기 위한 것이다. 또한 커피 옆에 설탕, 세제 옆에 고무장갑, 단무지 옆에 소시지를 배치하는 것과 같은 현상은 품목이 다르지만 상품들을 따로 놓지 않고 연관성 있게 함께 묶어 진열하므로 소비자들이 깜빡 잊거나 찾아다니기 귀찮아 그냥 나가는 것을 방지하기 위한 것이다. 식품매장의 경우 아이스크림이나 냉동식품 등은 마지막에 배치한다. 이는 차가운 제품을 먼저 산 소비자들이 제품이 녹는다는 우려 때문에 매장을 빨리 떠날 가능성이 높기 때문에 매장에 머무는 시간이 그만큼 짧아지므로 소비자의 동선을 기술적으로 조절하므로 소비자가 매장에 머무는 시간을 늘이려는 것이다. 이렇게 하므로 소비자들이 매장에서 충분히 시간을 가지고 다른 제품을 구매한 후 나중에 냉동식품을 접할 수 있도록 하는 것이다.

그러나 백화점의 의류매장 등의 경우는 멈추는 지점별로 체류시간이 길기 때문에 소비자들이 양측으로 골고루 돌아야만 매장 전체가 고객을 접할 수 있고 혼잡하지 않게 된다.

롯데백화점 잠실점의 경우 에스컬레이터에서 내리는 손님을 대상으로 분석한 결과 70% 정도가 시계 반대방향인 왼쪽으로 가기 때문에 오른쪽 매장의 매출이 상대적으로 떨어진다는 것을 발견하고 에스컬레이터에서 내린 소비자가 바로 오른쪽 매장으로 향하기 쉽도록 왼쪽 매장을 그대로 두고 오른쪽 배장을 비워 넓혔다. 그 결과 고객의 55%가 오른쪽으로 돌아가 왼쪽은 종전보다 덜 붐빈 반면 매출이 떨어졌던 오른쪽 매장은 매출이 오르는 효과를 가져왔다. 이러한 예는 마케팅에서도 소비자들의 일반적인 움직임, 즉 동선을 분석하므로 전체 매장의 매출 증대와 함께 소비자에게도 보다 쾌적한 쇼핑공간을 마련할 수 있다는 것을 시사하는 것이다.

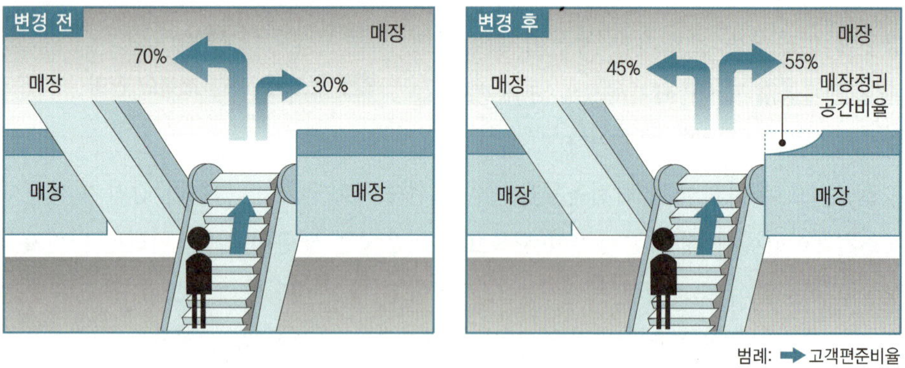

그림 7-3 **에스컬레이터 출구 구조 변경 후 고객 이동변화: 롯데백화점 잠실점**

출처: 중앙일보(1997년 11월 21일자).

소비자 휴게실 7-5

백화점·할인점 고정관념 깨는 매장배치

백화점·할인점 등 유통업체들이 고정 관념을 깨는 매장배치에 적극 나서고 있다. 고객들의 쇼핑 패턴이나 상품에 대한 인식이 급격히 바뀌는 데 따른 유통업계의 대응 전략이다.

지난달 문을 연 롯데 할인점 마그넷 부평점은 식품매장을 3층에 배치했다. 4층은 생활용품·잡화·가전매장, 2층은 의류매장으로 꾸몄다.

백화점·할인점 등 유통업계에서 식품매장은 통상 지하나 1층에 두는 게 기본상식으로 통한다. 고객들이 식품매장에 들렀다가 다른 매장으로 올라가도록 유도하는 분수효과를 노린 것이다.

그러나 마그넷은 식품매장을 중간층으로 끌어올렸다. 위나 아래의 다른 매장으로 이동하는 시간을 줄여주자는 취지에서 시험적으로 해본 것이다. 마그넷 측은 식품매장을 중간층에 배치해 기대 이상의 효과를 거둔 것으로 분석했다.

서울 목동 행복한세상은 구두매장을 숙녀복 매장(2층)과 신사복 매장(3층)으로 분산했다. 백화점 구두매장은 1층에 있어야 한다는 통념을 깼다. 구두를 의류와 함께 찾는 고객들이 많다는 점에 착안해 원스톱 쇼핑 매장으로 꾸민 것이다.

출처: 중앙일보(2000년 3월 17일자).

7) 타임서비스제

타임서비스제는 소비자들이 주로 특정 시간대(일명 피크타임)에 쇼핑을 하기 때문에 특정 시간대에는 고객이 밀집되고 이 외의 시간대에는 한산하기 때문에 매장의 효율적인 매장의 운영으로 소비자와 판매자가 모두 이익을 얻기 위해 도입된 마케팅 방법 중 하나이다. 극장가에 조조할인이라는 형태로 오래전부터 시행되고 있던 이러한 마케팅기법이 최근에는 유통업체에서도 활용되기 시작하였다. 일반적으로 조조할인이라는 형태로 많이 활용이 되는데 소비자가 많이 몰리지 않는 이른 시간에 쇼핑을 하는 구매고객에게 상품을 조금 싼 가격으로 제공함으로써 이 시간대를 이용하여 구매하는 소비자는 값싸게 물건을 구입할 수 있어 좋고 물건을 판매하는 기업의 입장에서는 판매장소의 혼잡을 피할 수 있을 뿐만 아니라 전체 매장의 관리도 보다 수월해지는 효과가 생긴다. 아침부터 문을 열어놓고 있지만 대부분의

소비자 휴게실 7-6

폐장 무렵엔 밑져도 판다

생선·채소 오후 3시 넘어서 사세요

생선을 비롯한 채소·과일은 신선도가 상품의 생명을 좌우한다. 이 때문에 재래시장 뿐만 아니라 백화점·슈퍼에서는 신선도에 따라 값이 하루에도 2~3차례 바뀌게 되고 이를 이용한 시간차 쇼핑으로 알뜰 장보기를 하는 주부도 늘고 있다.

상인 입장에서도 상품가치가 신선도로 결정되기 때문에 재고를 이튿날로 넘길 경우 판매는 고사하고 오히려 돈을 들여 폐기 처분해야 한다. 결국 이런 사태를 막기 위해 거의 매일 떨이판매를 하고 있는 것이다.

실제로 미도파백화점에서 판매하는 선어(鮮魚)의 경우 개장(오전 10시 30분) 오후 3시까지는 정가로 팔지만 오후 3시쯤부터 10~20% 할인판매에 들어가는 게 일반적이다. 또 폐장(오후 7시 30분) 직전이 되면 소위 땡처리에 들어가 거의 원가 수준(25% 정도 할인)으로 판매가격이 더 떨어진다.

냉동어나 채소는 땡처리시간 할인폭이 선어보다 더 커 40% 이하로 살 수 있는 경우도 흔하다.

출처: 중앙일보(1996년 12월 13일자).

고객이 오후 4~6시에 몰리기 때문에 소비자가 이 시간대가 아닌 시간에 쇼핑을 하도록 유도하기 위하여 다른 시간대에 특정 품목을 싸게 판매하는 것이다. 이러한 타임서비스제는 구매 고객을 시간대 별로 분산하게 되어 매장을 새로 넓히지 않고도 매장을 확장한 효과를 가져온다.

8) 고객 손수 포장제

할인점들의 저가정책 때문에 경쟁력을 잃어가던 백화점에서 판매량을 증가시키기 위해 백화점의 주무기인 서비스를 일부 포기하는 방법으로 제품의 가격을 낮추는 마케팅방법 중 하나이다. 가장 많이 활용되는 형태는 소비자가 구매한 물건을 직접 포장하도록 하고 물건을 포장해주는 데 들어간 비용을 가격인하에 반영하는 것이다. "약간의 번거로움을 싼값으로 보답해 드리겠습니다."라는 광고 문구에서 이를 잘 확인할 수 있다.

9) 3無 마케팅

일반적으로 백화점은 백화점을 찾는 고객들이 불편함을 느끼지 않도록 매우 잘 꾸며져 있다. 그러나 이렇게 완벽해 보이는 백화점에도 없는 것이 있다. 이는 비용이 많이 들거나 물건이 없어서가 아니라 하나의 마케팅 전략이라 할 수 있다.

첫째, 매장 어느 곳을 돌아봐도 현재의 시각을 알 수 있는 시계를 찾아보기 어렵다. 백화점은 대개 매장면적만 최소 수천 평이 넘는 큰 건물이니 만큼 각 층마다 한두 개씩 시계가 걸려 있을 법도 하지만 백화점에는 시계를 걸지 않는 것이 불문율이다. 이는 소비자가 시계를 보게 되면 귀가나 약속시간 등을 생각하게 되고 그러다 보면 시간에 쫓겨 더 이상 쇼핑에 열중할 수 없게 될 공산이 크기 때문이다.

둘째, 백화점에는 밖을 내다볼 수 있는 창문이 하나도 없다. 대개 창가 쪽에 큰 매장을 배치하다 보면 창문이 상품에 자연스럽게 가려지기도 하지만 그런 경우가 아니더라도 철저히 창문을 봉쇄한다. 이는 창밖으로 보이는 밖의 스산한 풍경이나, 퇴근 무렵의 늘어서 있는 차량의 행렬 어깨가 축 쳐진 채 힘 없이 걸어가는 직장인의 모습 등이 소비자의 구매욕구를 반감시킬 가능성이 크기 때문이다.

셋째, 백화점 1층엔 화장실이 없다. 부근을 지나다 화장실을 찾기 위해 백화점에 들렀다면 2층이나 지하층까지 내려갈 각오를 해야 한다. 이는 1층에 화장실을 두면 행인들을 위한 공중화장실처럼 돼버릴 우려가 있는 데다 2층 이상에 화장실을 배치, 동선을 늘림으로써 '일'을 본 후 매장 한 곳이라도 더 둘러보게 하려는 치밀한 계산에서 나온 것이다.

10) 컬러마케팅

색채가 인간의 마음을 감동시키고 어떤 분위기를 유발한다는 널리 알려진 사실에 근거하여 소비자에게 상품을 보다 쉽게 인식시키기 위해 색상을 전략적으로 활용하는 것을 말한다.

색은 소비자의 감각기관에 상당한 영향을 미치며 이에 따라 품질, 맛 등의 평가에 영향을 미친다. 실제로 소비자는 같은 제품이라도 색상에 따라 품질이나 맛을 다르게 평가한다. 이렇게 소비자의 인식과 감정에 색이 영향을 미치는 것을 적극적으로 활용하는 것이 바로 컬러마케팅(color marketing)이다.

소비자는 다른 감각보다 시각적 요소에 의해 가장 먼저 그리고 가장 많은 영향을 받는다. 그러므로 소비자의 구매욕을 부추기기 위해서 색상은 전체적인 상점의 이미지, 분위기 또는 팔고자 하는 상품에 대한 1차적인 광고효과를 갖는다. 예를 들면 매장의 인테리어도 어린이용품을 주로 취급하는 매장은 파스텔 톤이나 원색을 많이 사용하며, 보석 및 귀금속을 취급하는 곳은 보석의 형태와 빛 반사를 돋보이게 하는 짙은 자주색이나 검은색에 가까운 파랑 등을 사용하여 깊어 보이면서 신비감을 주어 시선을 상품으로 유도하는 효과를 준다.

소비자 휴게실 7-7

고무장갑이 빨간 이유는?

고무장갑은 왜 대부분 빨간색 아니면 분홍색일까?

정답은 고춧가루가 많이 들어가는 한국 고유의 김치문화 때문이다. 김치를 담글 때 장갑에 붉은색이 물들어도 표나지 않도록 하기 위한 것이다. 지난 1976년부터 고무장갑을 생산해 온 국내 최대업체인 태화고무장갑의 경우 이 같은 이유 때문에 처음엔 빨간색 고무장갑만 생산했다.

그러다가 1985년 핑크색, 1993년 상아색 장갑도 내놓았다. 김치문화가 조금씩 바뀌면서 고무장갑 색깔에 대한 기호도 차츰 바뀌기 시작한 것이다. 태화고무장갑이 현재 생산하고 있는 고무장갑 중 가장 비중이 큰 것이 핑크색(67%)이다. 빨간색은 28%, 상아색은 5% 정도이다.

빨간색 고무장갑은 김치를 많이 담그는 대형 음식점이나 구내식당에서 주로 쓰인다. 핑크색은 대부분 가정용. 외국인이 자주 찾는 호텔이나 고급 음식점에서는 상아색을 선호한다.

빨간색 고무장갑을 본 적이 없는 외국인에게 혐오감을 줄 수 있다는 게 그 이유다. 미국 등 선진국에서는 옅은 분홍색이나 상아색이 주종을 이루고 있다. 태화고무장갑 고진태 상무는 "수년 전에는 초록색과 노란색 고무장갑도 생산한 적이 있었지만 소비자들의 반응이 좋지 않아 중단했다"고 말했다.

최근 들어서는 직접 김장을 담그는 가정이 줄면서 빨간색, 분홍색보다 깨끗해 보이는 상아색을 선호하는 경향이 높아지고 있다. 하지만 일본에서는 우리나라의 김치가 인기를 끌면서 현지 김치공장이나 식당 등을 중심으로 빨간색 고무장갑 수요가 늘고 있다고 한다.

출처: 중앙일보(2000년 7월 14일자).

또한 색상을 브랜드 이미지와 연결하여 색상만으로도 제품을 연상할 수 있도록 특정 색상을 사용하는 방법이 이용되기도 한다. 노란색의 포장을 사용하는 코닥필름, 녹색을 사용하는 후지필름, SK주유소의 빨간색 등은 컬라마케팅이 사용된 예이다. 그리고 오렌지색은 식욕을 돋구는 색으로 흔히 식품포장에 사용되는데 농심라면이나 삼양라면 등은 오렌지색 포장지를 사용하는 대표적인 사례다.

11) PPL마케팅

PPL마케팅(product in placement marketing)은 영상산업의 규모가 대형화되고 기법이 더욱 정교해지면서 영화나 드라마 등에 기업의 제품을 자연스럽게 등장시켜 관객들에게 광고라는 인식을 주지 않으면서 관객들의 무의식 속에 상품의 이미지를 심어 간접광고 효과를 노리는 마케팅기법을 말한다. 이러한 PPL은 영화나 드라마의 주대상층이 PPL로 등장하는 제품의 목표소비자와 정확히 부합될 경우, 커다란 상승효과를 기대할 수 있다.

12) 스타마케팅

대중문화 스타나 유명인의 퍼스낼리티를 이용하여 대중의 대리욕구를 만족시키고 유명인의 이미지를 이용하여 제품의 홍보나 판매를 촉진시키는 방법이다. 스포츠, 대중문화의 인기인, 더 나아가 기업의 최고경영자나 특정 분야의 전문가에 이르기까지 스타를 활용한 마케팅은 즉각적인 판매 촉진을 이끌고 기업이미지를 상승시키기도 한다.

소비자 휴게실 7-8

상품도 스타이름 쓰니 반짝

LG생활건강의 저탄산 음료인 'H.O.T'는 남성 5인조 댄스그룹 'H.O.T'에서 이름을 땄다. 삼립식품이 3월초에 내놓은 '국찐이 빵'은 개그맨 김국진 씨의 이름을 빌려 상품화한 제품.

유명 스타의 이름을 상품명에 활용하는 '스타마케팅'이 각광받고 있다. 선발 주자는 2월초 출시, 두 달만에 67억 원의 매출을 올리며 LG생활건강의 효자상품으로 자리잡은 'H.O.T'. 빨간색의 복숭아 맛인 '핑키펑키'와 '그린터치'(초록색-사과맛). '블루오션'(파란색-자몽맛) 등 세 가지 맛과 색깔의 신세대용 음료를 'H.O.T' 이름과 함께 내놓아 10대들 사이에서 상당한 인기를 누리고 있다.

3월초 출시된 삼립식품의 '국찐이 빵'도 비슷한 아이디어로 자리 잡은 제품이다. '작아진 꿀 호떡', '딸기 스틱', '쵸코 쵸코' 등 어린이용 12가지 빵을 어린이들에게 인기가 높은 김국진씨의 이름을 딴 '국찐이 빵'이란 상표와 함께 선보여 하루 35만 개(1억 7,500만 원)를 팔고 있다.

출처: 중앙일보(1999년 4월 2일자).

13) 체험마케팅

소비자가 제품을 직접 사용해 보게 하거나 제품을 사용하는 다양한 상황에 대한 경험을 소비자에게 제공하므로 소비자의 제품에 대한 친밀도를 높이는 방법이다. 이러한 체험마케팅은 소비자가 사전 사용경험이 없기 때문에 가지게 되는 제품에 대한 불안을 감소시키고 제품의 올바른 사용방법을 소비자에게 교육하므로 추후에 소비자의 잘못된 제품사용으로 인해 불만족을 사전에 방지하는 등의 효과를 가진다. 자동차 회사나 가전제품 회사에서 제품의 평가라는 타이틀을 내걸고 모니터요원을 모집하는 것은 소비자에게 제품의 사용기회를 부여하는 체험마케팅의 한 예라 할 수 있다. 더 나아가 무료로 십자수를 가르쳐 주는 것과 같이 제품이나 서비스에 대한 사전지식이 전혀 없는 소비자에게 제품과 관련한 교육기회를 무료로 제공하는 방법도 많이 사용된다.

14) 네이밍 마케팅

기업들이 튀는 제품명을 사용하여 소비자에게 강한 인상을 남기려는 마케팅전략이다. 근래에는 제품의 판촉을 위한 마케팅에서도 소비자에게 잘 기억되는 숫자나 영문이니셜을 이용하는 네이밍 마케팅(naming marketing)이 이용되고 있다.

여성복 I.N.V.U는 옷을 입은 모습이 예뻐서 질투가 난다는 뜻의 영어 문장 "I envy you"의 발음을 이니셜로 옮겨 그대로 브랜드명으로 사용한 예이며, 감기약 화콜과 같이 소비자가 기억하기 쉽게 의성어를 제품명으로 사용하기도 한다.

이 외에도 참나무통 맑은 소주, 햇살 담은 조림간장, 갈아 만든 배, 간편하게 만들어 맛있게 먹는 새콤달콤 초밥용 유부, 딸기가 입술을 만날 때, 벼락 맞은 꿈틀이 등은 소비자의 주의를 끌기 위해 일부러 긴 제품명을 사용한 예이다.

소비자 휴게실 7-9

행운을 부르는 숫자마케팅

롯데백화점은 오는 18일까지 계속되는 봄 정기 바겐세일 기간 중 최고 6,000만 원이 넘는 BMW 등 고급차 4대를 경품으로 내놓았다. 이렇다 보니 '4'라는 숫자가 사람들이 꺼리는 발음으로 영 맘에 걸렸다.

그래서 '4'란 숫자를 상쇄시키기 위해 10만 원짜리 상품권 1,000장을 추가로 내놓아 총 1,004명에게 행운을 주는 이른바 '천사(天使) 마케팅'으로 바꿨다.

신세계도 이번 세일행사 경품으로 1년간 500만 원 어치를 구매할 수 있는 '드림카드'를 제공하면서 당초 5명을 고려했다가 2개 더 늘려 7개로 변경했다. 신세계 측은 경쟁업체의 물량공세가 워낙 강해 이에 맞대응하기 위해 경품 숫자를 늘렸다고는 하지만 결과적으로 '럭키 세븐'을 택한 것.

그랜드 역시 세일기간 중 각 층별로 '3'개 단위의 경품을 나눠 주고 있다. 레포츠 매장은 캠핑세트 30개, 여성의류 매장에서는 23개의 신상품, 신사복 매장은 3명에게 대형냉장고, 세탁기, 오디오세트를 각각 제공한다.

회사 관계자는 "다른 백화점은 봄 세일을 4월 초부터 시작했지만 그랜드는 3월 말부터 앞서 시작했다는 의미로 '행운의 숫자 3'을 정해 이같이 경품을 제공하게 됐다."고 설명했다.

출처: 중앙일보(1999년 4월 9일자).

15) 귀족마케팅

소비자를 소득에 따라 세분화하여 마케팅활동을 전개하는 것은 가장 일반적인 마케팅전략이다. 이렇게 소득에 따라 소비자를 구분할 때 고소득층은 하나의 독립된 시장으로 여러 가지 장점을 가지고 있다. 먼저 이들은 높은 가처분 소득으로 각종 대형, 고급 제품과 서비스의 주된 소비자이다. 고소득층이 빈번히 구매하는 제품으로는 금융서비스, 대형아파트, 고급 승용차, 디자이너 의류, 향수와 희귀 보석류, 골프용품, 고급문화상품, 대형 전자제품, 해외여행과 고급 휴양시설 등으로 고소득층의 소비패턴은 제품의 명성과 품질, 독특한 부대 서비스를 중요시 하는 소비패턴을 보여 제품의 실질 가치나 성능대비 가격이 상대적으로 중시되는 다른 소득계층의 소비행태와 차이가 난다. 이러한 고소득층의 소비행태는 다른 소득계층의 모방으로 이어지기 때문에 기업의 입장에서는 매우 매력적인 소비자라 할 수 있다.

이러한 사실에 근거하여 고소득층, 사회계층 중 상류층과 중상류층을 대상으로 이들이 빈번히 구입하는 제품류를 마케팅하는 것이 이른바 귀족마케팅이다. 특정상품의 경우에 이들 계층의 구매비중이 다른 계층보다 월등히 크므로, 20%의 제품구매자가 전체 제품 소비량의 80%를 소비한다는 경험적인 수량 세분화(volume segmentation)법칙에 따라 기업의 이익에 기여도가 높은 소비자에게 제품과 함께 차별화된 부대서비스를 제공하는 방식으로 이루어진다.

은행에서 일정한 수준 이상의 고액예금자를 대상으로 VIP센터를 운영하고, 신용카드업계에서 전체 고객의 약 1% 이내의 고객들에게 플래티넘카드를 발급하며, 백화점에서 고객의 매출 기여도에 따라 별도의 상품권을 지급하거나 무료주차권 등 다양한 부대 서비스를 제공하는 것은 귀족마케팅(prestige marketing)의 한 예이다.

소비자 휴게실 7-10

패션계에 블랙라벨 출시 붐

비싸더라도 더욱 고급스럽게

요즘 패션계는 갈수록 고급화를 지향하고 있다. 유행과 개성을 중시하며, 구매력이 높은 20~30대 여성을 주 타깃으로 캐릭터 캐주얼부터 고가의 수입 브랜드까지 '럭셔리' 전략으로 소비자를 공략한다. 요즘 패션시장에 불고 있는 '블랙라벨' 바람도 이 고급화 추세에 한 몫 한다.

블랙라벨은 본래 의상에 부착된 검정색 라벨을 가리키는 말. 그러나 이보다는 소재를 고급화하고 판매 가격을 높인, 일부 고급 제품을 지칭하기도 한다.

일부 해외 브랜드의 경우 조니워커 블랙처럼 아예 브랜드 이름에 블랙라벨을 붙이는 경우도 많다. 아르마니의 경우 블랙라벨이 소개돼 있지만 ㈜두산은 최근 해외 브랜드인 랄프 로렌 블랙라벨을 국내에 들여왔다. 랄프 로렌은 폴로 스포츠, 랄프 로렌, 랄프 로렌 보이즈 등을 선보였지만 블랙라벨이 국내에 들어온 것은 이번이 처음. 이 라벨의 정장은 보통 200만 원이 넘고 스커트 한 벌만 해도 50~80만 원이다. 10~40만 원에 판매되는 랄프 로렌 캐주얼 의류에 비하면 가격이 월등히 비싸다. ㈜두산측 관계자는 "블랙라벨은 보다 품격을 중시하는 20~40대 소비자를 겨냥하고 있다."고 말했다.

블랙라벨의 가장 큰 특징은 생산 수량이 제한된다는 것. 초고급 의류의 경우는 10벌을 넘지 않으며, 많아야 10~50벌만이 소비자들과 만난다. 원단 고급화에 따른 가격 상승보다 희소성에 가치를 더욱 두었다는 분석이다.

소비자 폭이 좁은 만큼 홍보를 하지 않는 것도 또 다른 특징. 패션 PR업체인 데크 인터내셔널의 신옥길 씨는 "고가 의류인 경우 일반적인 홍보보다는 대외적인 행사를 통한 고객과의 밀착 마케팅에 주력하고 있는 것이 다르다."고 설명했다.

그러나 고급 제품은 역시 가격이 문제. 개성과 품격을 위해 지불하기에는 부담스런 가격이다. 한 고가브랜드의 관계자는 "한두 달치 월급과 맞먹는 옷 한 벌을 사면서 신용카드를 긋는 여성들이 적지 않다."며 "생활수준을 무시하고 '귀족주의'를 좇는 일부 소비에는 여전히 거품이 많다."고 말했다.

출처: 중앙일보(2001년 3월 15일자).

16) 회원마케팅

고객은 단순한 일회성 손님으로 간주하지 않고 회원으로 가입되었다는 것을 고지함으로써 소비자로 하여금 다음에도 또 구매하도록 자극하는 마케팅방법이다. 이러한 회원마케팅(membership marketing)은 모든 제품군에 효과적이지만 특히 제품의 특성상 소비자 개인이 속성을 평가하기 어려운 신뢰재적인 성격을 가지고 있는 제품에 더욱 효과적이다.

제품의 특정한 속성이 소비자들의 구매를 유도하지 못하는 제품인 경우에는 소위 습관적인 구매의 행동패턴을 나타내게 되며, 이때 소비자들은 기존에 사용하던 제품이외에 별다른 특징을 인지할 수 없는 다른 제품을 일부러 구매할 필요를 느끼지 못하게 된다. 그러므로 소비자가 일단 회원으로 가입하게 되면 다른 고객들보다는 덜 까다로운 구매기준을 통하여 제품을 평가하거나 또한 구매상황에서 경쟁상표보다는 구매고려상표(evoked set)에 미리 자리 잡게 해주기 때문에, 회원마케팅은 주어진 범주 내에서 정보처리를 하는 경향이 있는 소비자들의 일반적인 정보처리 과정을 고려해 볼 때 소비자의 제품 선택가능성을 높혀준다. SK의 엔크린 보너스카드는 정유제품의 판매에 회원마케팅을 도입하여 성공한 사례라 할 수 있다.

17) 커플마케팅

신혼부부들이나 연인, 친구들이 똑같은 티셔츠나 청바지를 맞춰 입는 데서 착안한 커플상품이 날로 확산되고 있다. 커플룩, 커플링은 물론 향수, 신발, 가방에 이르기까지 신세대들의 '일체감 정서'를 겨냥한 커플상품이 앞 다퉈 나오고 있다. 똑같은 옷을 입는 데서 한 걸음 더 나아가 여자는 원피스, 남자는 티셔츠 등으로 옷은 다르지만 색상, 디자인을 통일시켜 전체적인 조화를 이루는 방향으로 커플룩의 범위가 확대되고 있는 추세이다.

커플마케팅(couple marketing)이란 이와 같이 커플을 타킷층으로 구매심리를 자극하는 마케팅방법을 말한다. 커플마케팅은 남자나 여자 한쪽의 고객을 확보하면 손쉽게 나머지 한 명의 잠재 고객을 추가로 확보할 수 있다는 점에서 매력적인 마케팅방법이다.

이동통신사들의 커플을 대상으로 하는 다양한 요금할인제도는 커플마케팅의 한 예이다.

소비자 휴게실 7-11

따로 또 같이 짝궁상품 인기

신세계백화점 본점 2층에 위치한 여성용 아이비 하우스 매장의 김수정(25) 씨는 남성용 아이비 하우스 제품 카탈로그를 항상 곁에 놓고 손님을 맞이한다.

마음에 드는 옷을 집어 든 고객이 으레 "남자 것도 있어요."라고 물어오는 경우가 적지 않기 때문이다. 김 씨는 "이처럼 준비한 결과 하루 2~3개 품목은 세트로 팔고 있다."고 말한다.

크리스찬 디올의 듄과 듄 포맨세트도 대표적인 커플 향수 제품. 브랜드마다 커플 품목을 갖추고 있는 캘빈클라인 향수는 매출의 20% 정도가 이들 세트품목의 판매 실적이다.

남, 여의 구별이 없는 유니섹스 브랜드도 일종의 '커플마케팅'이 반영된 경우. 남녀공용 캐주얼 웨어로 인기가 있는 폴로와 빈폴은 색상만 달리 하면 멋진 커플룩이 되는 남녀 공용 티셔츠, 반바지, 운동화, 모자 등을 다양하게 갖춰놓고 있다.

출처: 중앙일보(1999년 5월 14일자).

18) 연계마케팅

브랜드에 따라 구매를 하던 소비자들이 제품들 사이에 큰 차이가 없어지고 기업의 사회적 책임에 대한 관심이 증가하면서 기업이 추구하는 가치가 소비자의 구매행동에 영향을 주게 되었다. 실제로 미국의 포천지의 '가장 존경받는 기업' 조사항목에서는 '기업시민의식'이 '건실한 재무구조'나 '경영의 질'과 같은 비중을 차지한다. 실제로 미국에서 이뤄진 여론 조사에서 응납자의 80% 이상이 같은 품질, 같은 가격의 두 회사 상품이 있을 경우 제품의 판매 이익의 일부를 공익사업에 쓰겠다고 한 상품을 사겠다고 응답했다.

이러한 변화의 패러다임을 충족하기 위해서 미국에서는 판매와 공익사업 지원을 연결시킨 기업연계마케팅(Cause Related Marketing, CRM)이 부각되고 있다.

이러한 기업의 연계마케팅은 공익사업뿐 아니라 일반상품과의 공동마케팅으로 이어지기도 한다. 관련이 있는 제품을 연결하여 공동으로 마케팅활동을 하거나 경우에 따라서는 전혀 관련이 없는 제품과의 연계마케팅을 통해 소비자의 소비심리를

소비자 휴게실 7-12

기업들 자선지원 연계상품 개발

아메리칸익스프레스카드 본사가 대표적인 경우. 이 회사는 1995년부터 가입자가 카드를 쓸 때마다 0.02달러씩, 신규가입자가 생기면 10달러씩을 'SOS(Share our Strength)'라는 국제 구호단체에 기부했다. 4년간 기부액은 모두 1,600만 달러. 그러나 카드사는 기업 이미지 제고를 통한 매출 신장이라는 더 큰 이익을 얻었다고 자평하고 사업을 확대하고 있다.

국내에서도 이런 '두 마리 토끼 잡기'를 강조한 광고들이 부쩍 늘었다.

서울우유의 결식아동 지원운동, 유한킴벌리의 숲살리기캠페인, SK의 셀프주유시 일정액 결식아동돕기, 한독약품의 훼스탈 매출액 일부의 결식아동돕기, '참이슬' 소주 매출액의 0.2% 결식아동돕기 기금 적립, 공익단체와 연계해 카드사용액의 일정부분을 기부하는 신용카드사의 공익연계마케팅 등도 그런 예이다. 햄버거 한 개가 팔릴 때마다 10~20원씩 적립해 결식아동을 돕는 기금으로 기부하는 롯데리아의 경우도 마찬가지.

출처: 동아일보(2000년 12월 15일자).

상승시키고 연계마케팅에 연결되는 제품은 주 마케팅상품에 의해 홍보와 확산에 도움을 얻을 수 있다.

연계마케팅 확산물건을 사면 보험을 공짜로 들어주고, 특정 회사의 회원의 경우 공동가맹점에서 보너스점수를 누적하여 주는 등 제품 간의 연계마케팅이나 제품을 생산하거나 판매하는 기업 간의 연계마케팅, 더 나아가 서울과 지방의 유통업체인 상가가 공동으로 마케팅을 하기도 한다.

19) 소비자의 입맛에 맞춘다

기업은 제품의 개발에서부터 상품화, 유통에 이르기까지 소비자의 의견을 다양한 방법으로 반영한다. 소비자의 수준이 갈수록 높아지고 소비자 한명을 직접 상대하는 1:1 마케팅이 자리를 잡으면서 고객의 아이디어와 제안을 중시하는 분위기가 확산되고 있다.

TGI프라이데이나 코코스는 고객의 제안을 바탕으로 메뉴를 바꾸고, 할인점 한화마트는 현장밀착형 고객제안제도인 '커스터머 퍼스트' 제도를 도입하여 매장에 고객제안카드를 비치해 고객이 불만 및 제안사항을 적어내면 48시간 내에 처리한다. LG백화점은 백화점 전단을 통해 개선사항이나 시정사항을 공개적으로 제안받고 있고 가전전문상가인 테크노마트는 정문 1층에 사이버 고객 민원 및 아이디어 접수창구를 개설, 각종 판촉행사 및 이벤트와 관련한 아이디어를 고객으로부터 받고 있다.

소비자 휴게실 7-13

유통돋보기: 홈쇼핑 채널의 고민

드라마, 쇼 등 일반 TV 방송에서는 현란한 카메라 기법을 총동원해야 시청률이 올라가고 성공작이라는 평을 받게 마련이다.

그러나 화면으로만 상품을 보여주고 판매하는 TV홈쇼핑업계에선 사정이 다르다. 특수촬영기법으로 공을 들였다간 오히려 역효과를 보기 십상이다. 화면에 늘씬한 모델이 나와 제품을 선전하는 장면을 소비자들이 기억하고 있다가 실제로 제품을 받아보면 "화면에서 봤던 멋이 안 난다."고 반품을 요구하는 사례가 많기 때문이다. 똑같은 제품인데도 'TV에 나온 제품이 아닌 것 같다'는 게 반품의 주된 이유라고 홈쇼핑업체 관계자들은 하소연한다.

이런 연유로 홈쇼핑 카메라맨들은 특수촬영 기법에 자주 동원되는 광각렌즈보다는 작은 상품을 자세히 보여주는 근접 촬영용 접사렌즈를 훨씬 더 많이 사용한다.

스튜디오에서 직접 조리하는 식품류나 화장품 등 미용제품은 화려하게 보일수록 매출이 뛰는 경우도 있다.

일반 TV에선 방송 사고나 다름없는 '소리가 안 나가는 시간'도 TV홈쇼핑에선 필요하다. 홈쇼핑 사회자(쇼핑 호스트)가 상품 설명이나 진행을 아무리 잘해도 방송 도중에 틈틈이 소비자에게 '고민하는 시간'을 안주면 매출로 이어지지 않기 때문이다. 실제로 주문은 방송 진행자의 설명이 끝난 직후 잠시 멘트가 없는 사이에 많이 몰린다는 게 홈쇼핑 관계자들의 설명이다.

39쇼핑의 전철우 PD는 "프로그램마다 사회자의 설명을 70% 정도 내보내고 나머지 시간은 멘트 없이 그림이나 배경음악으로 채우면서 방송을 진행하는 게 매출에는 효과적"이라고 설명했다.

출처: 중앙일보(2000년 3월 10일자).

7 고객만족경영

통상적인 마케팅 판매방식에 의존하는 기업은 시장이 확대되고 경쟁이 치열해지면서 가속화되어 가는 경쟁 속에서 생존하기 어렵다. 이러한 시장변화 속에서 생존하고 성장하려면 현재 고객의 욕구를 충족시키기 위한 기술에 중점을 둔 기능적인 마케팅의 개념을 탈피해야 한다.

고객은 기업이 목표로 하는 수익성 향상의 근원이기 때문에 기업은 고객을 떠나서는 그 존재 의의를 찾기가 어렵다. 그러므로 고객에게 정말로 가치가 있는 것을 제공하는 것에 기업의 존재가치를 부여하는 것은 당연한 일이며 그러기 위해서 기업의 모든 의사결정과 그에 따른 행동이 고객을 기준으로 이루어져야 한다.

1) 고객만족경영의 정의

근래에 들어 '고객제일의 이념'을 회사의 경영방침으로 하거나 업무를 실천하는 데 있어서 이를 진정으로 실천하려는 고객만족경영(customer satisfaction management)의 바람이 크게 일고 있다.

고객만족경영이란 제품과 서비스에 대해 고객에게 만족을 주기 위해 정량적으로 측정하고 그 결과에 따라서 서비스, 사내풍토를 조직적으로 개선, 개혁해 가는 것을 중점과제로 삼는 경영이다. 즉 어디까지나 고객의 입장에서 객관적으로 보고 고객의 완전한 만족을 추구하는 경영방식을 말하는 것이다. 이와 같은 의미를 지닌 고객만족경영은 소비자의 욕구가 다양하고 복잡해짐에 따라 경영환경이 급격히 변화하고 있어 경영의 근본적인 시각이 회사중심에서 고객중심으로 탈바꿈해야 한다는 데서 출발한 것이다.

그러므로 고객만족경영은 고객만족도를 높이는 것을 목표로 하는 생활자 중시의 경영방식이라 할 수 있다(그림 7-4).

고객만족 경영은 소비자들이 현명하고 정직하다는 사실을 전제로 한다. 즉, 기업이 고객의 욕구를 충족시키면 이는 반드시 재구매 고객으로 이어진다는 것이다. 결

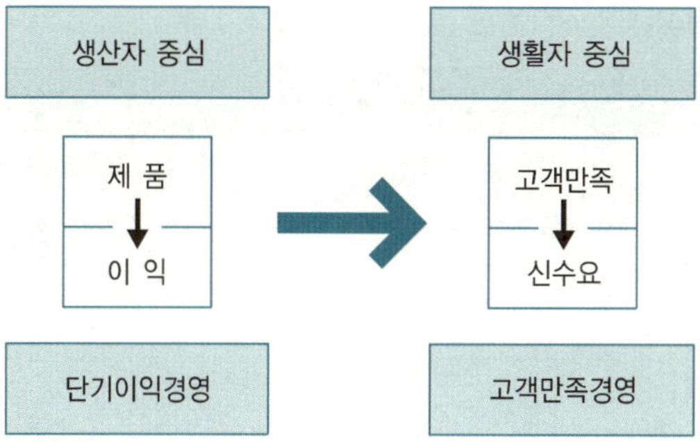

그림 7-4 **경영관점의 비교**

출처: 윤형석(1995), "새로운 경영혁신은 인간의식의 혁신부터". 기업소비자정보, 36(6), p. 37.

론적으로 소비자의 만족 여부가 기업의 성장여부를 좌우하는 관건이 된다는 인식을 바탕으로 하고 있다. 실제 시장에서 소비자가 상품에 대한 사후평가가 사전기대에 비해 클 경우 계속적인 고객으로 확대 재생산된다. 그러나 적을 경우는 물론이고 비슷한 평가가 내려질 경우에도 경재제품이 있으면 재구매가 어렵게 된다. 소비자 중심의 시장에서는 소비자의 기대수준을 넘는 상품가치를 제공해야 기업의 생존이 가능하다는 것이다.

2) 전통적 마케팅과 고객만족적 마케팅의 비교

기술의 라이프 사이클과 제품의 라이프 사이클의 단축경향 가속화, 정보의 신속성, 자본이동의 편향성과 신속성 등으로 제품은 표준화되고, 시장도 빠르게 성숙되며 다양화를 요구하게 되었다. 그리고 고객은 까다로워지기 시작했으며, 다분히 감정적인 요소에 의해 의사결정을 하는 경향이 증가하고 있다. 그러므로 성숙기에 있는 시장에서는 규모의 경제에 의한 비용절감과 같은 단순한 가격경쟁보다는 소비자가 얻는 효용에 중점을 두는 비가격경쟁에 대한 고객의 관심이 증가하고 있다. 즉, 가격적인 요소 외에도 직접적으로 기업이 제공하는 제품과 서비스, 그리고 간접적으로 그 기업이 주는 이미지와 기업문화와 같은 비가격적인 요소가 고객의 만족을 좌우한다. 그러므로 기업이 경쟁전략에서 우위를 확보하기 위해서는 고객이 만족하는 구성요소인 제품, 서비스, 이미지, 기업문화의 질을 높이는 데 주력해야 할 것이다.

표 7-2 전통적 마케팅과 고객만족적 마케팅의 비교

항 목	전통적 마케팅	고객만족적 마케팅
고객만족수단	제품·서비스	고객의 효용, 지각 가치
해당부서	마케팅부서, 독자책임	전사적 활동, 경영자 포함
목표시장	정적목표, 점유율 확대	변화하는 소비자와 제품과의 관계 설정
성공의 기준	판매상승, 점유율 증대	시장 창조, 고객과의 밀접한 연대
평가척도	양적 기준	질적 기준

출처: 윤형석(1995). 고객만족 경영체제로의 전환 전략 ③. 기업소비자정보, 39, p. 35.

표 7-2에서 비교된 것과 같이 전통적 마케팅과 고객만족적 마케팅은 차이가 있다. 첫째, 더 이상 값싸고 품질 좋은 제품으로만 한정하지 않고 소비자들의 입장에서 지각된 가치나 효용을 만족시키려고 하며, 둘째, 마케팅활동을 단순히 판매부서뿐 아니라 생산, 물류 배송, 디자인, 수금, A/S, 홍보 등 전 부서가 모두 참여해야 할 전사적(全社的) 활동으로 보고, 셋째, 소비자가 고정되어 있는 목표가 아니라는 점을 인식하여 소비자의 변화에 맞추어 제품을 개발하고 수정 보완해 나간다. 즉, 시장을 창조하기 위해 소비자의 욕구를 따라 움직인다는 것이다. 그리고 마지막 중요한 차이는 전통적 마케팅은 그 목표가 양적인 데 반하여 고객만족적 마케팅은 질적인 면에 치중한다는 것이다. 기업과 제품을 통해 고객이 얻는 만족, 즉 질적인 면을 강조하는 고객만족은 단지 고객의 태도를 통해 느낄 수 있으므로 고객만족을 목표로 하는 기업활동은 끝이 없이 변신하여야 한다.

3) 고객만족

고객의 만족은 제품의 지각된 성과(성능)와 구매자의 기대와 일치하는 정도로 기대와 현실과의 관계에 의해서 결정된다. 즉, 제품의 성과가 기대에 미치지 못하면 만족하지 못할 것이고(불만족), 지각된 성과가 기대와 일치하면 만족해 할 것이다. 만약 지각된 성과가 기대보다 높으면 고객은 매우 만족하거나 감동을 받게 된다. 그러므로 고객만족(customer satisfaction)은 소비자의 사전기대보다 실제 평가치가 높을 때 가능하다(표 7-3).

표 7-3 고객만족도

기대와 현실의 차이	고객의 평가	고객만족여부	비 교
사전기대 < 실적평가	기대했던 것보다 더 낫다.	만 족	반복구매 고객화
사전기대 > 실적평가	기대에 못 미친다.	불 만	고객을 잃는다.
사전기대≒실적평가	별로 인상에 남지 않는다.	불만이 불확정	경쟁상품이 없을 때만 구매 지속

출처: 윤형석(1996). 고객만족 경영과 고객만족도(1). 기업소비자정보, 45, p. 30 재구성.

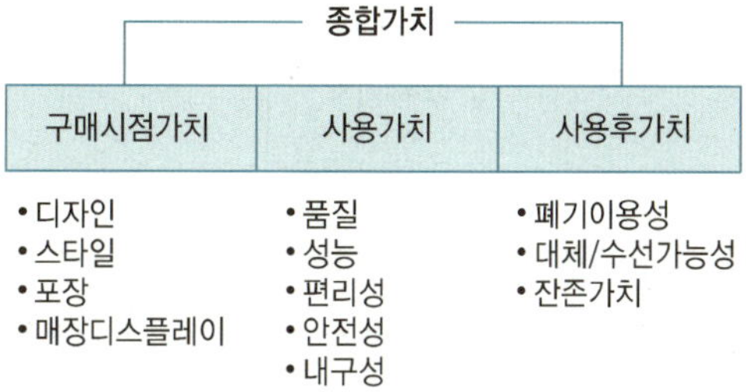

그림 7-5 제품의 종합가치 구성

출처: 윤형석(1996). "고객만족 경영이 지향해야 할 우선과제". 기업소비자정보, 43(3), p. 33.

특정 제품이나 서비스에 대해 고객이 느끼는 종합가치(total value)는 구매시점가치(value-in-purchase), 사용가치(value-in-use), 그리고 사용 후 가치(value-in-disposal)로 구성되어 있다(그림 7-5).

제품을 구매한 소비자는 구매 후 제품의 평가과정을 거치게 되며 이때 소비자는 불필요한 것을 사지는 않았는지, 그 돈을 다른 용도에 쓰는 것이 보다 효과적이지 않았는지 등에 의해 일시적인 후회를 하게 되기도 한다. 이러한 소비자들의 구매 후 생길 수 있는 일시적인 불만족이 제품의 사용가치와 사용 후 가치에 의해서 상쇄되고 오히려 더 많은 가치를 가져올 때만 소비자가 만족한다고 할 수 있다.

그러므로 구매고객, 즉 소비자가 구매한 제품에 대해 만족하기 위해서는 구매한 제품의 품질과 가격 이외에도 A/S가 충분히 이루어져야 한다. 그리고 이외에도 제품의 구매과정에서 소비자가 경험하는 기업의 판매활동, 그리고 기업문화가 특정 제품을 구매한 고객의 만족에 영향을 미치므로 이들 각 요소가 균형을 이루도록 종합적으로 관리되지 않으면 고객만족은 지속되기 어렵다(그림 7-6).

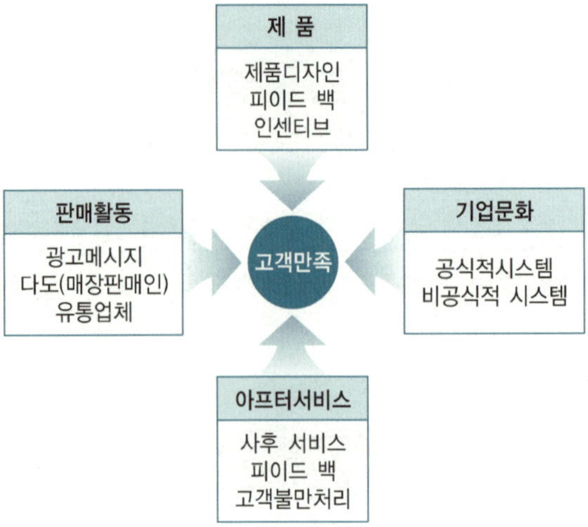

그림 7-6 고객만족의 기본요소

출처: 윤형석(1996). "고객만족 경영이 지향해야 할 우선과제". 기업소비자정보, 43(3), p. 32.

고객만족 경영을 위해서는 고객만족도가 정기적으로 조사되어야 하지만 고객만족에 대한 기업과 실제 고객의 판단 사이에는 미묘한 차이가 있을 수 있으므로 기업의 제품과 서비스를 사고 팔며 직접 사용하는 사람인 고객의 소리를 계량화하는 정량적 분석에 앞서 고객의 말과 행동 하나 하나를 직접 관찰하고 내용을 자세히 분석하는 정성적인 분석방법이 병행되어야 한다. 이러한 과정에서 고객만족을 객관적으로 비교·평가하기 위하여 고객만족도조사를 통하여 고객만족도지수(Customer Satisfaction Index, CSI)를 산출한다.

8 문화마케팅과 기업의 메세나활동

한 국가가 가진 문화의 힘은 그 국가의 국력과 직결될 정도로 매우 크다. 더구나 열심히 일을 하고 그로 인해 얻어진 소득을 절약하여 재산을 축적하는 것이 미덕이라고 생각했던 산업화 초기와는 다르게 이제는 소비자들이 노동과 휴식의 균형을 추구하며 단순한 부의 축적이 아니라 삶의 질 향상에 더욱 관심을 가지게 되면서 문화산업의 사회·경제적 의의는 점차 증대되고 있다.

문화산업의 발전은 그 산업 자체의 성장으로 인한 생산 유발, 소득 유발, 고용 유발 등의 직접적인 효과가 클 뿐 아니라, 문화상품 개발의 원천이 되는 문화, 예술의 활성화를 가져오며 문화적 요소가 다른 상품에도 반영되어 상품의 부가가치를 높여주기 때문에 여타 산업의 성장에도 커다란 후방 연쇄 파급효과를 가져온다. 이런 문화산업의 성장과 더불어 주목받는 분야가 바로 문화마케팅이다. 문화마케팅의 개념은 크게 '마케팅을 위한 문화(culture for marketing)'와 '문화를 위한 마케팅(marketing for culture)'의 두 가지 측면이 있다.

이 두 가지 개념 중에서 전자의 개념은 기업이 문화를 매개로 고객의 감성을 자극함으로써, 문화예술이 가지고 있는 가치를 해당 기업/제품의 이미지로 연결 짓기 위한 활동으로 일반기업의 문화지원 및 문화경영을 말하고 후자는 문화산업의 마케팅활동을 일컫는 것이다. 어떤 개념이 정확한 문화마케팅이라고 설명하기에는 논란의 여지가 많지만, 기업과 문화가 양자 모두 상생한다는 측면에서 문화마케팅의 의의를 찾을 수 있다.

오늘날 기업은 경제 주체 상 단순히 생산자만은 아니며 수많은 사람들이 피고용인이든 아니든 많은 시간을 할애하여 만나게 되는 또 하나의 이웃이다. 따라서 기업의 행위가 단순히 이윤추구만을 목표로 하는 것으로 소비자에게 비추어진다면 기업의 수명이 오래 가지 못할 수 있다. 그러기 때문에 기업의 문화·사회사업은 더 이상 충분조건이 아니라 기업이 살아남기 위해 반드시 해야 하는 필요조건이 되었다고 할 수 있다.

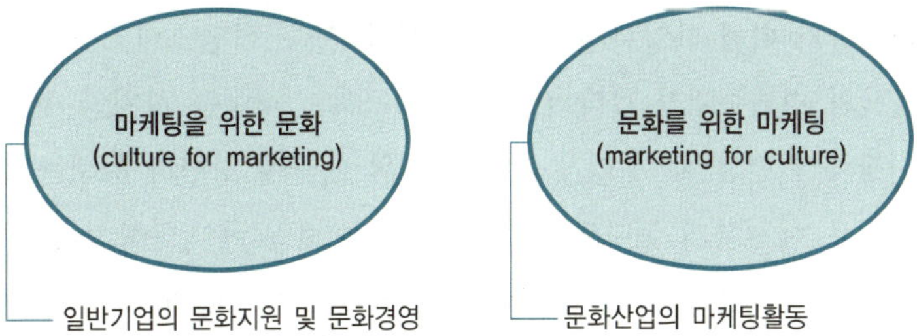

그림 7-7 문화마케팅의 두 가지 개념

기업이 문화사업으로 눈을 돌린 것은 현대인의 의식 전환이 가장 큰 원인이라 할 수 있으며, 기업의 문화예술지원은 문화예술계의 발전뿐만 아니라 기업의 이미지 제고에도 중요한 역할을 하기 때문에 더 이상 문화예술계에 대한 '자선' 의 개념이 아니며 오히려 기업에 대한 가장 적극적인 형태의 투자가 되었다. 기업의 이미지 제고를 위한 마케팅기법으로 자주 사용되는 것이 기업의 문화예술 지원이다.

초기의 기업메세나는 문화자선(philanthropy)의 측면으로 해석할 수 있다. 이러한 관점은 산업화를 겪으면서 문화후원(sponsorship)의 개념으로 변화되었고, 현대의 기업메세나는 문화투자관점(partnership)을 바탕으로 기업과 문화예술의 상호이익을 추구하는 문화마케팅의 개념으로까지 발전하였다. 즉, 기업의 일방적인 지원을 넘어서 기업과 문화예술, 상호이익을 위한 마케팅활동이 된 것이다.

기업메세나는 기업이익의 사회적 환원이라는 기업윤리를 실천하는 것이 될 뿐 아니라, 기업의 문화적 이미지를 제고할 수 있기 때문에 홍보전략의 수단으로 이용되기도 한다.

9 마케팅에 대한 사회적 비판과 기업의 사회적 책임

기업은 소비자가 원하는 것이 무엇인지를 발견하고 그것을 시장에 제공함으로써, 고객이 원하는 가치를 창조하고 그러한 과정에서 이윤을 극대화하는 활동을 하는 경제주체이다. 이러한 기업이 시장에서 하는 활동은 그 주요 목적이 이윤추구이며 이윤을 극대화하기 위해 다양한 활동을 수행하게 된다. 아담스미스(Adam Smith)는 시장에서 각각의 경제주체가 각각의 이익을 추구하는 행동을 하지만 이러한 이윤추구행동이 시장에서 만날 때 우리가 제한된 자원 때문에 경험하게 되는 경제문제를 가장 효율적으로 해결하게 된다고 말한다. 특히 이윤을 극대화하려는 기업은 당연히 생산비용을 최소화하려는 노력을 하게 되며 이러한 기업의 노력은 자연히 사회적으로 제한된 자원을 가장 효율적으로 사용하게 만들게 된다. 그러나 기업이 시장에서 하는 활동, 즉 마케팅에 대해 많은 비판이 존재한다는 것은 부정할 수 없는 사실이다.

1) 마케팅에 대한 사회적 비판

(1) 개인고객에게 미치는 마케팅 영향

많은 사회 비평가는 미국 마케팅 시스템에서 정해진 가격이 '더 현명한' 시스템에서의 가격보다 훨씬 높이 책정되어 있다고 말하며 높은 가격의 이유로 높은 유통비용, 높은 광고와 촉진비용, 과도한 가격인상을 들고 있다(Kotler & Armstrong, 2008, 안광호 외 역).

실제로 우리가 지불하는 재화의 가격에는 기업이 마케팅활동에 사용하는 비용이 포함되어 있다는 점에서 과도한 마케팅활동이 재화의 가격을 올리는 면도 있다는 점은 수긍이 가는 주장이기도 하다. 물론 기업의 마케팅활동 때문에 상품의 존재가 소비자에게 널리 알려지기 때문에 성공적인 상품이라면 대량생산이 가능해지기 때문에 가격인하를 할 수 있는 요인이 된다고 주장도 있지만 구매하려는 소비자의 수요보다 판매하려는 생산자의 공급이 넘치는 현대 소비고도화 사회에서 기업은 소비자가 자사가 생산하는 제품을 선택하도록 하기 위해 단순히 제품의 존재를 알리는 정도를 넘어서는 과도한 광고활동과 경쟁에서 선택 받기 위한 다양한 판촉활동을 하고 이리한 활동에 들어가는 비용은 고스란히 제품의 가격에 반영이 되기 때문에 재화의 가격이 앞서 지적한 대로 '더 현명한' 시스템에서의 가격보다 훨씬 더 높게 책정될 수밖에 없는 것이다.

또한 수요보다 공급이 많기 때문에 시장에서 생산자나 판매자들 간의 경쟁이 심화됨에 따라 제품의 판매량을 증가시키기 위해 소비자가 실제보다 더 많은 가치를 얻고 있다고 믿게 하는 다양한 촉진 행위를 하기도 한다. 허위로 표시한 비싼 소매판매가격에서 많이 할인해 주는 것처럼 기만적인 가격표시를 하기도 하고, 제품의 특성이나 성능에 대한 허위 과장광고, 미묘한 디자인 조작을 통해 포장의 내용물을 과장하거나 라벨을 오도하는 등의 촉진 관련 기만행위도 사회적으로 많은 물의를 빚는 마케팅활동이다. 판매방식에 있어서도 소비자가 사려는 생각조차 없었던 물건을 사도록 설득하는 다양한 방식의 강압판매(high-pressure selling)가 존재한다.

이외에도 상품의 품질이나 기능의 결함 문제 등에서도 자유로울 수 없으며, 특히 제품이 실질적으로 교체되어야 할 필요를 느끼기도 전에 특정 제품을 구식으로 만드는 계획적 진부화(planned obsolescence)는 사회적으로 많은 논란의 대상이 된다.

(2) 사회 전체에 미치는 마케팅 영향

기업의 활발한 마케팅활동은 사회 전체적으로 사람들을 지나치게 소유물에 너무 많은 관심을 가지게 만든다는 비난을 받기도 한다. 소비자들에게 실질적인 혜택이 주어지는 꼭 필요한 제품을 제공하는 것이 아니라 기업의 이윤을 극대화하기 위해 소비자의 욕망을 부추겨 제품을 판매할 뿐이라는 것이다. 또한 시장에서 거래되는 재화는 지불할 능력이 있는 소비자를 위한 것이라서 경제적 지불능력이 있는 소비자의 욕망이 과대평가되고 이러한 소비자의 욕망을 충족시킬 수 있는 재화를 우선 공급하게 하므로 제한된 자원의 배분을 왜곡시킬 수 있다. 또 기업이 판매하는 사적 재화(private goods)가 증가할수록 공공재(public goods)가 더 많이 필요하게 되며 이러한 공공재는 사회비용을 유발하게 된다. 예를 들어 승용차의 소유가 증가할수록 더 많은 도로와 신호등, 주차장이 필요하고 이러한 공공재는 승용차를 소유한 소비자가 부담하는 것이 아니고, 이외에 교통혼잡, 공기오염, 교통사고로 인하 사상자 등과 같은 사회비용을 유발한다. 따라서 사적 재화와 공공재 사이의 균형을 회복하기 위한 방안이 필요하다.

마케팅시스템이 문화적 오염을 만들어 낸다는 비판도 존재한다. 끊임없이 쏟아지는 기업의 마케팅활동과 광고가 소비자의 일상생활을 방해하기까지 하는 경우도 있다. 더 나아가 기업이 자신의 이익을 장려하고 보호하기 위해 정치적으로 많은 영향력을 행사하기도 하고 광고 수입에 의존하는 매스미디어에도 지나친 영향력을 행사한다는 비난을 받기도 한다.

이 외에도 기업은 경쟁업체와의 합병, 진입장벽을 만드는 마케팅 행위, 불공정 마케팅 경쟁행위 등과 같은 마케팅 행위로 다른 사업에까지 영향을 미친다.

2) 기업의 사회적 책임

일반적으로 윤리란 사회가 정의한 인간의 옳고 그릇된 행동에 관한 것으로 사회가 일반대중에게 부여한 상황하에서 각 개인이 어떻게 행동하여야 하는 것에 대한 선악의 표준이라 할 수 있다. 기업윤리(business ethics)는 이러한 윤리가 기업에 적용될 때 사용되는 것으로, 기업에서의 의사결정이 경제원리에만 기초하지 않고 윤리적인 판단을 전제 조건으로 하여 이루어지고 법이나 정부규제의 준수 이상으로 공정하고 정당할 때 그 기업은 기업윤리를 지키고 있다고 말할 수 있을 것이다.

기업의 본질을 재화의 공급과 이윤추구라는 경제적 기능으로 파악할 때는 기업의 사회적 책임을 강조하기가 어려워진다. 그러나 기업들의 사회적 영향력이 현저히 커진 현대 산업사회에서 기업의 경제적 측면 이외에 새로운 각도에서 기업의 본질, 즉 사회 속에서 기업의 역할을 재조명해 볼 필요가 있다. 이는 상품과 서비스의 생산 및 제공이라는 기업의 경제적 활동이 경제적 결과만을 가져오지 않고 부의 편재문제, 정경유착문제, 각종 소비자문제, 그리고 환경문제 등의 부정적인 결과를 사회에 가져온다고 인식이 증가함에 따라 경제적 기능으로 한정되는 기업의 역할에 대한 제고가 논의되기 시작하였다. 이러한 가운데서 나타난 것이 기업의 사회적 책임, 즉 기업윤리의 문제이다.

사회적 책임이란 기업활동으로 인해 발생하는 사회적·경제적 문제를 해결함으로써 기업의 이해 관계자와 사회일반의 요구나 기대를 충족시켜 주어야 하는 기업행동의 규범적 체계라 할 수 있다.

이러한 기업의 사회적 책임에 대한 논의는 시장에 참여하는 경제주체 즉 소비자들이 시장에서 이제는 단순히 경제성만을 추구하지 않고 '사회성', '인간성'을 중시하는 가치관을 체현하도록 요구하게 되면서 이에 대응하여 시장의 기능이 진화하면서 자연스럽게 대두되었다. 이러한 소비자의 변화는 소비자보호문제나 환경문제에 기업의 참여를 요구하게 되었다.

현대 사회에서 한 기업의 존속 여부는 그 기업이 그 사회가 요구하는 역할과 활동을 수행하는가에 따라 달라진다. 이러한 맥락에서 볼 때 그 사회에서 기업에게 요구하는 기초적인 사회적 책임을 강조하는 기업윤리의 준수는 기업이 사회적 정당성을 획득할 수 있는 기반이 된다.

기업은 대내적으로는 기업을 유지·발전시켜야 하는 책임과 대외적으로 수많은 이해관계자들의 이해를 조정하는 책임을 가지고 있다. 좁은 의미의 기업의 사회적 책임은 기업의 대외적 책임을 의미하지만 넓은 의미에서는 대내·외적 책임을 포괄한다고 할 수 있다. 기업의 사회적 책임을 구체적으로 나열하자면 다음과 같은 다섯 가지 분야로 나누어 볼 수 있다.

(1) 소비자에 대한 책임

기업은 소비자의 필요와 욕구를 충족시켜 줄 수 있는 제품과 서비스를 생산하여 판매하는 조직이다. 이러한 관점에서 본다면 기업의 가장 우선적인 책임은 소비자를 만족시키는 것이라 할 수 있을 것이다. 소비자를 만족시킨다는 것은 앞의 고객만족경영에서 설명된 바와 같이 단순히 제품으로만 가능한 것은 아니다. 그러므로 기업은 소비자를 만족시키기 위해서 제품의 품질을 유지하고 향상시키며 제품의 품질 이외의 요소들도 관리하고 개선해야 할 책임이 있다.

(2) 기업의 유지·발전

전체 사회는 기업 이외에도 정부, 교육기관, 각종 단체, 가정과 같은 다양한 조직으로 구성된다. 이렇게 사회를 구성하는 각 조직은 각기 고유의 목적을 가지고 있으며 이들이 그 고유의 목적을 잘 달성할 때 사회가 지속적으로 존재하며 발전할 수 있는 것이다. 사회체계에서 기업의 일차적인 목적은 제품과 서비스를 능률적으로 생산하여 적정하게 배분하는 것이다. 이를 위해서 사회를 구성하는 조직의 일원으로서 기업은 합리적인 경영으로 기업을 계속 발전시키므로 한정된 자원을 낭비하여 사회적 손실을 초래하지 않도록 기업을 유지·발전시켜야 한다.

(3) 이해관계자의 이해조정

기업은 수많은 이해관계자의 다양한 기대와 요구로 둘러싸여 있고 이것들은 기업의 의사결정에 영향을 미친다. 기업을 둘러 싼 이해집단은 각 집단의 자체이익을 우선적으로 추구하기 때문에 집단 간의 이익 충돌은 불가피하다. 노사갈등의 문제, 제품의 가격인상 문제 등은 서로 다른 이해관계에 의해 발생할 수 있는 문제이나 기업은 이러한 이해집단 간의 이해충돌로 인하여 발생할 수 있는 문제들을 사전에 조정하므로 최소화할 책임이 있는 것이다.

(4) 사회발전

사회구성원의 복리를 증진시키기 위하여 기업이 보건과 복리증진, 그리고 교육이나 문화활동 등을 지원하는 것은 기업이 속한 사회에서 기업의 경제적 역할을 다하는 것 이외에 사회에 존재하는 하나의 조직으로서 기업이 자신의 존재가치를 높이기 위해서도 기업이 속해 있는 사회의 복지증진을 위해 노력해야 할 당위성이 있다.

(5) 자연환경

심각한 사회문제로 대두하고 있는 환경오염문제와 자원의 고갈문제는 인간의 생활환경을 크게 파괴하고 나아가 인간의 건강과 생존을 위협하고 있다. 이러한 문제의 대부분은 기업활동과 관련되어 있으므로 기업이 적극적인 방법으로 자연환경을 보존하기 위하여 노력하여야 한다.

오늘날의 기업은 경제적 역할은 물론 기업의 사회적 책임과 기업윤리의 실천을 동시에 조화롭게 추구하는 것이 필요하다. 기업윤리의 확립은 경영을 안정시킬 수 있을 뿐 아니라, 시장으로부터의 신뢰나 신용, 윤리적인 평판이 제고됨에 따라 그 기업이 고객으로부터 신뢰할 만한 기업으로 선정되게 되면 장래의 영업을 전개시켜 나가는데 있어서 커다란 뒷받침이 되는 요소가 될 것이다(양만식, 2010).

참고문헌

강창경(2004). 기업의 사회적 책임과 소비자보호법. **소비자문제연구**, 27, 149-161.

김동기·이용학(1996). **소비자행동분석**. 박영사.

김창원(2000). **인터넷 마케팅**. 학문사.

김해천·김기영·최종인(1997). **경영학 원론**. 박영사.

대니얼 S·제이널(2000). **인터넷 비즈니스 마케팅**. 더난출판사.

박강수(1985). **마아케팅관리론**. 세경사.

박명희(1996). **소비자의사결정론**. 학현사.

박운성(1997). **현대경영학원론**. 박영사.

손영석(1999). 회원마케팅. 광고정보, 1999년 7월호, 한국방송광고공사, 110-113.

안광호·유창조·전승우 역(2008). **Kotler의 마케팅 원리**(Kotler, Philip & Gary Armstrong, Principles of Marketing). 시그마프레스.

신정신(1999). 귀족마케팅. 광고정보. 한국방송광고공사, 8, 74-77.

양만식(2010). 기업의 윤리경영과 사회적 책임. **기업법연구**, 24(1), 245-275.

윤형석(1995). 제품 혁신 시대에서 마음 혁신 시대로. **기업소비자정보**, 35(5), 30-31.

윤형석(1995). 새로운 경영 혁신은 인간 의식의 혁신부터. **기업소비자정보**, 36(6), 36-37.

윤형석(1995). 고객만족 경영체제로의 전환전략 ①. **기업소비자정보**, 37(7·8), 32-33.

윤형석(1995). 고객만족 경영체제로의 전환전략 ②. **기업소비자정보**, 38(9), 36-37.

윤형석(1995). 고객만족 경영체제로의 전환전략 ③. **기업소비자정보**, 39(10), 34-35.

윤형석(1995). 고객만족 경영체제로의 전환전략 ④. **기업소비자정보**, 40(11), 38-39.

윤형석(1996). 고객만족 경영체제로의 전환전략 ⑤. **기업소비자정보**, 42(1·2), 32-33.

윤형석(1996). 고객만족 경영이 지향해야 할 우선과제. **기업소비자정보**, 43(3), 32-33.

윤형석(1996). 제품 개발·판매 활동·A/S의 기본 요건. **기업소비자정보**, 44(4), 32-35.

윤형석(1996). 고객만족 경영과 고객만족도(1). **기업소비자정보**, 45(5·6), 30-33.

윤형석(1996). 고객만족 경영과 고객만족도(2). **기업소비자정보**, 46(7·8), 26-29.

윤형석(1996). 고객만족 경영과 고객만족도(3). **기업소비자정보**, 47(9), 18-19.

윤형석(1996). 고객만족 경영 전략. **기업소비자정보**, 48(10·11), 20-21.

윤훈현·최석신(2000). **21세기 마케팅**. 도서출판 석정.

이원우·서도원·이덕로(1995). 경영학원론. 박영사.

잔 짐머만(2000). **이젠 @-마케팅으로 승부하라**. 명솔출판.

하성섭·유형석(1999). **21C 생존전략 @사이버 마케팅**(인터넷에서 마케팅을 극대화하는 방법). 도서출판 벤처북.

한철(2008). 기업의 사회적 책임(CSR). **기업법연구**, 22(1), 149-175.

대우가족(1997년 7월 1일자). 날씨를 알면 매출이 는다, 275.

동아일보(2000년 12월 14일자). “덤으로 공익드려요: 자선연계상품 개발 등 기업들 새마케팅전략 붐”
중앙일보(1994년 5월 14일자). “따로 또 같이 짝궁상품 인기”
중앙일보(1996년 12월 13일자). “폐장 무렵엔 밑져도 판다”
중앙일보(1996년 12월 20일자). “상술은 마술”
중앙일보(1996년 12월 20일자). “판매대 중간에 신상품을 놔라”
중앙일보(1996년 1월 20일자). “매장통로는 미로”
중앙일보(1997년 11월 21일자). “백화점 고객발길 돌려라”
중앙일보(1997년 3월 14일자). “백화점 통로 오른쪽에 인기매장”
중앙일보(1997년 3월 21일자). “신세대 나홀로 성향을 파고들어라”
중앙일보(1997년 5월 23일자). “불편한 만큼 깎아 줘”
중앙일보(1997년 5월 23일자). “조조할인 매장 늘어난다”
중앙일보(1997년 6월 18일자). “날씨를 알아야 장사가 된다”
중앙일보(1998년 2월 3일자). “느린 선율 → 느긋한 쇼핑 → 늘어나는 매상”
중앙일보(1998년 5월 1일자). “음악으로 구매욕구 복돋운다”
중앙일보(1999년 2월 19일자). “상인상술: 백화점 진열대는 계급사회?”
중앙일보(1999년 3월 5일자). “상인상술: 긴 상품이름이 뜬다”
중앙일보(1999년 3월 5일자). “상인상술: 백화점 3無 마케팅”
중앙일보(1999년 4월 2일자). “상품도 스타이름 쓰니 반짝 … 음료 HOT 매출 늘어”
중앙일보(1999년 4월 9일자). “상인상술: 술자 좋아야 돈복 온다?”
중앙일보(1999년 6월 11일자). “물건 사면 보험 덤 연계마케팅 확산”
중앙일보(2000년 3월 10일자). “유통돋보기: 홈쇼핑 채널의 고민”
중앙일보(2000년 3월 17일자). “백화점, 할인점 고정관념 깨는 매장배치”
중앙일보(2000년 4월 7일자). “유통, 외식업계 제안받기 붐”
중앙일보(2000년 7월 14일자). “유통돋보기: 고무장갑이 붉은 이유는?”
중앙일보(2001년 3월 15일자) “패션계에 블랙라벨 출시 붐, 비싸더라도 더욱 고급스럽게”
한국일보(1999년 4월 25일자). “맨발의 청춘 이젠 옛이야기: 백화점 전체매출 20~30%가 신세대 고객”

CHAPTER 08

정부의 시장활동

시장경제란 시장에서의 수요와 공급의 법칙에 따라 형성된 시장가격이 아담 스미스의 '보이지 않는 손'이 되어 모든 경제활동의 준거 혹은 신호기능을 담당함으로써 인류가 고안한 경제체제 중 가장 효율적으로 자원을 배분한다. 그러나 1930년대 경제대공황을 계기로 시장경제의 역기능(malfunction)이 드러나게 되면서 시장경제의 신화가 깨어지고 '시장실패'가 공식적으로 인정되었다. 기업과 개인에 의해 주도되던 시장경제는 시장실패를 시정하고 보완하기 위해 정부의 역할이 반드시 필요한 혼합경제의 경제체제를 취하게 되었고, 시장경제를 보조하는 정부의 시장활동이 요청되었다.

이 장에서는 정부개입과 규제의 규범적 근거가 되는 시장실패의 개념과 원인을 살펴보고, 소비자와 기업의 공정거래가 파괴되는 기업의 경쟁제한 행위에 대한 정부의 규제를 알아보도록 한다.

1 시장실패의 개념

시장경제는 시장가격을 기준으로 경제주체들의 합리적 판단에 따른 경쟁과 교환을 통해 경제적 가치를 획득하는 수단(mechanism)인 시장을 매개로 국민경제를 성립·발전시키고, 소비자와 기업, 나아가 국가의 부를 증대시키며, 국가의 기술수준을 향상시킴으로써 경제발전을 도모하는 결정적인 역할을 수행해왔다. 따라서 시장경제는 자율적으로 어떤 국민경제든지 추구하는 3대 경제목표인 자원의 효율적 배분(efficiency), 소득의 공평한 분배(equity), 그리고 경제의 안정과 성장(stability and growth)에 결정적인 기여를 해왔다.

그러나 1930년대 경제대공황을 계기로 시장경제는 그 역기능이 나타나기 시작했고 시장은 자율적 조절에 의해 균형 상태에 도달하지 못함으로써 효율, 형평, 그리고 성장과 안정이라는 3대 경제목표의 자율적 달성에서 실패하는 '시장실패(market failure)' 를 경험하였다. 시장실패란 시장 기구에 의하여 3대 경제목표가 달성되기 위해서 전제되어야 하는 조건들이 현실세계에서 충족되지 못함으로써 목표 달성에 실패하는 현상을 일컫는다.

시장실패의 개념은 경제활동을 전적으로 시장에 맡겨 두면 각종의 비효율과 분배의 불공평이 초래될 수 있음을 시사한다. 따라서 시장의 실패가 발생하는 경우 정부의 개입이 필연적인데, 시장의 실패가 있다는 사실만으로 정부의 개입이 정당화되지는 않는다. 다시 말해서 시장의 실패는 정부개입의 필요조건이지 충분조건이 아니며, 이와 같이 정부의 개입에 의해서도 문제가 반드시 해결되리라는 보장이 없기 때문에 정부의 개입이 자원배분의 새로운 왜곡을 야기시킬 수 있는 '정부의 실패(government failure)' 가 나타나기도 한다. 결과적으로 시장의 실패가 일어나는 경우, 시장기구와 정부개입 사이의 우열을 비교 평가해야 하는 어려운 과제가 남는다.

2 시장실패의 원인

시장실패의 원인은 크게 세 가지 유형으로 구분해볼 수 있다. 첫째는 시장의 구조적 전제가 파괴되는 경우로서 시장의 기능장애에 의한 것이고, 둘째는 시장이 효율적으로 작동할 수 없는 내재적 결함에 의한 것이며, 셋째는 시장이 이상적으로 기능하더라도 해결할 수 없는 외재적 결함에 의한 경우이다.

시장실패의 유형은 자동차가 목적지까지 갈 수 없는 경우와 비유해서 설명해볼 수 있는데, 첫째 유형인 시장의 기능장애는 자동차 자체가 고장난 경우와 같고, 둘째 유형인 내재적 결함은 폭설로 스노우 타이어나 체인을 장착해야만 하는 경우와 같으며, 셋째 유형은 하천의 범람으로 도로가 유실되어 목적지까지 갈 수 없는 경우와 같다.

시장의 기능장애에 의한 시장실패의 원인에는 경쟁의 실패, 불완전한 시장, 실업, 인플레이션, 불균형 등이 있고, 시장의 내재적 결함에 의한 원인에는 공공재와 외부효과의 존재 및 정보의 비대칭 등이 있으며, 시장의 외재적 결함으로는 소득분배의 불균형과 가치재의 공급 등이 있다.

1) 시장의 기능장애

(1) 경쟁의 실패

시장에서 자원이 효율적으로 배분되기 위해서는 경쟁이 필수적이다. 그러나 생산을 많이 할수록 평균생산비가 낮아지는 규모의 경제(economies of scale)가 존재하는 시장에서는 가장 대규모의 기업이 가장 낮은 평균비용으로 생산할 수 있기 때문에 시장수요 전체를 모두 공급할 수 있는 하나의 기업만이 살아남게 된다. 이와 같은 시장에서는 인위적인 진입장벽 없이도 독점생산자가 등장하게 되며 이것을 자연독점(natural monopoly)이라 한다. 소수의 기업이 존재하는 독점시장에서는 기업의 이윤극대화 추구라는 목적의식적 행위로 인해 사회적으로 바람직한 산출량보다 적은 양이 생산되어 결과적으로 비효율적인 자원배분이 초래된다. 또한 독점기업은 경쟁가격보다 높은 독점가격을 책정하여 독점이윤을 향유함으로써 불공평한 분배, 즉 형평에 어긋나는 결과가 초래된다. 따라서 정부는 독과점에 대해 가격인하, 여신제한, 벌금부과, 기업분리 등 다양한 규제조치를 취함으로써 기업의 경쟁제한 행위를 규제한다.

(2) 불완전 시장

때로는 수요가 존재함에도 불구하고 공급이 이루어지지 않는 불완전 시장(incomplete market)이 형성되어 수요와 공급이라는 시장법칙이 성립되기 어려운 경우가 있다. 이와 같이 어떤 재화나 서비스의 공급가격이 개인들이 기꺼이 지불하려는 가격보다 낮은데도 불구하고 공급이 이루어지지 못할 때 시장실패가 존재한다. 이러한 예에는 농촌지역에 의료공급이 극도로 부족한 경우가 해당되며, 정부는 이러한 불완전 시장문제를 해결하기 위해 의과대학 졸업생의 병역의무를 대신하여 무의촌지역의 공중의로 근무하게 한다.

(3) 실업, 인플레이션, 불균형

시장기구의 기능은 거시적 요인에 의해서도 장애가 일어나는데, 이것을 거시적 시장실패라고도 부른다. 여기에는 노동시장의 수급불일치나 임금의 경직성에 따른 실업, 총 수요와 총 공급의 불균형에서 유발되는 인플레이션, 그리고 국제무역 및 외환시장의 불균형에 의한 국제수지적자가 포함된다. 정부는 이와 같은 거시적 시장실패를 시정하기 위해 주로 재정정책이나 금융정책을 수립한다.

2) 시장의 내재적 결함

(1) 공공재

공공재(public goods)는 민간재(private goods)와 달리 한 개인이나 특정집단의 사람들을 그 혜택으로부터 배제시킬 수 없는 비배제성(non-excludability)의 특성을 갖는다. 또한 공공재는 많은 사람들이 동일한 재화를 동시에 소비할 수 있으며 한 개인의 소비가 다른 사람의 소비를 감소시키지 않는 비경합성(non-rivalness)의 특성을 갖는다.

공공재는 비배제성의 특성으로 인해 비용을 지불하지 않은 소비자를 소비하지 못하게 배제할 수 없기 때문에 경제주체 모두 혜택만을 향유하고 대가를 지불하려 하지 않는 '무임승차(free riding)'의 문제가 발생한다. 또한 공공재의 비경합성으로 인해 다른 소비자가 추가로 소비하여도 이미 소비하고 있던 소비자의 소비가능성이 감소하지 않기 때문에 소비를 놓고 경합을 벌일 필요가 없다.

이와 같이 공공재의 소비에 가격을 지불하지 않는 소비자를 배제할 수 없고 그 사람이 소비에 참여해도 다른 소비자들의 소비가능성에 영향을 주지 않기 때문에 공공재는 시장 기구에 맡겨두면 공급되기 어렵거나 불가능하다. 공공재의 존재는 정부의 시장개입을 정당화하는 강력한 근거가 되며 정부는 세금을 재원으로 공공재의 공급에 직접 개입한다.

(2) 외부효과

외부효과(externality)란 어떤 한 경제주체의 소비 또는 생산행위가 시장의 교환과정에 참여하지 않는 타 경제주체의 소비 또는 생산행위에 유리하거나 불리한 영향을 미치는 것을 의미한다. 이때 유리한 영향을 미치면 외부편익 또는 외부경제(external economy)로, 불리한 영향을 미치면 외부비용 또는 외부비경제(external diseconomy)로 표현한다. 어떤 경제행위가 다른 사람에게 혜택을 베풀고도 그에 상응하는 보상을 받지 못하는 것이 외부경제이고, 다른 사람에게 손해를 입히고도 그에 상응하는 대가를 지불하지 않는 것이 외부비경제이다.

외부경제는 서로 이웃하는 두 사람 중 한 사람이 자신의 정원을 자비를 들여 잘 가꾸어 놓으면 옆집 사람은 어떤 대가도 지불하지 않고 아름다운 정원을 감상할 수 있는 예에서 찾아볼 수 있다. 이와 같이 외부경제가 존재할 때에는 사적 한계생산물의 가치가 사회적 한계생산물의 가치보다 작기 때문에, 그 재화나 서비스의 생산량이 사회적 최적수준보다 작게 이루어진다. 외부경제의 대표적 예로는 새로운 지식의 창출이나 기술 개발을 위한 투자, 기업의 직업훈련 실시, 전염병예방을 위한 백신소비 등이 있다.

외부비경제의 가장 대표적인 예는 공기오염, 수질오염, 토양오염 등의 환경오염이다. 환경오염 배출자들은 타인이 입게 되는 손실을 무시한 채 오로지 사적 비용만 고려해 생산하기 때문에 사회적 최적생산량을 초과하여 과잉생산하게 된다.

따라서 정부는 외부경제를 수반하는 소비나 생산활동에 대해 보조금을 지급하여 그 활동을 촉진시키는 한편, 공해 등의 외부비경제를 초래하는 활동에 대해서는 법적으로 규제하거나 세금 또는 벌금을 부과하여 적정수준의 활동이 이루어질 수 있도록 한다.

(3) 정보의 비대칭

시장기제에 의해 자원이 효율적으로 배분되기 위해서는 소비자와 생산자 모두 재화의 질과 양에 대한 충분한 정보를 가지고 있어야 한다. 그러나 현실적으로는 완전한 정보를 얻거나 제공하는 데에 많은 비용이 소요되고, 소비자와 생산자 사이에 정보의 비대칭이 존재한다. 생산자는 자신의 상품에 관한 정보를 비교적 손쉽게 획득할 수 있지만 소비자는 그 상품을 사용해 보지 않고는 정확한 정보를 사전에 알 수 없기 때문에 상품 구매시점에서 열등한 정보를 갖게 된다. 그 결과 소비자는 구매시점에 상품의 품질을 과대평가하여 완전정보가 있었다면 결정되었을 가격보다 필요 이상으로 높은 가격을 지불하게 된다. 이와 같이 생산자가 소비자에 비해 우월한 정보를 갖고 있는 경우에 시장이 제 기능을 다할 수 없게 되어 시장의 실패가 발생한다.

정보의 비대칭문제는 생산자와 소비자 사이에만 일어나는 것이 아니고 사용자와 근로자, 보험회사와 보험가입자 등 계약 쌍방 간에 항상 발생할 수 있다. 정부는 정보의 비대칭문제로 인한 시장실패를 교정하기 위해 시장에서 거래되는 각종 상품에 대한 제반사항을 소비자가 확인할 수 있도록 면허제도, 수출품검사, 각종 자격제도, 품질확인 및 표시제도 등으로 규제한다.

3) 시장의 외재적 결함

(1) 소득분배의 불균형

시장경제에서의 소득분배란 생산요소의 소유량과 생산요소가 생산에 공헌하는 정도에 따라 결정되는 가격에 달려 있기 때문에 능력과 생산요소의 불균등한 분배는 빈익빈 부익부의 현상을 초래하여 소득분배의 불균형이 심화되고, 사회의 분배적 정의의 실현이 저해된다. 그러므로 소득분배에 관한 한 시장의 역할은 제한적이다. 이와 같은 소득분배의 불균형은 시장의 외재적 결함에 의한 시장실패의 주요한 요인이며 정부의 조정을 필요로 한다. 정부의 소득분배정책은 크게 생산요소의 소유량 조정과 생산요소의 가격조정으로 나눌 수 있는데, 전자에는 토지개혁, 상속세 및 증여세의 부과 등이 있고, 후자에는 최저임금제, 누진세제도, 이자율 조정 등이 있다.

(2) 가치재의 공급

종종 소비자들은 충분한 정보가 주어져도 자신의 이익에 반하는 행위를 한다. 지나친 음주와 흡연 및 약물복용이 대표적인 예이다. 정부는 개개의 소비자 자신들보다도 무엇이 그들에게 좋은지 더 잘 알 수 있다는 부정주의(paternalism)에 입각하여 개입함으로써 바람직하지 않은 개인의 행위를 금지시키도록 하는 규제조치를 취하게 되는데 이것이 가치재(merit goods)의 공급이다.

지금까지 시장실패의 유형과 그 원인에 대해 살펴보았다. 시장의 기능장애와 시장의 내재적 결함으로 인한 시장실패에 대한 정부의 대응책이 시장이 보다 잘 운영될 수 있도록 하기 위한 조건의 설정에 관한 것이라면, 시장의 외재적 결함으로 인한 시장실패에 대한 대응책은 정책담당자의 가치판단에 의존하게 된다. 정부의 시장활동은 시장기능의 개선과 확장을 위해 필요한 범위 안에서 정책적 결정에 의해 이루어진다.

3 시장경제에서 정부가 담당해야 하는 일

시장경제의 원활한 운영을 위해서 정부 개입이 필연적이라면, 정부는 무엇을 할 수 있고 또 해야만 할까?

첫째, 정부는 개인의 자유가 최대한 신장될 수 있는 법과 제도를 만드는 규칙의 제정자와 심판자가 되어야 한다. 개인의 자유와 재산권을 신장하기 위해 만들어지는 법은 정의롭고 불편부당해야 하며, 편의보다는 뚜렷한 논리적 일관성을 갖고 원리원칙에 의하여 움직여야 한다. 또한 법은 동일한 상황에 있는 모든 사람들에게 공평하게 적용되어야 하고, 소급 적용되어서는 안 되며, 사전에 미리 알려져야 하거나 알 수 있어야 하고, 특정 개인이나 집단을 처벌하기 위해 사후적으로 법이 만들어져서는 안 된다.

둘째, 정부는 개인의 생명과 재산을 보호하기 위해 국방과 경찰기능을 유지해야 하는데 이것의 목적은 시장 기구를 이용하는 비용, 즉 거래비용(transaction cost)을 줄이는 데 있다. 다시 말해서 거래비용이 낮아지면 낮아질수록 개개인의 시장 이용은 늘어나고, 거래가 원활하게 이루어질수록 개개인에게는 이익이, 국가 전체적으로는 국부가 창출된다.

셋째, 민주주의는 다수결의 원칙에 의해 움직이는데 다수결의 원칙이 적용되는 경우는 흔히 국민 전체의 이익이라는 가면을 쓰고 소수의 침해당할 수 없는 권리를 무시하는 결과를 초래한다. 그러나 시장 기구에 따르면 소수가 다수에 대해서 강요된 복종을 할 필요가 없기 때문에 시장에 의해서 처리되는 활동범위가 확대되면 될수록 명백한 정치적 결정을 필요로 하는 문제가 줄어든다. 따라서 정부는 법의 지배라는 원칙 아래에서 시장경제의 원리와 원칙을 수호해나가려는 강력한 의지와 태도를 고수해야 한다.

넷째, 시장경제의 성공적인 운영은 사회구성원들이 올바른 윤리와 도덕을 가지고 있느냐에 달려 있기 때문에 시장경제는 제도만으로 운영될 수 없다. 따라서 정부는 시장경제에 참여하는 사회구성원들을 건전한 시민으로 양성해야 한다.

다섯째, 시장 기구는 경쟁에 맡겨 운영되기 때문에 분배의 불공평성 문제를 자동적으로 해결해주지 못한다. 정부는 시장경제의 경쟁과정에서 탈락하거나 원천적으로 경쟁에 참여할 수 없는 사람들에 대한 배려와 대안을 제시하여 분배의 공평성을 회복하기 위한 적극적인 노력을 경주해야 한다.

지금까지 살펴본 시장경제에서 정부가 담당해야 하는 일 가운데에서 소비자의 입장에서 가장 중요한 것은 시장에서 공정하고 자유로운 경쟁이 유지되도록 하는 것이다. 그러나 한국은 재벌에 의한 경제력 집중도가 심하고, 이것은 소비자의 경제생활에 심각한 문제점을 안겨 준다. 이어서 경제력 집중이 초래하는 문제를 살펴보기로 한다.

4 경제력 집중의 영향

한국에서는 소비자의 경제생활에서 재벌이 차지하는 비중이 막중하다. 재벌은 '자연인에 의하여 소유되는 기업집단' 을 말하는데 전 세계적으로 기업집단은 수없이 존재하고 있으나 자연인에 의하여 소유되는 기업집단, 즉 재벌은 소수의 나라에만 있고 그 가운데에서 우리의 경우가 심각한 수준에 있다고 할 수 있다. 일본에도 재벌이 있으나 재벌의 지배주주는 불과 1~2% 미만의 적은 지분밖에 소유하고 있지 않기 때문에 일본 국민들은 재벌을 비난하지 않는다. 그러나 한국의 경우에는 자연인이 소유한 지분이 30대 재벌의 경우 14% 수준에 이르기 때문에 재벌에 의한 경제력 집중은 다른 나라에 비해 그 정도가 심하다고 할 수 있다.

경제력의 집중은 경쟁의 제한, 금융의 집중, 토지소유의 편중 등을 동반하여 생산비를 높이고 그 결과 상품의 가격을 상승시키며, 분배의 측면에서도 소득과 부를 지속적으로 소수에게 집중시키고, 지가와 집 값의 상승 등으로 근로자의 생계비를 임금상승폭을 앞질러 올리는 등 소비자의 경제생활에 심각한 문제점을 안겨 준다. 이러한 경제력 집중의 문제가 소비자의 경제생활에 미치는 영향을 생각해 보기로 한다.

1) 생산요소의 집중

경제가 발전하기 위해서는 생산요소가 적재적소에 요긴하게 쓰여 져야 한다. 경제력 집중이 초래하는 가장 큰 문제는 생산요소가 소수의 대기업에 다음과 같이 편중 배분된다는 점이다.

(1) 자금의 비효율적 배분

금융은 생산활동의 기초가 되는데 소수의 대기업 또는 기업집단에 자금이 편중되어 있다면 기존 및 신규기업의 생산활동을 크게 위축하게 된다. 은행대출의 독과점으로 금융자원이 편중되어 있을 때 국민경제 차원에서 창의적 기업의 발전을 제약함으로써 자금의 비효율적 배분이 초래된다.

(2) 신규기업의 시장진입 억제

경제력 집중은 새롭게 시장에 진입하려는 기업을 배제함으로써 경제 전체의 생산력의 발전을 저해한다. 소수의 대규모 기업집단은 막강한 자금력과 생산요소시장에서의 월등한 자본력 및 교섭력 등을 발휘하여 거대한 시장지배력을 행사함으로써 신규기업의 시장진입을 원천적으로 봉쇄하여 공정한 경쟁을 통한 자원배분의 효율을 얻지 못하게 만든다.

(3) 중소기업의 발전 억제로 사회적 생산비용 증대

최근 한국 기업이 급변하는 내외여건 변화에 신축적으로 대응하지 못하고 기술이 임금만큼 빠른 속도로 향상되지 못하는 중요한 이유가 바로 창의적인 중소기업의 발전이 억제되고 있기 때문인 것으로 지적되고 있다. 경제력 집중은 이러한 중소기업의 발전을 저해하는 요인으로 작용하며, 국민경제 전체의 생산단가를 높이고 기술의 발전을 지연시킨다.

2) 소비자의 실질소득 감소

(1) 자본이득의 발생과 소득의 이전

경제력 집중으로 인해 집중된 자산은 그 자체로부터 생산활동 없이 자본이득이 발생하여 자원의 이용을 왜곡시킨다. 이러한 자본이득의 발생은 기업으로 하여금 생산적 투자보다 부동산 투기에 열중하게 함으로써 지가를 더욱 상승시키고 신규 중소기업의 창업이나 기업 확장을 어렵게 만든다. 결국 국민경제 전체적으로 투자와 생산의 위축을 초래하여 자원의 낭비를 가져오게 된다.

(2) 독과점적 재벌의 초과이윤

경제력 집중은 시장구조를 독과점화 시키고, 그 결과 소비자의 부담이 늘어나 실질소득을 감소시키고 독과점기업은 초과이윤을 획득하여 국민경제 전체의 후생수준이 떨어진다. 독과점기업은 가격을 시장에서 결정되는 대로 받아들이는 가격수용자가 아니라 가격을 스스로 정하는 가격결정자이기 때문에 경기가 침체하여도 생산량이나 가동률을 조절하여 가격하락을 피해갈 수 있다. 또한 생산요소가격의 상승요인을 가격에 곧바로 전가하여 인플레이션을 야기 시키기도 한다. 이러한 현상은 장기화되어 경제력 집중이 가속화된다는 문제를 수반한다.

3) 사회적 갈등의 심화

경제력 집중의 가장 큰 문제는 소수의 거대한 기업집단이 행사하는 정치적·경제적 영향력에 있다. 기업집단은 각종 이익집단과 매스컴을 활용하거나 직접 정치적 로비활동을 통하여 중요한 경제정책이 유리하게 결정되도록 영향력을 행사한다. 그것이 국민경제 발전에 유익한 것이라면 다행이지만 국민의 희생으로 소수 기업집단의 이익을 위하는 일이라면 매우 우려할 만하다.

정경유착은 그 자체가 우리 사회의 모든 경제부정과 부조리의 온상이 되고, 그 결과 근로자의 근로의욕이 저하되어 생산성이 저하되고, 계층 간의 갈등이 심화되는 등 심각한 사회적 갈등을 초래한다.

4) 효율성의 저하

이 외에도 경제력 집중은 경영의 비효율을 가져오고, 기술발전의 지연을 자초하게 된다. 과점 기업 간에는 치열한 경쟁으로 기술의 발전이 가속되는 경우도 있으나 독점이나 과점이 많은 경우에는 신상품 개발이나 기술혁신 등의 경쟁압력이 미약하기 때문에 기술발전의 정체를 초래하게 된다.

5 기업의 경쟁제한 행위에 대한 정부의 규제

시장경제체제하에서 공정하고 자유로운 경쟁은 필수적인 사항이다. 공정하고 자유로운 경쟁이 유지되어야 시장경제의 정상적인 기능이 수행되어 균형 있는 국민경제 발전과 동시에 소비자권익이 달성된다. 특히, 경제적 의미의 주권이라고 할 수 있는 소비자주권(consumer sovereignty)이 달성되기 위해서 경쟁은 반드시 필요하다.

그러나 오늘날의 현실에서 경쟁이 제한되는 경우가 많고, 앞서 살펴 본 바와 같이 한국의 경우에는 기업의 경쟁 제한적 행위가 심각하여 경제력이 집중되어 있다. 경쟁이 제한되면 시장경제의 기능이 제대로 유지되지 못하므로 정부는 시장경제의 활성화를 위하여 경쟁제한 행위를 규제하는 경쟁정책을 실시하게 된다.

독과점적 구조에서는 상품이나 서비스의 공급가격이 시장메커니즘인 수요와 공급 원칙이 아닌 공급자주도로 형성되며 이로 인해 소비자이익에 부정적인 영향을 미치게 된다. 결국, 사회 전체의 인적 자원과 물적 자원을 효율적으로 배분하지 못하고 시장실패(market failure)가 발생한다. 이와 같은 시장실패는 소비자에게 부정적인 영향을 미치게 됨은 물론이며 공정하고 창의적인 기업활동을 제한하기 때문에 규제하지 않으면 안 된다. 이러한 이유로 정부는 독과점, 기업결합, 공동행위 등과 같은 경쟁제한행위를 규제하지 않을 수 없는 것이다.

한국에서는 1980년 경쟁제한행위를 규제하기 위하여 「독점규제 및 공정거래에 관한 법률」(이하 「공정거래법」)을 제정하여 공정하고 자유로운 경쟁을 촉진하고, 창의적인 기업활동을 조장하며, 소비자를 보호하고, 균형 있는 국민경제발전을 추구하고 있다. 「공정거래법」은 시장경제를 기본으로 시장경제의 기능을 유지하기 위한 법률이므로 「경제 질서의 기본법」 또는 「경제헌법」이라고 한다. 「공정거래법」은 폐해규제원칙, 행정규제원칙, 직권규제원칙을 적용하고 있다.

한국의 「공정거래법」은 독점이나 과점은 원칙적으로 허용하면서 그 폐해, 즉 시장 지배적 지위남용만 금지하는 폐해주의를 취하고 있다. 기업결합 및 공동행위의 경우 그것으로 인하여 실질적인 경쟁을 제한하는 경우에만 규세하고 있다. 한편, 공정거래법에 따르면, 사법적 절차에 의해 경쟁제한행위를 규제하는 것이 아니고 행정규제원칙에 따라 행정기관(공정거래위원회)이 행정처분을 통해 규제를 하고 있다. 또한, 직권규제원칙에 따라 공정거래위원회가 직권으로 「공정거래법」 위반사실 여부를 조사할 수 있으며 일반 국민은 공정거래위원회에 「공정거래법」 위반사실을 신고할 수 있다. 다시 말해, 「공정거래법」 위반에 대한 처벌은 공정거래위원회의 고발이 있어야 하며 이 법 위반으로 인한 피해자의 손해배상청구권은 공정거래위원회의 시정조치가 확정된 후에 재판상 주장할 수 있다.

앞서 논의한 바와 같이, 공정하고 자유로운 경쟁을 제한하는 경쟁 제한적 행위는 시장경제의 실패를 초래하여 소비자이익을 감소시키며 소비자주권실현에 방해요소가 된다. 따라서 소비자주권 실현의 필수적 조건인 경쟁을 제한하는 행위들에 대해 구체적으로 살펴 볼 필요가 있다. 여기서는 「공정거래법」의 기준을 중심으로 경쟁을 제한하는 대표적인 형태인 경쟁 제한적 시장구조, 시장 지배적 지위남용행위, 기업결합, 공동행위, 불공정거래행위에 대해 구체적으로 살펴보고자 한다.

1) 경쟁 제한적 시장구조의 규제

시장경제가 제 기능을 수행하기 위해서는 개방된 시장에서 제한 없이 자유롭게 경쟁할 수 있어야 한다. 경쟁의 3대 원칙이라 할 수 있는 공개, 자유, 공정경쟁이 이루어져야 한다. 그러나 독과점 시장구조에서는 이와 같은 조건이 충족되지 않으므로 시장경제가 정상적인 기능을 수행하지 못하며 동시에 소비자주권이 실현되지 않게 된다. 독과점 시장구조에서 주도 기업이 가격지배력을 통해 가격차별, 거래거절, 경쟁업자의 시장진입 억제 등 다양한 형태의 불공정거래행위를 하게 되며 또한 공급자들 간의 담합이 용이하게 일어 날 수 있다. 결론적으로, 독과점 시장구조에서는 다양한 형태의 경쟁제한 행위가 쉽게 일어난다.

독과점 시장구조의 개선을 위해 1981년 「공정거래법」이 시행된 이래 독과점 규제시책은 시장지배적 사업자의 남용행위를 사후 시정하는 내용으로 추진해 왔으나, 남용행위의 개별적인 사후 시정만으로는 독과점 시장구조를 체계적으로 분석하고 그 요인을 근본적으로 개선하는 데에 한계가 있었다. 따라서 1996년 독과점 시장구조가 장기간 고착화된 시장에 대한 경쟁도입 등 독과점 시장구조 개선시책을 추진할 수 있는 법적 근거(「공정거래법」 제3조)를 마련하고 독과점 시장구조가 장기간 유지되고 있는 상품이나 용역의 공급 또는 수요시장을 선정하여 시책을 추진하고 있다. 1996년에 자동차, 철강 등 26개 우선 개선대상 품목을 선정하여 독과점 시장구조 개선을 추진하였고, 2000년에 신용카드업과 통신서비스업 분야를 대상으로 추진하였으며, 2001년부터는 독과점 시장구조 개선시책을 산업별 시장개선대책으로 변경하여 2005년까지 총 39개 업종에 대해 산업별 시장개선대책을 추진하였고, 2008년도에는 손해보험업과 항공 운송업을 대상으로 추진하는 등 경쟁 제한적 시장구조 개선 노력이 지속적으로 이루어지고 있다.

2) 시장 지배적 지위남용의 규제

독과점적 구조하에서 시장지배적 사업자의 남용행위는 실질적인 경쟁을 제한하게 되므로 그 폐해가 심각한 것이 보통이다. 따라서 시장 지배적 지위를 갖는 사업자는 그 지위를 남용하는 행위를 하여서는 안 된다. 한국의 「공정거래법」에서 시장

지배적 사업자란 일정한 거래 분야의 공급자나 수용자로서 단독으로 또는 다른 사업자와 함께 상품이나 용역의 가격·수량·품질 기타의 거래조건을 결정·유지 또는 변경할 수 있는 시장지위를 가진 사업자로 정의된다.

시장지배적 사업자를 판단함에 있어서는 시장점유율, 진입장벽의 존재 및 정도, 경쟁사업자의 상대적 규모 등을 종합적으로 고려한다. 한편, 시장지배적 사업자는 다음과 같은 시장 지배적 지위의 남용행위를 해서는 안 된다.

- 상품의 가격이나 용역의 대가(가격)를 부당하게 결정·유지 또는 변경하는 가격 남용행위
- 상품의 판매 또는 용역의 제공을 부당하게 조절하는 출고조절행위
- 다른 사업자의 사업 활동을 부당하게 방해하는 사업활동방해행위
- 새로운 경쟁사업자의 참가를 부당하게 방해하는 진입제한행위
- 부당하게 경쟁사업자를 배제하기 위하여 거래하거나 소비자의 이익을 현저히 저해할 우려가 있는 경쟁사업자 배제 또는 소비자 이익의 저해행위

시장지배적 사업자란 일정한 거래분야에서 시장점유율이 100분의 50 이상이거나 3 이하의 사업자 시장점유율의 합계가 100분의 75 이상(단, 이 경우 시장점유율이 100분의 10 미만인 자는 제외)인 경우에 시장지배적 사업자로 추정한다. 시장지배적 사업자가 남용행위를 한 경우에는 대통령령이 정하는 매출액(대통령령이 정하는 사업자의 경우에는 영업수익)에 100분의 3을 곱한 금액을 초과하지 않는 범위 안에서 과징금을 부과할 수 있도록 규제하고 있다.

3) 기업결합의 규제

기업 간의 결합은 인적·조직적, 그리고 물적 결합을 포함하며 개별 기업의 독립성을 소멸시키는 과정과 형태를 말한다. 기업결합은 다양한 방법으로 진행되는데 여러 기준에 따라 분류할 수 있다. 가장 대표적인 분류방법은 결합이 시장에 미치는 효과를 기준으로 수평결합, 수직결합, 혼합결합으로 분류한다. 수평결합이란 동종 또는 인접제품시장 내에서 발생하는 기업결합을 의미하는데 수평결합의 경우 경쟁제한효과가 커서 독점화의 수단이 된다. 수직결합은 동종제품시장이 아닌 다른 제

품시장의 기업과 결합하는 것으로 보통 주력 생산제품의 수요 및 공급과 관련이 있는기업과 결합하는 경향이 있다. 지배적인 기업이 수직적 결합을 통해 결합된 시장에서 경쟁제한행위를 용이하게 할 수 있다.

기업결합이 모두 경쟁을 제한하는 행위는 아니므로 경쟁을 실질적으로 제한하는 결합의 경우에만 금지대상이 된다. 기업결합이 이루어진 경우 금지대상이 되는지의 여부는 기업결합으로 인해 유효경쟁을 기대하기 곤란한지의 여부로 판단하는데 보통 사업자의 수와 규모의 차이, 독립성의 정도, 시장진입의 제한 등을 기준으로 판단한다. 또한, 기술개발이나 원가절감을 위한 노력, 생산비와 가격의 상관관계, 조업도, 이윤율, 판매비의 지출 등도 기준이 된다. 그러나 경쟁제한적인 결합의 경우라 해도 공정거래위원회가 산업합리화 또는 국제경쟁력 강화를 위해 필요하다고 인정하는 경우 예외적으로 허용하고 있다.

기업결합으로 인해 실질적인 경쟁이 제한된다면 기업은 품질개선이나 원가절감의 노력을 하지 않게 되어 궁극적으로는 소비자복지에 부정적인 영향을 미치게 된다. 따라서 기업결합은 기업만의 문제가 아니고 소비자에게도 간접적·직접적으로 영향을 미칠 수 있음을 간과하여서는 안 된다.

4) 부당한 공동행위의 규제

공동행위란 카르텔(cartel) 또는 담합과 같이 생산자 또는 유통업자들 사이에서 이루어지는 다양한 형태의 담합 또는 협정을 의미한다. 사업자가 계약, 협약, 결의 등의 방법으로 다른 사업자와 공동으로 상품이나 서비스의 가격, 거래량, 거래조건, 거래지역 등을 제한 또는 담합하는 행위를 말한다. 공동행위는 명시적인 협정서나 교섭 없이 암묵적으로 이루어지는 것이 보통이어서 이를 발견하기가 어려운 실정이다.

공동행위가 거래분야에서 실질적으로 경쟁을 제한하는 경우 부당한 공동행위에 해당되며 이와 같은 행위는 규제대상이 된다. 다만, 산업합리화, 연구 기술개발, 불황극복, 산업구조의 조정, 거래조건의 합리화, 중소기업의 경쟁력 향상 등의 이유로 공정거래위원회의 인가를 받은 경우는 예외로 인정하고 있다.

공동행위는 일반적으로 상당한 시장점유율을 차지하고 있는 사업자들 간에 가격, 거래조건, 판매량 등 경쟁의 주요 요소들과 관련한 공동행위를 하는 것이 보통이므로 경쟁을 제한하는 효과를 갖는 것이 보통이어서 기업결합 또는 다른 형태의 경쟁 제한행위보다 경쟁제한의 폐해가 더 크다고 하겠다.

공동행위의 형태는 매우 다양하다고 볼 수 있다. 「공정거래법」에서 제시하고 있는 부당한 공동행위는 다음과 같다.

- 가격을 결정·유지 또는 변경하는 행위
- 상품 또는 용역의 거래조건이나, 그 대금 또는 대가의 지급조건을 정하는 행위
- 상품의 생산·출고·수송 또는 거래의 제한이나 용역의 거래를 제한하는 행위
- 거래지역 또는 거래 상대방을 제한하는 행위
- 생산 또는 용역의 거래를 위한 설비의 신설 또는 증설이나 장비의 도입을 방해하거나 제한하는 행위
- 상품 또는 용역의 생산·거래 시에 그 상품 또는 용역의 종류·규격을 제한하는 행위
- 영업의 주요부문을 공동으로 수행·관리하거나 수행·관리하기 위한 회사 등을 설립하는 행위
- 입찰 또는 경매에 있어 낙찰자, 경락자, 투찰가격, 낙찰가격 또는 경락가격, 그 밖에 대통령령이 정하는 사항을 결정하는 행위
- 이상의 행위 이외에 다른 사업자의 사업 활동 또는 사업내용을 방해하거나 제한함으로써 일정한 거래분야에서 경쟁을 실질적으로 제한하는 행위

공정거래위원회는 이러한 공동행위 규정을 위반한 사업자에 대해 대통령령이 정하는 매출액에 100분의 10을 곱한 금액을 초과하지 않는 범위 안에서 과징금을 부과할 수 있도록 규제하고 있다.

5) 불공정거래행위의 규제

불공정거래행위란 자유로운 시장경쟁을 저해할 수 있는 공정하지 않거나 정당하지 못한 방법으로 거래하는 행위를 일컫는다.

한국의 「공정거래법」은 불공정거래행위에 해당되는 행위의 주요 유형을 고시하고 있으며, 불공정거래행위에 있어 일반 모든 사업 분야에 적용되는 일반 불공정거

래행위와 특수한 사업 분야에만 적용되는 특수 불공정거래행위로 나누어 고시하고 있다. 「공정거래법」에서 제시하고 있는 일반 불공정거래 유형과 기준은 표 8-1에 정리하였다.

일반 불공정거래행위와는 별도로 특수한 사업 분야 또는 특수한 행위에만 적용하는 특수 불공정거래행위는 크게 3가지의 유형으로 다음과 같다.

- 경품 제공에 있어서의 특수 불공정거래행위
- 대규모 소매업에 있어서의 특수 불공정거래행위
- 신문업에 있어서의 특수 불공정거래행위

경품제공은 판매촉진을 위한 사업자의 수단 중 대표적인 것이다. 경품제공이 지나치면 규제의 대상이 되는데 규제를 하는 이유는 지나친 경품제공이 가격, 품질, 서비스 등의 경쟁을 제한하는 경우가 많기 때문이다. 사업자들은 판매증진을 위하여 소비자들을 현혹하고 유인할 수 있는 것을 제공하여 충동구매 및 과잉지출을 초래할 수 있고, 경품제공 비용이 소비자에게 전가될 소지가 있다.

대규모 소매업자에 대한 규제의 배경에는 백화점, 대형마트, TV홈쇼핑 등 대규모 소매업자들이 거래상대방인 납품업자, 점포임차인 등에 대하여 거래상 우월적 지위를 이용하여 부당하게 불이익을 주는 행위를 방지하는 데에 있다. 여기에는 부당반품행위, 부당감액행위, 부당한 수령거부행위, 판촉비용 등의 부당한 강요행위, 서면계약체결의무 및 부당한 계약변경행위가 포함된다. 즉, 주문제조한 거래 또는 직접 매입하여 거래한 상품의 전부 또는 일부를 납품업자에게 반품하는 부당반품행위, 납품업자로부터 상품을 매입한 후 대금을 감액하는 부당감액행위, 납품업자에게 귀책사유가 없음에도 납품량 전부 또는 일부의 수령을 지연·거부하는 부당한 수령거부행위, 납품하는 상품의 판매촉진에 기여하지 않는 비용 등을 부담시키는 행위와 미리 정하지 않은 비용을 전가하는 판촉비용 등의 부당한 강요행위 등이 포함된다.

신문업에 대한 규제의 배경에는 과도한 무료 신문과 경품 제공 등을 통한 부당한 거래유인행위를 방지하고 신문시장의 공정한 거래질서를 확립하려는 데에 있다. 여기에는 무가지 및 경품류 제공의 제한, 부당고객유인행위, 거래강제행위, 배타조건부거래행위가 포함된다. 즉, 부당하게 경쟁자의 고객을 자기와 거래하도록 유인하는 무가지 및 경품류 제공의 제한 행위, 구독계약이 종료된 후 구독중지의사를 표시

표 8-1 불공정거래행위

일반불공정거래 유형	거래 행태
거래 거절	거래개시 거절, 거래관계 중단, 거래상품과 용역 수량 내용 제한
차별적 취급	거래지역, 가격, 기타 거래조건 차별
경쟁사업자 배제	공급원가보다 현저히 낮은 가격으로 판매, 통상거래가보다 부당하게 높은 가격으로 구입
부당한 고객유인	과도한 이익의 제공, 계약 성립의 저지, 계약불이행의 유인 등을 통해 부당하게 경쟁자 고객 유인
거래강제	끼워 팔기, 사원판매 등을 통해 경쟁자 고객과의 거래 강제
거래상지위 남용	우월적 지위 부당하게 남용하여 거래상 불이익 부여
구속조건부거래	거래지역 또는 거래상대방 제한하여 사업 활동 부당하게 구속하는 조건으로 거래
사업활동 방해	과도한 이익의 제공, 계약 성립의 저지, 계약불이행의 유인 등을 통해 부당하게 경쟁자 고객 유인
부당한 자금 자산 인력의 지원(부당 지원행위)	가지급금, 대여금, 인력, 부동산, 유가증권, 상품, 용역, 무체재산권 등을 제공하거나 현저히 유리한 조건으로 거래하여 특수 관계인이나 다른 회사 지원

한 자에게 7일 이상 신문을 계속 투입하는 부당고객유인행위, 사회통념상 아주 낮은 보수 또는 무보수로 사원을 채용한 뒤 그 사원이 수주한 광고대가의 일부를 보수로 지급하는 조건으로 그 사원에게 광고상품의 판매를 강요하는 거래강제행위, 신문판매업자에게 부당하게 사전계약 또는 합의에 의하지 않고 다른 신문발행업자의 신문을 판매하지 못하게 하는 배타조건부거래행위가 포함된다.

6 경쟁정책과 소비자정책

시장경제를 기본으로 정부의 역할이 다각적으로 이루어지는 혼합경제에서 공정하고 자유로운 경쟁 유지를 위해 정부는 경쟁정책을 실시한다. 이에 못지않게 중요하게 부상하는 것은 소비자의 올바른 선택행위, 즉 소비자주권이 실현되는 시장 환경에서 소비자의 자주적인 역량 제고가 국가의 경쟁력을 좌우한다는 인식의 확산이다. 소비자의 합리적인 선택이 기업의 생존을 결정하고 기업의 번영을 좌우하는 핵이라는 인식 아래 소비자정책은 성숙한 시장경제 발전을 위해 경쟁정책과 연계되고 있다.

국민경제수준을 결정짓는 생산과 소비에서 과거에는 소비보다 생산이 강조되었고 '사업자와 소비자의 관계'를 대상으로 하는 소비자정책은 '사업자와 사업자간의 관계'를 대상으로 하는 경쟁정책과 무관한 것으로 인식해온 것이 사실이다. 그러나 소비자정책이 경제정책의 중요한 축으로 부상하였고 국가경제 발전과정에서 소비자정책이 차지하는 중요성이 나날이 커졌다. 이제 경쟁정책과 소비자정책은 시장기능의 원활화, 경제적 효율성 달성, 소비자후생 증대라는 공동 목표를 향해 상호보완적으로 연계되어 추진되고 있다.

경쟁정책은 기업 간 공정하고 자유로운 경쟁의 유지와 촉진을 위한 정책으로 기업의 경쟁제한 행위에 대한 규제 개혁에 집중된다. 한편, 소비자정책은 소비자의 권익을 증진시키고 소비생활의 향상을 도모하는 정책으로 정보제공과 교육을 통한 소비자 선택권의 확보, 소비자 능력 향상, 소비생활의 합리화에 집중된다.

시장경제가 원활하게 기능할 때 소비자이익이 확보되고 경제적 효율성이 달성되기 때문에 수요와 공급 양쪽 모두가 개선되어야 한다. 경쟁정책은 공급 측면에서, 소비자정책은 수요 측면에서 시장의 개선을 도모한다. 경쟁정책은 사업자간 경쟁을 통해 다양하고 품질 좋은 재화와 서비스를 저렴하게 시장에 공급하게 한다. 한편 소비자정책은 소비자의 주체적이고 합리적인 선택으로 시장에서 재화와 서비스의 생산과 유통을 결정짓는 소비자주권이 실현되게 한다.

정책수단이란 규제와 지원으로 양분되는데 경쟁정책과 소비자정책 모두 이 두 가지를 활용하지만 정책추진에 필요한 지식과 정보를 산출하는 방법에 있어서 약간의 차이가 있다. 경쟁정책에는 반경쟁적 행위나 시장구조 변화가 시장에 미치는 실제적 혹은 잠재적 영향을 확인하는 데에 명백한 증거가 필요하기 때문에 경제적 분석방법이 활용된다. 반면 소비자정책에는 사업자의 행위가 사기·기만, 허위·과장 등과 같은 부당한 행위에 해당되는가의 여부를 판단하기 위해 법적 분석이 상대적으로 더 활용된다.

시장환경의 변화에 따라 소비자정책은 과거에 상대적으로 약자인 소비자를 보호해야 한다는 입장으로부터 최근 사업자와 대등한 입장에서 소비자의 자율과 책임이 강조되는 이른바 소비자주권(consumer sovereignty) 실현을 위한 시장환경 조성에 맞춰져 있다. 국경 없는 국제거래 규모의 확대와 그 형태의 다양화 속에 기존의 국내 소비거래 위주의 소비자정책은 그 범위를 확대해나가며 소비자 관련 국제논의에 체계적으로 대응해야 한다.

참고문헌

공병호(1996). **시장경제란 무엇인가**. 한국경제연구원.

김영규(2000). **시장의 실패 자본의 실패**. 인하대학교 출판부.

류진석(1994). 市場失敗와 分配政策. **사회복지연구**, 5, 92-112.

박원균(1996). **시장·정부·사회-선택과 조화**. 한남대학교 출판부.

wolf, C. 저, 전상경 역(1991). **市場과 政府-不安全한 選擇代案**. 교문사.

윤창호·이규억·이성순(1987). **정부와 시장-우리나라의 産業組織과 構造調整을 中心으로**. 한국경제연구원.

이기춘(1987). 소비자권익보호를 위한 정부의 시장개입 타당성 및 추진방향. **한국가정관리학회지**, 5(1), 167-176.

이승철(1992). 政府規制의 根據로서의 市場실패에 관한 硏究. **한국행정연구**, 1(2), 3-20.

전상경(1992). 市場失敗와 非市場失敗 및 公共政策-환경오염을 중심으로. **한국행정학보**, 26, 81-103

전택수(1975). **시장경제원리에 대한 이해**. 한국개발연구원. 국민경제교육연구소.

조순·정운찬(2000). **경제학원론**. 법문사.

공정거래위원회(http://www.ftc.go.kr).

Part 4

시장환경과 소비자

소비자의 경제활동이 이루어지는 시장환경은 기술 융합시대를 맞아 시공을 초월한 교류와 공유가 가능한 뉴미디어와 다양한 거래가 가능한 멀티채널의 혜택을 쏟아내고 있다. 뉴미디어의 확산으로 개방·참여·공유가 가능한 새로운 표현 방식과 커뮤니케이션 양식을 구사할 수 있게 된 소비자는 새로운 상호작용을 통해 새로운 문화를 펼쳐가고 있다. 뿐만 아니라 온라인 상거래의 방식과 형태의 급속한 발전으로 소비자의 시장거래는 멀티채널로 확대되고 있다. 기술 융합이 가져온 시장환경의 변화는 소비자의 역량 강화에 매우 긍정적인 영향을 미치는 동시에 예측하지 못하는 새로운 소비자문제를 생산하기도 한다. 소비자가 직면하는 불확실성은 더욱 증가함에도 불구하고 소비자는 매순간 다양한 의사결정을 내리며 경제활동을 영위해 나가야 한다. 따라서 소비자정보가 현대 소비자의 소비생활에서 차지하는 중요성은 한층 높아졌다고 할 수 있다.

제4부에서는 급변하는 시장환경의 내용과 소비자에게 미치는 영향을 다각적으로 이해하고 소비자정보에 대한 기초를 탄탄히 하고자 한다.

CHAPTER 09

미디어와 소비자

한 사회의 인간행동을 규정짓는 사회적 규범과 양식의 총체적 복합체 혹은 한 사회구성원의 삶의 양식이며 생활양식으로 정의되는 문화는 주된 구성요소로 커뮤니케이션과 소비를 포함한다. 또한 커뮤니케이션에 따라 소비가 변화하고 소비니즈에 따라 커뮤니케이션이 변화하는 양식을 띠어 커뮤니케이션과 소비는 역동적인 상호작용을 하는 불가분의 관계를 갖는다. 인류의 역사와 함께 사람들은 자신과 관련된 생활 및 환경뿐만 아니라 함께 살아가는 공동체에 관한 의제들에 대해 타인과 의견을 공감하고 때로는 비판을 통해 자신의 생각을 보다 정교화하는 커뮤니케이션을 해 왔는데, 커뮤니케이션양식을 결정하는 것이 바로 미디어이다.

특히 소비자는 미디어가 이야기하고 보여주는 공동체 생활방식, 특히 소비양식에 영향을 받아 자신의 소비생활양식을 형성하고, 이러한 소비자의 생활형태 혹은 소비자의 생각이나 니즈의 변화가 미디어에 반영되고 영향을 미친다고 할 수 있다. 과거에는 주로 단일 미디어, 즉 신문을 주 정보미디어로 여기다가 방송, 케이블의 등장으로 메시지 소비에 시각적인 커뮤니케이션이 추가되고, 이후에는 인터넷이 의사소통과 정치·경제·사회·문화의 장을 제공하는 미디어로 발전하다가, 이메일과 모바일의 등장으로 인해 미디어 사용에 혁신을 가져왔다(권상희, 2008). 기호를 '0'과 '1'로 변환하여 통합하여 표현할 수 있게 한 디지털로 인해 문자, 종이, 신문, 전자, 레코드 등 다양한 미디어의 통합이 가능해졌고, 이러한 디지털 미디어는 소비자의 커뮤니케이션 양식과 생활형태를 근본적으로 바꾸고 있으며, 구전(words of mouth)의 새로운 마케팅 기능으로 작용하기도 한다.

본 장에서는 이러한 미디어의 발전과 이를 이용하는 소비자의 특성을 살펴봄으로써 우리 사회와 문화의 흐름을 이해하고 미래의 방향성을 예상해보고자 한다.

1 미디어

1) 미디어의 발달

(1) 미디어의 범주

미디어란 신문, 잡지, 책, 영화, 비디오, 라디오, 텔레비전, 인터넷, 음반, 만화 뿐 아니라 소비나 빛과 같은 물리적 현상, 기술적 장치 및 도구와 이를 통하여 산출 유통되는 다양한 장르까지 아우르는 개념이다(김영순, 2006).

- 의사소통 수단: 문자, 그림, 음성, 몸짓 등
- 의사소통 수단에 의해 생산된 미디어 제공물: 발화, 텍스트, 방송, 연극, 영화 등
- 미디어 제공물의 생산을 위해 사용되는 장치 및 기술: 카메라, 영사기, 컴퓨터 등

일시적 또는 장시간에 걸쳐 다수의 사람들에게 동일한 메시지를 전달하고 싶을 때 물리적 수단을 이용한 미디어가 필요하다. 특히, 전하고자 하는 메시지가 개인적인 차원에서 이루어지는 것이 아니라, 더 많은 이익을 위한 상업적인 목적을 가지고 있을 때나 정치적인 통치의 목적을 위해 대량으로 복제하고 대량으로 유포하기 위해 라디오, TV 등의 매스 미디어가 등장하였는데, 흔히 매스 미디어와 매스 커뮤니케이션은 같은 뜻으로 사용된다. 매스 커뮤니케이션은 사회적 차원에서 매스 미디어를 매개로 이루어지는 커뮤니케이션 과정이다. 매스 미디어는 대중문화(mass culture) 생산자로 문화의 생산과 소비가 불특정 다수인 수동적 독자층에게 공적·간접적 그리고 무엇보다도 일방향적으로 전달한다는 특성을 가졌다.

이후 디지털 미디어의 발달로 인해 문화의 생산과 소비를 누구나 하는 사용자 중심의 대중문화(public culture)가 주도하여 관계나 친분 중시의 쌍방향적, 피라미드

표 9-1 미디어의 진화

구 분	전(前)문자 시대	문자의 발명	기술의 발전	디지털 미디어
매체의 발달	초기 인류 동굴벽화 	인쇄매체의 발전 	방송과 영상매체로 발전 	디지털 미디어 발전 
문화의 시대구분	• 선사시대부터 중세문화 • 모더니즘 문화	• 르네상스시대 문화 • 디지털 정보화시대 문화		• 산업혁명의 문화

출처: 권상희(2008). 디지털 문화론. 성균관대학교 출판부.

식으로 전달되는 방식으로 바뀌고 있다.

이에 따라 신문, 방송, 음반 산업 등 전통 미디어의 영향력은 감소하는 반면, 인터넷 포털, 모바일 등이 주 미디어로 부상하고 있다. 인터넷은 신문, 방송과 달리 지면과 시간의 제약이 없으며, 이용자가 개인의 편의에 맞게 이를 소비할 수 있다. 즉, 인터넷에 기반한 실시간 뉴스의 등장으로 전통적인 프라임 타임대 중심의 미디어 소비행태가 개인의 라이프 스타일에 연동된 리얼타임 소비로 변화된 것이다. 포털에 뉴스를 공급하는 수 십개 매체들은 소비자의 시간을 점유하기 위해 치열한 경쟁을 벌이게 되었다. 표 9-1과 같이 역사적으로 미디어의 발달은 새로운 커뮤니케이션 양식변화를 초래한다.

(2) 미디어의 발전

인류생활의 진화 과정을 통해, 삶속에 내재된 미디어의 발전과정을 시대적으로 분류해 볼 수 있는데, 권상희(2008)는 원시 미디어에서 매스미디어를 거쳐 현재의 멀티미디어에 이르기 까지 미디어의 발전을 4단계로 정리하였다(표 9-2).

- 제1단계: 집단시청 미디어(group media)단계로 전자 미디어 발달 시기(영화)
- 제2단계: 전파방송 미디어(broadcasting mass media)단계로 영상, 오락을 가족 단위로 대량으로 생산하고 전달하던 시기, 전파 미디어(radio media) 단계로 10세기말 전기통신과 라디오 등 방송의 출현으로 소리를 전파에 실어 어디나

표 9-2 미디어 발달에 따른 이용경향 진화

구 분	집단시청 미디어	거실 미디어	책상 미디어	손바닥 미디어
매체의 발달				
미디어 이용시대 구분	Lean Back Style	Lean Back Style	Lean Forward Style	Lean Forward Style
문화차이	역사적으로 미디어의 발달은 새로운 커뮤니케이션 양식 변화를 초래/인간 인지(뇌)의 변화			

출처: 권상희(2008). 디지털 문화론. 성균관대학교 출판부.

전송할 수 있던 시기, 영상매체(image media) 단계로 TV가 등장하여 영상도 말과 함께 전송할 수 있었던 시기(라디오, TV)

- 제3단계: 컴퓨터/인터넷 미디어(computer media) 단계로 오늘날 컴퓨터 통신 기술이 크게 발전하면서 유선방송, 오디오 텍스트, 비디오 텍스트가 등장하는 시기(컴퓨터, 인터넷)
- 제4단계: 개인 미디어(personal media) 통신 단계로 여러 형태의 정보를 통합적으로 이용할 수 있는 21세기의 새로운 미디어 환경이 등장하는 시기(DMB, 와이브로, 모바일, 디지털 미디어 등)

미디어발달에 따른 사용방식 변화에서 '등을 기대고 이용하는 미디어(lean back media)'와 '몸을 앞으로 숙여서 이용하는 미디어(lean forward media)'는 미디어 단말기의 정체성과 관련해 중요한 기준이 되는데, 등을 기대고 보는 미디어의 대표적인 유형은 TV이며, 앞으로 숙여 이용하는 미디어는 PC, 컴퓨터, 인터넷, DMB 등이 해당된다. 등을 기대어 즐기는 미디어는 엔터테인먼트형이라고 할 수 있으며, 소비자의 참여도는 낮은 반면 몸을 앞으로 숙이는 PC, DMB, 인터넷의 경우 사람들은 끊임없이 돌아다니고, 검색하며, 뒤지고, 쓰고, 업로드(up-load)하고, 선택하고, 상호작용해야 하기 때문에 소비자들은 적극적이고 능동적이다. 즉, 미디어의 발전은 문화생산, 소통, 소비의 구조를 바꿔었고, 새로운 미디어는 새로운 상호작용을 만들어내고, 이는 새로운 행동유형과 생활양식을 가져온다.

이제 이런 미디어의 기능을 좀 더 세부적으로 살펴보기로 한다.

2) 미디어 기능

미디어의 기능은 다음과 같다.

첫째, 신문과 방송으로 대표되는 '매스미디어' 형식(HCI)으로 세상의 정보와 지식을 요약해 내게 전해주는 기능을 한다. 둘째, 블로그, 미니홈피, UCC 등과 같은 커뮤니케이션 '미디어' 로의 형태로 나를 세상에 부각시키는 매개체로의 기능을 한다. 마지막으로 디지털은 그 자체가 하나의 생활의 일부분이 됨으로써 삶의 공간으로서의 기능을 한다. 예를 들어 매스 미디어는 광고를 통해 상품이나 정보를 중계했으나, 그림 9-1에 디지털은 사이버공간 또는 플랫폼으로 직접적인 구매나 일차적인 생활의 접점이 되는 기능을 수행한다.

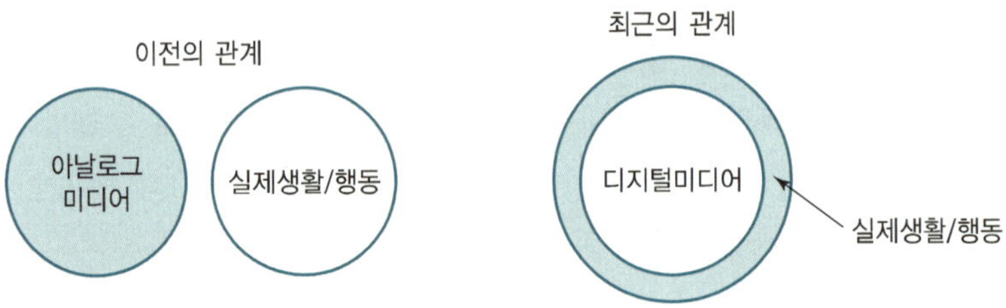

그림 9-1 삶의 공간과 디지털 미디어

출처: 권상희(2008). 디지털 문화론. 성균관대학교 출판부.

2 디지털 미디어 시대

1) 뉴미디어

뉴미디어의 시대로 접어 듬에 따라 소비자들은 기존 4대 언론매체보다 인터넷 및 모바일웹 기반의 뉴미디어를 통한 정보 습득을 선호하는 경향을 보이고 있다.

(1) 미디어 플랫폼

뉴미디어의 핵심인 웹 2.0에 대해 내릴 수 있는 가장 일반적인 정의는 '플랫폼으로서의 네트워크' 이다(권기덕, 2007). 웹은 플랫폼이고, 뛰어놀 수 있는 운동장이며, 그 운동장을 채워나가는 것은 바로 유저들이라는 개념을 포괄한다. 그렇기 때문에 웹 2.0의 주요 특징은 온라인상에서 고객 간 상호작용 증대를 이끌어내고, 집단적 의견 수렴을 가능케 하여 공유와 개방을 실현하여 그들의 참여를 이끌어내는 것이라 할 수 있다. 플랫폼이란 콘텐츠 제공자가 만들어놓은 것을 전달하는 것이 아니라 사용자로 하여금 데이터를 생산할 수 있게 하는 상호작용적인 미디어 기반을 제공하는 것을 이야기한다. 즉, 콘텐츠를 변형하고 재가공하여 자유롭게 활용하는 확장된 미디어 개념이다. 전통미디어는 편집자 필터링을 거친다면 미디어 플랫폼은 사용자 필터링을 거치는 과정이라고 할 수 있다.

열린 플랫폼으로서의 웹 2.0은 사람들과 상호작용성이 높고 동적인 웹으로 기반을 제공하고 있는데, 포털사이트, 검색엔진, 온라인쇼핑몰, 블러그 등이 플랫폼 모델이다. 네이버, 구글은 정보, 지식 중심의 플랫폼이며, 싸이월드, 마이페이스는 인맥기반 커뮤니티, 동영상을 공유하는 유튜브 등은 오락형 플랫폼, 이베이는 상거래형 플랫폼으로 분류할 수 있다.

뉴미디어는 디지털, 네트워크, 모바일, 컨버전스 등의 특징을 가지는데 이들 각각을 살펴보면 다음과 같다.

① 디지털

디지털은 미디어의 패러다임을 다음과 같이 전환시켰다.

- 상호작용성과 양방향성에 의한 수용자 개념의 전환
- 하이퍼텍스트와 하이퍼미디어에 의한 선형 패러다임의 전환
- 디지털화에 의한 정보 확장의 전환
- 저장 및 광역성에 의한 시공간 경계의 전환
- 표준화에 의한 개별 미디어의 통합에 대한 전환

한편 디지털 기술은 다음과 같은 특징이 있다.

- 항상성(비소모성): 무한 반복성으로 디지털은 반복해도 줄어들거나 질이 떨오지

지 않기 때문에 정보의 유실 없이 무한 복제가 가능하며, 가공할 경우에도 품질이 저하되지 않음

- 변형 가능성: 디지털은 정보 가공이 쉽고 다양한 형태로 변형 가능함. 디지털 정보는 전송 또는 저장 자체가 비트 단위로 되기 때문에 중간에 다른 정보를 삽입하는 것이 용이함
- 재생 가능성: 디지털은 복구가 용이, 디지털 신호의 중간에 암호를 넣어서 설사 중간신호가 유실되었다 하더라도 원본 모습을 복구할 수 있음
- 결합성: 모든 신호의 처리와 전송을 디지털로 통일시켜 처리할 수 있기 때문에 전화, 컴퓨터, TV 등의 기능을 필요에 따라 다양하게 조합한 단말기 만들 수 있음. 이로 인해 디지털 융합이 가능함
- 이 밖에 보관의 편리성, 비이전성 등이 있음

② 네트워크

네트워크를 통해 상호작용성이 가능해진 것인데, 네트워크 유형의 특징을 살펴보면, 먼저 싱글-허브형 중앙집권적 정보 유통으로 모든 노드들은 중앙에 위치한 하나의 허브로 연결되어 있으며, 허브를 제외한 다른 노드들 간의 연결은 이루어져 있지 않다. 멀티-허브형은 여러 개의 분산된 허브를 중심으로 한 정보 유통으로 이 모형에서는 정보 흐름의 허브가 분산되어 있어 각 허브들은 다른 정류의 정보를 통제하고 있다. 전방위형은 축을 가지지 않고 각각의 노드가 서로 얽혀 있는 정보 유통망으로 이상적인 네트워크라 할 수 있다.

③ 모바일

모바일은 이동성 미디어로 디지털 기술을 통해 획기적 발전과 커뮤니케이션 네트워크를 이전보다 더 활발하게 형성하는 데 기여했는데, 미디어가 이동성을 갖게 됨에 따라 소비자들의 삶에 변화를 주었다. 사람들의 활동영역이 넓어지고, 업무수행을 위한 장소의 제약을 덜 받게 된 것이 대표적이라 할 수 있다.

④ 컨버전스

컨버전스는 방송과 통신 그리고 인터넷의 융합을 의미하는데, 융합은 단말기 차원에서만 이루어지는 것은 아니고 네트워크의 융합, 서비스의 융합, 사업자의 융합

에 이르기까지 광범위하게 이루어져 새로운 미디어산업의 환경을 제공한다.

(2) UCC 미디어

UCC(user created contents)란 문자 그대로 사용자제작 콘텐츠로, 사용자들에 의해 만들어져 블로그, 게시판 등을 통해 유통되는 글, 이미지, 동영상을 의미한다. UCC는 매체에 따라 텍스트, 이미지, 오디오, 비디오, 복합 미디어를 포함한다.

전지현과 조동환(2007)은 UCC를 여러 기준에 따라 분류하였는데, 콘텐츠 제작 목적에 따라 정보제공을 위한 'Information UCC'와 엔터테인먼트를 위한 'Entertainment UCC', 수익창출을 위한 'Business UCC'로 분류하였으며, 형태별로 순수하게 사용자의 독창성을 발휘하여 제작된 사용자 창작 콘텐츠, 기존에 존재하던 소스 콘텐츠를 조합하여 변형시킨 사용자 가공 콘텐츠, 기존에 있던 두 가지 이상의 콘텐츠를 조합하여 전혀 새로운 의미나 부가가치를 생각해내는 사용자 재창조 콘텐츠로 분류하기도 한다. UCC는 1인 미디어 시대를 열고 소비자들이 적극적으로 자기표현과 이야기하는 장들을 생성하는 것으로, 디지털 카메라와 사용이 편리한 동영상 편집도구의 보급으로 네티즌들이 직접 동영상을 만들어 공유하는 것이다.

(3) 소셜미디어(사회적 미디어)

소셜미디어는 자신의 생각, 의견, 경험, 정보, 관점 등을 서로 공유하고 참여하기 위해 사용하는, 생산·확산시키기 위해 사용하는 개방된 플랫폼(블로그, 유튜브)과 관계를 형성하는 소셜네트워킹 서비스(SNS, 페이스북, 트위터)를 의미한다. 소셜미디어에는 블로그, 소셜네트워킹 서비스, 위키, 마이크로블로그, 그리고 앞서 언급한 UCC 등이 포함되는데, 사람과 정보를 연결하고 상호작용할 수 있는 서비스를 제공하는 웹기반의 애플리케이션을 소셜미디어의 범주에 포함시킬 수 있다.

소셜미디어라는 용어는 뉴미디어 회사인 가이드와이어 그룹(guidewire group)의 창업자 크리스 시플리(chris shipley)가 2004년 〈더 블로그 온 콘퍼런스(The BlogOn Conference)〉에서 처음 사용하였다. 소셜미디어는 그 자체가 일종의 유기체처럼 성장하기 때문에 소비와 생산의 일반적인 메커니즘이 작동하지 않으며, 쌍방향성을 활용하여 사람들이 참여하고 정보를 공유하며 사용자들이 만들어 나가는 미디어이다. 소셜미디어는 접근이 매우 용이하고 확장 가능한 출판기법을 사용하여, 사회적 상호작용을 통하여 배포될 수 있도록 설계된 미디어로 지식과 정보의 민주화를 지원하며 사람들을 콘텐츠 소비자에서 콘텐츠 생산자로 변화시킨 특성을 갖는다.

이동훈 · 이민훈 · 박성민 · 이준환(2010)은 소셜미디어의 가치를 네 가지로 제시하고 있다.

① 시간 : 신속성과 지속성

콘텐츠를 신속하게 인지 · 생산 · 등록하고 알릴 수 있으며, 상대의 반응에 즉각적으로 응답할 수 있는 장점을 가지고 있다. 트위터(140자), 미투데이(150자)와 같은 마이크로 블로그를 사용하여 짧은 문장으로 신속하게 콘텐츠를 제작하고, 콘텐츠를 결정하여 생산하면 바로 등록이 가능하므로 매스 미디어를 통하는 경우보다 유통 단계가 축소되며, 정해진 시간이 아닌 언제나 원하는 시간에 콘텐츠 발신이 가능하다.

소셜미디어는 사용자 간에 형성된 관계를 활용하여 콘텐츠를 신속히 전파한다. 사용자 간 관계 네트워크의 구조적 특성과 소셜미디어 플랫폼의 기능상 특징 때문에 신속하게 콘텐츠가 확산되는 것이다. 또한 소셜미디어에서는 한 번 콘텐츠가 게시되면 영향력이 단발에 그치지 않고 지속적인 영향력을 발휘하는 특성을 갖는다.

② 대상 : 다수성과 다양성

자발적인 관계로 형성된 소셜미디어의 네트워크는 정보를 소통하는 데 거쳐야 하는 사람 수가 보다 많은 사람에게 콘텐츠 확산이 용이하다. 콘텐츠가 처음 등록된 곳과는 다른 매체로 전이되면서 확산 범위가 확대되는데, 이때 다양한 국가의 사람들에게도 전파된다.

③ 비용 : 경제성

매스 미디어를 활용하지 않고도 직접 소통할 수 있어 비용이 절감된다. 매스 미디어를 통해 대중들과 접하던 기존 소통경로가 단순화됨에 따라 보다 신속한 소통이 가능하다. TV, 신문, 라디오, 잡지 등의 기존 4대 미디어에 비해 상대적으로 미디어 비용과 제작비가 저렴하기 때문에 상대적으로 적은 비용으로 목표집단 개발 및 접근이 용이하다.

표 9-3 모바일 웹 1.0과 모바일 웹 2.0 비교

구 분	모바일 웹 1.0	모바일 웹 2.0
모 델	Walled garden	Open garden
개 방	불가능	개방을 통한 경쟁력 강화
참 여	불가능	참여를 통한 혁신
공 유	불가능	공유를 통한 시너지
요금제	종량제	정액제
BM	콘텐츠 판매 비즈니스	광고 기반 비즈니스
고 객	사용자 = 돈	사용자 = 협력 파트너 = 개발자
사용자 인식	"모바일은 위험지역"	"모바일은 놀이터"
개발자	제한된 특수인	모든 사람
주요 응용	독립 응용	브라우저 기반 응용
상 품	콘텐츠	플랫폼
수익창출	콘텐츠	가치 있는 데이터에 기반한 부가 서비스
매쉬업	불가능(제한된, 느린 개발)	가능(개방된, 빠른 개발)

출처: 한국전자통신연구원(ETRI)자료 기반.

④ 관계 : 친근성과 신뢰성

소소한 일상 이야기를 진솔하게 전달함으로써 브랜드의 개성과 인간미를 효과적으로 표출할 수 있다는 것도 강점이다. 기업과 일반 소비자가 신변 잡기부터 시사 이야기까지 생생하게 실생활적인 대화를 활발히 나눔으로써 마치 친구와 같은 인간적 관계 형성도 가능하다. 이로 인해 적극적인 쌍방 소통을 통해 일방향 소통에서 비롯되는 오해를 불식시키고 기업신뢰를 제고할 수 있다.

(4) 모바일 웹

모바일 인터넷이란 모바일 기기를 통해 월드 와이드 웹에 접속 가능한 통신기술로 유비쿼터스 환경을 조성하는 핵심 역할을 수행하는 데 언제 어디서나 사용가능한 모바일 인터넷은 사용자들의 잠재된 수요를 충족시켜 새로운 비즈니스 모델이 부상할 수 있는 토대가 된다(강현정, 2008; 전종홍·이승윤, 2007).

모바일 웹 2.0이란 기술적으로는 3G 이동통신서비스에서 구현되고 소비자의 새로운 문화와 행동 패턴까지 포괄하는 개념이다.

2) 디지털과 문화

(1) 디지털과 문화적 패러다임 변화

디지털 미디어의 발달은 현실과 가상의 공간을 통합하였고, 공간(space)과 공간(place)의 경계를 무너뜨린다. 디지털 기술은 새로운 차원의 상호작용을 만들어 내고, 이는 새로운 커뮤니케이션 양식을 가져왔다. 이는 과거 아날로그 시대와는 다른 디지털 시대의 새로운 표현방식과 커뮤니케이션 형태를 요구하고 있다. 이러한 디지털미디어의 발달은 새로운 문화 변화와 형성에 영향을 미치게 되고, 이렇게 변화된 문화는 거시적인 사회적 상호작용을 통해 기존의 사회관계를 변화시키게 된다.

문화를 결정하는 강력한 기준은 커뮤니케이션 양식이다. 디지털이 진행되면서 문화는 디지털과 연관이 되는 커뮤니케이션이 강력한 문화의 기준이 된다. 디지털시대가 진행되면서 일방향적이던 브로드 캐스트는 방송 생산자와 수용자 간의 상호작용이 발달하고, 사용자 생산 콘텐츠(UCC)라는 새로운 문화양식을 만들어내고 있다.

디지털 미디어는 생산자와 수용자의 경계선을 모호하게 만들뿐만 아니라 미디어 발전은 한 발 더 나아가 방송은 개인맞춤화방송의 시대를 열고 있다. 또한 디지털 기술은 'OSMP(One Source Multi Product)'를 기획할 수 있는데, OSMP란 한 가지 커뮤니케이션 양식으로 멀티 플랫폼에 상용한 것이다. 또한 유비쿼터스(Ubiquitous)

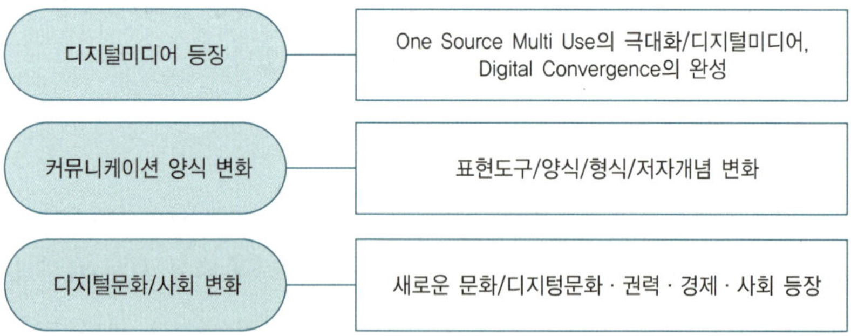

그림 9-2 디지털 미디어 등장과 문화변화

출처: 권상희(2008). 디지털 문화론. 성균관대학교 출판부.

표 9-4 아날로그 사회와 디지털 사회

구 분	아날로그 사회	디지털 사회
사회구조	• 라인워크(linework) • 아마추어의 독자적 생존가능 • 신뢰 또는 능력 요구	• 네트워크(network) • 프로를 중심으로 생존 • 신뢰와 능력 동시에 요구
행동양식	• 물리적인 공간 접촉 • 생산자 주도의 경제생활 • 대의민주주의	• 사이버공간 접촉 • 소비자 주도의 경제생활 • 전자, 직접민주주의
문화기재	• 이성적 사고 • 엘리트 문화 • 문화와 산업의 분리	• 감성적 선택 • 참여주의 문화 • 문화 산업중요
사회유형	• 현실공간 연결	• 네트워크 사회
글쓰기	• 선형적 연결	• 비선형
미디어	• 매스 미디어	• 하이퍼 미디어
상 품	• 제조업	• 문화상품

출처: 권상희(2008). 디지털 문화론. 성균관대학교 출판부.

미디어 시대는 언제(Anytime), 어디서나(Anywhere), 어느 장소(Anyplace), 어느 컴퓨터(Anydevice), 어느 네트워크(Anynetwork)를 실현하게 했다.

문화를 생산하는 기본단위인 그림, 글쓰기, 사진, 영상, 이미지는 디지털 미디어의 발달에 따라 그 표현 기법과 내용, 구성 수용 정도가 변화되는데, 디지털은 문화 표현 양식에 커다란 변화를 가져왔다. 디지털 시각 형식이 이야기와 표현, 의미의 전통을 깨고 스타일과 이미지 퍼포먼스, 센세이션으로 옮겨 갔다. 아날로그 단계가 물질을 바탕으로 한 강력한 중심, 질서화되고 구조화된 체계의 근대적 공간이었다면, 디지털 단계는 가상공간 중심의 개별화되고 개인화된 탈근대적인 공간으로 디지털이라는 콘텐츠 산업을 등장시켰다. 즉, 커뮤니케이션은 실재 세계(real world)의 접촉에서 가상세계(cyber space)의 접속으로 변화했고, 네트워크의 접속으로 인해 수평적 관계망의 무한적인 확산이 나타났다.

결과적으로 디지털은 커뮤니케이션 방식과 문화방식에 영향을 미칠 뿐만 아니라 사회경제 시스템방식에도 영향을 미치고 있음을 알 수 있다.

(2) 집단지성

집단지성(collective intelligence)은 사용자의 참여를 보장하는 설계이다. 수많은 사람이 참여하여 의견을 교환하면서 지식을 창출한다. 사용자 개개인의 지식이나 정보는 전문가에 비해 부족하지만 이들 사용자의 정보를 한데 모은 전체는 전문가 지식을 능가할 수 있다. 집단지성을 위해서는 사용자가 각자의 지식과 정보를 다른 사람과 공유하는 '참여'가 필요하다. 참여의 성공을 위해서는 개별 사용자의 지식과 정보를다른 사람들이 쉽게 훑어보고(browse), 찾아보고(search), 분류하고(categorizing), 내용을 걸러내고(filtering), 수정할(edit) 수 있어야 한다(피어르 레비, 2002).

집단지성의 사례로 온라인 백과사전 위키피디아를 들 수 있다. 2001년 1월 비영리 단체인 위키미디어재단에서 위키백과를 시작했다. 인터넷을 사용하는 모든 사람이 참여하여 자신의 정보와 지식을 넣어서 만든 것으로 모든 사람이 다른 사람의 정보를 보고 고치고 자신의 정보를 넣을 수 있어서 항상 정보가 업데이트된다. 잘못된 정보는 대중이 받아들이지 않거나 다른 사람의 논리에 의해 반박을 받음으로써 저절로 도태되는 경로를 밟게 된다.

또 다른 예로 크라우드 소싱(Crowdsourcing)을 들 수 있다. 크라우드 소싱은 '대중(crowd)'과 '외부자원활용(outsourcing)'의 합성어로 기업이 인터넷을 활용해 새로운 아이디어를 모으고 기술적 문제를 해결하는 것을 의미한다. 기업이 제품이나 서비스 개발과정에서 외부 전문가나 일반 대중이 참여할 수 있도록 하고 참여자 기여로 혁신을 달성하면 수익을 참여자와 공유하는 방법이다. 생산과 서비스의 과정에 소비자 혹은 대중을 참여시켜 더 나은 제품, 서비스를 만들고 수익을 참여자와 공유하고자 하는 방법이다. 가전, 자동차, 보험, 패스트푸드, 완구 등 다양한 분야의 기업이 제품개발 프로세스에 소비자의 아이디어나 의견을 반영한다.

3 미디어와 소비자

1) 개인중심의 미디어

디지털 미디어는 사용자 중심으로 미디어 생태계 변형을 가져왔다. 소비자가 원하는 콘텐츠를 원하는 시간에 선택적으로 사용하는 풀(pull) 미디어라고 할 수 있는데, RSS 리더기를 이용해 평소 들락거리는 인터넷 사이트의 업데이트된 콘텐츠를 가져다 소비하는 것이다.

팟캐스팅(podcasting)도 이런 풀기술(pull technology)를 만들어낸 새로운 미디어이다. 팟캐스팅 이전의 인터넷은 소비자가 원하는 콘텐츠를 찾아 여러 가지 웹사이트를 뒤지는 게 일반적이었다. 팟캐스팅은 RSS기술을 이용하여 이 모든 과정을 생략한 채 한 번에 원하는 라디오 채널의 오디어 콘텐츠를 소비할 수 있다.

팟캐스팅은 오디오, 문자, 사진, 영상 등으로 확산되면서 다양한 형태로 변형하였는데, 이렇게 되면서 소비자가 시시각각으로 업데이트되어 일목요연하게 보여주는 콘텐츠리스트를 훑으면서, 원하는 콘텐츠만 눈앞으로 끌어당겨 이용하는 개인중심의 미디어 소비와 생산이 크게 늘고 있다. 즉, 그림 9-3에서 보는 바와 같이 미디어 중심에서 수용자 중심으로 변화한 것이다.

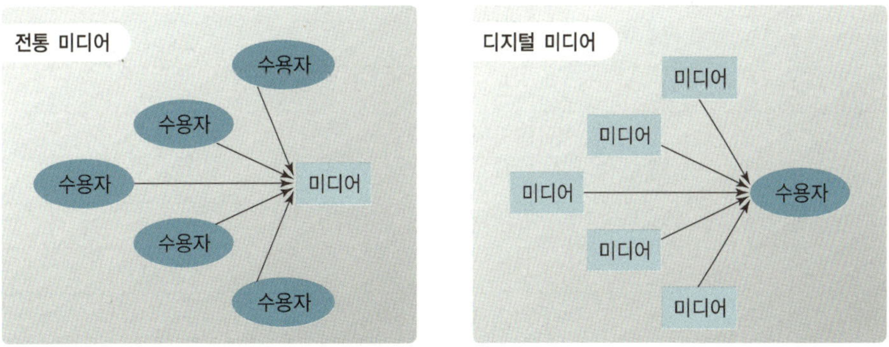

그림 9-3 디지털 기술이 가져온 미디어 환경 변화

출처: 권상희(2008). 디지털 문화론. 성균관대학교 출판부.

아날로그 미디어는 선형적 미디어로 생산-배포-소비로 이어지는 일련의 과정이 선형적으로 정형화되어 있다. 그러나 디지털 미디어는 비선형적 미디어로 미디어 콘텐츠의 생산-배포-소비의 일반적인 순서가 존재하지 않는다. 미디어 소비자는 곧 미디어 생산자가 되는 프로슈머 시가가 된 것이다.

2) 미디어 이용자 행태

한국언론재단(2008)의 언론 수용자들의 매체 이용 행태와 언론에 대한 인식조사에 의하면 국내 미디어 이용자는 이미 뉴미디어를 전통 미디어보다 많이 이용하고 있는 것으로 조사되었다. 2010년 현재 만 3세 이상 인구의 인터넷이용률은 약 78%로 전년 대비 0.6% 증가하였으며, 인터넷 이용자 수는 37,010천 명으로 나타났다. 우리나라 인터넷 이용률은 2000년 44.7%에 불과했으나 초고속인터넷 인프라의 급속한 확산과 더불어 지난 10년 동안 33.1%p 증가하였으며, 이용자 수는 약 2(1.94배)배가 증가하였다.

표 9-5 국내 미디어 이용자의 하루 평균 이용시간

매체형태별	매체별	이용시간(분)
전통매체 (47%)	신 문	41.1
	지상파 TV	125.2
	라디오	89.9
	잡 지	21.6
	소 계	276.8
뉴미디어 (53%)	케이블 TV/위성방송	94.5
	인터넷	110.5
	DMB	39.2
	IPTV	70.1
	소 계	314.3
총 계		591.1

출처: 오수정(2008). 2008년 언론수용자 의식조사/매체이용정도 및 행태변화. 신문과 방송.

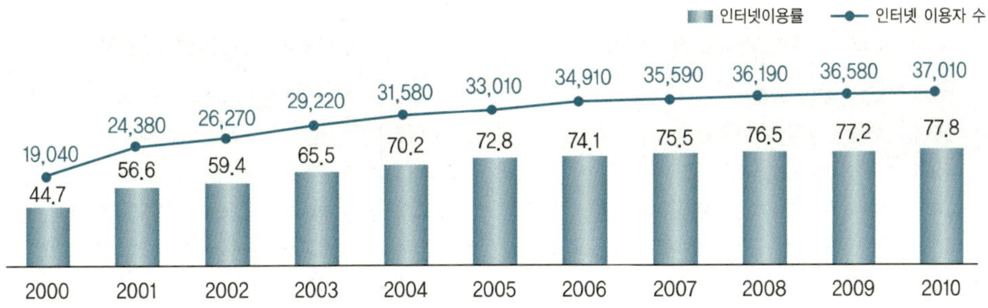

그림 9-4 인터넷이용률 및 이용자 수 변화 추이

출처: 방송통신위원회·한국인터넷진흥원(2010). 2010년 인터넷이용실태조사.

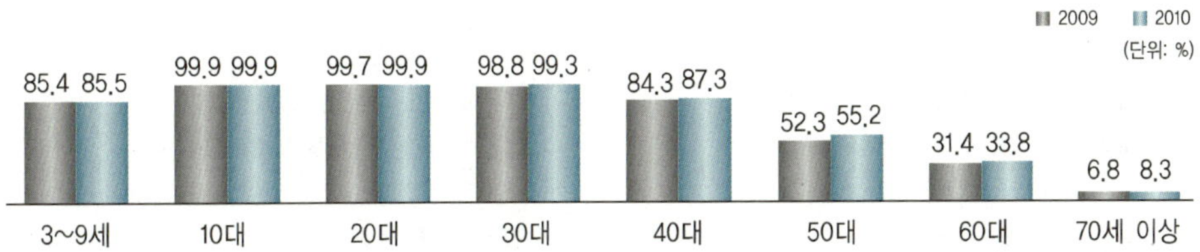

그림 9-5 연령대별 인터넷 이용률: 2009년과 2010년 비교

출처: 방송통신위원회(2011). 2010년 인터넷이용실태조사.

10대, 20대, 30대 젊은 층의 인터넷이용률은 거의 100%에 달하고 있으며, 40대와 3~9세의 이용률도 80% 이상으로 나타났다.

인터넷을 이용한 매체이용행태의 경우(그림 9-6), 다른 모든 연령대에 비해 20대가 가장 많이 인터넷을 이용하여 라디오, 신문, 영화관람, 뉴스를 이용하는 것으로 나타나 20대를 중심으로 매체이용이 온라인으로 확장되고 있으며, 또한 인터넷 기반의 콘텐츠 수요도 더불어 확대되고 있음을 알 수 있다(정용찬·이은민, 2010).

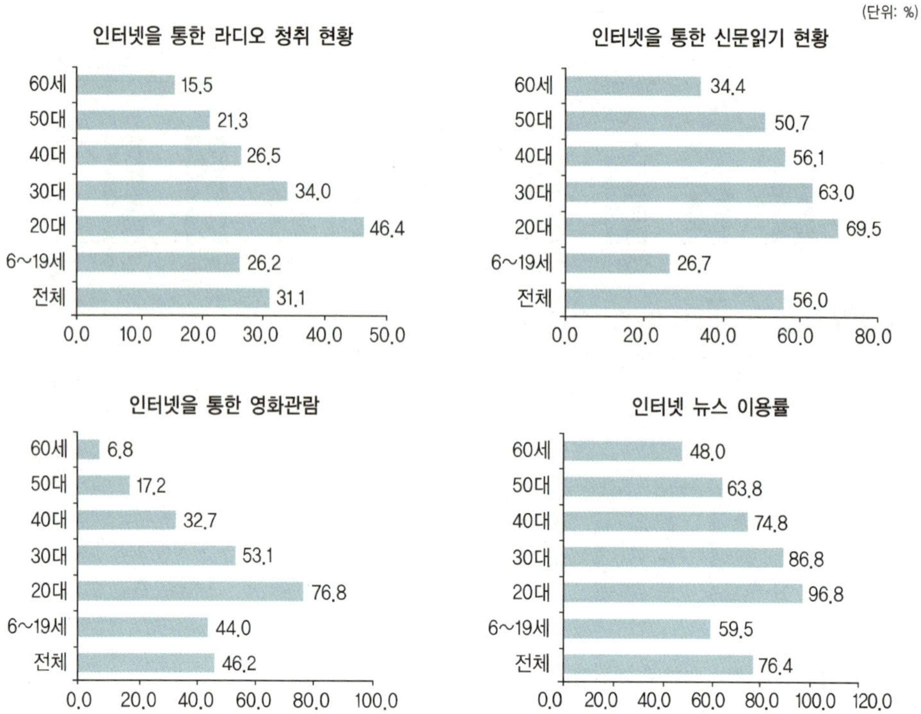

그림 9-6 인터넷을 이용한 매체이용행태

출처: 방송통신위원회·한국인터넷진흥원(2009).

3) 미디어이용자 특성

이은미 외 8인(2003)은 미디어 이용자의 특성을 상호작용성, 탈대중화, 비동시성, 수용자 통제, 가상공동체 등의 개념을 이용하여 설명하고 있으며 이들 각각을 살펴보면 다음과 같다.

(1) 상호작용성

디지털 출현으로 인해 송신자와 수용자 또는 수용자 간의 상호작용성이 가능해졌는데, 송신자와 수용자가 동시에 적극적으로 능동적인 커뮤니케이션 생산자로서 또는 소비자로서의 역할을 수행할 수 있다. 상호작용성을 정의하는 세 가지 주요 요소는 개인 대 개인 상호작용, 개인 대 메시지 상호작용, 개인 대 매체 상호작용이다.

첫째, 개인 대 개인 상호작용은 메시지 송신자로부터 수신자로의 양방향 흐름을 뜻하는 것으로 이것은 전통적인 매체에서의 일방향적 관계와 차이를 나타내는 것이다. 둘째, 개인 대 메시지 상호작용은 이용자와 메시지와의 상호작용성을 뜻한다. 셋째, 개인 대 매체 상호작용의 경우는 전통적인 매체에서 이용자는 메시지에 대한 통제력을 거의 가질 수 없으나 상호작용적 매체에서 이용자는 다양한 선택권을 가질 뿐 아니라 메시지에 대한 통제도 할 수 있는 것이다. 이용자는 이러한 상호작용적 매체에서 선택할 수 있고, 탐색할 수 있으며, 편집하고 수정할 수도 있다.

(2) 탈대중화

뉴미디어 시대가 열리면서 미디어의 종류가 다양해지고 채널이 증대됨으로써 수용자의 입장에서는 정보나 오락의 선택의 폭이 넓어지고 있다. 또한 개별 미디어로 전송방식이 다양해짐에 따라 면대면적 대인 커뮤니케이션 형태로 수용자의 세분화가 일어났다.

(3) 비동시성

디지털 시대에서는 수용자가 미디어에 의해 사전에 정해진 정보를 일방적으로 전달받는 수동적이고 획일적인 관계가 아니라 언제, 어디서든 수용자가 편리한 시간대에 원하는 것으로 알 수 있다.

(4) 수용자 통제

아날로그 방송에서 수용자는 매스미디어의 내용물에 대해 자신의 취향이나 기호에 맞지 않더라도 일방적으로 받아들이거나, 심지어는 외면하는 소극적인 형태로 수용자의견을 제시할 방법밖에 없다. 그러나 디지털 방송에서는 수용자들이 마음에 들지 않는 방송내용과 광고를 건너뛰고 프로그램의 스토리나 내용을 결정하는 적극적인 수용자 통제형 방송체제로 전환하게 된다. 즉, 디지털 시대의 수용자는 방송과정에 보다 적극 개입하고 참여하는 방송의 이용자이자 참여자 또는 메시지나 프로그램의 생산자가 되었다.

(5) 가상공동체

디지털 기술은 기존의 물리적인 공간개념과 다른 새로운 공간, 즉 가상공간의 공동체를 형성하고 있다. 가상공동체를 통해 수용자들은 열린 의사소통을 통해 공동문화를 창조하게 한다. 다수 대 다수 등이 모두 가능하기 때문에 양방향적으로 누구나 참여하고 동참하여 공감대를 형성할 수 있게 하는 것이다. 가상문화는 현실의 재현을 넘어 새로운 이미지를 주도하거나 창조하는데, 네트워크의 멀티미디어적인 속성을 통해 구어, 문어, 영상, 음성 등 다양한 미디어 형태를 결합하여 전달하고, 글로벌화의 특징을 지니면서 전 지구촌을 하나로 묶는 역할을 하고 있다.

참고문헌

강현정(2008). **모바일 웹 2.0시대의 시장변화와 전망**.

김영순(2006). **미디어와 문화교육**. 한국문화사.

권기덕(2007). **웹 2.0이 주도하는 사회와 기업의 변화**. 삼성경제연구소.

권상희(2008). **디지털문화론**. 성균관대학교 출판부.

이동훈·이민훈·박성민·이준환(2010). 확산되는 소셜미디어와 기업의 신소통 전략. CEO Information, 764, 삼성경제연구소.

이은미 외(2003). **디지털 수용자**. 커뮤니케이션북스.

전종홍·이승윤(2007). 모바일 웹 2.0. **정보과학회지**, 25(10), 49-55.

전지현·조동환(2007). 동영상 UCC 동향 및 전망. **정보처리학회지**, 14(3).

정용찬·이은민(2010). 미래 소비자 '20대'의 미디어 이용 트렌드. **KISDI 이슈리포트**, 10(7), 정보통신정책연구원.

피어르 레비 저, 권수정 역(2002). **집단지성: 사이버공간의 인류학을 위하여**. 문학과 지성사.

CHAPTER 10

온라인 소비환경의 변화와 소비자

최근 참여, 공유, 개방의 철학을 바탕으로 한 웹 2.0과 더불어 소셜 네트워크 서비스(SNS)는 전 세계적인 현상이며 끊임없이 진화하는 하나의 사회적 흐름이 되었다. 사람들은 SNS에서 자신들의 소비경험을 능동적으로 나누고, 소비자정보나 아이디어, 제품구매력 등의 활동을 한다. 소비자들이 SNS에서 상호 연결되고, 교류하게 되면서 기업이나 미디어 회사는 소비자들의 협력을 이끌어 내야 하는 상황이 되었다.

인터넷 광고는 초기 주로 회원가입을 목적으로 마케팅을 실시하는 경우가 대부분이어서 브랜드는 없고 경품만 난무하는 광고가 많았으나, SNS를 활용한 마케팅 방법은 사용자가 자발적으로 참여하게 만들기 때문에 광고라는 거부감을 최소화하고 고객과 일대일로 만나 활동할 수 있는 기회를 제공하는 특징이 있으며, 네트워크를 형성한 지인들에게 자연스럽게 메시지가 퍼져 나가기 때문에, 비용에 비해 매우 효율적인 마케팅방법으로 선호되고 있다. 기업은 다양한 소비자의 욕구를 만족시키고 관계를 형성하고 유지하기 위해서는 기존의 미디어와는 차별화된 보다 관계지향적이고 쌍방향적인 미디어전략이 요구되고 있다. 일방향성 활동을 중심으로 했던 사회로부터 참여하고 함께 공감하는 쌍방향성 사회로 변화하고 있는 지금 소비자들은 SNS가 갖는 구체적인 특성들을 이해하고 새롭게 요구되는 소비환경에서 합리적이고 효율적인 소비자가 되도록 노력해야 한다. 따라서 본 장에서는 온라인 소비환경의 변화, 특히 SNS를 포함한 온라인상의 소비자구전활동 및 각종 구매행동 등에 대해 살펴보고자 한다.

1 온라인 소비시장의 변화

1) 온라인 쇼핑몰

정보를 공유하거나 의사소통을 위한 수단의 하나로 인터넷이 사용되어 온 이후 최근에는 전자상거래, 교육, 문화, 취미, 오락 등 모든 분야로 확대되면서 소비자의 소비생활, 나아가 삶의 패턴을 바꾸고 있다. 소비자가 인터넷쇼핑몰에서 검색하고, 주문하며, 결제하고, 상품을 인도받는 일련의 행위들은 이제 우리의 일상이 된지 오래이다. 인터넷 쇼핑은 카탈로그를 이용하는 통신판매나 TV홈쇼핑, 텔레마케팅 판매에 비하여 24시간 아무런 제약 없이 다양한 제품을 쉽게 구매할 수 있는 장점을 가지고 있어 강력한 판매수단으로 자리 잡고 있다.

2) TV홈쇼핑

TV홈쇼핑, 케이블 TV, 위성방송, IP(인터넷)TV 등 유료방송 시청 인구가 증가하면서 TV홈쇼핑은 이미 우리에게 친숙한 시장이다. TV홈쇼핑은 단순히 집에서 쇼핑을 하는 시장으로써의 개념을 넘어 소비트렌드를 이끄는 주체로 부각되고 있다. 2009년, 롯데, 현대, 농수산, GS홈쇼핑, CJ오쇼핑 등 5대 홈쇼핑업체가 소비자불만 자율관리 프로그램(CCMS)을 도입하는 등 고객만족경영을 넘어 고객감동경영에 앞장서는 유통업체가 되고 있다.

TV홈쇼핑은 TV가 가진 매체의 특성으로 인해 다른 통신판매와 구별된 다양한 편익을 제공할 수 있다. 첫째, TV의 사용과 접근이 쉬운 장점과 정보전달적 특성을 가지고 있다. TV홈쇼핑에서는 다른 인쇄매체와는 달리 쇼호스트라고 불리는 진행자들이 전문적인 식견을 가지고 해당 상품에 대한 정보를 설득적으로 제공한다. 둘째, TV홈쇼핑은 기술적으로는 일방향으로 운영되지만 제품에 대해서 질문이 가능한 양방향식 의사소통(상담전화)도 가능하여 소비자 지향적이라고 할 수 있다. 셋째, TV홈쇼핑을 통해 소비자는 신뢰성 있는 소규모 업체의 상품을 저렴하게 구매할 수 있다.

표 10-1 TV홈쇼핑의 특성

분 류	내 용
제품의 특성	• 고객 지향성 제품: 고객의 기호를 우선적으로 생각한 제품 • 편리한 제품: 사용상의 편리성 강조 • 기능성 제품: 키 크는 식품, 기능성 화장품 • 사회적 흐름에 부합하는 제품: 유행성 화장품 • 고객 클레임이 적은 제품: 반품, 교환이 상대적으로 적은 제품
판매의 특성	• 광고성 판매 • 일정시간 제품장점 설명 판매 • 이벤트성 판매 • 동일 제품의 다량 판매
마케팅의 특성	• 홈쇼핑 기업의 특성에 맞는 제품으로 MD의 선택에 우선시됨 • 계절적·사회적 환경·시대의 흐름에 많은 영향을 받음 • 일반 시장에 비하여 제품 수명이 짧음
고객의 특성	• 즉흥적 충동 구매형 • 사은품에 따른 구매형 • 신뢰성 위주의 구매형 • 꼼꼼한 알뜰 구매형 • 가격기준에 의한 구매형

출처: 정경희(2007).

TV홈쇼핑의 여러 장점에도 불구하고 소비자 불만이나 문제가 끊이지 않고 있다. 주문처리 미흡, 신용정보관리 소홀, 배송 및 제품 관련 소비자문제, 취소·교환 관련 소비자불만이 계속되고 있다. 뿐만 아니라, TV홈쇼핑 광고에서 불리한 내용을 알리지 않거나 책임회피적 안내, 과장광고, 제품정보미흡 등의 소비자문제가 발생하고 있다. 이같은 상황에서 최근 TV홈쇼핑 업체는 고객만족서비스 경영을 통해 이미지 개선, 충성고객확보 등의 노력을 취하고 있다. 예를 들면, 실명제 서비스, 선환불 서비스, 지정일/휴일 배송 서비스, 해피콜 서비스, 리콜 서비스를 실천하고 있다. 이 외에도 VOC(Voice Of Customer) 브리핑 정례화, 소비자보호센터 운영, 고객체험단 운영, 불친절 협력사 삼진아웃제도, 고객만족위원회 운영, 고객평가단 운영, 불만고객초청간담회 등 다양한 소비자만족 프로그램을 개발하고 운영하고 있다.

3) 소셜커머스

반값 할인과 공동구매로 대표되는 소셜커머스(social commerce)가 폭발적인 성장세를 보이고 있다. 소셜커머스는 SNS를 활용한 전자상거래의 일종이다. 소셜커머스는 제품·서비스 제공업체와 수요자인 소비자 입장에서 가격할인이라는 요소가 매개체로 작용하는 새로운 판매시장으로 SNS를 통해 상거래의 주권을 소비자가 행사하는 가격 2.0 시대의 상징이라고 불린다. 가격 2.0 시대란 SNS를 통한 자발적인 소비자들의 입소문으로 가격이 결정된다는 의미이다. 기존의 공동구매에서는 집단지성이 중요한 기준이었으나 소셜커머스에서는 소셜지성이 합리성의 기준이 된다. 기존의 공동구매는 많은 사람이 집단적으로 모이기만 하면 할인구매가 가능한 반면, 소셜커머스는 소비자의 인맥과 입소문을 활용하여 일정 규모 이상의 사람이 모여야 할인구매가 가능하다는 점에서 다르다. 공동구매는 소셜커머스의 여러 유형 중 하나인 그룹바이(Group-Buy) 유형으로 국내 시장은 공동구매형태의 소셜커머스 시장에 편중되어 성장하고 있다.

한국소비자원이 최근 소셜커머스 이용자 1,000여 명을 대상으로 소셜커머스를 이용하는 요인을 조사한 결과 두 명 중 한 명꼴(48.6%)로 저렴한 가격, 다음으로 할인율(18.1%). 제품의 품질(15.3%). 지역적 편리성(12.5%) 등의 순으로 나타났다. 최근 고객의 입소문을 기반으로 한 소셜커머스의 시장규모가 커짐에 따라 소비자불만과 피해도 증가하고 있다.

(1) 소셜커머스란?

소셜커머스란 페이스북, 트위터 등의 소셜 네트워크 서비스(Social Network Service, SNS)를 활용하여 이루어지는 전자상거래의 일종으로 일정 수 이상의 구매자가 모일 경우 파격적인 할인가로 상품을 제공하는 판매방식이다. 소셜커머스(social commerce)라는 용어는 2005년 야후의 장바구니(pick list) 공유서비스인 쇼퍼스피어(shoposphere) 같은 사이트를 통하여 처음 소개되었으며, 2008년 미국 시카고에서 설립된 온라인 할인쿠폰업체 그루폰(Groupon)이 공동구매형 소셜커머스의 비즈니스 모델을 처음 만들어 성공을 거둔 이후 본격적으로 알려지기 시작하였다. 국내 업체로는 티켓 몬스터, 쿠팡, 위폰 등이 있다. 소셜커머스는 스마트폰 이용과 소셜 네트워크 서비스 이용이 대중화되면서 새로운 소비시장으로 주목받고 있다. 주로 공연, 레스토랑, 카페, 미용 관련 소규모 사업자의 상품이 대량 판매되지만 레저, 패션, 가전제품, 식품 등의 상품들도 취급된다. 이런 높은 할인율이 제공되는 것은 판매업체가 박리다매와 홍보효과를 기대하기 때문이다. 일반적인 상품 판매는 광고와 마케팅 의존도가 높지만 소셜커머스는 소비자들이 소셜 네트워크 서비스를 통하여 자발적으로 상품을 홍보하면서 구매자를 모으기 때문에 마케팅에 들어가는 비용이 거의 들지 않는다. 그런 이유로 일부 업체는 소셜커머스 자체를 판매의 수단이 아니라 장기적인 고객을 확보하기 위한 홍보·마케팅의 수단으로 생각하기도 한다.

(2) 소셜커머스 시장현황

국내 소셜커머스 시장은 2010년 매출액 500억 원에서 2011년 5,000억 원으로 10배 성장하는 등 최근 가장 각광받는 인터넷산업으로 부상 중이다. 2010년 위폰(www.wipon.co.kr) 등장 이후 2011년 약 500여 개 업체가 소셜커머스 업체로 등록되었다. 티켓몬스터, 위메이크 프라이스, 쿠팡 등 3개 업체가 전체 소셜커머스업체 매출액 중 40% 이상을 점유하고 있고, 최근 미국의 그루폰이 그루폰코리아를 설립하고 국내에 진출한 상태다. 여기에 KT, SKT, 신세계, 롯데, 다음 등 대기업 및 포털사업자도 시장의 사업성을 확인하고 대거 진출한 바 있다. 대기업 및 미국 그루폰의 국내 진출로 위기감을 느낀 상위업체들은 외형성장을 위해 TV광고, 포털 배너광고 등 과도한 마케팅 경쟁에 돌입하여 정작 입소문 마케팅이 특징인 소셜커머스의 본질이 퇴색된다는 우려가 커지고 있다.

소셜커머스 시장이 독과점적 구조로 고착화된다면 신생 소셜커머스의 진입은 차단되며, 기존의 중소형 소셜커머스는 성장할 가능성이 현실적으로 희박하다. 현재 소셜커머스 시장이 독과점적 구조로 고착되고 있는 주요 이유는 업체의 특별한 노하우나 신뢰도 보다는 TV, 포털, 지하철과 버스까지 수십 억의 광고비를 퍼붓는 광고전쟁 때문이라는 것이 지배적인 평가이다. 소셜커머스가 할인금액의 일부를 감당하는 지원매출까지 불사하면서 유명 브랜드상품을 판매하며 소비자들을 유치하고 있기 때문이다. 막대한 자금력으로 광고를 퍼붓고 출혈판매를 감행하면서 시장점유율을 높이고 있기 때문이다.

(3) 소셜커머스와 소비자문제

① 독과점적 소셜커머스 시장구조의 폐해

소셜커머스 시장의 과열경쟁으로 새로운 업체의 시장진입이 어려워지면서(과다한 광고비용 때문) 독과점적구조가 고착되고 있다. 이 같은 시상구조는 불공정거래

문제 및 소비자불만 초래 등 시장의 안정적 발전을 저해하고 있다. 소셜커머스 업체의 부적격업체 난립에 따른 소비자피해를 줄이기 위해 피해발생 시 책임소재를 명확히 하고, 이를 이용자약관에 명시하도록 강제할 필요가 있다는 것이 지배적인 견해이다.

② 소셜커머스 소비자피해 증가

급격한 성장세를 보이고 있는 소셜커머스로 인해 소비자불만 및 피해가 증가하고 있는데 주로 할인율 과장, 위조상품 판매, 사기 소셜커머스 사이트, 포인트와 상품권 피해 등이다. 최근 중소 소셜커머스 업체의 부실한 서비스, 환불과 사용기간 제한, 영세업체의 부도 또는 사기위험 노출 등으로 인해 소비자피해가 확산될 우려가 있다. 실제 사례로, 미용실이나 고급 레스토랑의 반값할인 쿠폰을 구매했지만, 손님이 너무 몰려 예약조차 할 수 없는 경우, 수제버거를 반값에 먹을 수 있는 쿠폰을 구매했으나 광고 내용과 다른 구성과 서비스가 제공, 직거래 한우고기라고 광고했으나 식당예약도 어렵고, 응대서비스도 엉망이며, 고기의 질도 나쁜 사례도 있었다. 쿠폰 재발송이나 변경·환불을 거절하는 경우, 소셜커머스 업체에게 불리한 상품평을 사업자 임의로 삭제하는 사례, 구매신청 기간(보통 하루내지 이틀)이 지나면 청약철회를 인정하지 않는 경우 등이 실제 피해사례이다. 이외에도 소셜커머스 소비자피해사례의 유형은 다음과 같다.

- 할인율 과장: 할인전 가격(기준가격)이 온라인 최고가격보다 높은 경우가 많아 자의적인 기준가격 산정을 통해 할인율을 과장하는 것으로 파악된다.
- 짝퉁판매: 유명브랜드의 위조품으로 의심되는 상품들이 소셜커머스를 통해 판매되는 경우가 발생한다.
- 소셜커머스를 표방한 사기사이트 등장: 영세업체가 난립하면서 개중에는 경영난으로 운영을 중단했고 이에 따라 소비자에게 피해를 입히는 사례가 발생했다. 이 밖에도 소셜커머스를 표방하는 사기사이트가 등장해 소비자의 혼란을 유도하여 돈을 편취하는 범죄수단으로 악용하기도 한다.
- 교환 및 환불 처리가 안 되는 포인트나 상품권판매: 소셜커머스에서 온라인캐쉬, 상품권등의 판매가 증가하면서 상품권을 받지 못하고 대금을 떼이는 등 소비자피해가 증가했다.

표 10-2 소비자피해상담 및 신고센터

항 목	구 분	전화번호
소비자 상담센터	소비자상담센터	1372
	한국소비자원	02-2460-3000
	공정거래위원회 상담실	02-2023-4010
	서울시 전자상거래센터	02-3707-8360
	전자거래분쟁조정위원회	1661-5714
위조상품 신고센터	특허청 위조상품제보센터	1666-6464
	관세청 사이버감시단	02-510-1523(서울세관)
사기 사이트 신고	경찰청 사이버수사대	02-393-9112

공정거래위원회가 소셜커머스 사업자의 법적 지위를 전자상거래소비자보호법 통신판매업자로 규정하였으므로 소비자의 청약철회권보장 등의 의무를 이행하여야 한다. 현행 「전자상거래법」에는 온라인 쇼핑거래의 경우 제품에 하자가 없으면 7일 이내, 하자가 발생한 경우엔 3개월 이내에 환불하도록 돼 있다. 일부 소셜커머스 업체들의 경우 환불 가능기간을 구매 후 1~2일 이내로 제한해 소비자불만이 많았다.

(4) 소셜커머스 피해예방방법

소셜커머스로 인한 소비자피해를 예방하기 위한 전략은 다음과 같다.

- 통신판매업 신고 및 사업자등록증 기재 여부 확인
- 이용 약관과 계약 내용 꼼꼼히 확인
- 상담 게시판 운영 상황과 소비자 불만 사례 확인
- 쿠폰 먼저 제시해야 서비스를 제공하는 업체라면 구매 지양
- 할인 폭이 너무 크다면 한번쯤 의심 필요
- 소셜커머스 모음 사이트 활용
- 쿠폰 사용 기간 초반과 후반은 피하기
- 피해가 발생했다면 신고하기를 주저하지 않기

2 온라인 소비자정보원천

최근 소비자정보원천이 다양해지고 있다. 온라인상의 주요 소비자정보원천에 대해 살펴보면 다음과 같다.

1) 댓 글

댓글이란 인터넷 뉴스, 쇼핑몰, 블로그, 기업 홈페이지, 인터넷 게시글 바로 아래에 방문자들이 자신의 의견을 적어 올리는 간략한 답글을 의미한다. 댓글은 사이버 공간을 통해 사용자들이 주고받는 글쓰기를 통틀어 일컫는 개념으로 답글, 덧글, 혹은 리플라이를 줄인 리플 등으로 불리기도 한다. 댓글은 기존 게시판에 글 쓰는 것보다 쉽고 빠르게 자신의 의견을 글로 남길 수 있기 때문에 댓글에 대한 소비자참여가 증가하고 있다. 댓글의 이용목적은 기사나 게시물이 제공하는 것 이외에 정보습득에 영향을 미친다. 부정적인 내용의 댓글은 댓글을 읽는 사람들에게 부정적인 영향을 줄 수 있다. 결국 댓글은 중요한 소비자정보원천이 되고 있다.

인터넷 댓글이 제품이나 서비스의 선택 등 소비자행동에 소비자정보로써의 영향력이 증가함에 따라 댓글에 대한 기업의 관심도 증가하고 있다. 익명성을 활용해 질의응답코너 등에서 제품을 홍보하는 기업의 마케팅활동이 활개치고 있다. 기업에 대한 부정적 인식을 희석시키거나 신제품을 소개하는 활동도 펼치고 있다.

2) 리뷰사이트

전자상거래가 활발하게 늘어나면서 직접 제품을 보고 만질 수 없는 제품이나 서비스를 구매할 경우 소비자들은 온라인 리뷰에 의존하는 경향이 강해지고 있다. 일반 소비자가 제품의 장점과 단점, 그리고 사용 후기 등을 평가해 글을 올리는 리뷰사이트는 1990년 후반부터 디지털카메라, 노트북, 휴대기기 등 다양한 디지털기기를 중심으로 활발하게 생겨났다. 리뷰 사이트란 제품이나 서비스에 대하여 소비자이지만 이용경험이 있는 전문적소비자의 글, 또는 전문가들의 상세한 리뷰, 소비자들의 구전정보를 포함하는 소비자정보 사이트라 할 수 있다(조현석, 2009).

3) 가격비교사이트

가격비교사이트는 제품의 가격정보를 제공하는 정보사이트로 가격 이외에 품질, 서비스 등의 비교에 유용한 사이트로 소비자가 가장 많이 활용하는 정보 중 하나이다.

4) 블로그

블로그는 인터넷을 의미하는 웹(Web)과 일지를 뜻하는 로그(log)의 합성어인 웹로그(Weblog)로 현재는 줄여서 블로그라 지칭한다. 블로그(Blog)는 인터넷에서 자신의 관심사에 따라 자유롭게 글, 그림, 사진 등을 올리는 개인 미디어 웹사이트를 지칭한다(홍서국, 2003). 블로그는 여러 특성이 있는데 서명옥(2006)은 일곱 가지로 정리하였다.

첫째, 편리성으로 개인이 손쉽게 간단한 자신만의 게시판을 만들어 개인적인 글, 사진 등을 올려놓을 수 있다. 기존의 개인 홈페이지보다 만들기 쉽고, 관리하기 편하다는 장점이 있으며 특별한 기술을 요하지 않으며 단시간에 다양한 콘텐츠를 구성할 수 있다.

둘째, 무한한 창의성을 보장하는 개인 미디어이며 편집권한이 전적으로 개인 블로거들에게 있다. 블로거들은 나름대로 사회적 이슈는 물론 작은 이슈까지 자신의 블로그에서 자유롭게 의견을 피력할 수 있다.

셋째, 신문이나 방송과 다른 새로운 정보원천을 제공함으로써 의견의 다양성을 증진시킨다.

넷째, 즉시성이다. 기존 사이트나 대중매체와 다르게 블로그는 자신의 생각을 손쉽게 그리고 즉각적으로 올릴 수 있다.

다섯째, 상호작용성이다. 블로그는 웹 사이트의 게시판 기능과 같이 다양한 사람들로부터 피드백을 받을 수 있다.

여섯째, 상업적 강압으로부터 자유롭다. 블로그는 광고나 구독료에 의존하는 상업적 미디어가 아니라 개인 미디어다.

일곱째, 블로그 이용자끼리 거대한 온라인 커뮤니티를 형성할 수 있다. 기존의 인터넷 커뮤니티가 특정 주제별로 모인 것과는 달리 블로거가 정한대로 생각이나 관심이 비슷한 사람들이 모여서 공통의 관심사에 관한 내용을 자유롭게 바꾸어 가며 교환하는 이슈 중심의 만남의 공간인 것이다.

한편, 김중태(2004)는 블로그의 특징을 다음 8가지로 제시하였다. 첫째, 한 개인의 편집되지 않은 목소리가 올라온다. 둘째, 일기(일지)형태의 글이 최신 사건 순으로 배치되므로 가장 최신 글이 맨 위에 올라온다. 셋째, 제목과 본문이 첫 화면에 함께 노출된다. 넷째, 사이트에 글을 자주 올리므로 사이트가 자주 갱신된다. 다섯째, 작성한 글(post)은 HTML 문서로 저장되므로 고유한 주소를 가진다. 여섯째, 발행·반영·고유링크의 성격을 가지고 있다. 일곱째, 주로 짧은 글이 올라온다. 여덟째, 카테고리화되어 있고, 트랙백을 통해 서로 그물망처럼 엮인 상태를 이루고 있다.

블로그의 이러한 특징들을 종합해보면 블로그는 운영자 스스로가 웹 미디어의 주체로서 인터넷이 가능한 곳이라면 언제, 어디서든 자신의 블로그를 업데이트할 수 있으며, 사용자 간의 정보공유, 의견논의 등이 기존 웹 페이지보다 매우 활발하게 일어날 수 있는 특징을 가진다. 또한 블로그에는 운영자의 정체성이 그대로 반영되므로, 개인의 주체성과 자아정체성에 소구하는 온라인 서비스라 할 수 있다. 블로그가 개인의 온라인 공간이라는 점에서는 개인 홈페이지와 유사하지만 만들고 관리하는 것이 개인 홈페이지보다 편리하다는 점, 커뮤니티 사이트처럼 일부에게만 공개하는 폐쇄성이 없다는 점이 블로그가 개인 홈페이지와 커뮤니티 사이트와 다른 점이라고 할 수 있다(김현민, 2009).

표 10-3 개인 홈페이지, 커뮤니티 사이트, 블로그의 비교

기준/유형	일반 개인 홈페이지	커뮤니티 사이트	블로그
사이트 구축 난이도	어려움	쉬 움	매우 쉬움
운영 난이도	어려움	쉬 움	매우 쉬움
콘텐츠 편집 형태	신문 및 잡지 형	시간 역순의 나열 형	신문 및 잡지 형
콘텐츠 확산 속도	느 림	빠 름	빠 름
콘텐츠 유지 보수	어려움	쉬 움	매우쉬움

출처: 조선일보(2003년 5월 26일자).

최근 인터넷 카페나 커뮤니티보다 블로그가 온라인 구전활동 수단으로 활발하게 활용되고 있다. 블로그의 활용으로 인해 네티즌들은 해당업체 사이트에 들어가 글을 남길 필요없이 자신의 온라인 블로그에 많은 콘텐츠를 손쉽게 올리고 온라인 구전활동을 전파할 수 있다. 블로그의 특성상 블로거들끼리의 긴밀한 연결이 가능하여 커뮤니티 형성이 쉬울 뿐만 아니라, 해당정보 이외의 다른 게시물을 통해 블로그 운영자의 성향을 파악할 수 있어 정보의 신뢰성을 확보할 수 있다. 특히 높은 방문자 수를 기록하는 파워블로그는 영향력이 강력하여 마케팅 수단으로 활용되고 있다. 블로거들은 개인의 신변잡기 사항을 포함하여 자신이 읽은 책, 관람한 공연, 방문했던 여행지, 사용했던 전자기기 등에 대한 의견을 블로그에 서술하기도 하는데, 이러한 의견들은 인터넷을 통해 급속도로 퍼지며 온라인 구전의 모습을 띠게 된다.

한국인터넷진흥원(2007년)의 블로거 인터넷이용 실태분석에 따르면 응답자의 약 60%가 취미, 여가 또는 개인적 관심사 공유를, 40.2%가 정보나 지식공유를 블로그 운영의 목적으로 꼽았다. 블로거들은 블로그 운영을 통하여 각종 지식이나 정보를 서로 주고받으려 하는데, 이 과정에서 특히 중요한 집단이 파워블로거[5]이다. 파워블로거는 제품이나 서비스의 확산 과정에서 매우 중요한 역할을 하게 된다(Katz & Lazasfeld, 1955). 파워블로거를 통해 어떠한 입소문이 전파되느냐에 따라 기업의 제품 혹은 서비스의 성패가 좌우될 수도 있다. 이 때문에 블로그 이용자 및 블로그 관련 구전활동은 기업에게 중요한 관심사이며 마케팅전략수립 및 활동에 변화를 초래한다.

표 10-4 파워 블로그 선정기준

영 역	측정방법
블로그 활동성 지수	블로그 운영기간, 포스트 수, 포스트 쓰기 빈도, 최근의 포스트 활동성
블로그 인기도 지수	방문자 수, 방문 수, 페이지뷰, 이웃 수, 스크랩 수
포스트 주목도 지수	블로그 홈의 주목받는 글과 동일한 주목도 지수
포스트 인기도 지수	덧글, 엮인글, 공감, 조회, 스크랩 등 포스트 단위의 반응지표

출처: 네이버(www.naver.com).

5) 대한민국 대표 포털 사이트 네이버에서는 총 1,400만여 개의 블로그 중 영향력 있는 1,100여 개의 블로그를 설정하여 파워블로그라 명명하고, 블로그 운영자를 파워블로거라고 칭하고 있다.

파워블로그의 영향력에 대한 일례로 경기도 어느 지역의 이탈리안 식당은 상당히 괜찮은 요리를 제공하는 음식점임에도 불구하고, 하루 세 팀이 올까 말까 한 가게였다. 그러나 하루 2,000명 이상이 방문하는 어떤 블로그에 소개되면서 그 식당은 연일 성황을 이루게 되었다고 한다.

블러그 운영자들을 대상으로 한 조사결과에 따르면 블로그 운영 시 좋은 점은 나와 다른 다양한 사람들과의 가치관과 관심사를 공유하는 것, 기업 제품의 무료체험기회 및 시판품제공 받음, 자신감, 위안, 뿌듯함, 수익으로 나타나고 있다. 블로그 운영시 힘든 점은 이벤트 운영에 대한 부담, 개념 없는 광고성 댓글, 포스팅을 하기 위해 자료를 준비하는 시간과 방문해 주는 이웃들을 위해 시간을 내 댓글을 작성해야 하는 부담감, 사람들의 냉담, 개인 비서처럼 부리려고 하는 사람들, 가끔 시비거는 사람들이라고 답하고 있다. 파워 블로거가 되기 위한 노력으로 필요한 것은 지속적인 업데이트와 소통으로 알려지고 있다.

5) 기업의 홈페이지 사이트

기업의 홈페이지 사이트는 인터넷 정보원천의 한 유형으로 소비자들에게 각종 소비자정보를 제공하고 있다. 기업의 홈페이지 사이트는 광고, 홍보, 다이렉트 마케팅의 경계를 넘나드는 통합적 활동의 도구이다. 기업 홈페이지 사이트는 제품, 서비스에 대한 정보탐색비용의 절감, 소비자와의 교류, 다양한 마케팅활동 도구의 통합적 활용 등에 긍정적 역할을 수행하고 있다. 그러나 최근 인터넷 홈페이지에서 기업의 마케팅활동이 점차 교묘하고 복잡하게 전개되면서 이로 인한 소비자 불만이나 피해도 늘어나고 있다. 예를 들면, 아르바이트 등을 고용하여 경쟁제품이나 회사를 비상하는 악성댓글 활동을 벌기도하며, 일부 쇼핑몰들은 고객들이 올린 댓글 중 호의적인 것들만 게시하고, 댓글 아르바이트를 고용해 거짓 후기를 남기는 등 고객의 판단을 흐리게 하는 행동으로 소비자들의 신뢰가 낮아지고 있다.

6) 미니홈피

미니홈피는 개인이 인터넷상의 공간에 직접 사진을 올리고 글을 쓰는 등 개인이 자신의 홈페이지를 직접 꾸미고 관리하는 것을 말한다. 미니홈피의 대표적인 사이트는 싸이월드로서 개인이 자신의 홈피를 관리하는 것뿐만 아니라, 일촌 맺기라는 방법을 통하여 회원들 사이의 교류를 활성화하고 있다. 싸이월드 회원 수가 급증하면서 기업들은 구전활동을 마케팅에 접목시켜 활용한 바 있다.

7) 소셜커머스

소셜커머스 시장에서는 소비자가 단순히 소비만 하는 것이 아니라 자신의 소셜 네트워크를 활용해 자발적으로 구전활동을 한다. 즉 소비자가 직접 정보를 생산하고 유통시키는데 이는 기업의 제품 및 서비스 판매에 중요한 영향을 미치고 있다. 소셜 네트워크에서 기업들은 큰 비용없이 구전효과를 극대화시킬 수 있는 장점이 있다. 한 조사에 따르면 SNS 사용자 중 SNS 내에서 특정 브랜드나 기업에 대해 긍정적인 언급을 한 사람의 비율은 46%, 부정적인 언급을 한 사람의 비율은 23%인 것으로 나타났다. 기업들의 SNS상의 부정적 구전활동에 관심을 갖고 있는데 기존의 카페나 블로그와 달리 소셜 네트워크 안에서 실시간으로 빠르게 확산되는 소비자들의 부정적 구전활동을 기업이 통제하는 것은 사실상 불가능하다. 소셜커머스에 대한 소비자들의 부정적 구전의 주요 내용은 유효기간 경과로 미사용, 계약내용과 상이한 사용조건, 예약의 어려움, 쿠폰의 미발행, 사용이 안 되는 쿠폰, 사업자의 일방적인 계약 취소, 사업자와 연락 두절, 서비스 불만족 등이다.

3 온라인상의 소비자구전활동

1) 소비자구전활동의 개념

소비자구전(word of mouth)활동에 대한 정의는 학자들마다 조금씩 차이는 있으나 일반적으로 소비자들이 특정 제품이나 서비스에 관한 개인적인 직·간접경험에 대하여 메일이나 하이퍼텍스트를 매개로 하여 긍정적 혹은 부정적인 정보를 비공식적으로 교환하는 자발적인 의사소통행위 또는 과정을 말한다. 구전은 자발적으로 일어나는 인간 고유의 본능적 현상으로 발신 주체가 같은 소비자이기 때문에 활동 시 피드백과 추가설명이 가능하고 사회적으로도 지지와 격려를 받을 수 있기 때문에 신뢰도가 높아 설득효과가 크게 나타난다. 긍정적 또는 부정적 구전효과는 상호 의사소통하는 개인들의 네트워크를 통해 확산된다. 구전활동의 효과가 큰 이유는 매체를 통한 일방적인 활동방식이 아니기 때문이다. 그동안 기업들은 제품판매 증대나 기업 이미지제고를 위해 대중매체를 통한 광고에 의존해 왔다. 그러나 많은 양의 광고는 정보의 홍수 속에서 마케팅활동의 효율성에 있어 한계를 갖게 된다. 또한 광고가 갖고 있는 상업성으로 인한 신뢰결여, 일방적 메시지 흐름, 이질적 불특정다수를 대상으로 함으로써 표적 소구대상에 정확히 도달하기 어렵다. 그러나 소비자들 간의 구전활동은 서로 친분이 있는 소비자들 사이에서 일어나므로 구전정보의 신뢰성이 높고 소비자가 구전의 내용을 쉽게 수용할 가능성이 높다.

2) 구전활동의 특징

기존의 구전은 대면상황에서 이루어지나 온라인 구전활동은 주로 인터넷 게시판을 매개로 즉 문자를 이용한다. 이러한 차이는 두 종류의 구전활동에 대한 접근방식을 달리할 필요를 야기시킨다. 즉, 온라인 구전이 인터넷 게시판을 매개로 구전정보의 전달범위와 속도를 비약적으로 증가시키는 한편, 대면 상황에서 사용될 수 있는 비언어적활동을 사용하기 어렵게 됨에 따라 동일한 메시지가 다른 형태로 구성되게 된다. 오프라인 구전과 온라인 구전의 비교는 표 10-5에 제시한 바와 같다.

(1) 구전 전달범위의 확대

온라인 구전은 오프라인 구전에 비해 정보가 사라지지 않고 지속적인 특성으로 인해 그 전달범위가 매우 넓다. 인터넷에 접속할 수 있는 불특정 다수에게 구전정보가 전달되고 수신자가 자신이 원하는 정보를 얻을 수 있는 정보원의 범위 역시 크게 확대되었다.

표 10-5 오프라인 구전활동과 온라인 구전활동의 비교

구 분		오프라인 구전	온라인 구전
물리적 특성	구성요소	소비자	소비자와 인터넷 게시판
	구전장소	실제공간	사이버공간
	전달범위	제한적	무제한적
	전달 속도	느 림	빠 름
메시지 특성	의사소통형태	음성언어	문자언어
	의사소통방향	쌍방향적	일방적/쌍방향적
	피드백 속도	즉각적	즉각적인 편임
	전달과정	송신자 → 수신자	송신자 → 인터넷 게시판 → 수신자
	1회 구전정보량	많 음	다소 적음
	구전내용	부정적>긍정적	부정적>긍정적
송수신자의 관계	구전동기	과시욕, 이타적 동기가 큼	과시욕, 이타적 동기가 작음
	수신자의 수	소 수	다 수
	수신자의 정체성	특 정	불특정
	친 분	있 음	없 음
	사회적 유대관계	강 함	약 함
구전활동효과	정보신뢰성	높 음	낮 음
	인지적 효과	큼	작 음
	정서적 효과	큼	작 음
	행동적 효과	큼	작 음
	전체적 효과	일률적으로 판단하기 어려움	일률적으로 판단하기 어려움

출처: 박철·정수연(2006). 온라인 소비자구전에 대한 내용분석-사이트유형과 제품유형에 따른 차이를 중심으로, 광고연구 70호, p. 91-118.

(2) 구전 전달속도의 증가

온라인 구전의 경우는 구전정보가 음성이 아닌 문자를 통해 전달되므로 전달속도가 빠르다. 소비자가 자신의 경험과 지식을 인터넷 게시판에 올리기만 하면, 언제라도 다른 소비자들이 이에 접속하여 정보를 얻을 수 있어 전달속도가 빠르다. 즉, 한 번의 송신으로 수많은 소비자에게 구전정보가 전달되는 전달속도의 증가를 의미

한다. 특히 정보원이나 다른 소비자가 그 구전정보를 복사하여 다른 인터넷 게시판에 전파할 경우 온라인 구전정보의 전달속도는 비약적으로 증가할 수 있다.

(3) 구전활동 방향의 다양성

온라인 구전은 일방적 활동과 쌍방향적 활동이 모두 가능하다. 한 소비자가 인터넷 게시판에 자신의 경험을 올린 것을 다른 소비자가 그에 대한 반응으로 찬성 또는 반대의 글을 올리거나 궁금한 사항을 추가로 질문하고 답을 얻는 경우 쌍방향적 구전활동이라고 할 수 있다. 온라인 구전의 쌍방향성과 피드백의 속도는 전달자와 수신자의 적극성에 의해 결정된다고 할 수 있다. 더 구체적인 정보를 원할 경우 경험자의 글 아래에 리플을 달거나 메일을 보내서 자신이 원하는 구체적인 정보를 문의하게 되는데 이러한 과정은 정보 전달자뿐만 아니라 수신자의 능동성을 바탕으로 한다. 전통적인 면대면 활동 상황에서는 사람들은 전달자의 메시지만을 수용하는 것이 아니라, 물리적 외모 또한 정보원에 대한 시뢰도와 메시지의 수용력에 강력한 영향을 미친다. 그러나 온라인 구전에서는 인터넷 환경의 익명성으로 인하여 수용자는 오직 메시지 자체만의 신뢰성에 관심을 갖게 된다. 인터넷 환경은 익명성과 물리적 속성의 파악이 힘들다는 특성을 갖고 있다. 따라서 인터넷 지식검색과 커뮤니티 등의 게시판에서 구전이 소비자에게 미치는 영향은 양방향적 방향성을 갖는다.

3) 온라인 구전활동 유형

온라인 구전활동의 유형은 표 10-6에 제시한 바와 같은데 어떤 구전활동 유형이든 인터넷 게시판에서의 사용후기 또는 댓글 달기는 참여인원의 제한이 없고, 시간과 장소에 관계없이 자신의 의견을 게재할 수 있으며, 다른 사람의 의견을 언제든지 볼 수 있다는 특징을 가진다. 온라인 구전을 이용하는 소비자는 오프라인 구전과 정보를 이용하는 소비자보다 시간과 노력면에서 상대적으로 많은 비용을 절감할 수 있다.

표 10-6 온라인 구전 정보원의 종류

구전 정보원	특 징
구매후기 소비자리뷰게시판	• 익명성이 높고 비동시성과 탈장소성이라는 특징 • 상호작용성 낮은 편
채 팅	• 기본적으로 1 : 1 통신 및 여러사람이 실시간으로 대화할 수 있는 기능제공 • 온라인 채널들 중 전통적인 면대면 대화와 가장 유사
메신저	• 사용자 간 상호작용성이 높음
지식검색	• 일반 검색사이트에서 나올 수 없는 지식을 지식 커뮤니티를 이용해 주고받는 신개념 검색서비스
이메일	• 사용자 간 상호작용성이 다소 높음

4 SNS와 소비자행동

초고속 통신망의 발달과 모바일 기기의 발전, 모바일활동의 일상화가 가속화되면서 구전활동문화, 다양한 정보공유, 네트워킹 기능의 패러다임이 변화하고 있다. 최근 사람들의 친화욕구와 자기표현욕구의 증대 등 여러 복합적 요소가 아우러지면서 새로운 미디어 형태인 소셜미디어가 등장하게 되었다.

표 10-7 소셜미디어 종류

종 류	정 의
블로그	온라인상에서 개인이 자신이 원하는 정보를 수집하고 출판해서 특정 사람이나 불특정다수에게 공개하고 이에 대한 타인의 코멘트를 수집하면서 온라인상의 관계를 형성하는 개인 웹페이지
소셜 네트워크 서비스	온라인 인맥구축 서비스로 1인 미디어, 1인 커뮤니티, 정보 공유 등을 포괄하는 개념이며, 개인의 정보를 바탕으로 타인과 끊임없이 대화하고 소통하게 만들어주는 커뮤니티형 웹 사이트. (예) 싸이월드, 페이스북 등
위키스 (Wikis)	하이퍼텍스트(hypertext) 글의 한 가지, 또는 그런 글을 쓰는 협력 소프트웨어를 가리킨다. 주로 편집 가능한 웹페이지로 웹사이트 상에 누구나 자유롭게 콘텐츠를 추가하고 정보를 편집하여 축적하는 서비스. (예) 위키피디아
손수제작물 (UCC)	사용자가 직접 제작한 콘텐츠를 말한다. 사용자가 상업적인 의도 없이 제작한 콘텐츠를 온라인상으로 나타낸 것. (예) Flickr(사진), Del.icio.us(북마킹), YouTube(비디오) 등
마이크로 블로그	인터넷에 블로거가 올린 한두 문장 정도 분량의 단편적 정보를 해당 블로그에 관심이 있는 개인들에게 실시간으로 전달하는 새로운 통신방식. (예) 트위터

표 10-8 소셜미디어 4대 가치

구 분	내 용
신속성과 지속성	콘텐츠의 전파가 쉽고 빠름. 생성된 콘텐츠는 신속하게 인지·생산·등록 가능하고 알릴 수 있으며, 상대의 반응에 즉각적으로 응답할 수 있음
대상의 다수성과 다양성	다수의 다양한 사람들에게 콘텐츠를 전달. 국가와 계층의 관계를 넘어 다양한 대상에게 콘텐츠 확산가능
경제성	기존 미디어에 비해 상대적으로 적은 비용으로 목표 집단을 쉽게 찾을 수 있으며, 소통경로가 단순하여 효과적이고 신속한 소통이 가능함
친근성과 신뢰성	마음을 담은 인간적인 소통이 가능함. 소소한 일상 이야기를 진솔하게 전달하여 브랜드의 개성과 인간미를 효과적으로 표출할 수 있음

한국정보산업연합회(2006)에서는 소셜미디어의 특성을 참여, 공개, 대화, 커뮤니티, 연결 등 다섯 가지 네트워크 기반 키워드들의 복합체라고 밝힌 바 있다.

1) SNS의 이해

(1) SNS란?

SNS(Social Network Service)는 웹상에서 친구, 선후배, 동료 등 지인과의 인맥 관계를 강화시키고, 새로운 인맥을 쌓으며 폭넓은 인적 네트워크를 형성할 수 있도록 해주는 서비스이다. 인터넷에서 개인의 정보를 서로 공유할 수 있게 하고, 의사소통을 도와주는 1인 미디어, 1인 커뮤니티라 할 수 있다. 웹상의 카페·동호회 등의 커뮤니티 서비스가 특정 주제에 관심을 가진 집단이 그룹화하여 폐쇄적인 서비스를 공유한다면 SNS는 나 자신, 즉 개인이 중심이 되어 자신의 관심사와 개성을 공유한다는 점에서 차이점이 있다.

(2) SNS의 특징과 장단점

SNS는 개방성, 익명성, 동시성, 무권위 등의 특징이 있다. 개방성은 SNS가 인트라가 아닌 웹2.0을 적극 활용함으로써 전 세계 누구나와 시공간을 초월한 활동을 가능케 한다. 또한, SNS는 인터넷의 가장 큰 특징인 익명성과 동시성을 매개로 한다. 게다가 SNS는 무권위 특징 즉 열린-수평적 관계를 전제로 한다.

소비자 휴게실 10-1

미국 소셜커머스업체 그루폰

미국업체인 그루폰은 2010년 10월 한국의 소셜커머스 벤처업체 딜즈온을 50억원(80% 지분)에 인수하면서 우리나라에 진출했다. 그루폰이 제공하는 서비스는 각 지역별로 하루 하나씩의 서비스를 50% 가까이 할인된 금액으로 판매하는 것이다. 그렇다면 반값에 판매하는 서비스 제공업체에는 어떤 이익이 돌아갈까? 우선 그 지역에서 하루에 오직 한 가지 서비스만 판매하기 때문에 광고효과가 크다. 이용업체들은 그루폰을 통한 홍보효과가 인쇄물에 비해 86%, 방송 대비 94%, 온라인광고 대비 90% 이상이라고 응답했다. 그루폰은 거래가 성사되면 50%의 수수료를 챙긴다. 그러므로 업체는 일반 금액의 25%에 제공하는 셈이다. 여기서 최대과제는 거래를 성사시키는 것으로써 자신이 구매한 서비스를 실제로 이용하려면 예정 할당량이 채워져야 한다. 그래서 그루폰은 이용자들에게 메일, 트위터, 페북 등으로 주위사람에게 알리는 방법을 제공하고 있다. 이용자가 소개한 사람이 첫번째 구매를 하면 1인당 10달러를 준다. 이런 장치는 이용자가 적극적으로 소셜네트워킹을 하게 부추긴다. 즉, 이용자 스스로가 홍보자로 나서게 되는 것이다.

SNS의 장점을 살펴보면 첫째, 쉽고 빠른 메시지 전달이다. 기존 미디어가 톱다운 방식으로 정보를 전달하는 것에 반해, 소셜미디어는 수평적 그리고 지인 네트워크를 통한 피라미드적 확산을 가능하게 한다. 둘째, 비용이 저렴하다. 소셜미디어는 운용하는 비용이 저렴하다. 예를 들어, 블로그나 트위터는 막강한 영향력을 갖지만 투자비용은 저렴하다. 셋째, SNS를 활용하면 고객이 언제, 어디에 있든지 메시지 전달이 가능하다. PC뿐만 아니라 노트북, 휴대폰, 각종 모바일 기기 등 다양한 경로를 통해 SNS를 활용할 수 있기 때문이다. 넷째, 소셜미디어 마케팅은 관심과 친분을 기반으로 하기 때문에 고객에게 신뢰를 줄 수 있는 장점이 있다. 다섯째, 새로운 고객확보가 가능하다. 소셜미디어에서는 기존 고객을 지원하는 것뿐만 아니라 예비 고객과 상호작용을 할 수 있으며, 기업과 제품에 대한 긍정적인 이미지를 심어줄 수 있다.

SNS의 단점은 다음과 같다. 첫째, 개인정보유출의 우려이다. 최근 사용자 암호변경 내용이라며 마치 트위터와 페이스북에서 공식적으로 발송한 이메일처럼 위장해 악성 스크립트 코드(index.html)를 첨부하여 국내에 유포된 사례가 있었다. 둘째, 전문성 부족이다. 현재 SNS에 대해 많은 연구를 통해 높은 발전을 했지만, 아직까지

표 10-9 SNS의 장점과 단점

장 점	단 점
• 광고, 홍보비 절약 • 다양한 마케팅 전술 가능 • 고객과의 의사소통이 용이 • 제품, 서비스에 대한 피드백이 빠름 • 발전 가능성이 많은 시장 • 새로운 기업전략을 사용하기 좋음	• SNS의 악이용 • 해킹, 악성코드로부터 자유롭지 못함 • 사용자의 편중 현상 • 지속적인 관리 필요 • 많은 경쟁업체의 집중 현상 • 빠른 발전에 따라가지 못하면 도태됨

기술에 대한 전문성이 떨어지고 SNS이용자들이 많이 늘었지만 아직도 비이용자가 많으며 기존 이용자들 역시 이용과 관련하여 기술적으로 미숙한 상태이다. SNS는 여러 가지 장점과 단점을 갖고 있는데 이는 표 10-9에 제시한 바와 같다.

2) SNS 서비스 종류 및 기능

(1) 트위터

트위터(twitter)는 블로그의 인터페이스와 미니홈페이지의 친구맺기 기능, 메신저 기능을 한데 모아 놓은 SNS로서 2006년 3월 개설되었다. 트위터란 '지저귀다' 라는 뜻으로, 재잘거리듯이 하고 싶은 말을 그때그때 짧게 올릴 수 있는 공간이다. 한 번에 쓸 수 있는 글자 수도 최대 140자로 제한되어 있다. 미국의 첫 흑인 대통령이 된 오바마가 대통령 선거에서 승리하는 데 트위터 이용 홍보효과가 컸 본 것으로 알려져 있다. 최근 기업들도 홍보나 고객불만접수 등 다양한 분야에 트위터를 활용하고 있다. 트위터의 특징은 다음과 같다.

- 개방형 · 별도의 확인이나 승인 없이도 친구추가만 하면 그 사람의 글을 볼 수 있다.
- 실시간성이 강해서 정보를 빨리 입수할 수 있고, 질문에 대한 답변이 빠르다.
- 친구 추가 수가 많아지면 타임라인에 트윗이 너무 빠르게 지나가기 때문에 놓치는 정보가 많다.
- RT(리트윗)라는 기능으로 정보를 퍼트리는 확산 속도가 매우 빠르다.
- 수백 가지 이상의 트위터 관련 서비스들이 있고, 연동하여 사용 할 수가 있다.

• 트위터 접속 프로그램이 매우 다양하다.

트위터의 약점은 콘텐츠 저장 역할이 미미하다는 점이다. 국내에서는 싸이월드가 활용도가 적지만 그 하향세가 완만한 이유는 개인들이 담고 있는 사진과 글에 대한 애착 때문이다. 하지만 트위터는 자신, 혹은 타인의 글에 대한 애착심이 기존의 SNS 서비스에 비해 떨어진다. 따라서 트위터와 비슷한 다른 편리한 플랫폼이 나온다면 트위터에 집착할 필요가 없기 때문이 이탈 가능성의 존재한다.

(2) 페이스북

페이스북(facebook)은 소셜 네트워크 웹사이트로, 사람들이 친구들과 대화하고 정보를 교환할 수 있도록 도와준다. 2004년 2월 당시 하버드 대학교의 학생이었던 마크 주커버그가 설립하였다. 페이스북의 특징은 다음과 같다.

• 폐쇄형으로 서로 친구인 사람들의 글만 볼 수 있다.
• 실시간성은 트위터보다 약하지만 내 방 같은 편안함과 아늑함을 느낄 수 있다.
• 개인 사진첩, 개인 노트, 개인 동영상 카테고리가 따로 있어서 별도의 관리 가능하다.

소비자 휴게실 10-2

페이스북의 역사

하버드 대학교의 학생이었던 마크 주커버그는 2004년 2월 4일에 페이스북을 개설하였다. 처음 2월까지는 하버드 대학교의 학생들만 이용할 수 있게 하였다. 3월에는 스탠퍼드, 컬럼비아, 예일까지 영역이 확대되었으며, 그 이후 아이비리그 대학교들, 뉴욕 대학교, 매사추세츠 공과대학교, 미국과 캐나다의 대부분 대학교로 영역이 확대되었다. 2005년 9월에는 고등학교에까지 영역이 확대되었다. 2005년 말까지 2,000개 이상의 대학과 2만 5,000개 이상의 고등학교의 네트워크가 생성되었다. 그 이후로는 몇몇 기업에까지 회원 영역을 넓혔으며, 마침내 2006년 9월에는 13살 이상의 전자 우편 주소를 가진 사용자라면 누구나 가입할 수 있게 되었다. 또한 페이스북은 2006년 야후로부터 10억 달러에 인수제안을 받았으나 이를 거부하고, 벤처 캐피탈로부터 2억 5,000만 달러를 투자받기도 하였다. 설립자인 마크 주커버그는 2008년 포브스 선정 세계의 억만장자에 15억 달러의 자산으로 785위에 올랐으며, 동시에 유산 상속이 아닌 자수성가형 억만장자 최연소로 기록되었다.

- 채팅기능이 있어서 현재 접속되어 있는 친구와 채팅이 가능하다.
- 페이스북 시스템에서 친구가 끊임없이 추천해 주어 친구 늘리기에 수월한 편이다.
- 140자 이상 긴 글도 자유롭게 쓸 수 있고, 별도의 필요한 어플리케이션을 설치하여 사용할 수 있다.
- 일반 페이스북 공간이 있고, 페이지 기능(커뮤니티, 기업/공인/연예인 페이지)이 있다.

(3) 네이버 미투데이

미투데이(me2DAY, 미투)는 플레이톡보다 조금 이른 시기에 클로즈드 베타 테스트를 시작한 마이크로 블로그 서비스이다. 글은 한 번 올릴 때 최대 150자까지 쓸 수 있고, 글마다 태그를 달 수 있다. 2010년 4월 이후 삭제 기능을 도입하였다. 기존 블로그와 달리 일상생활에서 벌어지는 다양한 상황에 대해 형식을 따지지 않는 아주 짧은 글들이 주로 올라오고, 이런 글들에 대해 미투를 눌러 동감함을 나타내거나 댓글을 추가함으로써 활발한 쌍방향소통이 이루어지고 있다. 일상생활 속 소소한

그림 10-1 네이버에서 미투데이를 검색한 화면

출처: 네이버(www.naver.com).

일들에 대해 소통하므로 회원간 관계를 상당히 쉽게 맺으며, 이를 유지하기 위해 서로의 글에 댓글을 달고 미투를 눌러 동감을 나타내는 등 SNS 성격이 풍부한 서비스이다. 2010년 7월 '모아 보는' 메뉴를 통한 태그 보기를 없애고 '찾아보는' 메뉴를 통해 관심 있는 태그의 글을 모아볼 수 있도록 개선하였다. 또한, 친구가 미투한 글을 볼 수 있도록 변경하여 정보전달의 매체로서의 역할을 더 잘 할 수 있도록 하고 있다.

(4) 네이트 커넥트

네이트 커넥트란 SK컴즈 회원이 외부 사이트에서 활동한 내용을 네이트에서 한번에 모아 확인하고 관리하는 원스톱 서비스다. SK컴즈는 작년 11월 국내 3대 호스팅사인 카페24, 메이크숍, 고도몰 등과 제휴를 시작해 현재 4,500개 협력사를 확보했다. 쇼핑스크랩을 이용하면 사용자들은 스크랩 버튼 클릭만으로 쇼핑몰 관심 상품을 미니홈피, 블로그 등에 담아 보관할 수 있다. 스크랩한 정보를 일촌과 공유하고 의견을 주고 받을 수 있어 제휴사들에게는 새로운 홍보수단으로 주목받고 있다.

(5) 다음 요즘

다음 요즘(yozm)은 짧은 글과 이미지, 동영상을 통하여 언제 어디서나 친구들과 실시간으로 소식을 전할 수 있는 서비스로 연예인을 모델로 한 한국형 SNS이다.

3) SNS와 소비자주권

SNS는 열린사회의 촉발, 관계망의 확대, 권위의 타파, 정보 재사회화의 촉발에 형향을 미치고 있다. 또한 SNS는 소비자주권의 확대에 긍정적 역할을 수행한다. SNS는 소비자 간의 소통을 늘려, 소비자에 의한 제품의 설계와 아이디어혁신을 가져오고, 피드백의 증가를 가져와 소비자주권이 향상된다. 또한, SNS 마케팅, 바이럴 마케팅은 SNS을 기반으로 한 웹 2.0 시대의 가장 대표적인 마케팅기법으로 기존의 오프라인상의 마케팅보다 적은 비용으로 효과적인 마케팅을 가능케 한다. 한편, SNS는 소비주기 변화의 가속화를 초래한다. SNS를 통한 소비자 간의 의견교환과 피드백은 소비자의 욕구변화의 속도를 증가시킨다. 이는 소비주기 변화를 가속화시키므로 기업은 항상 새로운 욕구에 대응하는 제품을 생산하여야 한다.

5 소셜미디어와 소비자유형

기업이 정보의 생산과 유통을 주도하고 소비자는 그것에 의존해 판단하고 구매하던 패턴에서 이제는 소비자 스스로가 블로그, 포럼, 위키, 커뮤니티, 소셜 네트워킹 등 새로운 인터넷 정보교류수단을 이용해 정보를 모으고 분석·판단하여 기업의 통제권을 약화시키고 있다. 소셜 네트워크 서비스에서 사람들의 활동량을 기준으로 분류한 소셜미디어 소비자유형에 대해 살펴보자. 소셜미디어 소비자유형으로 창작자형, 비평가형, 수집가형, 참여자형, 관람자형, 비참여자형 등으로 구분할 수 있다.

이은영(2006)은 블로그 이용 형태를 가지고 도서관형, 쇼핑몰형, 카페형, 칵테일파티형, 발표장형, 토론회형 여섯 가지로 구분하였다. 오피니언리더 성향은 쇼핑몰형, 카페형, 발표장형에서 많이 나타나고 있고, 마켓메이븐 성향은 쇼핑몰형, 토론회형 소비자들에서 나타나며, 얼리어답터 성향은 카페형에서에서 나타나는 것으로 밝혀지고 있다. 다양한 소비자유형중 가장 대표적인 것에 대해 자세히 살펴보면 다음과 같다.

1) 의견선도자

이준웅 외(2007)는 온라인 의견지도자의 속성을 네 가지로 설명하였다. 첫째, 온라인 의견지도자이며 이들의 게시글은 다른 토론자들의 주목을 유발할 뿐만 아니라 긍정적인 반응을 유도한다. 둘째, 관심유발자(attention gatherers)로 명명했는데 이들이 올린 글은 다른 토론자들로부터 주목은 받지만 긍정적인 반응은 얻지 못한다. 셋째, 조용한 설득자(quite persuaders)로 이들이 제시한 글은 상대적으로 다른 반응을 보이는 경우이다. 넷째, 온라인 일반 토론공중이다.

최윤정(2009)은 온라인 커뮤니티 이용자들을 분석한 결과 비(非)오피니언 집단에 비해 오피니언 리더는 상대적으로 교육수준이 높고, 고소득자이며, 남성이 많고, 인성 강도(personality strength)를 구성하는 자원기반 리더십과 행동기반 리더십 수준이 높다. 라이온스와 헨더슨(Lyons & Henderson, 2005)은 온라인 오피니언 리더 성격을 분석한 결과 8개의 특성을 보인다고 하였다.

- 인터넷을 자주 사용한다.
- 인터넷에 대한 많은 지식을 갖는다.
- 남보다 앞서 인터넷의 새로운 기능을 사용한다.
- 혁신적이고 새로운 방법으로 인터넷을 활용한다.
- 인터넷을 숙련되게 사용할 줄 안다.
- 인터넷을 오랜기간 동안 사용해 왔다.
- 인터넷 접속을 자주한다.
- 인터넷에 접속하면 활동시간이 일반인보다 길다.

결국, 오피니언 리더는 사회적·경제적으로 높은 위치에 있는 남성이 주류를 이루고 있고, 뉴스를 많이 접하고, 인터넷과 대중매체 이용이 많고, 의사소통 능력이 뛰어난 것으로 알려지고 있다.

한편, 오피니언 리더인 파워 블로거들은 제품이나 서비스에 대한 평가를 작성하며, 다른 사람들의 블로그를 읽고 그들의 블로그에 댓글을 달고 있으며, 자신의 블러그 공개, 자신의 감정이나 개성, 최근 상황들을 업데이트 하는 것에 높은 참여율을 보인다. 또한 파워 블로거들은 자신의 경험이나 지식에 대해서 이웃들과 공유하려는 성향이 강하며, 블로그 운영에 있어서 노골적인 광고성 댓글이나 상업적인 목적의 접근에 대해서 거부감을 느끼는 경우가 많다. 또한 새로운 도서, 새로운 화장품, 새로운 레고 등의 제품을 무료로 제공받는 것에 대해서는 대체로 긍정적인 반응을 보인다고 한다.

2) 시장전문가(마켓 메이븐 소비자)

마켓 메이븐 소비자라는 명칭의 소비자에 대한 관심이 높은데 이들은 특정 제품이 아닌 시장 전반에 대해 정보를 가지고 있고 자신의 의견을 상대방에게 전달하고,

오프라인 상으로 관계를 맺고 있는 사람들과 연락하면서 관계를 유지하거나 자신의 최근 상황과 기분, 감정 등을 표현하고 자신만의 개성을 표현하는 것으로 나타났다. 픽과 프라이스(Feick & Price, 1987)의 마켓 메이븐은 쇼핑행동을 설명하는 개념으로 마켓 베이븐은 다양한 제품, 쇼핑장소, 시장 등에 대해서 잘 알고 있는 사람으로 정의내렸다. 마켓 메이븐은 정보를 탐색하고, 또 다른 소비자와 논의를 하거나 소비정보를 주위에 제공해 주고, 다른 사람의 의사결정에 많은 영향을 미치는 사람이다. 그런 점에서 마켓 메이븐은 오피니언 리더나 얼리어답터의 개념을 포함하고 있는 마니아 소비자라고 할 수 있다. 마니아 소비자들은 영향력 행사자로서 정보를 제공해 주는 성향이 강하게 나타나는 사람들이다.

위드먼과 월시(Wiedman & Walsh, 2001)의 연구에서 마켓 베이븐은 특정제품이 아닌 시장 전반에 대한 정보를 가지고 있다는 점에서 오피니언 리더와 구별되며, 반드시 제품을 구매하거나 사용하지는 않고, 특정제품 지식과 여러 제품에 대해 일반적인 지식을 가지고 있다. 김유리와 이혜선(2006)은 국내 커뮤니티 이용자들은 새로운 마니아 세그먼트축, 개성유형(내향성·외향성), 선호취향(music-oriented, image-oriented), 제품에 대한 태도(newie follower, Emotion & Sympathy), 구매의사결정태도(혁신성, 고관여 순응형)로 구분하였다.

3) 초기 수용자

얼리어답터로 흔히 불리는 초기 수용자는 제품이 출시될 때 가장 먼저 구입하고, 제품을 평가한 후 주변에 제품의 정보를 알려주는 소비자이다. 초기 수용자들은 자신의 의견을 상대방에게 전달하거나, 자신의 최근 상황이나 기분, 감정 등을 표현하고 자신만의 개성을 표현하는 것으로 나타났다. 소비자들은 소셜 네트워크에서 여러 사람들과 의견을 나누고 소통을 하며, 자신이 올리는 콘텐츠들에 대해서 큰 자부심을 가지고 자신의 지식을 여러 사람들과 함께 공감하고 있다. 골드스미스, 로널드, 괴사(Goldsmith, Ronald, Leisa, 1992)는 상위 14%를 얼리어답터로 정의하고 나머지 86%를 레이트 어답터(late adoptor)로 정의한 바 있다.

국내에서는 인터넷의 발달과 함께 초기 수용자들이 늘어나고 있다. 특히 일부 초기 수용자들은 전문적 수준의 평가를 통해 소비자와 제조사 양쪽으로부터 신뢰를

쌓고 있다. 초기 수용자의 활동을 통해 소비자들은 믿을 만한 제품을 구입할 수 있는 기회를 얻고, 제조업체들은 소비자들의 요구와 시장동향을 파악할 수 있기 때문에 초기 수용자들은 이들은 단순한 소비집단의 하나 이상으로 프로슈머의 역할을 톡톡히 해낸다는 평가가 있다.

초기 수용 소비자들은 대체로 특정제품 카테고리에 대한 식견을 가지고 있으며, 신제품에 대한 의견 선도자로서 행동을 하고, 다양한 정보출처에 노출되며, 특히 신제품시장에 관여(involvement)한다고 주장하였다. 또한, 초기 수용자들은 판촉 커뮤니케이션에 관심을 보이며, 새로운 브랜드에 관심을 보이고, 적극적인 쇼핑과 구매를 하며, 가격보다는 새로움에 더 흥미를 갖고 있으며, 특가상품을 별로 의식하지 않고, 유행에 민감하게 행동한다.

참고문헌

고범석(2011). 소셜커머스 쇼핑에 있어서 소비자구매결정에 영향을 미치는 요인 분석, 중앙대학교 산업창업경영대학원 석사학위논문.

권대현(2007). 온라인 구전활동에 영향을 미치는 사용자 정보의 특성: 답글과 사용자 후기 중심으로. 한영대학교 석사학위논문.

권오승(2006). **시장경제와 법**. 서울대학교출판부.

김고은(2011). 소셜커머스의 시스템 특성이 수용 의도에 미치는 영향에 관한 연구, 숭실대학교 경영대학원 석사학위논문.

김기옥(2003). **소비자와 시장경제**. 시그마프레스.

김보경(2008). 온라인 쇼핑몰 제품설명 소구유형과 댓글의 방향성/유형에 관한 연구-패션제품을 대상으로. 경희대학교 석사학위논문.

김영신 외(2004). **새로 쓰는 소비자와 시장환경**. 시그마프레스.

김유리(2011). 소셜커머스의 구매동기에 영향을 미치는 요인에 대한 연구. 고려대학교 경영대학원 석사학위논문.

김우상(2008). 제품의 온라인 리뷰 정보의 전문성과 진실성이 구매자가 인지하는 위험성에 미치는 영향. 연세대학교 석사학위논문.

김준성(2011). 소셜커머스에 대한 태도가 사용의도와 구전의도에 미치는 영향: 공동구매방식을 중심으로. 한양대학교 대학원 석사학위논문.

김호균(2010). 온라인 댓글이 구전확산에 미치는 영향에 관한 연구. 서강대학교 석사학위논문.

박영봉(2000). 케이블TV홈쇼핑 구매자들의 정보탐색에 관한 연구. **영남대학교 산경연구**. 8호.

방상훈(2007). 댓글의 방향성에 따른 긍정 대 부정의 비율이 사용후기의 구전효과에 미치는 영향. 중앙대학교 석사학위논문.

서명옥(2006). 브랜드 블로그 특성이 소비자에게 미치는 영향에 관한 연구. 중앙대학교 석사학위논문.

손소영(2007). 온라인 쇼핑몰 내에서 소비자의 댓글 이용행위에 관한 연구. 서강대학교 석사학위논문.

안소현(2010). TV홈쇼핑 제품의 구매결정요인과 재구매의도에 관한 연구. 성균관대학교 석사학위논문.

이광성(2011). **소셜 마케팅 블루오션: 성공을 부르는 소셜커머스**. 삼정데이타서비스.

이득연, 최선경(1994). **소비자 의사결정과정에서의 소비자정보 활용도 평가**. 한국소비자원.

이상봉(2009). TV홈쇼핑 채널의 이용과 구매의도에 영향을 미치는 요인에 관한 연구. 성균관대학교 박사학위 논문.

이수진(2001). 인터넷 소비자정보요구도에 관한 연구. 건국대학교 석사학위논문.

이현주(1998). 케이블TV를 통한 홈쇼핑시 의류제품의 충동구매에 관한 연구. 계명대학교 석사학위 논문.

전상일(2009). 가격비교사이트의 지각된 서비스품질이 방문의도 및 추천의도에 미치는 영향. 홍익대 광고홍보대학원 석사학위논문.

정경회(2007). 홈쇼핑기업 특성이 소비자 선호와 신뢰에 미치는 영향: GS, CJ, 우리, 현대 중심으로. 성균관대학교 석사학위논문.

정병태(2011). **소셜 네트워크 혁명**. 로뎀나무.

조현석(2009). 제품리뷰사이트 유형에 따라 미디어신뢰도와 관여도가 소비자태도에 미치는 영향에 대한연구. 홍익대 광고홍보대학원 석사학위논문.

지재구(2007). 기업 웹사이트의 구성요소에 대한 평가가 기업이미지 변화에 미치는 영향에 대한연구. 성균관대 경영대학원 석사학위논문.

최경임(2006). 소비자 상품리플이 쇼핑구매에 미치는 영향 연구: 주요 인터넷 쇼핑몰의 소비자 상품평을 중심으로. 연세대학교 언론홍보대학원 석사학위논문.

한은경·송석재·임한나(2011). **소셜커머스의 이용 동기와 만족, 재구매 의도에 관한 연구: 이용과 충족이론을 중심으로**, 한국광고홍보학보.

허경옥(2010). **소비자학의 기초**. 교문사.

CHAPTER 11

소비자정보

정보화사회라고 일컬어지는 현대 사회에서 소비자는 원하든 원하지 않든 매일 많은 종류의 정보를 만나게 되고, 이러한 정보에 의해 영향을 받는다. 더 나아가 소비자는 이러한 정보에 의존해서 선택을 하게 된다.

소비자는 제한된 자원을 이용하여 생활의 영위에 필요한 상품이나 서비스를 구입하여 사용하므로 다양한 욕구를 충족시킨다. 소비자가 욕구를 충족시키기 위해 행하는 일련의 행위를 소비자행동이라 할 수 있다. 이러한 소비자의 행동은 개개인의 욕구를 최대한 충족시키기 위해 이루어진다. 이 과정에서 소비자의 욕구가 적극적으로 반영되는, 생산자 중심이 아닌 소비자 중심의 경제체계, 즉 소비자주권이 실현되기 위해서는 소비자의 합리적이고 효율적인 소비행동이 전제되어야 한다. 그리고 소비자들이 합리적이고 효율적인 소비행동을 하기 위해서는 시장이 경쟁적이어서 소비자에게 주어지는 선택의 폭이 넓어야 하고 이러한 시장을 기반으로 소비자는 적극적인 정보의 탐색자가 되어야 한다. 다시 말해서 급속도로 변화하는 복잡한 현대 사회에 살고 있는 소비자가 발생 가능한 소비선택의 불확실성을 최소화하여 개인적으로는 합리적이고 효율적인 소비행동을 하기 위해서 그리고 사회적으로 요구되는 바람직한 소비행동을 하기 위해서는 다양한 유형의 소비자정보가 필수적인 것이다.

이 장에서는 소비자정보가 무엇이며 어떠한 유형의 소비자정보가 있는지, 그리고 그러한 소비자정보의 특성과 함께 소비자정보와 관련된 소비자문제 등에 대해 구체적으로 살펴보고자 한다.

1 소비자정보의 개념

전통적인 미시경제이론에서는 소비자가 제품 및 시장에 대해 완전한 지식과 정보를 가지고 있다고 전제하였으나, 급속도로 발전하는 현대 사회에서 소비자는 항상 불확실성에 노출되어 있으며 자신의 욕구와 제품의 질을 정확하게 평가할 수 없는 상황에서도 끊임없이 생활을 영위하기 위해 매순간 다양한 의사결정을 내리면서 경제활동을 해야 한다.

이렇게 경제여건에 존재하는 불확실성은 기본적으로 생활의 안전을 추구하는 소비자들의 복지수준에 부정적인 영향을 미칠 수 있는 가능성을 항상 가지고 있다. 이러한 이유로 소비자의 의사결정 결과는 불확실할 수밖에 없으며 이러한 불확실성은 소비자의 후생수준을 소비자가 감당할 수 있는 것보다 크게 변화시킬 수 있다. 그러므로 소비자는 재화나 서비스의 구매나 사용에 따르는 다양한 재정적 심리적 불확실성을 최소화 또는 회피하기 위해서 다양한 수단을 강구하게 된다. 이때 소비자의 의사결정 과정에서 소비자가 취할 수 있는 다양한 대체적인 행동 중에서 어떠한 것을 선택함에 따라 나타나게 되는 결과를 보다 정확하게 예측할 수 있도록 도움을 주는 것을 소비자정보라 한다.

정보통신기술의 발달로 우리는 과거에 비해 다양한 내용의 지식과 사실을 아주 쉽게 접할 수 있게 되었다. 그러나 이렇게 넘쳐나는 지식과 사실이 소비자에게 모두 유용한 정보가 되는 것은 아니다. 주변에서 흔하게 얻을 수 있는 단순한 지식과 사실들이 잘 해석되고 이해되어 소비자가 실제 소비생활에 응용하여 효과적으로 사용할 수 있을 때에야 비로소 이러한 지식과 사실들이 소비자정보가 된다. 그러므로 우리 주변에 넘쳐나는 많은 지식들이 모두 소비자정보라고 할 수 없으며, 이러한 지식이나 사실들이 유용한 소비자정보가 되기 위해서는 아래와 같은 요건을 갖추어야 한다(허경옥 외, 2008).

- 적시성(timeliness): 소비자가 정보를 필요로 할 때에 짧은 시간에 얻을 수 있고, 얻어진 소비자정보원으로부터 구매의사 결정에 도움이 될 만한 최근의 정보를 얻어낼 수 있는지를 의미한다. 일반인에게 아무리 유용한 정보라 할지라도 소비

자가 필요성을 느끼지 못한다면 그 정보는 유용하지 않다.

- 정보의 정확성(intelligibility): 소비자에게 주어지는 정보는 사실에 근거한 것으로 정확한 것이어야 하고, 의도적으로 왜곡되거나 편파적이어서는 안 된다. 진실하고 허위가 없어야 하며 정보제공의 형태도 명백해야 한다.
- 정보의 적합성(suitability): 정보가 그 역할을 하기 위해서는 소비자의 상황과 특성에 맞는 정보가 적절하게 제공되어져야 한다. 즉, 모든 정보가 소비자들에게 동일한 효용을 가지지 않는다는 것을 의미한다.
- 검증 가능성: 검증 가능성은 정보의 정확성을 확인할 수 있는 특성을 의미한다. 정보를 검증할 수 없다면 그 정보는 신뢰할 수 없으므로 관련성이 높고 적시에 제공된 정보라 할지라도 정보의 가치는 매우 낮게 평가될 수밖에 없다.
- 최신성: 이용자에게 완전히 새로운 정보일수록 가치가 더욱 크게 된다. 누구나 알고 있는 정보의 가치는 이미 정보로서의 가치를 상실했다고 하여도 과언이 아니며 현재 알지 못하는 사실을 가르쳐 주는 정보일수록 가치가 더욱 커진다.
- 접근 가능성: 필요로 할 때 획득이 가능하고 누구든지 획득할 수 있어야 한다.
- 저장 가능성: 보관해 두었다가 필요할 때 다시 사용할 수 있으며 사용 시 처음과 같은 효용을 얻을 수 있어야 한다.

그러므로 소비자 정보는 그 정보의 내용을 필요로 하는 소비자에게 필요한 시점에 정확하게 제공되어야 정보로서의 효용가치가 있는 것이다.

소비자는 소비자정보를 활용하여 의사결정 과정을 진행하므로 불확실한 상태 가운데 어떤 상태가 실현될 것인가를 보다 정확하게 예측하므로 자신이 부딪히게 될지도 모르는 위험을 미리 감소시키거나 제거할 수 있으며, 이는 결과적으로 소비자의 후생복지수준을 향상시키게 된다. 소비자정보 활용의 효과를 구체적으로 나열하면 아래와 같다.

- 소비자정보는 제품이나 서비스를 구매하는 있어서 재정적·심리적인 불확실성 및 위험을 감소시켜 소비자 불만이나 피해를 줄이고 구매 후 만족을 증대시킨다.
- 가격이나 품질, 판매점, 제품 등에 관한 정보는 시장상황을 잘 파악할 수 있게 하며 바람직한 선택을 하도록 도와준다.

• 제품의 평가기준 및 다양한 대체 안들의 장단점에 관한 정보는 대안평가 과정에서 가장 좋은 대안을 선택하는 데 직접적인 도움을 준다.
• 제품의 사용 및 관리방법에 관한 정보는 제품을 이용하는 과정에서 제품의 기능을 충분히 활용하도록 하고 제품 수명을 연장시킴으로써 사용상의 효용을 높인다.
• 소비자정보는 구매 후 부조화를 감소시킴으로써 구매 후 만족을 증대시킨다.

2 소비자정보의 유형

「소비자보호법」에 명시된 소비자의 기본 권리 중의 하나인 '알 권리'는 소비자가 물품 및 용역을 선택할 때 필요한 지식과 정보를 제공받을 권리를 말한다. 소비자가 합리적인 소비행동을 하기 위해서는 소비행동과 관련된 많은 상품 및 용역, 그리고 주변 관련 요인에 대해 충분한 지식과 정보를 가지고 있어야 한다. 이러한 소비자정보는 그 형태가 매우 다양하며 다음과 같은 것이 중요한 소비자정보의 형태라 할 수 있다.

1) 정책적 소비자정보

정부는 소비자의 소비행동에 필요한 최소한의 정보가 다양한 방법으로 제공되도록 하고 있다. 식품의 제조일자, 유통기한, 가격, 제품의 사용방법 등 매우 광범위한 내용의 다양한 소비자정보가 정부의 정보공개정책에 의하여 소비자에게 제공된다.

현대 사회에서 소비자가 경험하게 되는 많은 문제들은 그 특성상 소비자 개인이 스스로 해결하기가 어려운 경우가 많고, 또한 소비자문제들이 개인의 결함에 의해 발생하는 것이라기보다는 구조적으로 발생하는 경우가 대부분이다. 그렇기 때문에 바람직한 해결방안의 하나로 시장이 제 구실을 다하여 문제가 효율적으로 해결되도록 제3자인 정부가 개입하는 것이 소비자 보호정책의 주요 내용이라 할 수 있다. 그러므로 소비자 보호를 위한 정부의 여러 정책이 제대로 그 효과를 발휘하기 위해서는 관련 법률이 제정되어 법적 근거가 마련되어야 한다.

많은 소비자 보호정책 중에서 소비자가 보다 더 정보화된 선택을 할 수 있도록 생산자로 하여금 소비자에게 유용한 정보를 명시적으로 제공하도록 하는 것이 정보공개정책이다. 상품의 품질에 대해 더 많고 자세한 정보를 공개할 것을 요구하거나, 구매 후에나 알 수 있었던 정보를 구매 전에 미리 제공하도록 하는 것도 정보공개정책의 내용에 포함된다. 의류에 부착된 사용상의 주의사항을 기재한 라벨이나 'KS마크' 그리고 제품의 규격 및 사용설명서 등이 좋은 예라 할 수 있다.

소비자들은 정보공개정책에 근거하여 제공되는 많은 정보를 이용하므로 합리적인 구매결정을 할 수 있고, 소비자들이 제공된 정보를 현명하게 이용하여 합리적인 구매결정을 할 때에만 시장의 경쟁을 촉진시킬 수 있다.

공개되는 정보는 크게 상품의 성질과 관련된 사항들을 단순히 기재되는 경우와 정부가 특정 상품에 대한 품질기준을 만들고 이 기준에 따라 상품을 평가하여 그 결과를 상품에 부착하게 함으로써 정보를 공개하는 경우로 나눌 수 있다. 이 때 전자는 행정적으로 표시규제를 통하여 이루어지고, 후자는 품질인증제도나 등급사정을 통해 이루어진다.

2) 객관적 소비자정보

객관적 소비자정보는 사실에 근거하고 편견이 없어 신뢰할 수 있는 정보를 말한다. 즉, 신문이나 잡지, 정부보고서, 조사기관이나 단체에서 제공하는 정보들을 말한다. 실제로 소비자 모니터라든지 제품의 비교평가에 관하여 여러 소비자들이 제품들을 실제로 사용하며 비교 평가한 자료를 종합해서 제공하는 경우를 들 수 있다. 정보산업과 인터넷의 발달로 객관적 소비자정보가 매우 다양하게 제공되고 있어 소비자가 정보탐색의 노력을 조금만 기울인다면 실제 소비자행동 결과의 불확실성을 줄이는데 도움이 되는 정보를 쉽게 구할 수 있다.

3) 주관적 소비자정보

주관적 소비자정보에는 크게 두 가지의 형태가 있다. 첫째 유형은 소비자의 과거

경험과 능동적 또는 수동적으로 얻어진 정보로 기억 속에 저장되어 있는 것이다. 이러한 형태의 정보는 자신의 경험과 선택적 지각능력에 근거하기 때문에 정보의 내용이 편향될 가능성이 매우 높다고 할 수 있다. 그리고 가족이나 친구, 동료 등 마케터의 직접적인 통제하에 있지 않은 개인들이 제공하는 모든 정보가 또 다른 주관적인 소비자정보에 속한다. 이들을 통해서 제공되는 소비자정보도 각각의 소비자의 경험이나 기억에 근거하는 것이 대부분이다. 즉, 소비자가 특정한 분야의 전문인으로서 특정 재화에 대해 상세하게 비교 평가하고 정보를 제공하는 경우는 매우 드물기 때문에 이러한 경로를 거쳐 제공되는 소비자정보는 대부분 주관적이라고 할 수 있다. 이러한 형태의 소비자정보는 인터넷의 확산으로 전자상거래가 활발해 지면서 다양한 전자상거래 관련 사이트에서는 판매업자가 이전에 해당물품을 구매한 소비자가 사용경험담을 제공하도록 하여 신규 소비자의 제품에 대한 평가를 도와 구매를 촉진하기 위하여 적극적으로 사용되고 있다.

급속한 정보화의 진행에 발맞추어 나타난 세 번째 유형의 중요한 주관적 소비자정보는 특정 재화나 서비스에 관심을 가진 사람들의 모임에서 제공된다. 정보통신기기와 기술의 발달로 PC통신의 동호회나 소모임은 매우 다양하며 전문적인 주관적 소비자정보를 많은 소비자들에게 제공하고 있다.

4) 주문형 맞춤 소비자정보

소비자가 내리는 의사결정 결과의 불확실성을 감소시켜 줄 수 있는 소비자정보는 매우 다양하다. 이렇게 우리에게 제공되는 정보의 양은 많아졌지만 막상 필요한 정보를 찾으려 하면 그것이 어디에 있는지, 어떻게 얻을 수 있는지 곤란을 겪을 때가 있다. 빠르게 변하는 시대 속에서 적절한 정보를 필요한 때에 얻는 것은 매우 중요한 일이다. 그러나 대부분의 경우에 소비자가 무수히 많은 정보 중에서 자신이 원하는 정보를 찾기 위해서는 특정 자료실에 직접 가거나 관련 서적을 찾아보는 등의 개인적인 노력을 하여야 한다.

최근에는 소비자가 원하는 정보를 국내는 물론 해외 자료까지 모두 망라하여 정리해 보내주는 주문형 맞춤 정보업체가 등장하여 소비자가 원하는 정보를 주문대로 입수해 제공해주고 있다. 이러한 주문형 맞춤 소비자정보는 특정한 정보에 대한 소비자의 요구를 충족시키는 것으로 대부분 일정한 대가를 받고 소비자의 정보탐색 노력을 줄여 주는 것이라 할 수 있다.

5) 블로그 소비자정보

인터넷의 보편화로 블로그라는 형태의 개인 미디어를 활용하는 소비자가 증가하고 있으며, 블로그에 참여하는 계층과 연령이 다양해지면서 개인이 정보를 생산해서 다른 소비자와 공유하는 일이 매우 간편해졌다. 과거의 소비자가 시장에서 제공되는 재화 중에서 자신에게 가장 효율적이라고 판단되는 제품을 선택하여 사용하는 데 그쳤다면 이제 소비자는 단순하게 시장에 주어진 제품을 선택하는 것에 그치지 않고 자신이 선택하여 사용한 재화에 대한 정보를 블로그를 통하여 다른 소비자와 공유함으로써 다른 소비자의 선택을 돕는 역할을 할 뿐 아니라 더 나아가서는 생산자인 기업에게 재화에 대한 소비자의 사용 후기를 제공하므로 제품의 품질개선에 대한 정보를 제공하는 역할을 하기도 한다.

그러나 이러한 블로그 소비자정보는 소비자가 직접 자신의 목소리로 평가한 내용을 공개하고 있어서 소비자 친화적인 정보가 되기도 하지만 기업의 상업적인 의도와 경제적 보상 아래 생산되어 기업이 요구하는 대로 작성하게 되는 경우도 있어서 기업의 간접 광고역할을 하기도 하므로 이중적인 특성을 지닌다고 할 수 있다.

그러므로 소비자들은 블로그 정보가 무조건 소비자가 생산하는 소비자 지향적인 정보라고 생각하지 않아야 할 것이며 기업의 협조와 지원에 의해 생산된 것일수도 있다는 점을 감안하여 소비자정보 선택에 유의해야 할 것이다.

3 소비자정보의 특성

우리 사회는 산업사회에서 정보의 생산과 이용이 모든 힘의 근원이 되는 정보사회로 변화해 가고 있다. 소비자정보는 생산과 소비에 비용이 발생하므로 자유재(free goods)가 아니며 경제 가치를 지닌 하나의 재화라 할 수 있다. 이러한 사회변화에 맞추어 소비자가 원하는 정보를 제공하는 서비스가 시작되었고, 점점 활성화되고 있다.

그러나 소비자정보는 단순한 사실과 기호의 나열인 자료나 일반적 체계로 정립된 지식과는 구별되며 다음과 같은 특성을 가지고 있다.

(1) 비소비성 및 비이전성

정보는 아무리 사용해도 소진되지 않는다. 그러므로 반복해서 계속적으로 사용할 수 있다. 그리고 정보는 타인에게 양도해도 자신에게 그대로 남는다.

(2) 비배타성 및 비경합성

정보는 일반적인 재화와는 달리 그것이 얼마만큼 공급되건, 공급자가 누구이건간에 일단 공급이 되기만 하면 모두가 아무 불편이나 효용에 관계없이 공동으로 활용할 수 있다.

(3) 누적효과성

정보는 사용에 따른 감가가 발생하지 않으며, 오히려 생산·축적되고 사용될수록 그 가치가 증대되기도 한다.

(4) 기밀성

정보는 한계효용 체감율이 극도로 높고, 이전 및 전파속도가 매우 빠르기 때문에 효용의 극대화를 위해 비밀리에 독점적으로 생산·사용된다.

(5) 공개성

사회적 대집단정보 특히 공공정보는 그 자체가 사회적 효용을 목표로 하기 때문에 저렴한 유통비로 널리 확산 주지된다.

(6) 개별성

정보는 특정인이나 특정목적에만 유용하다.

(7) 불확실성

정보는 이용자의 목적 지향적인 행동능력에 따라 효용이 달라진다.

(8) 신용가치성

정보의 구입에 있어서는 그 자체가 가치이기 때문에 정보의 내용을 사전에 평가할 수 없고 정보소유자의 신용이 중요한 판단의 기준이 된다. 이러한 성질로 인해 정보는 교환가치를 가지기 어려우며, 사용가치에 의해 그 효용이 결정된다.

4 소비자의 정보원천과 탐색량 결정요인

소비자가 정보를 어디에서 획득하는가에 따라 정보에 대한 신뢰도가 달라지며 이에 따라 효용성도 달라지기 때문에 정보의 원천은 매우 중요하다. 앞서 소비자정보의 유형에서 언급한 다양한 소비자정보는 소비자가 정보를 얻는 원천이 소비자 내부인가 외부인가에 때라 내적 탐색정보와 외적 탐색정보로 나눌 수 있다. 또한 이러한 소비자정보의 탐색량도 여러 가지 요인에 따라 달라진다.

1) 소비자의 정보원천

(1) 내적 탐색정보

소비자가 의사결정과정 중에 정보탐색을 하게 될 때 가장 먼저 정보를 탐색하게 되는 것은 소비자의 과거 경험에 의해서 또는 그동안 자연스럽게 노출되어 수동적으로 축적하게 된 기억에 의한 정보이다. 이러한 정보는 소비자가 정보를 탐색하기 위해 물리적인 노력을 하지 않고 단지 기억을 되돌아보는 정도로 정보를 탐색하게 되기 때문에 내적 탐색정보라고 한다. 이 내적 탐색정보는 소비자의 입장에서는 시간과 노력뿐 아니라 금전적인 비용이 전혀 필요하지 않은 정보이므로 제일 선호하는 정보라 할 수 있다. 그러나 소비자는 그동안 축적되어 있는 기억에 의한 소비자정보에 의해서 해결할 수 없어서 기억에 의한 정보 이외에 추가정보를 더 필요로 하거나 새로운 정보를 추가로 탐색해야 하는 경우도 많다.

(2) 외적 탐색정보

소비자는 자신의 기억에 의존한 내적 탐색정보가 충분하다고 판단할 경우에는 더 이상 정보탐색을 하지 않는다. 그러나 내적 탐색정보가 충분하지 않다고 느끼게 되면 기억 이외의 원천에서 정보를 얻으려는 노력을 하게 된다. 이렇게 기억 이외의 원천을 탐색하여 얻는 정보를 외적 탐색정보라 한다. 제품 자체는 매우 중요한 외적 탐색정보의 원천으로 제품에 표기된 제품명에서부터 가격 및 용량, 사용방법 등 각종 다양한 정보가 포장패키지에 담겨 있으며, 소비자가 제품을 직접 보는 것만으로도 많은 외적 탐색정보를 얻을 수 있다. 특히 단순한 제품의 경우에는 제품을 직접 보는 것만으로도 소비자가 의사결정을 하기에 충분한 정보를 획득할 수 있다.

그리고 광고는 중요한 외적 탐색정보가 된다. 물론 광고는 소비자가 평소에 수동적으로 노출되어 자연스럽게 무의식 중에 관련 정보를 기억에 저장하게 되어 내적 탐색정보가 되기도 하지만, 소비자가 정보를 필요로 하는 시점에 적극적으로 광고를 활용하여 관련 소비자정보를 획득할 수 있다. 경우에 따라서는 소비자가 제품을 직접 보지 않더라도 광고로부터 의사결정에 필요한 정보를 획득할 수도 있다.

판매원은 소비자의 구매의사결정에 매우 중대한 영향을 끼칠 수 있는 외적 탐색정보를 제공한다. 특히 소비자가 구매하려는 제품이 전문적인 지식을 필요로 하거나 기술적으로 복잡한 상품일 경우에 판매원이 제공하는 소비자정보는 소비자의 구매의사결정에 매우 결정적인 역할을 할 수 있다.

이 외에 친구나 가족, 이웃과 같은 다른 소비자들로부터 필요한 소비자정보를 얻을 수도 있다. 이들로부터 얻어지는 정보는 다른 소비자정보보다 신뢰성이 높은 편이라 할 수 있다. 그러나 근래에 들어서 인터넷의 발달로 소비자들이 생산하는 소비자정보의 양이 급증했을 뿐 아니라 과거와는 달리 기업과 결탁하여 편향적인 정보를 제공하는 소비자도 있기 때문에 이들로부터 얻어지는 정보를 무조건 신뢰하지 않아야 하며, 제공자의 신뢰도에 따라 정보에 대한 신뢰를 달리 해야 할 것이다.

2) 소비자정보 탐색량 결정요인

소비자가 의사결정에 필요한 정보를 얼마 만큼 탐색하는가는 가지고 있는 정보의 양에 따라 달라진다. 그러면 내적 탐색정보와 외적 탐색정보의 탐색량이 어떤 요인에 의해 영향을 받는지 살펴보기로 하자.

(1) 내적 탐색량의 결정요인

소비자의 내적 정보 탐색량의 소비자의 기억 속에 저장된 정보의 양과 적합성에 따라 달라진다. 일반적으로 기억 속에 저장된 관련 정보가 많고 그러한 정보의 적합성이 클수록 내적 정보탐색의 정도가 커진다.

(2) 외적 탐색량의 결정요인

소비자는 내적 탐색정보가 충분하지 않다고 판단하게 될 때 외적 정보를 탐색하게 된다. 이때 외적 정보의 탐색량은 제품의 특성, 시장의 특성, 소비자의 특성 및 상황적 특성에 따라 달라지게 된다. 시장에 존재하는 대체안의 수가 많고 가격의 분포가 클수록 정보탐색의 양은 커진다. 그리고 상점 수가 많고 상점 간의 거리가 짧을수록 정보탐색의 양이 커진다. 제품의 가격이 높고 차별화가 심할수록, 그리고 제품의 특성이나 속성이 안정적이지 않고 자주 변할수록 소비자의 정보 탐색량이 증가한다.

소비자의 사전지식이나 경험은 정보탐색에 U자형으로 영향을 미친다. 어느 정도까지는 사전지식이나 경험이 많을수록 정보탐색이 줄지만, 기존지식으로 인해 새로운 정보를 보다 효과적으로 사용할 수 있다는 자신감을 가지게 될 때 보다 적극적으로 외적 탐색활동을 하게 되기도 한다. 제품에 대한 소비자의 관심과 중요성의 정도, 즉 관여도가 높을수록 소비자의 외적 정보탐색량은 증가한다.

이외에 소비자가 정보를 탐색하는 시간적·공간적 개인적 상황에 따라서도 정보탐색의 양이 달라진다. 시간적 여유가 많고 공간적인 구매환경이 쾌적할수록 정보탐색량이 증가한다.

5 소비자정보와 관련된 문제

소비자정보는 소비생활에 주로 긍정적인 영향을 주지만 반면에 부정적인 측면도 내포하고 있다. 따라서 소비자정보와 관련된 문제에 대해 살펴보기로 한다.

1) 정보의 과부하

제3의 물결이라는 정보가 사회를 급속하게 발전시켜왔고, 현대 사회에서 정보는 결코 간과할 수 없는 중요한 부분이 되었다. 이렇게 정보의 중요성이 증대하고 있는 가운데 소비자의 소비생활과 관련한 정보의 양도 소비생활에 관련된 재화와 서비스가 늘어나는 것에 비례하여 기하급수적으로 증가하였다.

그러나 현대의 시장에서 생산되는 모든 상품에 대해 소비자가 완전한 정보를 갖는다는 것은 가능하지도 않지만 바람직하지도 않다. 완전정보가 불가능한 이유는 첫째, 정보의 획득과 처리에 금전이나 시간 등의 비용이 필요하기 때문이고, 둘째, 많은 정보들이 신뢰할 수 없거나 소비자가 판단할 수 없는 상태로 제공되고 있기 때문이다.

그리고 소비자에게 완전한 정보가 제공되는 것이 바람직하지 않은 이유는 대부분의 소비자에게 세분화된 많은 양의 정보가 오히려 바람직하지 못한 선택을 하게 하거나 혼동을 일으킬 수도 있기 때문이다. 아무리 완전한 정보라 하더라도 소비자정보가 과다하기 때문에 발생할 수 있는 이러한 문제를 소비자정보의 과부하 문제(consumer information overload)라 한다. 이 문제는 우리가 살고 있는 현대 사회에서는 소비자의 요구에 의해서 또는 정부의 정책이나 기업의 자율적인 조치에 의해서 소비자에게 제공되는 정보가 증가함에 따라 나타나는 필연적인 현상의 하나이다. 그러므로 많은 정보가 존재한다는 것이 반드시 소비자정보 환경이 바람직하다는 것을 의미하지는 않는다.

이러한 점들을 고려할 때 소비자정보정책은 소비자에게 완전한 정보를 제공하기보다는 소비자가 자신의 이익을 위해 각자 필요한 정보를 획득하고 평가할 수 있는 능력을 갖도록 하는 데 초점을 맞추어야 할 것이다. 그리고 소비자가 자신이 가지고 있는 정보가 불충분하다고 인식하고 추가정보에 대한 요구를 갖게 될 때 정보가 손쉽게 적절한 형태로 값싸게 제공될 수 있도록 하는 것이 필요하다.

2) 정보의 공공재적 성격과 무임승차성

일반적으로 최초의 소비자정보 획득에는 상당한 인적·물적 자원을 사용하게 되므로 비용이 들지만 일단 그것이 획득되면 정보의 비소비성과 비이전성 때문에 다수의 소비자가 그 정보를 비용 없이 공유할 수 있게 된다. 다시 말해서 소비자정보의 생산은 고정비용이 크게 들지만 한계비용은 낮다고 할 수 있다. 그리고 정보의 비배타성과 비경합성 때문에 많은 소비자들이 적극적으로 비용을 지불하면서 정보 획득에 나서지 않고 다른 소비자가 정보를 획득하여 제공해 주기를 원하고 스스로 정보를 획득하기 위하여 시간과 비용을 들이려고 하지 않는 성향을 보인다. 즉, 여타의 공공재의 경우에서와 마찬가지로 무임승차자의 문제가 생기게 되는 것이다.

그리고 정보를 획득한 소비자가 시장에서 저렴하고 품질이 좋은 상품을 선택하는 합리적인 선택을 하게 되면 시장에서 다른 상점들에게도 가격을 낮추고 품질을 좋게 하는 자극을 주어 소비자정보를 획득하지 않는 소비자들에게도 유익하게 된다. 그러므로 소비자정보를 전적으로 개별시장에 맡기게 되면 이러한 소비자정보의 공공재적 특성 때문에 소비자정보시장이 축소될 위험이 있다. 그러므로 소비자정보시장에 정부가 소비자정보정책을 통하여 개입할 필요가 있는 것이다. 특히, 과학과 기술의 발전에 따라 날로 복잡해져 가는 재화에 대해 소비자가 생산자만큼 알 수 없기 때문에 소비자의 재화 선택에 필요한 주요 정보는 소비자에게 필수적이다. 그러기에 대부분의 국가에서 기업에게 주요 정보를 의무적으로 공개하도록 하는 정부의 정보공개정책을 펼치고 있다고 하겠다.

그리고 더 나아가 소비자들이 기본적으로 소비자정보를 사용하므로 얻게 되는 이익에 상응하는 적절한 비용을 지불하는 시스템이 마련되어야만 누군가의 노력과 비용으로 생산되어지는 소비자정보에 무임승차하려는 심리가 감소하고 더 나아가 소비자들이 적극적인 소비자정보의 탐색자가 될 수 있을 것이다.

그러나 소비자의 입장에서 소비자정보의 신용가치성 때문에 수많은 정보에 대해 모두 비용을 지불하면서 자신에게 필요한 것을 파악하기는 어렵다. 그러므로 일정한 기간 또는 횟수의 제한을 두고 시범적으로 제공되는 정보를 사용해보고 정보의 구매 여부를 결정할 수 있도록 하는 것이 바람직하다고 할 수 있다.

3) 정보의 격차

정보격차는 정보의 접근과 이용이 각 개인마다 다르게 작용하는 정보 불평등 현상을 말한다. 소비자지식, 태도, 기능은 정보화수준에 따라 크게 차이를 보이는 것으로 보고되고 있으며 정보빈자일수록 불리하여 정보사회에서 소비자정보 격차는 산업사회의 소득격차에 이어 또 하나의 소비자불평등 요소가 될 수 있다.

소비자정보가 아무리 많다고 하여도 모든 사람이 똑같이 정보를 공유할 수 있는 것이 아니다. 그리고 정보는 누적효과성이 있기 때문에 정보를 많이 가지고 있는 측과 그렇지 못한 측 사이의 격차는 더욱 심화될 가능성이 높다. 예를 들어 소비자와 사업자 사이에서 발생하는 많은 문제는 소비자가 정보를 충분히 가지고 있지 못하기 때문에 정보우월자인 사업자에게 소비자가 일방적으로 피해를 보는 경우가 많다.

그리고 다양한 정보매체가 실용화되어 정보가 증가하고 있지만 모든 소비자가 평등하게 정보를 이용할 수 있는 것은 아니다. 즉, 소비자 사이에도 정보를 이용할 수 있는 관련 기기를 소유한 소비자와 그렇지 못한 소비자 사이에 정보소유와 이용에 불균형이 발생한다. 이렇게 정보를 획득, 가공할 수 있는 소비자는 그렇지 못한 소비자에 비하여 정보적으로 유리한 입장에 처하게 되며 이러한 소비자 간의 그리고 소비자와 생산자 간의 정보의 격차는 아무리 정보통신기술이 발달한다고 해도 평준화될 수 없다.

한국정보문화센터(2000)의 국민생활 정보화실태 및 정보화인식조사에 의하면, 연령이 높을수록 정보에 대한 인식, 접근, 역량, 그리고 이용 모든 면에서 뒤떨어지고 연령별 격차가 점차 확대되는 것으로 조사되었으며, 교육수준별로도 상당한 격차가 있는 것으로 보고하고 있다. 정보인식과 정보접근보다는 특히 정보역량 및 정보이용 측면에서 현저한 정보격차가 존재하는 것으로 나타났다. 컴퓨터 보유보다는 컴퓨터 이용과 인터넷 이용에서 격차가 심한 것으로 조사되었으며 특히 인터넷의 이용 면에서 고학력집단의 이용율이 상대적으로 많이 증가하여 저학력집단과의 정보격차를 더욱 크게 한 것으로 조사되었다.

그리고 정보의 속성상 경제주체들은 다른 경제주체보다 우월한 정보를 보유한 경우에 가능한 한 공개하지 않고 자신만 그 정보를 보유하려는 경향이 강하다. 이러한 현상은 정보의 보유가 경제적 이익과 연결되는 경우에는 더욱 심화되며 그렇지 않다 하더라도 정보를 보유하기 위해서 자신이 투입한 비용에 상응하는 충분한 이익을 얻기까지는 정보의 내용을 공개하지 않으려는 성향을 가지게 된다. 그러므로 경제주체 간의 정보의 격차가 심화될 수밖에 없으며 이로 인한 시장의 효율성 저하가 발생할 수 있다. 이러한 문제를 해소하기 위해서는 거래의 당사자가 아닌 경제주체, 즉 정부나 소비자단체를 통한 다양한 소비자정보의 제공이 활성화되어야 할 것이다.

4) 정보의 윤리성

홈뱅킹, 홈쇼핑 등 고도화된 정보통신 서비스가 국민들의 일상생활에 널리 이용되면서 잘못된 정보를 고의적으로 제공하여 소비자의 합리적인 선택을 저해하거나 소비자의 개인정보를 취득하여 이를 악용하는 신종범죄가 잇따라 발생하고 있다. 이것은 소비자에게 제공되는 정보가 소비자를 기만하기 위한 것이 아니여야 한다는 윤리적인 문제라 할 수 있다.

정보화시대를 살아가는 소비자는 합리적인 선택에 필요한 소비자정보의 취득뿐만 아니라 개인정보를 잘 관리하는 데에도 많은 신경을 써야 한다.

6 소비자정보의 내용

정보는 개별성을 가지므로 특정인이나 특정 목적에만 유용하지만 보편적으로 모든 소비자와 관련이 있는 정보를 몇 가지만 살펴보기로 한다.

1) 가격정보

소비자가 상품에 대한 가치를 판단할 때 사용하는 중요한 정보 중의 하나가 가격이다. 대다수의 소비자가 재화를 선택할 때에 가격을 중요한 판단기준으로 사용하므로 사업자로 하여금 가격을 정확하게 표시하도록 하는 것은 소비자의 선택권을 보호하는 가장 기본적인 방법이라 할 수 있을 것이다.

(1) 가격표시제와 가격표시의무

가격표시제도는 일반 공산품을 제조·판매하는 자에게 소비자의 보호 또는 공정한 거래를 도모하기 위해 통상산업부 고시인 〈가격표시제 실시요령〉에서 정한 바와 같이 당해 유통단계의 거래가격을 표시할 것을 명령하는 제도이다.

소비자의 보호 또는 공정한 거래를 위하여 필요하다고 인정할 때 주무부장관은 물품을 생산 판매하거나, 그 판매를 업으로 하는 자에게 재화나 용역의 대가를 표시할 것을 명할 수 있다. 이러한 표시 명령을 받은 사업자는 거래상대방이나 일반소비자가 알기 쉬운 방법으로 이를 표시하여야 한다.

「물가안정 및 공정거래에 관한 법률」은 소비자들에게 정확한 가격정보를 제공하기 위하여 가격표시 대상품목을 선정하여 상품의 판매가격을 표시하도록 의무화하고 있다.

상품의 판매가격은 상품품목에 관계없이 매장면적이 33m^2(10평) 이상인 모든 소매점포와 백화점, 쇼핑센터, 기타 시장, 군수, 구청장이 지정하는 소매점에서 판매하는 상품에 표시하도록 되어 있다. 가격수준은 이들 소매업자가 공장도 가격이나 수입가격에 소매업자의 적정이윤을 합해 자신이 받고자 하는 금액으로 결정하며, 판매가격을 표시하지 않거나 허위로 표시하고 표시방법을 위반하는 경우에는 물가안정 및 공정거래에 관한 법률에 의하여 1,000만 원 이하의 과태료를 물게 된다.

가격표시제는 소비자에게 가격정보를 제공하여 소비생활이 합리적으로 이루어지게 할 뿐만 아니라 제조업자와 유통업자들 간의 적정마진을 설정하므로 유통질서를 확립하게 한다. 더 나아가 가격표시제는 정부가 물가규제에 필요한 가격동향을 손쉽게 파악하기 위한 수단으로도 사용될 수 있다. 이를 위하여 각 법률은 일정한 사업자에 대하여 가격의 표시의무를 부과하고 소비자의 판단을 교란시키는 부당한 가격표시를 금지하고 있다.

(2) 권장소비자가격 표시 금지

권장(희망)소비자가격이란 제조업자가 표시하는 희망소매가격으로 법률상의 용어가 아니고 표시의무도 없는 것이나 제조업자가 소매업자 등 유통업자에게 가격상한으로 제시하는 경우가 많다. 과거 사회 전체적으로 공급이 부족하고 유통체계가 확립되지 못한 상태에서 유통업자가 가격 조작 등의 부당한 방법으로 폭리를 취하는 경우가 있었고 이러한 시장상황에서 소비자들은 일단 깎고 보자는 에누리 관습을 가지고 있어 흥정에 따라 가격이 달라지는 일이 많아 가격 질서가 문란했다. 이러한 문제를 보완하고 제조업자가 유통업자와 소비자 간의 거래에 참고하게 할 목적으로 표시해 온 것이 권장소비자가격이다. 그러나 그동안 지속적인 경제발전으로 인하여 공급이 충분히 늘고 시장의 포화상태로 인하여 오히려 수요가 줄면서 가격결정권은 유통업체와 소비자에게 넘어가고 있다. 이러한 시장의 변화를 고려해 볼 때 공급 물량의 제약으로 일어날 수 있는 가격 횡포를 막고 소비자를 보호한다는 취지에서 시작된 권장소비자가격은 아무런 의미를 지니지 못할 뿐 아니라 획일적인 가격표시나 권장소비자가격이 오히려 가격인하를 방해하여 소비자에게 불이익을 주는 경우도 있다. 더 나아가 권장소비자가격의 취지와는 다르게 제조업자가 실제 판매가격보다 높게 표시하여 소비자에게 할인율이 크다는 인상을 주어 상품의 가격이 실제로는 싸지 않은데도 불구하고 소비자를 현혹하게 하는 방편으로 오용되어 온 점이 없지 않다. 이러한 이유로 그동안 권장소비자가격과 실제 판매가격의 차이가 매우 커서 소비자의 합리적인 선택을 방해한다고 판단되는 279개 품목의 권장소비자가격 표시 금지가 실시되었다.

표시금지대상 품목은 표 11-1과 같다.

이러한 상품을 제조(가공 및 포장포함)·유통·수입하는 자가 권장소비자가격을 표시하면 3,000만 원 이하의 과태료 처분을 받게 된다.

표 11-1 권장소비자가격 표시금지대상 품목

구 분	품 목
가전제품 (14개 품목)	TV, VTR, 유선전화기, 오디오, 세탁기, 냉장고, 에어컨, 전자수첩(전자사전을 포함 함), 카세트, 캠코더, 전기면도기, 청소기, 전기밥솥, 전자레인지
의 류 (247개 품목)	남자외의(8), 여자외의(41), 스웨터 · 셔츠(14), 유아복(16), 내의(38), 파운데이션(36), 양말(32), 잠옷(10), 모자(38), 장갑(14)
가공식품 (4개 품목)	라면, 과자, 빙과류, 아이스크림류
기타용품 (14개 품목)	운동화, 러닝머신, 롤러블레이드, 손목시계, 카메라, 가스레인지(오븐레인지를 포함 함), 침대, 장롱, 책상, 소파, 장식장, 컴퓨터 데스크탑, 컴퓨터 모니터, 노트북 컴퓨터

출처: 지식경제부 고시 제2009-137호 〈가격표시제실시요령〉.

(3) 판매자가격표시제

최근 전반적으로 각종 제품의 가격이 점차 자유화되고 있다. 즉, 제품의 가격을 결정하는 체계가 종전의 제조업자 중심에서 이제는 소매점포를 운영하는 최종판매업자가 자율적으로 가격을 결정하여, 실제로 소비자에게 판매하는 가격을 제품에 표시하도록 하는 '판매가격표시제(오픈프라이스제, Open Price)' 로 바뀌어가고 있다. 석유류는 이미 1996년부터 가격의 자율화가 적용되었으며, 1997년부터는 화장품 자유가격제도의 실시를 비롯하여 최근 2000년도 7월부터는 총 42개 소매업종에 대하여 의무적으로 판매가격을 표시하게 하는 '판매가격표시제' 를 실시하고 있고 2001년 1월부터는 의약품에 대해서도 실제의 판매가격을 표시하도록 하고 있다.

공장도가격, 권장소비자가격, 판매가격 등 복잡한 가격체계를 단일화하고 유통업체가 판매가격을 자율적으로 정해 업체 간 경쟁을 유도함으로써 소비자에게 혜택을 주자는 취지에서 판매자가격표시제가 도입되었다.

판매자가격표시제는 제조업자가 판매가격을 정하는 기존의 권장소비자가격제도와는 달리 최종판매자가 상품의 실제 판매가격을 스스로 결정하여 표시하는 제도를 말한다.

소비자 휴게실 11-1

가격과 관련된 판매 용어

- 단위가격: 단위가격의 표시는 소비자에게는 포장단위가 다른 상품의 용량에 따른 가격비교를 용이하게 하는 것이다. 이 단위가격은 사업자가 동일한 상품의 용량을 변경시켜서 실질적으로 가격을 인상하는 것을 방지하는 효과를 갖는다.
- 판매자가격표시제(Open Price): 판매자가격표시제는 권장소비자가격이 없어지고 판매자가 최종 판매가격을 정하여 업체 간에 가격과 품질 경쟁을 유도하는 제도이다. 즉, 권장소비자가격이 중간 유통마진을 확보하기 위한 수단으로 사용되어 온 문제점을 시정하기 위해 판매자가 제품의 가격을 직접 매기게 하는 것이다.
- 바겐세일: 바겐세일은 일정한 기간을 정해 그 기간 동안만 백화점 매장 안의 거의 모든 상품을 할인하여 판매하는 것을 말한다. 현행 「공정거래법」상 백화점에서 자체 정기세일 기간이 아니면 원칙적으로 바겐세일이라는 표시를 할 수 없게 되어 있다. 그러므로 판매회사가 전국의 대리점을 통해 바겐세일을 하더라도 백화점에서는 바겐세일이라는 용어를 쓸 수 없다. 이와 같은 사정 때문에 "타 대리점과 동일한 가격에 판매하고 있습니다."라는 안내문을 사용하여 실제로 다른 대리점과 동일하게 할인판매를 하고 있다는 것을 소비자에게 알리는 것이다.
- 가격인하 판매: 가격인하 판매는 기존 상품의 판매가격을 일정 시점을 기해 인하하여 무기한 판매하는 것을 말한다. 바겐세일은 세일 기간이 지나면 상품 가격을 원상으로 복귀시키지만 가격인하의 경우에는 상품의 가격을 종전가격으로 올려 받을 수 없다.
- 균일가 판매: 균일가 판매는 백화점에서 생산이 중단된 제품이나 재고상품을 조기에 처분하기 위해 이용하는 판매방법으로 똑같은 가격의 상품을 한데 모아 놓고 판매하는 경우와 각기 다른 가격대의 상품들을 값을 통일시켜 판매하는 경우가 있다.
- 한정판매: 백화점과 같은 대형 유통업체에서 개점 기념이나 사은행사, 바겐세일 등의 특별행사 명목으로 한정된 물량의 상품을 한정된 시간대에 시중가격보다 저렴한 가격으로 판매하는 것을 말한다.

지금까지 대부분의 업종은 제조업체들이 정가판매를 이유로 상품의 최종가격이라 할 수 있는 권장소비자가격을 정해왔다. 그러나 과거 물건이 없어서 못 팔던 공급자 위주의 시장상황에서 전국 어디서나 똑같은 균일가격을 유지함으로써 소비자들이 바가지를 쓰지 않게 하려는 취지에서 시작된 권장소비자가격의 표시가 오늘날처럼 각 업체가 치열한 가격파괴 경쟁을 벌이고 있는 상황에서는 오히려 제조업체들의 가격경쟁을 회피하게 하는 수단으로 악용될 가능성이 많다. 또한 현재 시장의 유통구조는 사실상 획일적인 가격을 불가능하게 한다. 그러므로 제조업체는 유통업체에 물건을 납품할 때 납품가격만 동일하게 주고 최종 판매가격은 간섭하지 않으면 판매가격은 유통업체가 적절한 유통마진을 고려하여 자율적으로 정하게 하는 것이 판매자가격표시제이다. 해당제품에는 권장소비자가격 또는 희망소비자가격 등 사업자가 표시하는 가격 대신 판매업자가 표시하는 판매가격이라는 가격표가 부착된다. 판매가격은 소비자에게 실제로 판매되는 가격이므로 물건을 구입할 때 일일이 판매업자에게 확인하지 않아도 되지만 똑같은 제품이라 하더라도 판매하는 사람에 따라 가격이 달라진다.

(4) 단위가격표시제

단위가격표시제도(unit pricing)는 수량 또는 중량 단위로 판매되는 상품에 대한 단위당 가격을 표시하여 진열대나 목록에 제시하는 것으로써 소비자에게 보다 정확한 가격정보를 제공하므로 상품에 대한 가격비교를 쉽게 하여 소비자가 경제적인 구매를 할 수 있도록 하는 제도이다. 예를 들어 4,730원하는 300g짜리 참기름의 경우 판매가격 4,730원과 함께 100g당 단위가격인 1,577원을 같이 표시하면 소비자들이 가격비교를 쉽게 할 수 있어 합리적인 구매를 할 수 있다. 단위가격를 표시해야 하는 제품은 다음 표 11-2와 같다.

표 11-2 단위가격 표시의무 품목

품 목		표시단위	품 목		표시단위
가공식품 (61개 식품)	햄 류	10g	가공식품 (61개 식품)	과실음료	100mL
	우 유	100mL		청량음료	100mL
	설 탕	100g		코코아	10g
	커 피	10g		인스턴트 분말크림	10g
	치 즈	10g		마카로니	100g
	식용유	100mL		스파게티	100g
	참기름	10mL		버 터	100g
	마요네즈	100g		마가린	100g
	간 장	100mL		벌 꿀	100g

(계속)

품 목		표시단위	품 목		표시단위
가공식품 (61개 식품)	맛 살	100g	가공식품 (61개 식품)	빵가루	100g
	식 초	10mL		빵	10g
	복합조미료	10g		시리얼	100g
	소 금	100g		식용기름	100mL
	참치캔	10g		와인류	100mL
	라 면	개		생선통조림	100g
	분 유	100g		생 수	100mL
	유산균발효유	10mL		주 류	100mL
	고추장	100g		드레싱류	100mL
	된 장	100g		건어물	100g
	주 스	100mL	일용잡화 (19개 품목)	랩	m
	소스류	100mL		포 일	m
	케 첩	100g		화장지	10m
	청국장	100g		분말세제	100g
	밀가루	100g		섬유유연제	100mL
	어 묵	100g		종이기저귀	개
	국 수	100g		생리대	개
	두 부	100g		세면비누	개
	맛 김	1장		샴 푸	100mL
	과 자	10g		린 스	100mL
	껌	10g		주방세제	100mL
	캔디류	10g		칫 솔	개
	빙과류	10mL		치 약	10g
	아이스크림류	10mL		곽티슈	10매
	초콜릿류	10g		위생백	장
	초코파이(상자)	10g		가루비누	100g
	잼	100g		세탁비누(고체)	100g
	베이컨	100g		세탁비누(액체)	100mL
	소시지	100g		합성세제(액체)	100mL
	냉동식품(만두)	100g	신선식품 (3개 품목)	농산물	100g
	젓갈류	10g		수산물	100g
	액 젓	10mL		축산물	100g
	차 류	10g			

단위가격표시의 예

품 목	내용량	100mL당 가격(원)	판매가격(원)
참기름	300mL	1,577	4,710
품목	내용량	10g당 가격(원)	판매가격(원)
햄 류	80g	200	1,600

표시단위는 g, kg, mL, L, 매, M이며 끝자리 1원 이하는 반올림한다. 판매가격 및 단위가격은 라벨, 스템프, 꼬리표 등을 개별상품에 표시하여야 하며, 개별상품에 표시하는 것이 곤란할 경우에는 소비자가 가장 쉽게 알아볼 수 있도록 표시하여야 한다. 단 30g 또는 30mL 이하의 작은 상품이나 총 가격이 500원 이하의 품목 등은 표시하지 않아도 된다. 단위가격의 표시의무자는 「유통산업발전법」에 규정된 대규모 점포 중 대형점, 백화점, 쇼핑센터, 기타대규모 점포내의 소매점포를 운영하는 판매업자이며 판매가격 및 단위가격을 표시하지 않거나 허위로 표시하면 최고 1,000만 원 이하의 과태료 처분을 받는다.

(5) 부당한 가격표시의 금지

이중가격표시나 희망가격표시는 대표적인 부당한 가격표시라 할 수 있다. 이중가격표시는 제조업자가 표시한 가격에 대하여 소매업자가 별도의 가격을 붙여서 판매하는 경우를 말한다. 이중가격표시는 그것이 사실에 부합하는 한 부당한 것은 아니며, 오히려 소매점 간의 가격경쟁을 촉발시켜서 소비자에게 유리하게 작용할 수도 있다. 그러나 이중가격표시가 가공의 시가를 대조가격으로 하거나, 이중가격표시가 지나치게 빈번하여 소비자를 기만하는 성질을 가지는 경우에는 그 부당성을 인정할 수 있다. 또한, 우리나라에서는 「독점규제법」상 특수불공정 거래행위의 하나로서 특별할인판매에 있어서의 부당한 가격표시가 규제되고 있다.

그리고 희망소매가격을 표시한 경우에도 그것이 실제의 소매가격과 현저한 차이가 있는 경우에는 소비자보호와 관련하여 문제가 제기될 가능성이 있다. 왜냐하면 희망소매가격이 실제의 가격과 크게 동떨어진 경우에는 소비자가 상품을 선택하는

데 전혀 참고가 되지 못할 뿐만 아니라 오히려 혼란만 가중시킬 염려가 있기 때문이다. 따라서 이러한 경우에도 그것이 부당한 가격표시에 해당되는지의 여부를 검토할 필요가 있다.

2) 품질정보

기술의 발달과 함께 국제교역의 증가로 많은 상품이 시장에 선보이고 있다. 그러나 이렇게 많은 상품 속에서 소비자들이 안전하고 품질이 좋은 상품을 고르는 것은 결코 쉬운 일이 아니다. 이러한 가운데 각종 표시의 규제나 품질 인증 마크, 그리고 공공기관에 의한 상품비교테스트 결과의 발표 등은 소비자에게 상품의 품질에 대한 정보를 제공하는 중요한 역할을 수행한다.

(1) 표시규제

표시규제란 상품이나 서비스의 가격 및 품질에 관한 기본적인 정보를 생산자나 공급자가 상품의 포장이나 용기에 표시하도록 법으로 정한 것이다. 주로 품질 및 성분, 효능 및 성능, 제조일자 및 유효기간, 사용방법, 수리보증, 서비스 상품의 경우 약관 등의 표시를 의무화하고 있는데, 소비자의 정보수요에 따라 무수히 많은 형태가 있을 수 있다. 그러나 표시규제를 하도록 되어 있는 주요 정보는 주로 표시를 하지 않을 경우 소비자가 쉽게 판별할 수 없는 정보들이다.

표시규제는 일정한 표시를 의무화함으로써 근본적으로 그것이 없을 경우에 발생하게 되는 많은 정보비용을 감소시키기 위한 것이다. 그러므로 어떤 사항을 표시하게 하느냐는 대단히 중요한 문제라 할 수 있다. 제한된 공간에 소비자에게 가장 유용한 정보를 최대한으로 제공해주기 위해서는 각각의 상품과 관련하여 소비자의 안전을 위해 가장 중요한 영향을 미치는 사항을 표시하도록 해야 한다. 더 나아가 소비자들의 이해를 돕기 위해서 정보의 제공형식이나 약관을 표준화할 수도 있다.

이때 가장 중요한 것은 사업자가 허위표시를 하는 것이 그대로 방치되면 정보가 제공되지 않은 상황보다 소비자들에게 더 불리할 수 있으므로 위반행위에 대한 감시가 철저히 이루어져야 한다는 것이다.

그러나 소비자들은 상품선택 시 충분한 주의를 기울이지 않는 경향이 있으므로 소비자들이 제공된 정보를 효율적으로 이용하도록 하는 소비자교육이 동시에 이루어져야 한다.

(2) 품질인증제도와 등급사정

소비자는 재화를 구매할 때 품질이 좋은 것을 구입하고 싶어한다. 이것을 실현하기 위한 수단으로는 다음의 네 가지가 사용될 수 있다.

첫째, 재화를 생산하는 기업이 자체적으로 재화생산의 각 단계와 출하 단계에서 검사하여 일정한 품질을 갖추지 못한 제품이 다음 공정으로 넘어가지 않도록 하여 최종적으로 소비자에게 일정한 품질을 갖춘 재화가 공급되도록 하는 기업의 자체적인 품질관리이다.

둘째, 기업이 생산한 재화를 구입한 구매처나 외주업체에 대한 품질보증 실시 상황을 정기적으로 진단하여 필요한 시정조치를 취하도록 하는 것으로 각종 애프터서비스센타의 운영이 이에 해당한다고 할 수 있다.

셋째, 제3자인 인증기관이 지정 제품의 품질·기능 등이 특정 표준이나 규격에 적합한가를 심사하여 그 제품에 인정 마크를 붙이는 것을 생산자에게 허가하는 것으로 이것이 바로 품질인증제도이다. 그리고 신용할 수 있는 제3자가 공급자의 품질시스템을 평가하고 재화를 구입하는 소비자가 이것을 활용하는 방법이 있는데 이것은 인증제도가 그 자체에 주는 인증마크인 것과는 달리 제품을 생산하는 품질 시스템을 평가하여 적합하다고 판정된 기업이나 공장을 등록해 놓고 구입자가 그 등록을 활용하는 제도로 국제규격인 ISO 9000 시리즈가 이에 해당한다.

품질인증제도는 일정한 제품에 대해 품질기준, 안전기준 등을 제정하고 기업이 생산하는 제품이 이에 부합할 때 제품이 일정기준을 통과했다는 것을 인증하고 인증마크를 제품에 부착하도록 하는 제도로, 등급사정은 특정 상품에 대해 품질을 사정하여 그 판정등급을 포장에 부착하도록 하는 방법이다. 등급사정은 품질이 상대적으로 매우 다양한 경우에 사용하는 방법이고, 품질인증제도는 등급사정의 단순한 형태라고도 생각할 수 있다.

이러한 제도는 상품을 선택하는 소비자에게 정보를 제공한다는 측면에서 바람직하고, 동시에 기업으로 하여금 품질향상을 꾀하게 하는 요인이 된다. 즉, 소비자나 사용자는 인증마크가 붙어있는 것을 확인하는 것으로 그 제품을 안심하고 구입할

소비자 휴게실 11-2

ISO 국제표준화기구

❖ 국제표준화기구(International Organization for Standardization, ISO)

제네바에 본부를 두고 있으며 품질관리와 품질시스템에 관한 국제규격인 9000 시리즈에 대한 심사와 등록을 관장하고 있다.

ISO 9000 시리즈는 1987년에 제정된 '품질관리와 품질보증에 관한 국제규격'으로 다음의 다섯 가지 규격으로 구성되어 있다.

- ISO 9000: ISO 9001~9004의 선택과 적용 방법을 기술한 것
- ISO 9001~9003: 구입자에게 신뢰감을 주기 위한 활동인 외부 품질 보증에 관련된 품질 시스템의 요구 사항을 대상 범위의 넓이에 따라 세 가지 모델로 나누어 규정한 것
- ISO 9004: 품질관리 활동의 일반 통칙으로 공급자에 의한 내부 품질관리를 실시하는 데 기본이 되는 요소를 규정한 것

이 다섯 가지 가운데 심사 등록 대상이 되는 것은 ISO 9001~9003이다. ISO 9001은 '설계·개발에서 서비스까지'를 대상으로 하고 있어 가장 범위가 넓다.

ISO 9002는 '제조와 설치'를 대상으로 하고 있고 ISO 9003은 '최종 검사와 시험'을 대상으로 하고 있다. 범위는 ISO 9001이 9002를 , ISO 9002가 9003을 완전히 포용하고 있다. 그러므로 업무 범위에 따라 어느 한 가지를 선택하면 된다.

수 있으며 한편 생산자는 그 제품의 품질이 제3자인 인증기관에 의해 보증된 것으로 기업의 신용이 높아져 이미지가 좋아지는 이점이 있다.

품질인증제도의 시행은 정부나 공인기관이 주로 담당하게 되는데, 규제기관의 공식적인 인증은 소비자들로 하여금 가격과 품질을 비교할 수 있게 해주고, 상품에 대한 소비자들의 신뢰도를 높이게 되므로 기업의 기술개발을 유도할 수도 있다. 이렇게 품질인증제도는 생산자가 규격 또는 사양에 적합한 품질의 제품 또는 서비스를 공급한다는 것을 공신력 있는 정부나 기관에서 보증하는 것이다. 이 인증제도에는 법규에 의해 적용이 강제되는 '강제인증제도'와 강제되지 않는 '임의인증제도'가 있다.

그러나 이러한 제도도 사후관리가 철저히 이루어지지 않으면 기준 이하의 상품이 인증을 부착한 채 시장에 유통되거나 허위로 인증마크를 부착한 상품들이 유통되어 오히려 소비자의 선택에 장애요인이 될 수도 있다.

우리가 주위에서 쉽게 접할 수 있는 품질인증마크는 상품의 규격과 품질, 안전도 등을 정부 또는 공공단체가 보증하는 것이다. 소비자는 이 마크를 확인함으로써 불량제품을 피하고 질 좋은 상품을 구매할 수 있다.

① 품질인증의 주체

품질인증은 추진 주체가 누구냐에 따라 국제인증, 국가인증, 단체인증, 기관인증으로 구분할 수 있다.

국제인증의 대명사격인 ISO(국제표준화기구)는 제품의 국가간 교역을 위해 국제기구에서 정한 기준에 따라 적합 평가를 하는 제도이다. ISO인증을 받은 제품은 회원국 상호간에 더 이상의 품질 확인을 위한 시험검사를 하지 않고 국제무역을 할 수 있다는 이점이 있다.

국가인증은 자국 내에서 유통하기 위한 최소한의 수준을 국가에서 정한 법규 및 기준에 따라 갖춘 제품에 대해 국가가 인증하는 것을 말한다. KS표시제도, 안전검사제도, 가스용품검사제도, 신기술 상품표시제도, 우수산업디자인 마크제도, 농산물 품질인증제도, 전통식품품질인증제도, A/S마크제도, 환경마크제도 등이 여기에 속한다.

단체인증은 조합이나 협회·진흥회 등에서 구성원들의 공동 이익과 소비자 보호와 산업발전을 위하여 자체 규격 기준을 제정하여 적합여부를 평가하고 인증하는 것이다. 정수기의 물마크, 싱크대의 3S마크, 플라스틱 제품류의 PL마크, 유리제 식기류·판유리를 대상으로 하는 GLASS마크, 하이텔 단말기 등의 KTIC마크 등이 있다.

기관인증은 민간시험검사기관에서 제조업체의 품질인증에 대한 신청을 받아 해당 제품이 일정 기준에 적합하면 품질을 인증하는 것이다. Q마크, C마크, 태극마크 제도가 이에 속한다.

② 품질인증의 종류

품질인증마크에는 일정한 규격에 따라 상품을 제조하여 반드시 정부의 승인을 받아야 하는 공산품 규격인증마크, 의무사항은 아니지만 우수한 품질을 표시하는 품질인증마크, 그리고 특수마크가 있다.

◆ 공산품 규격인증마크

- KS마크: 산업표준화법에 따라 국립기술품질원이 공산품의 치수, 재질, 품질 등 규격을 정해 이 KS규격 기준 이상의 품질수준과 생산 요건이 유지되고 향후에도 동일 수준을 유지시킬 능력이 갖추어져 있음이 확인된 공산품과 식품분야에 표시가 허가된다. 이 마크가 부착된 제품은 국가표준규격을 지킨 우수한 제품으로 볼 수 있으며 KS마크 취득 후 특별 공장 검사, 시중 판매 제품 수거 검사를 통하여 품질 저하를 방지하려는 제도적 장치가 마련되어 있다.
- 전마크: 「전기용품 안전관리법」에 따라 감전, 화재 등 위험이 있는 모든 전기제품에 의무적으로 허가받아 붙여야 한다. 전선류, 퓨즈류, 배선기구류, 전열기구류, 전구류 등 거의 모든 전기용품에 하는 것으로 전마크 표시와 그 옆에 형식 승인 번호를 기재해야 하며 전마크가 없는 전기제품은 판매할 수 없다.
- 열마크: 레인지, 난로, 보일러의 기관, 압력용기 단열재 등 모든 열사용 기자재의 경우 에너지 관리공단으로부터 의무적으로 열효율과 안전도 등 검사를 받아 붙인다. 시중에 유통 중인 제품에 대해 관련 기술 기준에의 적합 여부에 대한 사후관리를 실시하여 결함이 있는 제품에 대해서는 형식 승인을 취소하거나 수거하도록 한다.
- 검마크: 소비자의 생명, 신체상 위해, 재산상 손해 또는 자연환경 훼손의 우려가 있는 공산품에 대하여 검사를 실시하여 합격한 제품에 한해 부여받는다. 검마크는 강제인증제도이며 대상품목은 위해 정도에 따라 사전 검사 대상품목과 사후 검사 대상품목으로 구분된다. 사전 검사 대상품목으로는 건전지, 자동차용 브레이크액, 자동차용 안전유리, 유모차, 보행기, 작동 완구, 승차용 및 운동용 안전모 등 18개 품목이 있다. 사후 검사 대상은 합성세제, 오일 팬히터, 유해물질 함유 학용품, 유아용 삼륜차 및 아동용 이륜 자전거 등 32개 품목이다.

가스용품의 시설 및 기술기준에 관한 사항을 규정하여 불량 가스용품으로 인한 위해를 예방하기 위해 연료용 가스를 사용하고 있는 가스용품에 대해서도 검마크를 부여하고 마크가 부착된 제품에 한해 판매한다. 검마크를 부착하는 제품은 가스용품 사고로 인한 손해를 보상하기 위해 가스사고 배상책임보험을 의무화하고 있는 것이 특징이다. 대상품목으로는 압력 조정기, 배관용 밸브, 콕크, 가스 누설 자동 차단기 및 가스 누설 경보장치, 가스레인지류, 휴대용 연소기, 가스 온수기 등이 있다.

◆ 품질우수인증마크

- 품마크: KS마크와는 별도로 품질관리가 우수한 업체에 대하여 국립기술품질원이 붙여준다.
- Q마크: 정부에서 표시허가를 해 주는 것은 아니고 제조업체와 민간 검사기관과의 계약에 따라 검사기관의 축적된 품질관리와 검사를 거쳐 기준에 적합한 소비생활제품에 대하여 마크를 부착하는 임의인증제도다. Q마크 부착 제품으로 인한 소비자 피해가 발생하였을 때는 제조업체와 검사기관이 공동으로 해당 제품의 교환 및 보상을 한다.
- GD마크: KS, 품, 검마크 등을 이미 획득한 제품 중 디자인이 우수한 제품(Good Design)에 대하여 산업디자인포장개발원이 인증하는 것으로 이 마크가 붙으면 품질과 함께 좋은 디자인까지 공인되는 셈이다.
- 물마크: 대부분의 단체품질인증마크가 중간재에 부착되는 데 반하여 물마크는 의무검사 5개 항목인 냄새·맛·색도·탁도·일반 세균기준에 적합한 정수기에 부여한다. 물마크가 있으면 일반 음용수로는 적합하다고 할 수 있다. 그러나 물마크를 획득한 제품도 의무검사 5개 항목 외에 특수 검사 항목 36개 기준에 대하여 각각의 기준을 통과하는 대로 별도로 표시를 하도록 되어 있어 표시 내용을 잘 비교하여 볼 필요가 있다.

• C마크: 비영리 재단법인인 한국수도연구소에서 환경 위생관련 시험 분석을 실시하여 위생 관련 제품에 대해 품질 인증을 하는 임의인증이다. 인증제품에 대해 월 1회 정도 사후 검사를 실시하여 인증마크의 신뢰성 확보에 노력하고 있다.

• ST마크: 유모차·물놀이 기구 등에 부착하는 안전완구마크를 말한다. 유럽연합(EU)이 역내 소비자요구에 맞춰 완구류 안전규격을 까다롭게 하고 이를 무역장벽으로도 활용하는 등의 세계추세에 부응하기 위해서 시작되었다.

• 태극마크: 소비자가 제품의 진위 여부를 알기 어려운 귀금속 가공상품에 대한 신뢰도를 높이고 상거래 질서 확립을 위한 인증이다. 한국귀금속 보석감정원이 금반지 등 귀금속제품의 귀금속 함량을 보증하는 것으로 마크가 부착된 제품에 대해 소비자가 불만을 제기 할 경우에는 인증기관인 한국귀금속보석감정원에서 보상규정에 따라 피해보상을 한다. 제조업체뿐만 아니라 일반 소비자도 제품에 대한 감정을 의뢰하여 태극마크를 부착받을 수 있다.

• 전통식품품질 인증제도 : 국산 농산물을 주원료로 하여 제조 가공되고 예로부터 전승되어 오는 고유의 맛·향·색깔을 내는 우수 전통식품의 품질을 인증하는 제도이다.

◆ 특수마크

• 전자파 장애검정마크: TV, 라디오, 전자 오락기, 전자레인지 등 전기전자기기와 카폰, 팩스, 컴퓨터, 워드프로세서(WP) 등 유선통신 및 정보 기기에 대하여 전자파 장애에 대해 검정을 받도록 하여 부착한다.

• 환경마크: 환경마크위원회가 제품 품질과는 관계가 없으나 환경보존을 위해 재활용품을 사용했거나 오염물질을 사용하지 않는 상품에 대해 특별히 붙여준다. 선진국에서는 환경마크가 소비자들의 상품선택에 많은 영향을 미치고 있으나 우리나라는 환경마크상품에 대한 소비자의 인식이 아직 낮은 상

태이다.

- 재활용마크: 물품을 사용한 후에 발생하는 폐기물 중에서 현재 우리나라의 경제적·기술적인 여건에서 재활용이 가능한 물품을 소비자가 한눈에 구분하여 상품, 용기, 포장지 등의 분리 배출을 용이하게 하는데 도움이 되는 마크이다. 재활용마크는 물품의 제조업자 또는 판매자 등이 한국자원재생공사에 신청하여 표시하며, 마크 밑의 문구는 재활용 제품을 정확히 알리는 문구로서 사용제품에 따라 달리할 수 있다.
- 재질분류마크: 재활용이 가능한 폐기물을 재활용업자 등이 쉽게 재질(예를 들면 알루미늄, 캔, 철, 합성수지 용기)을 구분할 수 있는 마크로 금속 캔 및 합성수지 용기의 제조·수입·가공·수리 또는 판매자 등과 같은 제2종 지정사업자가 환경부·상공자원부 재활용 지침의 규정에 의하여 표시하는 마크이다.
- 농산물 품질 인증: 농산물의 품질 향상과 생산 장려, 그리고 소비자 보호를 목적으로 농림수산부에서 일정한 기준을 마련하여 농산물의 재배 실태를 확인하고 출하품과 시판물에 대해 생산자의 신청을 받아 품질관리 상태나 생산조건, 농산물의 농약잔류조사를 실시하여 적합한 제품에 대해 품질을 인증하는 것으로 농산물의 KS마크라 할 수 있다. 유기농산물, 전환기 유기농산물, 무농약농산물, 저농약농산물의 4단계로 세분화되어 시행되고 있다.

- NT마크: 국내에서 최초로 이루어진 신기술을 상품화한 제품에 부착한다. NT는 'New Technology'의 약자이다.

- EM마크: 국내에서 새로 개발된 기계류·부품·소재의 품질 및 성능을 평가하여 외국산 기계류와 품질이 대등한 국산제품에 대해 정부가 인증하여 마크를 부착한다. 1995년 통상산업부와 중소기업청이 무역적자의 주범으로 지목되는 국산기계제품 육성을 위해 제정한 마크로 이 마크를 단 제품을 구입하는 수요자에게 이자가 싼 외화대출 특전도 주어져 있다.
- A/S마크: 소비자가 요구하는 정당한 의견이나 불만을 신속하게 처리하고 불량 공산품으로부터 피해를 공정하게 처리하여 소비자가 만족스러운 소비생활을 할 수 있도록 우수한 애프터 서비스를 실시하는 업체의 공산품에 대하여 부착한다. 1996년 9월부터 시행되었다.
- KC마크: 현재 우리나라에 믐 9개 부처 32개 법령상 43개의 법정의무인증제도[6]와 민간인증을 모두 포함해 총 184개가 있다. '제품 안전' 이라는 동일한 목적이더라도, 부처마다 인증마크가 달라 소비자는 혼란스럽고, 인증에 대한 인지도와 신뢰도는 낮아졌다. 또한 인증 간의 중복시험으로 인해 기업의 경제적 시간적 부담은 증가했으며, 인증제도의 운영규정 등이 국제 기준과 일치하지 않아, 국제적 신뢰도 저하와 수출경쟁력 약화를 가져왔다.

이에 따라 「국가표준기본법」을 개정하여, 국가 간 협정을 준수하거나 통상마찰을 방지하기 위한 경우를 제외하고, 법정의무인증제도에서 마크가 필요할 때는 반드시 KC마크를 사용하도록 규정했으며, 이에 따라 기존의 5개 부처 13개 의무인증마크를 KC마크로 통합하였다.

6) 국민의 생명과 안전을 보장하기 위해, 반드시 필요한 안전·품질·환경·보건을 확보하기 위해 법으로 관련 제품 출시 전 의무적으로 취득하도록 한 인증제도

표 11-3 KC마크로 통합되는 인증마크 및 기존마크 표시 유예 규정

마 크	인증제도	도입시기	기존마크 유예규정
kpi	공산품안전인증	2009. 7. 1	2011. 6. 30까지 기존마크 병행사용
kpi	공산품자율안전확인	2009. 7. 1	2011. 6. 30까지 기존마크 병행사용
EK	승강기부품인증	2009. 7. 1	2011. 6. 30까지 기존마크 병행사용
	전기용품안전인증	2009. 7. 1	2011. 6. 30까지 기존마크 병행사용
검	고압가스용 제품안전검사	2009. 7. 1	2011. 6. 30까지 기존마크 병행사용
kpi	어린이 보호포장	2009. 7. 1	2011. 6. 30까지 기존마크 병행사용
	정보통신기기인증	2011. 1. 1	2011. 6. 30까지 기존마크 병행사용
	에너지소비효율등급표시	2009. 7. 1	2009. 7. 1 제조되는 모델부터 적용 단, 냉방기 등 9개 품목은 2010. 1. 1 제조되는 모델부터 적용
	정수기 품질검사	2011. 1. 1	2012. 12. 31까지 기존마크 병행사용
안	안전인증	2009. 7. 1	–
	가스용품 검사	2009. 7. 1	2011. 6. 30까지 기존 마크 병행사용
검	계량기 검정	2009. 7. 1	시행 당시의 종전마크 표시 인정
KFI	소방용품	2011. 1. 1	2011. 6. 30까지 기존마크 병행사용

③ 품질인증제도의 미래

소비자가 상품을 선택할 때 사용하는 기준 중에서 가격과 상품의 품질이 많은 비중을 차지한다는 것은 논란의 여지가 없다고 본다. 특히 상품이 내구소비재로서의 특성이 많을수록 품질이 중시되는 측면이 강하지만 소비자가 제품의 품질을 객관적이고 과학적으로 비교할 능력이 부족하기 때문에 품질인증제도에 의한 품질인증마크는 소비자가 상품의 품질을 판가름할 때 사용할 수 있는 주요 정보라 할 수 있다.

그러나 실제로 KS표시 제품이나 검자표시 제품에도 결함이 종종 발견되고 소비자피해가 발생하고 있는 실정이고 Q마크를 비롯한 일부 마크를 제외하고는 인증제

품에 대한 소비자피해보상제도가 제대로 이루어지지 않고 있다.

그러므로 소비생활용품과 관련된 품질인증제도를 운영하는 기관들은 인증제품으로 인한 소비자피해 발생 시 소비자 보상을 위해 기금을 설치한다거나 또는 인증제품에 배상책임보험 가입을 통하여 제품결함, 하자로 인한 위해사고 발생 시 배상조치를 해줌으로써 인증제도의 질적 향상을 이룰 수 있도록 해야 할 것이다. 동시에 인증기관의 적합 판정을 받은 제품에 대한 감시와 인증 기준에 부적합한 제품이 유통되는 것을 단속하므로 품질인증제도가 효율적으로 운영될 수 있도록 정책적인 지원이 강구되어야 할 필요가 있다.

(3) 상품비교 테스트

신뢰할 수 있는 공인기관에서 다양한 상품들의 품질을 비교하여 테스트하고 그 결과를 알리는 것은 자주 반복 구매하는 재화가 아닌 경우에 모든 구입 가능한 재화들의 품질을 직접 비교 평가할 능력과 기술이 없는 소비자의 입장에서는 매우 유용한 것이라 할 수 있다.

우리나라의 경우에 상품의 비교 테스트는 한국소비자원의 시험검사실에서 많이 이루어지고, 그 결과는 한국소비자원이 발행하는 소비자시대라고 하는 월간지에 발표된다. 한국소비자원의 시험검사실은 가전제품팀, 정보통신팀, 주방용품팀, 열기계팀, 자동차팀, 응용화학팀, 섬유제품팀, 식품분석팀, 유해물질팀으로 총 9개의 팀으로 이루어져 있다. 이 외에도 각 소비자단체에서 발간하는 정보지에 상품비교테스트 결과가 실리고 있다.

소비자의 입장에서는 공신력이 있는 기관의 상품비교테스트 결과는 정보탐색에 필요한 많은 노력을 감소시켜 준다. 그러므로 이러한 비교테스트 결과가 활발히 공개된다면 소비자가 직접 재화를 구매하는데 공개된 테스트 결과를 참고할 가능성이 커지게 된다. 이러한 환경이 조성된다면 기업들은 소비자에게 제공되는 비교테스트 결과를 고려하여 스스로 제품의 품질을 높이려는 노력을 하게 될 것이다.

소비자에게 시장을 통해 제공되는 재화의 품질을 비교 테스트하는 것은 점점 보편화되고 있으며, 근래에는 서비스 상품의 비교평가도 활발하게 이루어지고 있다. 표 11-4는 한자외선차단제의 상품비교 테스트 결과로서 소비자리포트라는 월간지에 게재된 바 있다.

표 11-4 자외선차단제 상품비교테스트 결과

제 품 \ 시험항목	SPF	COLIPA Ratio	화장품 사용감
헤라 선메이트 데일리 SPF 35[PA++]	○	×	◉
라네즈 선블록 아쿠아 SPF 35[PA++]	○	×	◉
에스티로더 사이버화이트 이엑스 엑스트라 브라이트닝 SPF 50[PA++]	×	×	◉
오휘 퍼펙트 선블록 레드 SPF 50+[PA+++]	×	×	◐
로레알 유브이 퍼펙트 롱래스팅 유브이에이 유브이비 프로텍트 SPF 50[PA+++]	○	×	◉
더페이스샵 내추럴 트리플 액션 선블럭 크림 SPF50+[PA+++]	×	×	◐

* SPF(자외선차단지수): 자외선B(UVB)를 차단하는 정도. SPF 숫자가 클수록 차단효과가 높다.SPF는 자외선차단제를 바른 피부와 바르지 않은 피부를 비교하여 핍에 불그스레한 홍반을 일으키는(피부를 빨갛게 만드는) 최소한의 자외선량을 나눈 값

** COLIPA Ratio: 자외선차단제가 자외선B와 자외선A를 적절하게 차단하고 있는지를 알아보기 위하여 SPF와 UVA-PF의 비율을 측정한다.

○: 적합, ×: 부적합, ◉: 매우우수, ◐: 우수, ○: 보통, ◑: 미흡, ●: 매우 미흡

출처: 월간 소비자리포트(2008년 9월호).

서비스상품의 비교 평가는 대부분 대다수의 독자나 청취자를 확보하고 있는 대중매체에서 주로 행해져서 곧바로 소비자에게 알려지는 형태를 취하고 있다. 주요 TV 프로그램의 한 코너로 진행되는 맛있는 음식점의 소개나 주요 일간지에서 읽을 수 있는 특정 음식점의 음식맛, 분위기, 서비스, 청결 등에 대한 평가는 서비스상품에 대한 비교평가의 한 형태라 할 수 있을 것이다. 대중매체의 영향력을 고려할 때 이러한 형태의 서비스에 대한 품질정보는 대다수의 소비자에게 곧바로 확산된다고 할 수 있다.

3) 환경정보

(1) 환경마크표시 상품

환경마크표시는 같은 종류의 다른 상품에 비해 최소한 다음의 세 가지 조건을 만족시키는 상품에 붙여진다. 첫째, 상품의 생산과정 중에 자원을 현저하게 절약하였거나 에너지를 적게 사용하여 생산한 자원 절약적인 제품, 둘째, 종류의 제품에 비

하여 상품의 품질이 같거나 그 이상이어야 하고, 셋째, 상품이 소비된 후 폐기 시에 자연환경에서 분해가 쉽거나 빈 용기를 다시 회수하여 사용할 수 있어 환경에 끼치는 악영향이 적은 환경 친화적인 제품이다.

그러나 소비자들이 간과해서는 안 될 점은 이들 환경마크표시 상품이라고 해서 전혀 환경에 무해하다는 것은 아니라는 점이다. 어떤 상품도 생산, 유통, 사용, 그리고 폐기의 과정에서 어느 정도의 환경오염을 일으키며 환경마크표시 상품은 다만 상대적으로 그 오염의 정도가 적다는 뜻이다. 즉, 환경마크표시 상품이라고 해도 많이 쓰게 되면 환경오염을 피할 수 없으므로 꼭 필요한 양만 구입하여 사용하는 자세가 필요하다.

(2) 환경마크표시의 효과

환경마크표시 제도가 활성화되면 다음과 같은 효과를 거둘 수 있다.

첫째, 제품 판매 시 환경보호단체, 소비자단체 등의 지원을 받을 수 있기 때문에 기업체의 저오염 기술(청정기술 또는 환경보전형 기술)의 개발을 촉진할 수 있다.

둘째, 기업체 스스로 저공해제품이라고 주장, 판매하는 제품에 대한 품질 인증을 객관적으로 실시함으로써 상품을 선택하는 소비자의 혼란을 줄일 수 있다.

셋째, 환경마크를 부여 할 때 그 이유를 설명함으로써 소비자에게 환경정보를 제공한다. 이것은 소비자의 환경 보전 의식을 높이고 동시에 환경상품의 선택을 촉진시키므로 소비자가 스스로 환경보전을 실천할 수 있도록 도와줄 수 있다. 즉 환경마크제도는 소비자의 소비생활방식을 환경보전형으로 전환할 수 있도록 자극하는 기폭제의 역할을 할 수 있다.

마지막으로 기업체의 환경보전형 기술 개발을 촉진시키고 소비자의 환경보전형 소비생활을 정착시켜 환경오염 및 환경파괴를 줄임으로써 실질적인 환경개선을 할 수 있을 것이다.

(3) 리필 제품

정부가 주도하는 환경 마크 제도와는 별개로 최근 각 기업별로 환경 보호 상품이라는 주제하에 경쟁적으로 생산, 시판하고 있는 것들로 녹색상품을 들 수 있다. 이러한 녹색상품의 대표적인 예로는 소비자가 용기를 지속적으로 사용할 수 있게 한 리필제품으로 각종 세제류와 화장품류를 들 수 있다.

리필(refill) 제품이란 소비자가 용기를 보관하면서 내용물만 교환해 주는 상품으로 용기로 인한 환경오염을 막을 수 있고 소비자들에게 싼 가격의 물건을 공급할 수 있다는 장점 때문에 일본, 영국 등 선진국에선 이미 대중화되었다.

환경보호운동에 대한 소비자들의 인식이 높아지면서 환경보호효과가 없는데도 광고효과만을 노린 일부업체 측의 과대광고와 질 및 가격이 일반 제품에 비해 결코 떨어지지 않지만 환경상품을 못미더워하는 소비자들의 잘못된 인식은 문제점으로 지적할 수 있다.

그동안 환경오염에 대해서는 주로 정부에서 규제하고 단속하는 데 역점을 두었지만 정부의 노력만으로 계속적으로 증가하는 환경오염 문제를 해결하는 것은 불가능하다. 실제로 대부분의 환경오염이 우리들의 소비 생활과 밀접한 관계가 있다. 한 사람 한 사람으로 보면 작지만 나라 전체로 보면 개개인의 협조와 노력이 손상된 우리의 환경을 회복하는 데 큰 도움이 될 것이다.

그러므로 가급적 환경마크표시 상품에 대하여 큰 관심을 갖고 구매하려고 노력하므로 우리 기업이 환경 산업을 촉진시키도록 하고 더 나아가 우리의 생활 환경을 보호하므로 궁극적으로 쾌적한 환경을 누릴 권리를 향유하도록 하여야 할 것이다.

4) 신용정보

현대 사회는 신용사회라고 일컬어질 만큼 개인의 신용이 사회생활의 많은 영역에서 중요하게 작용할 뿐 아니라 범세계적으로 신용사회가 급속도로 진행됨에 따라 오늘날 신용정보는 금융거래 등 경제활동에 중요한 인프라로서의 역할을 담당하고 있으며, 바람직한 신용정보관리제도의 정착은 국가경제 발전에 매우 큰 변수로 작용하고 있다. 그러므로 개인의 신용을 잘 관리하여 높은 신용도를 유지하게 되면 이용할 수 있는 서비스의 질이 높아질 뿐만 아니라 많은 혜택이 뒤따르게 된다. 그러나 정작 신용관리가 왜 중요하며 신용을 제대로 관리하지 않으면 어떤 불이익을 받게 되는지 정확히 알고 있는 사람은 매우 적다.

우리나라에서도 신용정보의 유통을 촉진하고 신용공여에 따른 역효과를 최소화시키기 위해 금융기관 간 신용정보의 공유가 필요하게 되었다. 이러한 필요성을 충족시키기 위해 1995년 시행된 「신용정보의이용및보호에관한법률」에 의거하여 금융위원회에서는 전국은행연합회를 종합신용정보집중기관으로 등록하여 국내 모든 금융기관의 신용정보를 관리할 수 있도록 하였다.

이에 따라 전국은행연합회는 금융기관에서 발생하는 각종 신용정보 및 공공기관에서 보유하고 있는 공공정보를 집중하여 신용정보 제공·이용기관은 물론 금융위원회, 한국은행, 금융감독원 등의 공공기관 및 신용정보회사 등에게 제공하고 있다.

전국은행연합회는 집중정보를 금융기관 간에 교환·활용할 수 있도록 함으로써 금융기관의 여신심사기법 제고 및 사후관리의 효율성 제고와 신용거래질서의 확립에 기여하고 있으며, 정책당국이 정책수립자료로 활용하는 데에도 중요한 역할을 하고 있다.

현재 금융권 전체의 고객들을 대상으로 신용정보를 관리하고 있는 전국은행정보연합회는 자체적으로 마련한 신용정보업무 관련 지침 및 규약에 따라 개인과 기업의 신용상태에 대해 각 금융기관에서 보고한 신용상태를 관리하며 이러한 신용정보를 각 금융기관에 제공하고 있다.

이와는 별도로 신용정보회사는 전국은행연합회로부터 집중된 신용정보를 제공받는 이외에 통신사업자, 유통업자, 중소기업 등으로부터도 이동통신요금 체납정보, 백화점카드대금 연체정보, 상거래채권 연체정보 등의 신용정보를 자체적으로 수집하여 DB를 구축하고, 금융기관 등 회원사들에게 수집한 정보를 판매하고 있다.

이외에도 백화점, 의류회사, 자동차 회사 등이 개인의 거래상태를 기준으로 그 사람의 신용을 평가해 신용정보로 관리하고 있나. 민약 여러 가지 금융거래에서 약정을 제대로 지키지 않을 경우에 신용 정보에 불량거래자로 분류되어 즉시 온라인망으로 은행연합회나 신용정보회사에 통보된다. 즉, 신용불량정보는 은행, 신용카드사, 상호신용금고, 새마을금고, 신용협동조합, 보험회사, 증권사, 우체국 등 전 금융권이 공유하며 불량정도에 따라 차별적인 제재를 받게 된다. 이때 불량거래자의 주민등록번호, 불량거래 기간·금액·내용 등이 자세히 전달된다.

일반인들이 관심을 가져야 할 사항은 불량거래정보이며 이것은 금융거래의 불량정도에 따라 주의거래처, 황색거래처, 적색거래처, 금융부실 거래처 등으로 나뉘어 등록된다.

은행의 불량거래정보 관리대상자로 등록되면 신용카드를 발급 받을 수 없을 뿐만 아니라 가계당좌예금, 당좌예금, 대출거래 등에 있어서 은행은 물론 신용금고, 비은행 금융기관인 보험, 신용카드사 등과의 거래에서도 대출을 받을 수 없는 등의 불이익을 받고 자동차 할부 구입 등도 할 수 없다.

또한 불량거래 정보관리대상에서 해제된 거래처의 경우에도 해제일로부터 1~5년 동안 그 기록이 관리되며 채무를 갚지 않고 버틸 경우에는 13년이 지나야 불량정보가 없어지고, 은행에 대한 채권을 상환하지 아니한 금융부실 거래처는 기간에 관계없이 등록사유가 소멸할 때까지 그 부실 내용이 관리되어 은행 및 비 은행 금융기관과의 거래에 불이익을 받게 되므로 어음, 수표, 신용카드, 대출 거래 시 신용관리를 철저히 하여 신용불량 거래자가 되지 않도록 하고 피치 못한 사정으로 신용불량 거래자가 되었을 때는 여유가 생기면 우선 신용불량 거래자 등록부터 해제해야 한다.

신용불량 거래자 등록을 해제하기 위해서는 불량거래 원인사실인 대출금이나 신용카드 대금의 연체금을 갚으면 되고, 신용카드를 부정 사용하는 등 각종 법령을 위반한 경우에는 해당업체나 기관과 협의를 통해 업체·기관이 은행연합회에 요청을 하면 해제가 이루어진다.

그러나 대출금 가운데 아직 만기가 남아있는 채 이자만 연체된 경우라 하더라도 연체이자만 갚아서는 등록이 해제되지 않는다는 점에 주의해야 한다. 금융업체에서는 이자가 두 달 이상 밀린 경우 '기한이익'이 없어졌다고 표현하는데, 이는 대출금의 이자가 아니라 원금 자체가 연체된 것으로 본다는 의미다. 따라서 금융업체에서는 당연히 신용불량거래자 등록해제를 위해서 원금 상환을 요구한다. 그러나 특별한 사유가 있을 때는 해당 금융업체와 협의하여 조정을 할 수도 있다.

이러한 절차를 밟았다 하더라도 신용불량 거래정보는 전산망을 통해 각 금융업체들이 조회하기 때문에 한 곳에서 해제한 것만으로는 의미가 없으므로 신용불량자 등록의 해제여부를 반드시 신용정보 전산망에서 확인하는 하는 것이 필요하다. 금융업체가 신용불량자 등록을 해제하면서 전산입력을 잘못할 경우 해제 사실을 확인하지 않았다가 뒤늦게 낭패를 볼 수 있다. 그리고 일부 금융사에서는 하루치 등록 해제분을 모아 두었다가 한꺼번에 전산입력을 하는 경우가 있으므로 등록을 해제한 다음날 해당 금융업체에 해제 여부를 문의하는 것이 바람직하다.

신용불량거래자 등록에서 해제되더라도 불량거래가 있었다는 내역이 상당기간 보존 관리되므로 신용조회에서 불이익을 받게 된다. 그러므로 신용카드를 도난당한 뒤 모르고 지내다 연체자가 된 경우 등 자신이 전적으로 책임지기 억울한 사유가 있을 경우는 해당 금융업체에 등록 자체의 삭제를 요구해야 한다.

그리고 1996년부터는 제2금융권과 관련된 부실 거래자 규정이 마련되어 은행과 연계되어 사용되고 있다. 대부분의 기관이 은행을 모델로 만들었기 때문에 골격은 비슷하지만 증권·우체국·리스 등 고유업무가 있는 금융기관은 차이가 크다. 증권회사와의 거래 시 무담보 미수 채권·채권 대손 승인액이 20만 원 이상일 때, 우체국과의 거래는 가계수표 대월금을 6개월 이상 보유하거나 가계수표를 부도낸 경우, 그리고 가계수표 할인 약정을 한 경우에 부실 거래자로 등록이 된다. 리스회사의 경우는 리스료를 연체하거나 계약을 해제한 후 3개월 내에 미상환, 5,000만 원 이하 대위변제금을 6개월 이상 보유 또는 100만 원 이상의 손실을 초래한 경우에 부실 거래자가 된다. 그리고 금융실명제 위반자와 사기범은 예외 없이 부실 거래자로 등 록된다.

일반적으로 소비자가 많이 이용하는 서비스나 물품의 경우 3개월 이상 대금이 연체되면 불량자로 등제된다. 그러므로 신용불량자가 되지 않으려면 각종 요금 자동이체통장에 잔고가 얼마나 남아있는지에 대해서도 관심을 갖는 것이 좋다. 사업자가 3개월 이상 연체한 고객 명단을 신용정보 업체에 등록 요청하면 신용정보업체는 등록일 전 45일부터 15일 내에 소비자에게 우편이나 이메일로 이를 통보한다.

그러므로 소비자는 대금을 연체하지 말고 평소 신용상태를 정기적으로 조회해 잘 관리하는 지혜가 필요하다. 자신의 신용정보에 대한 자세한 내용은 자신이 주로 거래하는 은행이나 전국은행연합회 신용정보부(02-399-5811)로 문의하면 알 수 있다. 그리고 현재 신용정보 업체 중 한국신용정보(주)(www.mycredit.co.kr)와 한국신용평가정보(주)(www.creditbank.co.kr), 코리아크레딧뷰로(www.allcredit.co.kr) 등에 회원으로 가입하면 신용 정보를 조회할 수 있다. 또한 타인이 자신의 신용정보를 조회할 경우 이를 이메일로 알려주므로 명의도용 피해를 예방하는 데 도움이 된다.

5) 위해정보

산업의 발달로 소비자의 소비생활이 윤택해진 반면, 다양하고 복잡한 기능을 갖춘 제품과 각종 화학적 변화과정을 거쳐 생산 판매되고 있는 많은 제품으로부터 소비자의 안전은 커다란 위협이 되고 있으며, 대량생산체제하에서는 사업자가 아무리 엄격한 관리를 한다고 해도 결함제품이 발생될 수밖에 없으며, 실제로 이러한 제품으로부터 소비자들이 위해를 입은 경우를 쉽게 접할 수 있으며, 이로 인한 피해는 그 심각성이 날로 더해가고 있는 실정이다.

소비자의 안전을 확보하기 위해서는 결함제품으로부터 소비자가 다치거나 사망한 사례를 신속히 수집하고 그 원인을 분석하여 대안을 마련하는 등 사고의 예방 및 재발방지를 위한 노력이 가장 중요하다고 할 수 있다.

소비자위해정보제도란 소비자가 소비생활에서 물품이나 서비스로 인해 다치거나 사망한 사례를 수집하여 그 원인을 분석하고 사고의 재발을 방지 대책을 마련하기 위한 일련의 과정을 말한다. 우리나라의 소비자 위해정보제도는 소비자기본법에 의해 한국소비자원 소비자안전센터에서 운영하며 소비자안전센터는 소비자위해감시시스템(CISS)를 통하여 정부에서 지정한 병원·소방서 등의 위해정보 제출기관, 소비자 상담, 협력기관 등 다양한 채널로부터 위해정보를 수집한다.

CISS는 소비자위해감시시스템(Consumer Injury Surveillance System)의 영문 머리글자를 딴 약칭으로, 「소비자기본법」 제8조(위해의 방지), 제51조 제1항 제1호 및 제52조(위해정보의 수집 및 처리) 및 동법 시행령 제39조(위해정보제출기관의 지점·운영 등)에 의거 전국의 66개 병원, 18개 소방서 등 위해정보제출기관과 소비자상담센터(www.ccn.go.kr, 전화 국번 없이 1372)을 통해 접수되는 소비자상담, 핫라인(080-900-3500) 국내외 언론 등으로부터 위해정보를 수집하고 분석·평가하여 관련 조치를 취할 수 있도록 구축된 소비자 위해상황 상시감시시스템을 말한다.

위해정보의 수집경로는 아래와 같다.

- 소비자불만 상담 및 피해구제 사례: 소비자상담센터(www.ccn.go.kr, 전화 국번 없이 1372)를 통해 수집
- 핫라인(080-900-3500): 위해정보를 소비자들이 직접 제공할 수 있도록 수신자 부담용 직통전화를 설치하여 수집

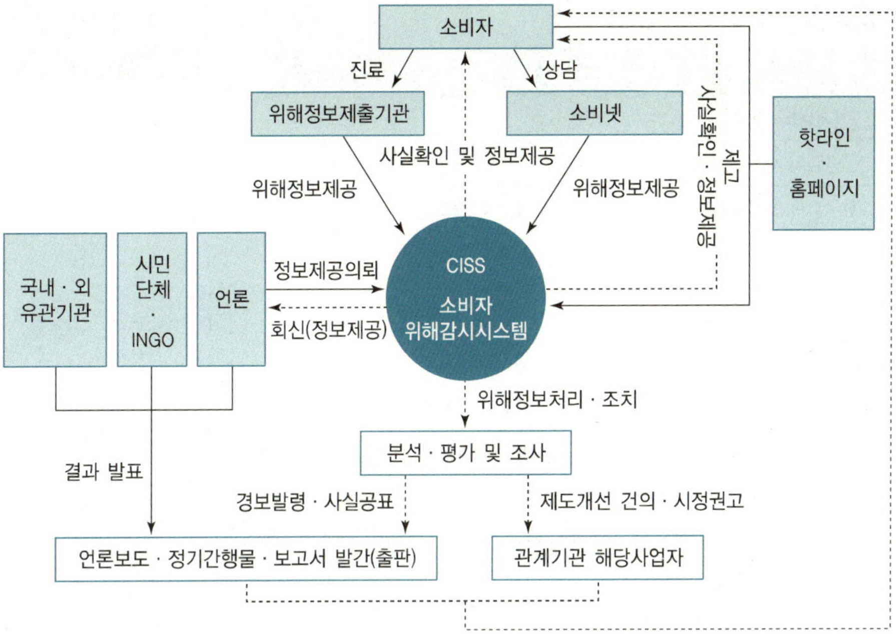

그림 11-1 CISS체계도

- 인터넷(http://www.ciss.or.kr, http://www.kca.go.kr): 위해정보를 인터넷을 통해 제공할 수 있도록 소비자원 인터넷 홈페이지에 위해정보 신고란 설치, 운영
- 위해정보제출기관(병원, 소방서): 위해물품 및 시설물로 인해 다친 소비자의 정보를 병원 혹은 소방서로부터 수집
- 해외기관: 각종 소비자보호활동을 하고 있는 해외 소비자보호기관의 자료를 통하여 수집

이러한 기관들로부터 수집된 위해정보는 일정한 조사나 시험검사 등을 통하여 분석·평가되어 소비자 홍보 및 계도, 제도개선 및 시정조치 등과 관련된 대정부 건의, 품질개선 및 결함제품 회수 등과 관련된 사업자 시정 촉구 등의 조치로소비자 안전을 위한 대책 마련으로 이어진다. 그리고 구체적 사례는 사고를 미연에 방지하기 위해 필요한 경우 소비자정보로 제공한다.

안전문제에 대한 사회적 인식확대와 함께 접수되는 위해정보 건수도 증가 추세에 있어 1997년 1,325건이던 것이 2000년에는 2,682건이 접수되어 3년 사이에 두배

표 11-5 연도별 소비자위해정보 건수 (단위: 건, %)

구 분	2008년	2009년	2010년
위해정보 건수	35,425	39,171	43,629
전년대비 증감율	34.5	10.6	11.4

출처: 한국소비자원(2010). 2010년도 소비자위해정보 주요 통계분석.

소비자 휴게실 11-3

위해정보 신고전화

위해정보는 직통전화(080-900-3500)를 이용해 알려주세요

한국소비자원에서는 각종 소비생활용 제품이나 용역으로부터 소비자의 위해방지와 안전도모를 위하여 소비자들이 일상생활에서 직접 인지하거나 체험한 위해·위험 사례를 즉시 신고할 수 있도록 '소비자 위해정보 신고 직통전화(Hot-Line)를 설치·운영하고 있다.

한국소비자원이 설치·운영하는 소비자 위해정보 직접신고 전화는 080-900-3500이며 수신자 부담용 전화로 전국 어디에서나 소비자들이 무료로 이용할 수 있다.

또한 전국의 66개 병원, 18개 소방서 등 위해정보제출기관과 소비자상담센터(www.ccn.go.kr, 전화 국번 없이 1372)를 통해 신고하면 된다.

출처: 한국소비자원 소비자안전센터(www.ciss.or.kr) 위해정보수집/분석체계 중.

가량 증가하였고, 이후에도 지속적으로 증가하여 2010년 4만 3,625건으로 2009년 3만 9,171건 대비 11.4%가 증가하였다.

7 소비자의 정보탐색

소비자가 재화를 구매할 때 가장 민감하게 반응하게 되는 것은 재화의 가격이다. 그러나 재화의 가격은 여러 가지 이유에서 다르게 책정될 수 있기 때문에 소비자가 얼마나 가격정보를 탐색하고 이용하는가에 따라 같은 재화라 하더라도 전혀 다른 가격으로 판매될 수 있다. 이러한 현상은 권장소비자가격의 표시가 금지되고 판매

자가격표시제가 도입되면서 더욱 심화되었다.

1) 가격과 품질의 상관관계

일반적으로 특정 상표나 잘 알려진 상표의 제품은 가격이 상대적으로 높이 책정되어 있고, 소비자의 특정 상표의 인지는 높은 가격을 포함하고 있는 경우가 많은 것이 현실이다. 그러나 실제로 높은 가격이 항상 높은 품질을 보장하는 것은 아니며 이러한 사실은 국내외의 연구 결과에 의해서도 확인된 바가 있다.

국내의 소비자제품의 비교테스트정보 분석에 의한 가격과 품질의 상관관계 연구에 의하면 분석대상 전 품목간의 상관계수가 -0.95~0.97 사이의 큰 차이를 보였으며, 전체 평균은 0.26, 중앙치는 0.37로 약한 정적 상관관계를 보였다. 이러한 결과는 소비자가 가격을 제품의 질을 판가름하는 척도로 사용할 때 비효율적인 선택을 하게 될 수도 있다는 것을 시사한다. 또한 제품의 평균가격별 상관관계 분석에 의하면 고가의 제품일수록 가격과 질과의 상관계수가 낮아져서, 소비자들이 가격이 높은 제품을 구매할 때는 더 많은 정보탐색을 해야만 합리적인 구매를 할 수 있다는 것을 의미한다.

2) 소비자정보탐색의 실질적 구매이득

일반적으로 소비자의 가격정보 탐색은 추가적으로 정보를 탐색하는 데 들어가는 한계비용과 이 탐색비용을 투자함으로써 더 낮은 가격을 발견하게 되어 얻을 수 있는 기대한계이익을 비교하여 한계이익이 한계비용보다 크거나 같아질 때까지 이루어지는 것이 바람직하다.

대형할인점이 생기고 판매자가격표시제가 실시되면서 동일한 제품이라 하더라도 가격이 다를 수 있다. 판매자가격표시제는 저렴한 가격, 좋은 품질과 서비스가 없이는 소비자의 발길을 끌기가 어렵기 때문에 소비자입장에서 보면 가격경쟁을 유도해 가장 적정한 가격에 물건을 구입할 수 있도록 하는 유리한 제도이나 소비자가 가격에 대해 관심을 가지지 않고 잘못된 구매행동을 한다면 오히려 피해를 볼 수 있다. 그러므로 이 제도의 혜택을 소비자가 충분히 누리기 위해서는 소비자들이 하루 빨리 공장도 가격과 권장소비자가격의 타성에서 벗어나 각 품목의 가격정보에 촉각을 세워야 한다. 그러므로 구매하기에 앞서 무엇을 구입할지 대상품목을 정해야 가격비교가 가능하므로 구매목록을 먼저 작성하는 습관을 가지고 구매목록에는 조사한 가격을 써 넣을 수 있는 빈칸을 만들어 한눈에 비교 가격을 알아볼 수 있도록 하는 것이 좋다. 그리고 물건을 구입할 때마다 매번 보다 싼 매장을 찾아다니는 것은 번거로울 뿐 아니라 노력과 시간이 많이 소요되므로 어느 매장이 저렴한지 스스로 조사한 내용을 축적해 두었다가 이후에도 가격 정보자료로 활용하면 편리하다. 또한 가까운 매장이라면 직접 현장 가격조사를 할 수 있지만 대형 매장의 경우는 일일이 찾아다니는 것이 불가능하므로 손쉽게 이용할 수 있는 인터넷 가격비교 사이트를 효율적으로 활용하는 것도 필요하다.

또한 표시판매가격이 낮다고 하더라도 이러한 상품가격은 상품의 운송료, 애프터서비스 조건, 제품사양, 부가세 포함 여부에 따라 달라지므로 구매 조건 등 상세정보를 충실히 보고 비교해야 한다.

3) 소비자정보정책의 필요성

현대 시장경제의 여러 가지 특성이 소비자의 정보비용을 점점 증가시켜 소비자의 정보획득과 사용을 어렵게 한다. 소비자가 구입하는 상품, 상표, 모델의 종류가 급격하게 증가하고 있고 과학의 발달로 인해 기술적으로 복잡한 상품들이 속속들이 나오고 있다. 그러나 개별소비자는 많은 종류의 다양한 재화를 구매하지만 재화를 소비하는 단위로서는 전문화나 분업 등에 의한 발전이 거의 이루어지지 않고 있어 가장 덜 전문화된 방식으로 구매하는 집단이다. 또한 관련된 소비자정보가 존재한다하더라도 정보의 비배타성과 비경합성 때문에 누군가 정보를 획득하여 제공해주기를 원하고 스스로 이를 위한 시간과 비용을 들이지 않으려는 성향을 가지므로 시장을 통해서는 충분한 만큼 공급될 수 없다.

또한 시장의 구조나 경쟁정도도 소비자정보의 양과 질에 커다란 영향을 미친다. 일반적으로 독과점 시장 구조 하에서 독과점 기업들은 자발적으로 제품이나 서비스에 대한 소비자정보를 제공하려는 유인이 적으며 시장에 경쟁이 존재하더라도 경쟁의 양상이 가격경쟁인가 비가격경쟁인가에 따라 제공되는 소비자정보가 다른 특성을 갖는다. 품질 면에서 극히 동질적이어서 가격경쟁을 주로 하는 경우에는 기업들이 공존을 위해 담합을 시도할 가능성이 높고 이 경우에 상품의 품질이나 서비스에 대한 소비자정보의 공급은 제한될 수밖에 없다.

더 나아가 소비자에게 필요한 모든 소비자정보가 주어진다 하더라도 개별 소비자에 따라 소비자정보를 처리할 수 있는 능력에 차이가 있을 뿐 아니라 설사 정보처리능력이 있다 하더라도 시간적 제약 때문에 주어지는 모든 소비자정보를 사용할 수 없기 때문에 어떤 시장이든지 소비자정보의 불완전성이 존재한다. 이러한 시장의 조건하에서 개별 소비자는 정보탐색비용을 도저히 감당할 수 없으며 감당할 수 있다 하더라도 이는 사회적으로 바람직하지 못한 막대한 자원의 낭비를 초래할 수밖에 없다. 바로 이러한 점 때문에 소비자정보정책이 필요한 것이다.

소비자정보정책은 불완전한 시장이 그 자체로서는 충분히 공급해 줄 수 없는 소비자정보를 소비자에게 직접 제공하여 주거나, 기업들로 하여금 이를 공급하도록 강제함으로써 불투명한 오늘날의 시장을 투명하게 한다는 점에서 이른바 투명정책이라고도 불린다.

소비자정보정책에 의한 소비자의 정보탐색비용의 감소는 모든 소비자들이 정보탐색을 활발하게 하지 않는다 하더라도 시장에 정보탐색자를 일정 수 존재하게 한다. 이는 공급자로 하여금 더 많은 정보를 공급하게 하는 요인이 되며 이렇게 제공된 추가정보는 공공재적 특성 때문에 정보를 활발하게 탐색하지 않는 소비자에게도 시장의 완전화에 기인한 외부적 이익(market perfecting external benefit)을 제공하게 된다.

참고문헌

고동희·문준연(1999). 오픈프라이스제도가 소비자, 제조업체 및 중간상에 미치는 영향에 대한 실증 연구. **경영학연구**, 28(4).

김경자(1994). 소비자정보의 활용. 시장개방과 여성소비자(수입개방시대의 여성소비자 교육프로그램 개발 별책부록). 한국여성개발원, 75-85.

김기옥(2000). 소비자의 정보격차 분석 : 정보사회가 가져올 또 하나의 소비자문제. 대한가정학회지, 38(10), 97-115.

김대중(2001). 위해정보보고기관을 통한 소비자 안전, 이렇게 달라졌다. **소비자시대**, 2, 한국소비자원, 46-47.

김덕자(1995). **광고와 에로티시즘**. 미진사.

김미현(1995). 품질과 안전성 테스트로 소비자의 알 권리 충족시킨다. **소비자시대**, 5, 한국소비자원, 24-27.

김성천(1995). 정보사회와 소비자정책의 과제. **소비자문제연구**, 15, 한국소비자원, 143-164.

김용자(1996). 소비자정보제공체계에 관한 연구. **소비자문제연구**, 18, 한국소비자원, 1-39.

김용준(1993). 비싼 제품이 과연 좋은가?. **소비자학연구**, 4(1), 3-22.

김혜선·배미경(1998). **가계재무관리**. 학지사, 169-221.

김혜선(1995). 소비자정보의 중요도 측정과 그 응용에 관한 연구. 소비자학연구, 6(2), 한국소비자학회, 81-94.

박명희(1996). **소비자의사결정론**. 학현사, 195-230.

백창화(1993). 환경 마크 상품과 리필 제품. **소비자시대**, 9, 한국소비자원, 12-15.

소비자리포트(2008). 일부 자외선차단제, 자외선차단지수표시보다 실제 낮아, 2008년 9월호.

송미영·김기옥(1991). 소비자가 인지한 가격분산과 실제의 가격분산. **소비자학연구**, 2(1), 36-48.

송미영(1996). 소비자시장의 가격분산과 구매이득에 관한 연구. 동국대학교 대학원 박사학위논문.

송연성(1995). 재활용 마크 표시제로 쓰레기 분리 배출 쉬워진다. **소비자시대**, 5, 한국소비자원, 48-50.

송연성(1996). 눈속임·거품 가격 심한 화장품, 품질 불신으로 이어진다. **소비자시대**, 11, 한국소비자원, 40-43.

송연성(1996). 위해정보 종합적으로 수집·분석하여 '소비자 안전' 체계적으로 관리한다. **소비자시대**, 7, 한국소비자원, 40-43.

송연성(1997). 의류세일 : 10벌 중 2벌 정도가 정상 가격으로 팔린다. **소비자시대**, 8, 한국소비자원, 71-73.

오창수(1997). **소비자피해구제의 법률지식**. 청림출판.

유현정(1994). 정보원속성과 정보내용의 측면에서 평가한 소비자정보원의 질 수준. 성균관대학교 석사학위논문.

이기춘·송인숙(1988). 소비자제품의 비교테스트정보 분석에 의한 가격과 품질의 상관관계 연구. **한국가정관리학회지**, 6(2), 53-65.

이영환(1999). **정보경제학**. 율곡출판사.

이은희·서정희(1992). 상품별 소비자정보 요구의 내용에 관한 연구. **소비생활연구**, **9호**, 한국소비자원.

이진숙·오승건(1998). 무료로 이용하는 소비자정보 은행 소비텔. **소비자시대**, 1, 한국소비자원, 37-39.

정은선(2001). 신용불량자 3백만명 시대 : 푼돈 연체 우습게 보면 다쳐 - 소액으로 신용불량 위기에 처한 소비자늘어-. **소비자시대**, 6, 한국소비자원, 56-57.

천경희·송인숙·손상희(2010). 기혼여성의 블로그 소비자정보 생산활동에 관한 연구. **한국생활과학회지**, 19(6), 1013-1030.

최용진·김현주(1996). 품질 인증 마크, 어떤 것들이 있으며 믿을 수 있는가. **소비자시대**, 10, 한국소비자원, 34-37.

최재희(1996). 권장가·공장도가·표준소매가 등 가격표시, 얼마나 알고 계십니까?. **소비자시대**, 10, 한국소비자원, 74-77.

한국소비자원(2010). 2010년도 소비자위해정보 주요 통계분석.

한국정보문화센터(2000). 국민생활 정보화실태 및 정보화인식조사.

허경옥·김혜선·김시월·정순희·박선영(2008). **소비자정보론**. 파워북.

국민일보(1998년 5월 25일자). "신용불량 140만… 족쇄를 풀어라."

중앙일보(1996년 7월 22일자). "품질인증마크 세대교체".

중앙일보(1997년 4월 18일자). "백화점 광고 믿어주세요"

중앙일보(2000년 1월 28일자). "오픈프라이스, 부르는 게 값 헷갈려".

Bodel, R. W., R. R. Kerton, R. W. Schuster(1986). Price as a signal of quality: Canada in the international context. *J. of consumer Policy, 9*, 431-444.

Daris, R., N. Gieser(1980), Price and quality of durable goods: are they more related in thc coventies than in the sixties. *J. of consumer Policy, 4*, 238-248.

Maynes, E. S., T. Assum(1982). Informationally imperfect consumer market: Empirical findings and policy implications. *J. of consumer Affairs, 16*(1), 62-87.

Part 5 소비환경의 변화

소비자의 시장활동은 본질적으로 자신의 욕구를 최대한으로 충족시킬 목적으로 효용을 극대화시키기 위한 소비활동이 중심을 이룬다. 그리고 소비활동은 소비자를 둘러싸고 끊임없이 변화하는 소비환경과 상호작용하면서 이루어지기 때문에 소비환경에 대한 이해는 소비자 연구에서 간과할 수 없는 핵심 이슈이다.

따라서 제5부에서는 먼저 큰 테두리 안에서 지속적으로 소비자의 소비행동에 지대한 영향을 미치는 세계경제환경의 변화, 특히 WTO, OECD, 다국적 기업활동 등에 대해 살펴보고, 이어서 생활환경적 관점에서 소비자와 직결되어 있는 주요 미래 소비환경의 변화, 즉 과학기술의 발달, 사회불안정성 증대와 고령화, 녹색소비의 전면 부각, 소득수준의 향상, 금융환경의 변화 등을 살펴보기로 한다.

CHAPTER 12

세계경제와 소비자

세계는 정치, 경제, 무역, 지구환경, 소비자보호 등 여러 측면에서 많은 변화를 맞이하고 있다. 특히, 세계무역기구(World Trade Organization, WTO)시대가 열리면서 세계경제환경은 변화하고 있다. 시장개방과 자유무역을 표방하는 WTO 체제 속에서 1996년 우리나라가 세계경제협력기구(OECD)에 가입하면서 자유무역경제는 더욱 가속화되고 있다. 한편, 통신과 기술발달에 기초하여 지구촌화(globalization) 등이 가속화되면서 다국적 기업이 계속적으로 확장되고 있는 것은 또 다른 세계경제환경의 변화라고 하겠다. WTO 체제하에서 자유무역경제 체제의 가속화, 다국적 기업의 확장 그리고 정보통신의 발달은 최근 주요 세계경제환경의 변화로서 이 같은 변화는 소비자들에게 많은 영향을 미치고 있다.

본 장에서는 주요 세계경제환경의 변화에 대해 살펴보고자 하는데, 이 같은 세계소비환경이 소비자에게 미치는 영향 및 이에 대응하는 소비자역할 등에 초점을 두고 살펴보고자 한다. 구체적으로, 소비생활에 많은 영향을 미치며 최근 세계경제를 주도하는 세계무역기구(WTO) 체제, 1996년 우리나라가 가입한 세계경제협력기구(OECD), 급속하게 팽창하는 다국적 기업활동, 세계경제환경 속의 주요 소비자이슈 등에 대해 살펴보고 이에 대응하는 소비자의 역할과 책임에 대해 논의하고자 한다.

1 세계무역기구(WTO)

WTO는 UR 협상에서 발족된 기구로서 UR 협상결과에 대한 전 분야를 관할하는, 즉 새로운 세계무역질서를 담당하는 국제기구이다. WTO는 기존의 GATT 기능을 더욱 강화하여 전 세계적 국가가 모두 적용받게 되는 명실상부한 국제기구이다. WTO는 세계각국의 무역장벽을 점진적으로 철폐하여 세계무역증진을 위한 다자 간의 국제조약인 7차에 걸친 GATT 이후 탄생된 기구이다. 그동안 GATT가 일부 상품분야에만 국한한 협정이었고 별도의 서명을 거친 나라에만 적용되는 국제협정으로 법적 구속력이 약했던 점에 반해 WTO는 기존의 GATT의 기능을 더욱 강화하여 상품, 서비스, 농산물, 지적재산권 등 광범위한 분야를 총괄하며 분쟁해결과 무역규범준수에 관하여 세계 모든 국가에 적용하는 강력한 국제기구로서의 역할을 수행하게 되었다.

1) WTO의 관할 분야

WTO 활동의 기본목적은 자유롭고 공정하며 안정적인 무역환경을 조성하여 세계경제발전에 기여하는 것이다. OECD, GATT의 분석결과에 의하면 WTO의 역할로 향후 10년 내에 세계경제에 약 2,000~3,000억 불의 소득증대효과가 창출될 것이라 한다. 이는 자유무역이 세계경제 전체에 미치는 긍정적인 효과를 단적으로 보여준다. WTO의 관할 범위는 그동안 GATT 체제하에서 관힐해 온 공산품뿐만 아니라, 새로운 분야로서 서비스분야로서 투자(자본이동), 지적 재산권(기술이동) 등의 분야까지 포함하며, 과거 GATT 체제에서 관할하지 않았던 농산물, 섬유분야 등도 포함한다.

2) WTO의 주요 활동내용

WTO의 활동내용은 크게 세 가지로 구분할 수 있다. 이에 대해 구체적으로 살펴보면 다음과 같다.

(1) 세계 각국의 시장개방

UR 협상결과에 따라, WTO는 자유무역 실현을 위해 공산품의 경우 관세인하, 섬유부문의 수입제한장벽 철폐, 수출자율규제철폐 등을 통해 시장개방을 가속화시키는 역할을 하게 된다. 농산물에 대한 각종 보조금지급규모의 삭감과 비관세장벽의 관세화를 통해 농산물교역도 자유화시키는 역할을 담당하게 된다.

서비스의 경우 서비스개방에 대한 UR 협상은 완전히 종결되지 못하였으나 개방계획에 따라 각종 제한과 규제를 자유화하는 원칙하에 국제질서를 확립한다.[7] 한편 그동안 도외시되어 왔던 지적재산권, 즉 표 12-1에 제시한 저작권과 산업재산에 대한 보호를 강화하여 이들 분야의 교역에 대한 국제질서를 확립하는 역할을 하게 된다.

(2) 공정하고 명료한 무역규범의 마련

WTO는 불공정한 무역관행을 제거하고 덤핑행위와 보조금지급의 방지를 명료화하고 이에 대한 제재조치도 국제규범에 의해 제재조건과 방법을 명확히 한다. 관세 또는 표 12-3에 제시한 비관세무역장벽의 대표적인 형태인 각종 회색무역규제조치

표 12-1 지적 재산권의 유형

구 분	지적 재산권	
	산업재산권	저작권
목 적	• 발명고안 보호장려 • 기술개발 촉진 및 산업발전	• 저작물보호 및 공정이용 • 문화예술 향상 발전
종 류	• 특허 • 실용신안 • 의장 • 상표	• 저작 재산권 • 저작 인격권 • 저작 인접권
권리형성	• 법적 절차(출원심사등록 등)	• 저작한 때
보호기간	• 특허 : 20년 • 실용신안, 의장 : 15년 • 상표 : 10년(갱신가능)	• 저작자 생존 시+사후 50년
권리성질	• 절대적 독점권 • 권리주체 이전 가능	• 상대적 독점권(도작 제외) • 저작재산권과 저작인접권은 이전가능

7) 서비스분야는 11개 분야에 155개 업종이 있는데 우리나라의 경우 8개 분야 78개 업종에 대해 개방을 확정하였다. 선진국의 경우 11개 전 분야에 100개 업종이상을 개방하였고, 개도국은 5~8개 분야에서 50여 개 정도의 개방을 하고 있다.

들에 대한 규범을 마련하고 있다. 게다가, 반덤핑관세제도, 보조금 및 상계관세에 대한 명료한 규범이 제시되고 있는데 이에 대해 구체적으로 살펴보자.

① 회색무역규제조치

회색무역규제조치(Grey Area Measures)란 긴급수입제한조치(Safe Guard), 시장질서유지협정(Orderly Marketing Arrangements, OMA), 수출자율규제(Voluntary Export Restraints, VER) 등과 같은 선택적인 수입제한 또는 선별적인 적용에 관한 것들을 총칭하는 것으로서 GATT 내 근거가 불확실하다는 의미에서 붙여진 명칭이다.

표 12-2에 제시한 바와 같은 세 가지 형태의 각종 회색무역규제조치가 세계 여러 국가에서 계속적으로 남용되었는데 UR 협상에서는 이 같은 조치들과 관련한 명확한 기준과 조건을 협상하였다.[8] 협상결과, 일단 각종 회색무역조치들을 3~4년 내에 철폐하되 특정 예외품목에 대해서는 8년까지 유예기간을 주고, 개도국우대원칙에는 합의하였으나 구체적인 우대정도는 합의하지 못하였다. 긴급수입제한조치 등의 발동에 대한 조건과 기준을 보다 강화하고 이에 대한 감시와 감독을 강화하는 세이프가드위원회를 활성화시키는 방향으로 타결되었다.

② 반덤핑관세제도

덤핑이란 정상적인 국제상거래에서 원산지국가에서의 판매가격보다 상당한 수준

표 12-2 회색무역규제조치의 유형과 그 내용

회색무역규제조치 유형	주 요 내 용
긴급수입제한조치	특정 상품의 수입증대가 수입국의 동종산업에 심각한 영향을 주거나 피해를 주는 경우 필요에 따라 취해 온 조치이다.
수출자율규제	수입국이 특정 상품시장의 교란원인이 되는 특정 수출국의 수출을 자율적으로 규제하여 수입억제효과를 가져오는 규제이다. 1970년대 말부터 미국은 섬유분야에 대해 이 방법을 적용하여 왔는데, 선진국에 비해 협상력이 약한 나라의 경우 수출의 제약요인이었다.
시장질서유지협정	수출자율규제와 같은 성격으로 수출국과 수입국 양자간에 협정을 맺는 형태로 특정수출국의 상품에 대해 수입을 제한하는 선별적용의 형태를 띠었다.

8) 이와 관련한 협상에서 개도국과 선진국 간의 의견대립이 극심하였으며, EC연합의 강경한 태도 등으로 난항을 거듭하다가 1990년 12월 브뤼셀 각료회의에서 타결되었다.

이하의 낮은 가격으로 수출하는 행위이다. 덤핑이라는 형태의 불공정거래행위를 방지하고 공정한 무역질서를 확립하기 위한 수단으로 세계 각국은 반덤핑관세제도를 사용하여 왔다. 다시 말해, 반덤핑관세는 덤핑을 통한 수출국의 불공정무역으로 인해 수입국내 산업이 실질적으로 피해를 입은 경우 수입국은 정상가격과의 차이만큼 추가관세, 즉 반덤핑관세(Anti-Dumping Duty)를 부과함으로써 공정한 무역거래를 확보하고자 하는 조치이다.

그러나 이 같은 조치가 남용되면서 국가 간의 분쟁이 계속되어 덤핑과 관련한 국가간의 시비와 마찰이 높아지자 UR협상에서 덤핑제소자격, 덤핑제소 시 제출자료, 덤핑제소 시 수출국에게의 사전통보의무, 덤핑의 기준, 조사절차 등에 대한 보다 명확한 원칙을 정하고 있다.

③ 보조금과 상계관세

보조금이란 각국 정부가 특정한 정책목표를 달성하기 위해 자국의 산업 및 기업활동에 제공하는 각종지원을 의미한다. 개도국뿐만 아니라 미국, EC 국가들도 농산물이나 특정 상품에 대해 수출보조금이나 조세감면 등의 형태를 통해 자국의 산업을 지원 및 보호하여 왔다. 이 같은 보조금은 기업의 경쟁력에 영향을 미침으로서 수출촉진이나 수입억제 등 장기적인 무역왜곡현상을 초래하므로 수출보조금지급을 억제하고 이를 지키지 않은 수출품에 대해서는 보조금상당의 무역제한 조치, 즉 관세를 부과하게 되는데, 이를 상계관세라 한다.

상계관세 부과의 조건과 절차에 대한 협정은 동경라운드에서 체결된 바 있는데, 보조금 및 상계관세에 대한 국가 간의 마찰과 분쟁이 계속되어 왔다. UR 협상에서 보조금에 대한 보다 명확한 정의를 내리고 유형별로 구분하였으며, 금지보조금의 범위를 확대하였다. 수출입에 직접적인 영향을 미치는 금지보조금을 선진국인가 개도국인가에 따라 유예기간을 설정하여 선진국은 3년 이내에 개도국은 8년 내에 보조금지급을 철폐하도록 하였다.

(3) 효과적인 분쟁해결–규범을 이탈할 경우 제재 강화

UR협상결과에 따르면, 국제무역으로 인한 분쟁이 발생하면 WTO 내 상설분쟁해결기구가 명확한 규범에 근거하여 신속하고 효율적인 절차를 통해 해결하게 된다.

분쟁해결결정방식도 과거 강대국의 반대로 결정이 봉쇄되는 문제점을 보완하여 전원이 거부하지 않는 한 패널보고서가 채택되는 방법으로 협상이 타결되었다.[9] 그동안 어느 일방 강대국의 압력이 분쟁해결과정에 많은 영향을 미치기도 하였으나 UR 협상타결로 한국과 같이 특정 지역 블록에 가입하지 않은 나라의 경우 다자적으로 대처할 수 있어 안정적인 무역환경을 얻을 수 있다.

3) 세계무역기구(WTO)와 소비자

WTO 체제하에서는 자유무역과 시장개방을 가속화 시키고 있다. WTO 체제 중심의 자유무역체제, 자유경쟁, 또는 수입개방화는 우리나라 소비자에게 긍정적 그리고 부정적 영향을 미치고 있다. WTO 체제가 소비자에게 미치는 영향을 구체적으로 살펴보자.

(1) WTO 체제가 소비자에게 미치는 긍정적 효과

① 경쟁촉진으로 소비자 지향적 구조의 정착

자유무역체제 또는 무역장벽의 철폐 및 완화는 무엇보다도 경쟁을 가속화시키므로 소비자 지향적 구조로의 전환을 유도한다. 그동안 우리나라에서는 공업화 및 수출주도의 성장지향주의적 경제정책하에서 소비자보호 및 복지정책이 상대적으로 소홀하게 다루어져 왔다. 자유무역 및 개방화의 가속화가 진행되면 정부 정책과 기업경영에서 소비자 지향적 구조로 전환되는 계기가 된다.

반덤핑관세의 철폐, 보조금과 상계관세철폐, 자본과 노동의 자유로운 이동, 서비스교역과 관련한 각종 장벽완화 등 계속되는 규제철폐로 자유무역체제가 가속화되고 경쟁적 구조가 정착되면 기업들은 소비자에 대해 더욱 관심을 갖게 되어 소비자 만족경영이 더욱 가속화될 것이므로 소비자 입장에서는 매우 긍정적이라고 하겠다.

② 가격과 품질경쟁으로 인한 소비자이익 증대

자유무역체제에서 경쟁이 가속화되고 수입개방이 추진되면서 물가상승을 억제하

9) 패널(panel)은 분쟁조정위원회를 의미하며, 분쟁이 발생하면 이사회의 결정 및 권고에 의해 분쟁을 해결하는 것을 원칙으로 하는 것에 합의하였다. 이사회의 권고가 이행되지 않을 경우 보복조치를 가능하게 하는 패널보고서의 채택을 인정하는 협상이 타결되었다.

여 소비자이익을 가져온다. 자유무역체제는 무엇보다도 경쟁을 촉진시켜 가격, 품질 등 여러 가지 측면에서 소비자의 이익을 증가시킨다. 특히, 가격경쟁의 효과가 두드러질 것이다. 그동안 우리나라 소비자들은 수출 지향적 정책 또는 국내 기업과 산업발전 우선 정책에 따라 희생을 감수하여 왔다고 해도 과언이 아니다. 예를 들면, 국내 기업이 우리나라 소비자들에게는 비싼 가격과 저질의 서비스를 제공하면서 수출국 소비자들에게는 싼 가격과 양질의 품질, 그리고 각종 서비스를 제공하여 왔다. 그러나 자유무역과 경쟁촉진의 세계경제환경은 경쟁 촉진의 계기가 되며 가격과 품질 그리고 서비스 면에서 국내 소비자들에게 이익을 제공할 수 있다.

③ 소비자의 선택의 권리 실현

자유무역과 수입개방으로 다양한 제품이 소비자에게 제공되어 소비자에게는 선택의 기회가 많아진다. 그 결과 소비자욕구의 다양화·개성화 등을 충족시켜 소비자 만족을 증대시킬 수 있다. 자유무역체제하에서 경쟁체제가 가속화되면 외국제품 뿐만 아니라 국내 제품의 다양화를 초래하여 소비자입장에서 긍정적 효과를 기대할 수 있다. '경쟁은 소비자의 가장 좋은 친구이다' 라는 영국의 몰로니(Molony) 보고서의 표현은 경쟁이 소비자에게 매우 긍정적인 영향을 미침을 단적으로 보여준다고 하겠다.

④ 서비스 질의 향상

국제서비스교역 또는 서비스 분야의 개방에 대한 UR 협상은 국내 서비스산업의 경쟁을 촉진시켜 소비자는 좋은 서비스를 낮은 가격으로 이용할 수 있는 계기가 될 수 있다. 서비스의 중요성이 점차 부각됨에도 불구하고 그동안 서비스에 대한 인식 부족과 질 좋은 서비스제공에 대한 노력이 부족하여 소비자불만이 높아 왔다. 제품보다 서비스에 대한 소비자불만이 보다 높고 이에 대한 소비자기대나 욕구가 높아짐에도 불구하고 서비스의 질은 여전히 나아지지 않고 있는 실정이다. 따라서, 국제서비스교역 또는 서비스분야의 개방에 대한 UR 협상은 국내 서비스산업의 경쟁을 촉진시키고 소비자는 좋은 서비스를 낮은 가격으로 이용할 수 있는 계기가 될 수 있다.

(2) WTO 체제가 소비자에게 미치는 부정적 효과

① 잔존하는 무역장벽의 소비자비용전가

WTO 중심의 자유무역체제는 소비자에게 가격과 품질 면에서 소비자이익을 증가시킬 것이다. 그러나 아직도 여러 가지 형태의 잔존하는 무역장벽이 소비자들에게 비용을 전가시켜 소비자이익을 감소시킬 수 있다. WTO 체제가 초기에 제대로 정착되지 않을 경우 자칫하면 불공정무역, 각종 보호무역체제 등을 제거하기는 커녕 무역장벽을 계속 방치하게 될 우려가 있다. 예를 들면, 개도국에서 수출하는 수출품에의 관세는 여전히 높게 적용될 것이며, 특히 농산물의 경우 관세가 여전히 높아 소비자가격상승을 유발하게 된다. 또한, 반덤핑관세와 상계관세는 불공정한 무역관행을 막기 위한 취지의 조치이나 소비자 입장에서는 불리하다. 생산자들이 덤핑판정을 받지 않기 위하여 저렴한 가격에 판매하지 않으려 하기 때문에 가격상승을 초래한다. 섬유 및 의류수입량 규제 역시 2005년 이후 완전철폐하기로 한 협정의 경우 그 기간이 소비자입장에서는 길다고 볼 수 있다.

우리나라의 경우에도 국내 산업 육성과 국내 노동시장의 안정과 관련한 각종 무역제한조치로 소비자들에게 비용을 전가시키고 있다. 국가경쟁력 강화와 자국산업 육성이라는 국가적 입장에 눌려 생산자이익보호를 위한 정책을 받아들이고 따라 왔었다.

② 과소비·사치성 소비 등 비합리적 소비 조장

자유무역, 경쟁정책, 시장개방 등의 가속화는 자칫 잘못하면 과소비, 고급사치재 수입급증 등 소비지향적이고 낭비적인 소비행태를 조장하고 바람직하지 못한 소비문화를 유발시킬 우려가 있다. 비합리적이며 무분별한 일부 소비자들이 물질주의적인 가치관, 과시적 소비와 모방소비, 과잉소비, 무조건적인 외제선호 등 건전하지 못하며 비합리적인 소비행태를 보임으로써 소비자 자신의 이익을 추구하지 못할 뿐만 아니라 기업과 국내 경제를 악화시킬 우려가 있다. 실제로 최근 들어 무분별하고 비합리적인 소비생활로 인해 국제수지가 급격히 악화되는 등 경기침체로 이어져 소비자들의 소비행태가 사회적 지탄의 대상이 되기에 이르렀다. 결국, 자유경쟁, 시장경제의 원리, 자유무역으로 인한 수입개방 등이 소비자에게 주는 긍정적인 효과를 얻지도 못하고 부정적인 결과만을 초래하는 우리나라 소비자들의 무분별하고 비합리적인 소비행태가 문제라고 하겠다.

③ 수입제품으로부터의 소비자피해

자유무역으로 인한 개방화가 가속화되면서 수입상품의 가격, 안전, 표시 등 여러 측면에서 소비자불만 및 피해 그리고 부작용 등이 증가할 수 있다. 일부 무분별하고 비합리적인 소비자들의 소비행태를 악용하여 일부 수입업자들이 독점적 수입유통구조를 통해 높은 마진율을 추가하여 현지가격에 비해 지나치게 비싼 가격으로 수입제품을 공급하는 문제가 빈번하게 발생하고 있다. 현지가격이 싼 제품을 수입하여 고가로 판매하는 현상은 비쌀수록 더 구입하며 수입품이라면 비싸도 구입하는 무분별한 소비행태와 함께 계속되고 있어 그 문제가 심각하다. 예를 들면, 수입청바지의 경우 현지가격에 비해 약 네 배 이상으로 비싸게 팔리고 있으며, 가전제품, 가구, 스포츠용품 등 대부분의 수입품가격이 수입원가의 최고 다섯 배 정도까지 비싸게 팔리고 있다. 품질지향적이고 합리적인 소비풍토가 정착되어야만 이 같은 가격거품이 사라질 것이다.

뿐만 아니라, 위험제품 수입 증가, A/S의 부재, 원산지 또는 조립국 표시부실 등과 관련한 소비자피해가 급증하고 있다. 최근 들어 저질수입상품으로 인한 소비자불만 및 피해가 속출하고 있음에도 불량, 저질, 또는 위해수입상품에 대한 소비자보호제도조차 제대로 확립되지 못한 상황에서 문제의 심각성을 짐작 할 수 있다. 1997년 미국산 쇠고기로부터의 0157 병원균 검출, 1999년 벨기에산 돼지고기의 다이옥신 파동, 2000년 수입유전자 조작 콩으로 만든 두부의 위해성 여부 논란, 2001년 유럽산 쇠고기의 광우병 파동 등 수입제품으로부터 소비자 안전이 위협받고 있다.

2 세계경제협력기구(OECD)

OECD는 1948년 전후 유럽경제의 복구 및 경제문제해결을 위해 설립된 유럽의 경제협력기구(OEEC)로 출발하였는데 1961년 미국과 캐나다가 추가 회원국(당시:

총 20개 회원국)이 되면서 세계경제협력기구로 확대·개편한 기구이다. 우리나라의 경우 여러 차례 논의와 협상 끝에 OECD에 1996년 말 가입함으로서 29번째 회원국이 되었다.

OECD는 회원국 간의 경제성장도모 및 세계경제발전에 기여하고, 개발도상국원조를 통해 세계경제발전에 도움을 주며 세계자유무역확대에 공헌하기 위한 목적으로 설립되었다. 자유시장경제체제를 추구하여 정부의 간섭을 줄이고 공정경쟁의 원리를 실현해 나가는 기본 원칙을 가지고 회원국 간에 상호협력하고 있다.

OECD의 논의 대상은 초기에는 주로 거시경제정책, 국제무역 등에 초점을 두어왔으나 점차 산업구조조정, 개발원조, 에너지정책, 환경보호, 첨단기술개발, 경쟁정책, 소비자보호, 노동자 보호, 삶의 질과 관련한 사항 등으로 확대되어 국제경제질서 및 국제무역만을 담당하는 과거의 GATT 체제나 지금의 WTO 체제와 구별된다.

OECD 체제하에는 소비자보호정책위원회가 구성되어 있어 소비자이익을 추구하고 소비자보호활동을 펼치고 있으며 이 위원회의 활동이 OECD 회원국의 경제, 정치, 사회정책에까지 많은 영향을 미치고 있다. OECD 체제하의 소비자보호정책위원회의 소비자보호활동에 대해 구체적으로 살펴 본 후 OECD 가입이 소비자 및 소비자정책에 미치는 영향에 대해 살펴보자.

1) OECD 소비자보호정책위원회

OCED 회원 각국의 소비자보호활동은 주로 OECD 체제하의 소비자보호정책위원회를 중심으로 활동하여 왔다. 소비자보호정책위원회의 활동은 소비자지위를 고양하고 보호하기 위하여 시장기능을 개선하고 국가의 개입을 지양하자는 일반적인 원칙 하에 진행되어 왔다.

소비자보호의 목적을 달성하기 위해 OECD 회원국 간에 다소 차이는 있으나 정부의 규제완화(deregulation) 또는 정부개입의 정도의 적정성에 초점을 두어 왔다. 회원국들은 1970년대 중반기에 소비자보호정책의 제도화에 대한 기초를 마련하였고 이를 토대로 계속적인 발전을 거듭하고 있다. 대부분의 국가에서 소비자안전에 관한 엄격한 법적 기준을 정하고 있으며 소비자피해예방과 보상을 효과적으로 하기 위한 리콜제도, 위해제품의 수거의무, 「제조물책임법」 등을 제정하여 시행하고 있다. 특히, 회원국에서 취해진 각종 소비자안전과 관련한 조치들은 회원국가들에게 알리도록 하고 있는 고지체계는 효율적인 국제소비자보호운동에 공헌하고 있다.

1980년대 후반부터 각 OECD 회원국이 서비스로부터의 소비자권익 실현에 보다 중점을 두어 왔다. 금융부문, 공공서비스, 보험, 부동산투자, 그리고 각종 신용거래와 관련한 소비자들의 이익과 보호에 많은 관심과 노력을 기울여 왔다. 많은 회원국이 표시제도, 상품비교테스트, 상담서비스 등 대중매체를 통한 정보제공 등의 활동을 계속적으로 추진하여 왔다. 또한, 1980년대부터 OECD 소비자보호정책위원회는 국제무역 및 이와 관련한 사항들과 소비자이익에 대해 관심을 갖기 시작하였다. 그 결과 1984년 소비자보호정책위원회는 '소비자보호정책 및 국제무역'에 관한 국제적인 심포지움을 개최하였는데 국제무역과 소비자에 관심을 갖은 세계 150명 이상의 대표가 참가하였고 이 심포지움에서 규제적 조치의 평가를 위하여 제시점검표(check list)를 채택하였다. 그 이후로 국제무역과 관련하여 자유무역의 기술적 장벽인 제품의 비표준화 문제, 유사제품의 거래 등에 관한 문제를 논의하였고, 소비자이익과 국제무역에 관한 프로젝트를 계속적으로 추진하여 왔다.

1990년대 접어들면서 소비자보호정책위원회는 소비자거래 분야에 대한 관심이 높아 왔다. UR 타결과 WTO 체제가 구축되면서 세계시장(global market)이 급속화되면서 국제 간의 소비자거래, 특히, 인터넷거래, 원거리 직접판매(distant selling) 등의 확산으로 발생하는 소비자문제 및 피해에 관한 것이 최대 현안으로 등장하였다. 1994년 '소비자를 위한 세계시장'이라는 주제로 국제회의가 개최되었다. 이 회의에서 국제소포배달서비스의 비용과 품질 문제, 국제거래와 관련한 각종 신용카드문제 및 환불, 직접판매방식으로 인한 피해나 구매거절 또는 환불의 문제, 국제소비자거래상의 신용카드문제 등에 관한 대응방안이 논의되었고 최근 이 같은 문제는 소비자보호정책위원회의 가장 주요한 논의대상이 되었다.

결론적으로, 1984년 국제심포지움과 1994년 국제회의를 기점으로 소비자이익과 소비자보호가 국제적인 수준에서 논의되고 가시적인 효과를 나타내기 시작하였음을 알 수 있다. 소비자보호정책위원회를 중심으로 하는 OECD 회원국가의 국제무역분야에서의 적극적 소비보호활동은 점차 국제적이고 전 세계 소비자를 위한 활동으로 확대되어 가고 있음을 알 수 있다.

2) 세계경제협력기구(OECD)와 소비자

OECD는 우리나라 정부 및 기업의 소비자정책을 친소비자적 방향으로 유도하는 계기가 되어 소비이익과 복지에 긍정적인 영향을 미칠 것으로 보인다. 이에 대해 구체적으로 살펴보면, 첫째, 정부의 적극적 소비자정책을 유도한다. OECD 회원국 대부분이 소비자보호와 관련한 각종 법규나 규제를 철저히 하고 있고 이에 대한 회원국 간의 고지체계는 우리에게도 소비자안전과 규제에 대한 정보를 제공하게 된다. 그동안 우리나라에서 안전과 관련한 낮은 기준으로 소비자피해가 많이 발생하여 왔으나 OECD 회원인 우리 정부도 각 회원국의 안전기준과 소비자보호조치에 대한 정보를 활용하여 이와 관련한 제도적 장치를 마련하는 계기가 될 수 있다. OECD는 생산자의 횡포로부터 소비자보호를 준강제적으로 요구하고 있어 제품 및 서비스의 안전기준을 강화하고 있고 과학적 접근에 의해 소비자안전을 확보하고자 하고 있다.

예를 들면, OECD 소비자정책위원회에서는 증가하고 있는 인터넷상거래에서의 소비자보호를 위한 국제규약을 제정하고자 준비하고 있다. 인터넷을 이용한 국내외 간의 거래가 크게 늘면서 국경을 초월해 이루어지는 인터넷 거래로 인한 결제, 환불, 배달, 통관절차 등에 관한 각종분쟁과 소비자문제를 해결하기 위한 OECD의 노력은 이미 우리나라 정책 및 기업가들에게 소비자입장에서의 정책과 경영을 유도한다.

둘째, 삶의 질이 향상된다. OECD 활동분야가 WTO, APEC 등 다른 국제기구에서 다루지 않는 삶의 질과 관련한 분야까지 총괄적으로 다루고 있으므로 OECD 가입국인 우리나라 소비자들의 복지 및 삶의 질 향상에 도움이 될 수 있다. 우리나라의 복지정책수준은 세계국가 중 매우 낮은 수준이어서 우리나라 복지정책 및 삶의 질 향상과 관련한 문제가 심각하다는 지적이 높아왔다. 우리나라의 물가 및 빈곤문제, 사회보장, 산업재해율, 주택보급, 보험가입, 정보통신 및 행정서비스 등의 측면에서 선진국에 비해 아직도 미흡한 수준이다. 그동안, 수출과 성장지향적 정책으로 국민복지, 환경, 교육, 노동 등에 대한 관심과 노력이 저조하였으나 OECD의 가입과 적극적인 활동으로 이 분야에 대한 개선이 기대된다. 어린이 보호, 건강기준, 노동과 관련한 기준 등이 강화되면서 그동안 도외시하여 왔던 분야에 대한 정부기준 및 구조개편으로 삶의 질이 향상될 것으로 기대된다. OECD 소비자보호정책위원회의 활동은 일반적인 소비자문제 및 국제무역과 관련한 문제에서 점차 생활수준과 관련한 문제, 삶의 질과 관련한 문제 등에 확대되고 있어 회원국인 우리나라에도 많은 영향을 미칠 것으로 예상된다.

셋째, OECD는 환경과 무역문제에 관한 가장 체계적이고 활발한 활동을 보이고 있으므로 우리나라에서도 환경과 관련한 규제기준 및 각종 환경정책 측면에서 많은 개선이 있을 것으로 보인다. OECD 회원 국가들의 환경과 관련한 정보를 수집·연구하여 환경기준 및 각종 환경 관련 제도를 개선하고 이에 대한 우리나라 기업의 적응력을 높이는 등 환경친화적인 정책과 기술개발에 노력을 기울일 수 있는 계기가 될 것으로 기대된다.

3 다국적 기업활동

교통과 통신의 발달 그리고 산업기술의 급속한 발달로 다국적 기업활동이 급속하게 팽창하게 되었다. 다국적 기업이 활발하게 전개되는 이유는 전문화와 규모의 경제(economy of scale)를 통해 품질, 서비스, 가격 등의 여러 측면에서 유리하게 경영활동을 할 수 있기 때문이다.

다국적 기업의 활발한 활동은 이미 소비자 그리고 우리의 소비생활 주변에 너무나 가까이 다가와 있다. 맥도날드, 켄터키 후라이드 치킨 등 다국적 외식업체를 거리 곳곳에서 발견할 수 있고 까르프, 마크로 등과 같은 대규모 유통업체까지 무수히 많은 다국적 기업을 우리 주변에서 쉽게 발견할 수 있다. 따라서, 다국적 기업이 소비자에게 미치는 영향은 매우 크다고 하겠다. 여기서는 다국적기업에 대해 간단하게 살펴보고 다국적 기업이 소비자에게 미치는 영향 등에 대해 구체적으로 살펴보자.

1) 다국적 기업

다국적 기업(multinational cooperation)이란, 2개국 이상에서 활동하는 자본주의적 기업으로 초국적 기업, 국제적 기업, 범국적 기업, 세계적 기업 등 여러 명칭으로 불린다. 다국적 기업이란 세계화의 분위기에 대응하여 여러 나라에 진출해 있는 관련 기업을 통해 해외생산 및 마케팅 등의 국제경영활동을 하는 기업이다. 다국적 기업은 몇 개 이상의 나라(현지국)에서 생산시설을 갖추고 동시에 제품의 생산, 판매활동을 영위하는 기업으로 정의할 수 있다. 다시 말해, 기업전체의 경영목표를 달성하기 위하여 국가를 초월하여 경영전략을 수립하고 시행하며 경영활동을 벌이는 기업이라고 할 수 있다. 모기업은 다른 여러 나라에서 활동하고 있는 관계기업 또는 자회사와 제품생산, 마케팅, 재무, 연구 및 개발 등 여러 경영활동 측면에서 상호 유기적인 협조체제를 유지하게 된다.

다국적 기업의 목적은 여러 측면에서 경제적 이익이 발생하고, 또한 유리한 경영활동을 할 수 있기 때문이다. 황덕순(1993)은 다국적 기업의 확장원인을 크게 네 가지로 제시하고 있는데 새로운 시장의 확보, 국가의 보호주의적 규제회피, 저임금 노동력의 확보, 저렴한 연료나 원료의 확보 때문이라고 하였다. 예를 들면, 어느 모기업이 특정국가에 특정제품을 수출하고자 하는 경우 목표 시장국에게 가장 유리하게 제품을 수출할 수 있는 인접지역에 생산기지를 설립하여 경영활동을 하게 되는 것이다. 이때 각국의 수입제한조치, 기업환경, 여러 가지 영업활동과 관련한 조건 등을 충분히 고려하여 품질, 원가 면에서 유리한 나라에 관계기업을 설립하여 경쟁적 우위를 강화하는 것은 기본적인 원칙이다. 다국적 기업경영은 가격, 품질 등의 이익뿐만 아니라 광고 및 판매촉진, 제품의 표준화, 연구개발의 용이성 등의 측면에서도 유리하다.

지금까지 살펴본 바와 같이 다국적 기업이 급속하게 팽창하면서 그 활동이 더욱 복잡해져 가고 있다. 이 같은 상황에서 소비자들은 다국적기업에 대한 올바른 판단과 이해를 하기가 점차 어려워지고 있다.

과거 일간지에 개제된 휠라 코리아(Fila Korea)사의 광고문구를 통해 이를 실감할 수 있다. 이 광고에서는 "무엇이 진정한 국산입니까?", "해외에서 생산해서 국내상표만 붙인게 국산입니까?", "해외상표라도 국내에서 생산한 제품이 국산입니까?", "WTO체제하에서 국산제품의 올바른 정의는 무엇입니까?" 라고 질문을 던지고 있다. 이 광고에서의 질문을 통해 소비자들은 생산국 표시에 대한 이해가 쉽지 않으며 나아가 선택의 어려움에 부딪치고 있다.

한편, 최근 고급 구치 스카프로 인하여 미국과 유럽 간의 분쟁이 계속되고 있다.

이 스카프의 비단은 중국에서 만들어졌고 디자인, 표백, 염색 등의 가공은 이탈리아에서 했는데, 이 스카프는 중국제인가 아니면 이탈리아제인가에 대한 논쟁이 계속되고 있다. 문제의 발단은 미국이 직물표시에 있어서 '실질적인 변화'가 이루어진 국가의 생산지 표시를 해야 한다는 법을 만들면서부터 시작되었다. 미국 법에 따르면 이 스카프를 미국으로 수출 시 중국제로 표기하여야 함을 의미한다. 그러나 유럽 국가들은 지금까지 중국제 비단으로 가공되어진 제품들을 이탈리아제 또는 프랑스제로 표기하여 수출하여 왔으며 앞으로도 이를 고수하고자 하고 있어 논쟁이 되고 있다. 유명 디자이너 제품의 생산지가 중국이라고 표시된다면 비싼 제품을 누가 사겠냐는 것이 유럽 국가들의 주장이다.

위의 예와 같이 무역의 자유화, 수입개방화 등 국경 없는 지구촌화가 계속되면서 소비자들의 선택의 어려움은 더욱 가중되고 있으며 복잡한 시장구조속에서 합리적인 소비생활을 한다는 것이 더욱 어려워지고 있다.

2) 다국적 기업활동과 소비자

다국적 기업이 소비자에게 미치는 긍정적 영향은 크게 두 가지이다.

첫째, 경쟁촉진 효과로서, 다국적 기업은 개방화 및 경쟁을 촉진시켜 소비자는 좋은 품질, 값싼 가격, 보다 나은 서비스를 받은 권리가 실현될 수 있다.

둘째, 소비자의 선택의 권리 실현으로서, 다양한 제품과 서비스를 선택할 권리가 보장될 수 있다. 다국적 기업이 다양한 제품을 제공한다면 소비자는 소비자의 취향, 선호, 욕구 등을 충분히 충족할 수 있다. 다국적 기업의 다양한 제품과 서비스 제공은 경쟁을 유발하여 국내기업들에게도 장기적으로 경쟁력 강화의 계기가 될 수 있다. 실제로 최근 유통시장의 개방으로 할인판매점, 창고형 소매점, 창고클럽, 공장형아울릿 등이 등장하면서 가격파괴, 판매시간대 파괴 등의 붐을 일으켜 가격, 시간 등의 측면에서 소비자들의 선택의 범위가 넓어졌다.

다국적 기업활동이 소비자에게 미치는 부정적 효과는, 첫째, 경제적 종속 또는 다국적 기업의 시장 지배력 남용의 문제이다. 다국적 기업의 팽창으로 현지국의 경제적 종속으로 소비자피해가 속출할 수 있다. 아직까지 우리나라의 경우 이 문제가 심각한 수준은 아니라고 보나 다국적기업이 현지국의 이익, 특히 현지국의 소비자이익을 위해 얼마나 노력하고 있는가에 대해 감시, 감독, 규제, 또는 통제를 하여야 한다. 또한, 다국적 기업이 독과점적 지위를 이용하여 새로운 경쟁기업의 진입을 저지하고 있는지, 경쟁을 제한하고 있는지에 대한 충분한 감시가 있어야 한다. 게다가, 다국적 기업이 현지국에서의 불공정거래행위를 하게 됨으로써 소비자에게 미치는 부정적 영향이 있는가 감시할 필요가 있다. 다국적 기업이 막강한 경제력과 기술 등 우월적 지위를 남용하여 현지국에서 불공정거래행위를 하였는지에 대한 감시와 모니터링이 필요하다. 이 같은 불공정거래행위는 경쟁을 제한하는 행위로서 직·간접적으로 소비자에게 부정적 영향을 미치게 되므로 중요한 사항이다.

둘째, 다국적 기업의 활동으로 소비자안전의 권리가 위협받을 수 있다. 우리의 경우 안전에 대한 기준과 법적 규제가 선진국에 비해 현저히 낙후되어 있으므로 수입제품이나 다국적 기업의 제품으로 소비자들의 안전이 방해받을 수 있다. 현지국가의 소비자안전 기준이 낮고 감독이 소홀한 점을 악용하여 모기업의 국가에서 취급하지 않거나 위해한 물질을 판매·유통시킬 우려가 있다. 예를 들면, 미국의 강력하고 수준 높은 기준에 비해 낮은 안전기준과 감시를 틈타 미국 내에서 판매금지하고 있는 약품이나, 농약, 그리고 식품 등을 현지국에 판매할 우려가 있다. 또한, 표시제도와 관련하여 모국에서 위해성 경고에 대한 강력한 문구를 삽입하도록 되어 있으나 현지국에 수출할 경우 이 문구를 약하게 기입하거나, 아예 기입하지 않거나, 위해제품을 여성과 청소년을 상대로 과대광고(예: 담배)를 하여 현지국 소비자의 안전에 문제가 발생할 수 있다.[10)]

셋째, 다국적 기업이 환경오염 또는 환경문제를 현지국으로 이전하는 문제가 발생할 수 있다. 다국적 기업의 여러 문제점들을 통제하기 위하여 서방국가들의 결성체인 OECD에서는 '다국적기업 가이드라인' 등을 제정하고 있으며, 1986년에는 UN 다국적 기업지침의 초안이 만들어졌으며, 1989년 일본 IOCU 아시아태평양회의에서는 다국적 기업활동과 환경에 관한 회의가 열리기도 하였다.

환경에 대한 인식이 부족하고 환경과 관련한 제도 및 규제가 제대로 되어 있지 않은 후발 국가에 다국적 기업이 진출하여 위험물질을 함부로 이전시키거나 불건전한 생산체계로 환경을 오염하는 경우가 빈번하게 발생해 왔다. 다국적 기업의 환경

10) 유럽연합(EU) 15개국은 2006년부터 담배광고를 전면금지(스포츠행사후원도 금지)하기로 1997년 12월 4일 합의하였다. 따라서, 유럽연합국가들은 3년 이내에 이와 관련한 법규를 제정하도록 규정하였다(조선일보, 1997년 12월 6일자).

문제유형으로 노영화(1993)는 유해생산시설의 이전, 유해제품 판매 또는 성분의 수출, 자연파괴를 제시하였다. 실제로, 모기업이 속한 국가에서 금지된 위험한 살충제나 의약품, 오염물질, 산업폐기물 등을 안전기준이 낮고, 법적 규제가 적은 제3국가나 발전도상국에서 사용한 실제적인 예가 이를 증명한다고 하겠다. 예를 들면, 인도의 보팔 참사, 남태평양 속의 방사능쓰레기 처분, 아시아·아프리카 등지로의 쓰레기 처분, 북한으로의 핵폐기물수출 등이 이에 해당한다고 하겠다.

결국, 우리의 환경기준이 선진국에 비해 덜 엄격하며 느슨하므로 이에 대한 소비자들의 적극적인 감시와 항의가 필요하고 환경문제를 야기하는 다국적 기업 제품에 대한 불매운동이 필요하다. 환경과 관련한 국제협약에 대한 충분한 조사와 연구를 기초로 적절한 환경기준을 설정하고 소비자들의 환경에 대한 의식고취와 적극적 실천행동으로 이 문제를 해결하여야 한다.

끝으로, 다국적 기업은 고유문화 및 생활양식의 잠식할 우려가 있다. 다국적 기업의 활동은 모기업이 속한 나라의 문화나 생활양식이 침투되어 다국적 기업이 활동하는 현지 국가 고유의 문화나 양식에 많은 변화를 초래한다. 문화나 가치관이 다른 국가에 고도의 마케팅기법을 사용하여 선진국문화 속에서 발달한 제품이나 서비스 침투로 전통양식이나 가치관에 많은 영향을 미칠 수 있다는 것이다. 따라서, 다국적 기업이 고유문화나 전통에 미치는 부정적인 영향은 소비자보호차원을 넘어서서 간과할 수 없는 문제라 할 수 있다. 많은 아동소비자들이 피자나 햄버거를 선호하여 우리나라 고유의 음식문화가 사라진다는 우려가 이에 해당하는 대표적인 문제이다.

그러나 이 같은 문제 때문에 전면적이고 무조건적인 다국적 기업 제품의 불매운동이나 반대는 실효성을 갖기가 어렵다. 따라서, 고유음식제조의 표준화 및 단순화, 고유음식산업의 마케팅, 위생문제 등의 측면에서 경쟁력을 갖기 위한 노력이 더욱 필요한 시점이다. 결국, 다국적 기업활동 또는 수입개방으로 인한 문화적 영향력을 충분히 조사하여 이를 우리실정에 맞게 받아들이거나 활용하는 방안으로 나아감이 바람직하다고 본다.

4 세계경제환경 속의 소비자 이슈

지구촌화, 정보통신의 발달로 인한 세계화, 제품과 서비스 등 자유무역의 확대 속에서 한 나라의 소비자문제는 더 이상 한 나라만의 문제가 아니고 전 세계의 문제로 확산되고 있다. 최근, 유전자변형(GMO) 농산물의 안전성 문제, 0157균에 감염된 쇠고기, 벨기에 산 돼지고기 다이옥신 파동, 영국의 광유병에 감염된 쇠고기 파동, 농약과 중금속오염 농산물 유통 등의 문제가 계속되면서 전 세계 소비자들의 식품에 대한 불안은 커지고 있다. 식품안전이 위협당하는 사건이 연일 터지면서 식품공황에 까지 이르고 있다. 한편, 위해 농수산물이 급증하면서 세계 각국이 이들 식품에 대한 수입금지 및 유통금지를 취하는 일이 발생하면서 무역전쟁으로 까지 번지고 있고 그 결과 축산농가와 축산품 수출업체의 타격은 세계 각국의 고민사가 되고 있다. 이처럼 세계 소비자들의 안전을 위협하는 사건들이 계속 발생하고 있고 이와 관련한 여러 국가 간의 분쟁이 발생하고 있어 이를 해결하기 위한 세계 각국의 노력과 국제적 차원의 노력이 이루어지고 있다.

한편, 전자상거래의 확대로 세계 소비자들의 소비생활은 많은 변화를 맞고 있다. 편리함, 효율적인 구매, 저렴한 가격 등의 긍정적 효과로 인해 전자상거래는 강력한 구매 수단으로 자리잡고 있다. 그러나 국제 간의 전자상거래가 더욱 활성화되기에는 여러 장애가 존재하고 있어 이를 해결하기 위한 국제 간의 노력이 계속되고 있다. 여기서는 세계의 주요 소비자 이슈인 식품의 소비자안전 문제, 전자상거래와 관련한 세계 각국의 동태 등에 대해 살펴보면 다음과 같다.

1) 식품으로부터의 소비자안전 문제

농수산물 및 육류제품과 관련하여 소비자들의 안전을 위협하는 최근의 소비자문제는 유전자조작 식품(GMO)의 안정성 문제, 0157균에 감염된 쇠고기, 다이옥신 파동을 일으킨 돼지고기, 광유병에 감염된 쇠고기 문제, 농약과 중금속 투성의 농산물 문제 등이다. 이 같은 세계적 문제에 대해 간단하게 살펴보면 다음과 같다.

(1) 유전자변형(GMO) 농산물의 안전성 문제

1998년 이후 새롭게 등장한 세계의 소비자문제는 유전자변형(Genetically Modified Organism, GMO) 농산물의 위해 여부에 관한 문제이다. 한때, '기적의 식품', '제2의 녹색혁명', '인간의 먹는 문제를 해결해 주는 혁명'으로 각광받았던 유전자변형 농산물에 대한 안전성의 문제가 세계의 이슈로 떠올랐다.

유전자변형 생물체는 옥수수, 콩, 면화, 감자, 치커리, 유채, 파파야, 토마토 등의 농산물 이외에 씨앗, 사료, 가공식품, 박테리아 백신 등 미생물을 포함한 의약품까지 다양하게 응용되고 있다. GMO는 병충해에 강하고, 성장이 빠르며, 수확량이 증가하는 등의 이점이 있어 미국을 주축으로 농민들의 환영을 받아왔다. 미국의 경우 총 생산량의 57%, 옥수수 30%가 GMO인 것으로 알려지고 있다.

그러나 영국 등 유럽에서 GMO에 대한 신중론이 제기되면서 이들 농산물이 인체에 미치는 안전성 여부에 대한 의문이 제기되었다. 영국의 한 실험결과에 따르면 GMO는 쥐의 성장을 억제(GMO로 조작된 감자를 먹은 쥐가 면역성이 약해지고 장기가 손상되었다는 발표)한다는 것이며, GMO 식물로 인해 토양환경이 생명력을 잃어간다고 주장해 왔다. 영국의 환경소비자단체인 '그린피스'는 GMO제품을 생산하고 있는 옥수수 밭을 습격하여 갈아 엎는 등 극단적인 행동을 보여주기도 하였다. 미국에서도 GMO에 대한 부정적 시각이 싹트기 시작하였는데, 1996년 미국 코넬대학의 유전자변형 옥수수가 유익한 곤충인 왕나비를 죽게 만들었다는 실험결과가 나오기도 하였다.

GMO 농산물의 인체 안전성여부에 대한 논란은 계속되었는데, 2000년 캐나다에서 열린 '생명공학 안정성 의정서 채택을 위한 국제회의'에서 '유해' 쪽으로 결론이 남으로써 관련 국가와 업계에 혁명적인 변화를 예고하고 있다. 의정서에 따르면 GMO 수출국은 이에 대한 표시를 의무화하도록 하고 있으며, 수입국은 제품안전성에 대한 과학적 증거가 미흡한 경우 수입을 규제할 수 있도록 하고 있다.

이 같은 상황에서 프랑스의 경우 마르세유 근처 유전자 변형 콩 재배율을 조사한 결과 0.8~1.5%에 달해 유럽 연합 집행위원회가 권고한 허용한계 수준인 0.5% 유전자 변형 콩들이 섞여 재배되고 있음을 밝히고 남프랑스의 넓은 콩밭(46ha)을 파괴하기로 결정(2000년)한 바 있다(유전자 변형 담배와 옥수수는 재배허용). 일본의 경우 2001년부터 대두 등 3종류의 유전자 조작 작물에 대해 표기를 의무화시키고 있고, 유럽은 2002년까지 전 작물에 표기를 의무화하는 방안을 검토 중에 있다.

그러나 미국 등 농수산물을 집중적으로 수출하는 국가들은 다른 입장을 취하고 있어 세계적인 합의를 도출하지 못하고 있다. 미국의 경우 유전자제품에 대한 표기 의무를 지우지 않고 있다(수입장벽으로 이용된다며 반대). 인도의 경우 미국의 몬산코사(社)가 유전자 변형 쌀로 비타민 A가 강화되어 어린이 실명, 사망을 예방할 수 있는 황금쌀(golden rice)에 대해 특허권 사용료 없이 추가 연구를 할 수 있도록 허용한 것에 대해 환영을 표시한 바 있다.

최근 우리 정부도 유전자변형 농산물에 대해 표기를 의무화하는 것을 기본 방침으로 정하고 있으며, 이 같은 농산품을 수입하지 않을 것으로 보인다. 우리나라에서 이 문제가 사회적 이슈로 등장하게 된 것은 소비자보호원에서 1999년 포장 및 비포장두부제품 22종을 수거하여 조사한 결과 18개 두부제품에서 GM 콩 성분이 검출되었다고 밝히면서 이다. 유전자변형 콩이 대량으로 우리나라에 유통되어 이미 두부, 간장, 두유, 메주제조용 등으로 사용되고 있고 그 결과 유전자변형 콩을 이용한 제품들이 식탁에 오르고 있는 상황에서 한국소비자보호원의 발표 이후 소비자들은 식품안전에 대한 경각심이 높아지기 시작하였다. 한편, 한국소비자보호원의 발표로 두부 소비량이 급격히 감소하자 풀무원 등 두부업체들은 1999년말 자체조사 결과 GM 콩 성분이 조사되지 않았다며 한국소비자보호원을 대상으로 손해배상소송을 제기한 바 있어 아직도 소송이 진행 중에 있다.

유전자조작 제품의 안전이 확보되지 않은 상태에서 유전자 변형 농산품에 대한 철저한 조사 및 표기, 세계적인 변화에 적절한 대응방안 수립 등이 요구되는 시점이다.

(2) 벨기에산 돼지고기: 다이옥신 파동

벨기에 정부는 1999년 5월 자국산 돼지고기, 닭고기가 다이옥신에 오염되었음을 공포하였다. 그 결과 세계 각국은 다이옥신에 오염된 벨기에 생산 사료로 키운 돼지고기, 닭고기, 달걀 등의 수입금지, 유통금지를 내린 바 있다. 우리 정부에서도 벨기에서 생산한 가금류, 달걀, 돼지고기는 물론 사료오염이 우려되는 인접국의 돼지고기도 수입금지하고 이미 통관절차를 밟은 고기는 수거-폐기처리 한 바 있다.

다이옥신은 쓰레기 소각장이나 화학공장, 자동차 등에서 배출되는 발암물질로 폐암, 연조직 육종 등을 일으키며, 생식능력을 떨어뜨리는 환경호르몬으로도 의심받는 물질이다. 소각장 주변이나 화학공장 등의 목초지가 다이옥신에 오염되면, 그 풀을 먹은 소나 닭, 돼지 등이 이차적으로 다이옥신에 오염된다. 사람은 다이옥신에 오염된 쇠고기, 돼지고기, 닭고기 등을 통해 오염되는데 지방조직과 결합해 사람의 몸속에 축적된다. 따라서, 육류 고기의 지방을 떼고 먹는 것이 좋고, 생선의 경우 지방이 많은 내장, 아가미, 껍질 등에 다이옥신이 축적되므로 이 부분을 먹지 않는 것이 좋다. 어패류의 경우도 육류나 유가공품 못지 않게 그 농도가 높은 것으로 보고 되고 있다.

다이옥신 파동이 나기 전까지는 다이옥신이 뭔지도 몰랐으며, 다이옥신 섭취 허용기준 조차 없었다(세계보건기구(WTO) 체중 1kg당 1~4피코그램). 벨기에 정부가 1999년 5월 자국산 돼지고기가 다이옥신에 오염된 사실을 유럽연합에 통보하였는데, 우리 정부는 외교 루트도 아닌 외신통보가 이루어진 후 3일 지난 다음에야 이 사실을 확인한 바 있다(우연히 인터넷을 통해 로이터통신을 통해 발견). 정부는 뒤늦게 정보를 입수한 후 농림부, 보건복지부, 식품의약안전청 등 여러 부서가 책임 떠넘기기를 계속하는 등 체계적이고 신속한 대처를 하지 못했다는 비난이 높았다.

(3) 구제역 파동

1999년 중국, 대만 등에서 소나 돼지 등 가축에게 치명적인 전염병 구제역이 급속히 번지기 시작하였다. 그 후 2000년 월 수포성 가축질환(1종 가축전염병)인 구제역(foot and mouth disease)이 우리나라에서도(경기도 파주) 발생하여 수 많은 돼지와 소들이 도산된 바 있다. 이 사태로 한국산 육류를 주로 수입하는 일본이 수입을 금지한 바 있고, 구제역 감염경로 및 백신 확보 등으로 인접국 간의 치열한 신경전이 벌어진 바 있다. 국내 소비자들이 육류고기, 특히 돼지고기의 안전성에 대한 불안이 급증되어 돼지고기 소비가 급격히 감소하였고, 축산농가들의 경제적 피해도 급증하였다.

발굽 두 개짜리 가축에게 치명적인 구제역은 구강점막과 발굽 등에 물집이 생기는 고열 질환으로 사람에게는 전염되지는 않지만, 돼지는 취사율이 50~60%, 소는 5~7%에 이르는 질병이다. 피부접촉과 공기로 전염되는 이 병은 감염된 동물을 죽이는 것 이외 다른 치료법이 없다고 한다.

(4) 쇠고기로부터의 광우병 소동

광우병은 1996년 영국에서 처음 문제가 제기되었다. 풀을 뜯어먹고 살며 되새김질을 하는 초식가축에게 방목보다 수익성이 높고 노력도 덜 드는 방법으로 생산성을 높이고자 동물사료(농후사료)를 먹이게 되자 발생한 질병이다. 광우병은 뇌세포 활동에 중요한 역할을 하는 프리온이라는 단백질이 돌연변이를 일으키면서 독성 단백질로 발병하여 뇌 전체에 광범위하게 번져 뇌가 스펀지처럼 구멍 뚫리는 스크래프트 병으로서 1996년 영국에서 발견된 이후 전 세계에서 발견되고 있다. 이 병은 양과 염소에 먼저 발견되어 왔는데, 방향감각을 읽게 되고 미친 듯이 움직인다 하여 광우병으로 불린다. 양고기 조직에는 프리온 단백질이 많은데 광우병에 걸린 양을 원료로 한 사료를 소가 먹고 그 소를 사람이 먹는 공포의 먹이사슬을 형성하게 되면서 전 세계를 공포에 휩싸이게 하고 있다. 현재 과학자들은 광우병에 감염된 소고기는 인간 광유병을 유발할 수 있다고 추정하고 있다.

영국 정부가 광유병의 인간 감염형태인 크로이츠 펠트-야곱병(CJD), 또는 변종 크로이츠 펠트-야곱병(vCJD)으로 숨진 희생자 가족에게 보상을 한 바 있다. 2001년 2월까지 영국에서 변종 CJD와 직접 관련되 사망했거나 그런 가능성이 있는 사람은 모두 86명으로 집계된 바 있다. 환자는 치매증세, 방향감 상실, 정신착란, 시력장애, 중풍 등의 증상으로 나타나고 있다.

이처럼 광우병 쇠고기가 인간에 미치는 치명적 영향이 알려지면서 대부분의 국가에서 광우병 발생국이나 발생위험국 산 반추동물(소·양·염소 등)의 고기는 물론 이들 동물의 태반이나 뇌, 척수, 내장이나 양 등에서 추출한 원료를 사용한 의약품, 화장품, 의약외품, 의료용구 등의 수입을 금하고 있다. 광우병과 같은 질병이 양과 염소, 사슴에까지 퍼져 있을 가능성이 제시되고 있다. 캐나다에서는 엘크 사슴에서 사슴 광우병이 발견돼 우리나라에서는 캐나다산 녹용에 수입중단 조치를 내린 바 있다.

이 같은 상황에서 우리 정부는 동물과 사료에 대한 체계적 검역을 수행하는 '동식물검역청(국립 수의과학검역원과 국립식물검역소를 통합)' 을 설립할 계획을 세웠으며 음식물 찌꺼기 사료를 먹인 소에 대한 임상검사를 실시한 바 있다.

한편 광우병 확산이 퍼지자 전 세계의 축산농가에 대한 보조금 지급, 축산농가

보호 등에 대한 논의가 시작되고 있다. 한편, 전 세계를 공포로 몰아 넣고 있는 광우병의 진원지인 유럽에서는 말고기가 때 아닌 인기를 얻고 있고, 타조, 캥거루, 악어고기 등 이색적인 고기들이 인기를 얻고 있다. 또한 광우병 파문이 확산되면서 식물성 성분을 강조하는 화장품이 반사효과를 누리고 있다.

2) 수입식품으로부터 소비자안전 확보 방안

수입식품으로부터 우리 소비자들의 안전을 확보하기 위한 방안을 간단하게 살펴보면 다음과 같다. 첫째, 수입제품을 대상으로 하는 검역시스템의 과학화, 효율화가 필요하다. 수입 여부를 결정할 때 농수산물 사전 검사제를 도입하고, 위해식품 여부에 대한 과학적이고 신속한 검사방법이 활용되어야 한다.

우리의 경우 소, 돼지, 닭고기 등 축산 수입물은 농림부 산하 수의과학연구원이, 쌀·밀 등 농산품의 수입은 식품의약품안전청이, 광어·방어 등 수산품수입은 해양수산부 산하 수산물검사소가 각각 검역한다. 신속성과 효율성이 떨어지는 이 같은 체제를 단일화하거나 유기적인 체제가 될 수 있는 구조로 전환하여야 한다. 관련 정부 기관들 간에 서로 문제를 떠넘기거나 비효율적으로 운영되지 않도록 하여야 한다. 또한, 검역을 맡고 있는 부서에서 다이옥신 등 맹독성 물질 검사 장비가 없어 문제가 된 바 있으므로 위해제품을 판별할 수 있는 과학적인 정보, 허용기준, 장비, 수거체계 등 전 분야의 개혁이 필요하다. 세계의 소비자문제에 대해 보다 많은 관심을 갖아야 하며, 신속한 정보 획득, 그리고 적극적 대응자세가 필요하다.

둘째, 원산지, 제조자 등에 대한 표시를 철저히 하여 소비자들에게 기본적인 정보제공을 충실히 하여야 한다. 보통, 낱개 포장 없이 냉동육 상태로 수입되므로 판매상이나 식당에 유입된 경우 소비자가 원산지를 가려내기가 쉽지 않은 상황이므로 이를 개선할 수 있는 방안이 모색되어야 한다. 식당이나 대중음식점에서도 음식을 만들 때 사용한 식품의 원산지 표시를 의무화하는 방안을 검토할 필요가 있다.

셋째, 식품리콜제의 확대를 통해 문제식품의 회수명령제도를 강화하여야 한다.정부에서는 소비자단체 대표, 관련 전문가로 구성한 식품리콜위원회 구성하여 국민건강을 해치는 축산물-육가공품 등 식품에 대한 리콜제도를 활성화시키기로 한 바 있다. 앞으로 보다 효과적인 운영과 감시가 필요하다.

넷째, 소비자안전확보를 위한 체계적이고 조직적인 노력이 필요하다. 식품안전에 대한 소비자들의 관심이 높아지고 있는 상황에서 안전확보를 위한 정부 및 각계 각층의 다각적인 노력이 필요하다.

미국 정부는 '육류 핫라인(meat and poultry hotline)'을 운용하고 있다. 이는 1985년부터 미국 농무부 식품안전검사국에서 24시간 가동하고 잇는 수신자 부담 전화서비스로서 식품공학을 전공한 홈 에코노미스트(home economists) 10명의 전문가가 미국 전역의 소비자들로부터 직접 전화를 받아 궁금증을 상담해준다. 최근 미국에서 범 국가적 차원의 식품안전 이슈를 제기하여 '농장에서 식탁까지'라는 구호를 걸고 생산에서 소비에 이르는 체계적인 식품안전 관리체계를 구축하고 있다. 육류를 도축, 생산하는 공장에 대해 위해 중점관리제도를 적용해 가고 있다.

우리도 다른 나라의 효과적인 안전 관련 정책이나 제도를 충분히 연구하고 우리 실정에 맞는 적절한 제도수립 및 운영이 시급하다.

3) 국제 간의 전자상거래

전자상거래의 가장 중요한 특성은 가상공간을 통해 지구촌 어느 곳까지 쉽게 연결하여 상거래를 할 수 있다는 것이다. 이 특성은 전자상거래를 더욱 팽창시키는 주요 장점이나, 국제전자상거래는 국내 거래와는 다른 새로운 여러 가지 이슈나 문제들이 존재하고 있다.

인터넷의 성격상 국경을 넘어 가상공간에서 일어나는 피해를 구제하기 위해서는 범세계적인 제도를 구축하는 것이 필요하다. 이와 같은 제도를 마련하는 데는 국제적인 표준화된 기준이나 통일이 필요하다. 전자상거래에 있어서 소비자와 공급업자가 지켜야 할 국제적인 규범이 마련되어야 하며, 이와 같은 규범을 어길 경우 어느 나라의 법을 적용할 것인지, 재판 관할을 어느 나라의 사법부로 할 것인지에 대한 국제 간의 합의를 필요로 한다. 이 이외에도, 인터넷 도메인 네임과 상표권분쟁 등 전자상거래시 지적 소유권문제, 분쟁이나 소비자피해 발생 시 적용 준거법 및 소비자보호의 문제, 계약법상의 문제, 데이터 메시지의 신뢰성과 안정성 문제, 개인 프라이버시의 보호 문제, 전자서명과 인증기관의 법적 문제, 전자결제제도 관련 문제 등 국제적으로 해결해야 할 과제들이 산적해 있다.

이처럼 다양한 전자상거래 관련 국제적 현안을 해결하고자 국제기구들과 세계 국가들이 노력을 취해 왔다. 예를 들면, OECD는 '소비자보호정책위원회' 주체로 1998년 파리에서 전자상거래상의 소비자보호 가이드라인을 위한 회의를 개최하였는데 미국은 재판관할 및 준거법의 적용을 당사자 간의 합의에 따르고자 하였고, 프랑스 등 EU 국가들은 당사자 간 약정이 없는 경우 소비자 거주지 국가로 하자고 주장하여 입장 차이를 보인 바 있다. 이 같은 상황에서 헤이그 국제사법회의에서는 전자상거래 관련 분쟁의 준거법 및 재판관할권 통일을 위한 방안을 검토 중에 있다.

UN에서는 1996년 「전자상거래 모델법」을 제정하였고 전자서명 통일규칙 제정을 추진 중에 있으며, OECD소비자정책위원회도 전자상거래를 방해하는 법적 장애를 제거하기 위한 방안을 모색하는 노력을 계속하고 있다. 세계무역기구(WTO)도 전자상거래와 세계무역기구의 역할이라는 연구보고서를 내는 등 전자상거래와 관련한 다각적 노력을 취하고 있다. 이에 대해 구체적으로 살펴보면 다음과 같다.

(1) 국제연합(UN)

UN은 국제상거래법위원회(UN Commission on International Trade Law)를 통해 전자문서, 전자서명의 법적 효력 등에 관한 국제적 법 원칙의 통일을 위하여 관련 모델법 제정작업을 벌여 왔다. 그 결과 1996년 「전자상거래에 관한 모델법(Model Law on Electronic Commerce)」을 제정하였고, 이 법의 내용을 계속 추가, 보완하고 있다. 이 법은 비록 모델법에 불과하지만, 거래법 또는 계약법 성격을 갖는 전자상거래에 관한 최초의 국제적 통일규범이라는데 의의가 있다.

(2) 경제협력개발기구(이하 OECD)

전자상거래에서의 소비자보호문제를 체계적이고 본격적으로 논의하기 시작한 대표적인 기구가 OECD이다. OECD는 정보·컴퓨터·통신정책위원회(ICCP)가 주축이 되어 전자상거래에 관한 일반적인 조사와 연구를 추진하고 있으며, 소비자정책위원회(CCP)는 소비자보호를 중심으로 전자상거래에 관한 조사 연구를 진행 중에 있다. 1998년 3월 소비자정책위원회 주체로 '세계시장으로 가는 길: 소비자와 전자상거래' 라는 심포지움이 개최되었다. 이 심포지움에서는 전자상거래와 관련하여 접근의 확보와 규제, 인증, 사생활보호, 사기 기만적 거래의 방지, 상품 서비스의 정보 제공 및 표시, 계약의 성립, 대금지불, 피해자구제, 준거법 등에 대해 논의되었다.

그 후 OECD에서는 1998년 캐나다 오타와에서 OECD 29개 회원국 및 41개국 통상·산업 장관들이 참가한 가운데 전자상거래 각료회의를 개최하여 본격적으로 전자상거래와 관련한 소비자보호문제를 거론하기 시작하였다. 이 회의에서는 전자상거래 업체가 개인정보를 유출할 경우 적극 제재하기로 하였고, 전자상거래로 인한 부가가치세는 소비자가 거주하는 나라에 내기로 결정하였다. 한편, 컴퓨터프로그램, 영상물 등 디지털 상품을 재화가 아닌 서비스로 간주하여 국제 간의 거래시 소비자과세원칙을 적용하기로 결정하였으며, 반품과 관련하여서는 제품에 결함이 있는 경우에만 반품을 허용하는 것(미국의 입장)으로 결정되었다.

뿐만 아니라, 1999년 9월 파리에서 열린 제57차 OCED 소비자정책위원회 회의에서 2년 간의 작업 끝에 '전자상거래 소비자보호가이드 라인'을 완성하였다.[11] 이 가이드라인은 전자상거래분야에 대한 소비자보호를 위한 일반적인 원칙들로서 전자상거래에 참여하는 소비자도 일반 거래에서의 소비자와 동등한 수준의 보호를 받을 것, 전자상거래 사업자의 신원, 상품 및 거래정보를 사전에 충분히 제공받을 것, 소비자가 신속하게 피해구제를 받을 수 있도록 필요한 절차를 마련할 것 등이 주요 내용이다. 이 가이드라인이 이사회 권고로 채택됨으로써 회원국들은 이행을 위한 필요조치를 취하고 이행상황을 보고하게 되었다.

(3) 세계 각국의 법제 동향

전자상거래가 가장 발달한 미국은 전자상거래와 관련한 법적 제도적 장치마련을 계속하여 왔다. 1978년 소비자 및 금융기관의 권리의무를 상세히 규정한 전자자금이체법을 제정하였으며, 이외에도 개인정보 및 프라이버시를 보호하기 위한 「전자통신 프라이버시보호법」, 「공정신용보고법」, 「금융프라이버시 보호법」, 「전자소비자보호법」 등을 제정하여 왔다. 또한 1996년 디지털 서명 가이드라인을 발표하여 각주 및 독일의 「디지털서명법」 제정에 영향을 미쳤다. 한편, 통일상법전의 규정을

11) OECD회의에서는 이 이외에도 준거법과 재판관할, 공정한 광고와 마케팅행위 등에 대한 활발한 논의가 있었으며, 향후 전자상거래 가이드라인 후속조치, 국제전자상거래의 사기문제, 전자상거래 관련 사업자의 행동규약 등에 대해 논의하기로 하였다.

개정하는 등 전자상거래활성화 및 소비자보호를 위한 각종 제도정비에 박차를 가하고 있다.

유럽공동체(EU)도 전자상거래 관련 법적 정비를 서두르고 있는데 1997년 4월 유럽전자상거래 전략을 채택하였으며, 같은 해 '세계 정보네트워크'에 대한 회의를 개최하여 유럽공동체는 인터넷으로 전송되는 제품에 대해 무관세원칙을 세웠다. 또한, '전자서명을 위한 공동기반에 관한 지침'을 작성하는 등 공동의 입장을 수립하기 위한 작업을 진행하고 있다.

한편, 국제 간의 전자상거래로 인한 소비자 피해를 예방·근절하고자 EU와 EFTA 및 일부 동유럽 국가에서는 각국의 소비자단체와 행정기관이 상호 연계체계를 구축하여 자국 사업자에 의해서 피해를 입은 외국 소비자의 피해구제를 대행해 주는 시스템을 이미 도입 운영하고 있다. 그러나 이 같은 노력에도 불구하고 국제전자상거래로 인한 소비자피해구제가 제대로 되고 있지 않으므로 국제전자상거래와 관련한 소비자문제해결에 보다 많은 노력이 요구되는 시점이다. 일본도 최근 들어 전자상거래에 관한 대책마련에 부심하고 있다.[12)]

5 세계경제환경의 변화와 소비자역할 및 책임

지금까지 소비자에게 영향을 미칠 것으로 고려되는 최근의 세계경제환경, 특히 세계경제 및 무역활동을 주관하는 WTO체제, OECD, 다국적 기업활동, 그리고 최근 세계의 소비자 이슈들을 소비자입장에서 살펴보았다. 지금까지의 논의를 기초로 급변하는 세계경제환경 속에서 소비자들의 역할과 책임에 대해 살펴보면 다음과 같다.

12) 우리나라 전자상거래 관련 주요 사항 및 피해구제 제도에 대한 것은 7장과 10장 참조.

1) 세계변화에 대한 관심과 이해의 필요성

소비자는 급변하는 세계경제변화에 대한 관심과 이해를 통해 기초적 지식을 획득하고 세계변화에 대한 이해가 필요하다. 세계변화에 대한 관심과 정보수집을 통해 세계변화에 대응하는 소비자역할이 무엇인지 재정립하여야 할 시점이다. 지금까지 국제경제 및 무역정책결정이나 각종 협의에서 소비자 측면은 무시한 채 기업과 생산자 입장에만 초점을 두고 결정되어 왔다. 세계경제질서 및 무역과 관련한 협정은 소비자의 이익과 소비생활에 매우 많은 영향을 미침에도 불구하고 소비자들은 이에 대한 관심과 지식이 부족하여 이 같은 정책결정에 참여하지 못한 것이 사실이다. 따라서 급변하는 세계경제환경에 대한 지식과 이해를 기초로 세계변화 속에서 새로이 요구되는 소비자역할이 무엇인가를 생각해 보아야 할 때이며, 이에 대처하기 위한 새로운 소비자역할을 정립하고 실천하여야 한다.

2) 소비선택의 중요성에 대한 인식

급변하는 세계변화 속에서 소비자역할 또는 소비자선택의 중요성에 대한 충분한 인식이 필요하다. 우리나라 경제 및 산업에 대한 기초 지식과 이해를 기초로 경제주체인 소비자, 기업, 그리고 정부의 활동은 상호 유기적인 관계에 있으며 상호영향력이 크다는 사실을 인식하여야 한다. 소비자이익을 일차적으로 추구하더라도 무책임한 소비생활이나 비합리적인 소비행태가 경기침체 및 국가경제의 위기를 초래한다면 이 문제가 곧 소비자에게 다시 영향을 미치게 됨을 주지하여야 한다. 다시 말해, 소비자역할과 소비선택의 중요성을 충분히 파악하여 바람직한 소비자역할을 수행하여야 한다.

예를 들면, 수입개방과 자유무역이 미치는 영향력을 산업별로 구별하여 소비자역할을 재정립할 필요가 있다. 그동안 정부의 과도한 보호 속에서 독과점적 구조를 형성하면서 기술개발과 품질개선 등 국제경쟁력을 갖고자 노력해오지 않은 기업과 산업에 대해서조차 무조건적인 국산품애용은 더 이상 설득력이 없다. 공산품의 경우 일찍부터 수출경험과 시장개방을 경험하였으나 경쟁력이 없는 농업분야의 경우 시장개방의 부담으로 발생하는 농민문제는 매우 심각하다. UR 협상의 타결로 전면적인 농산물시장이 개방된다면 경쟁력이 약한 우리나라 농민의 이탈, 이농현상이 증가하고 농업경제의 심각성은 곧 사회문제로 대두될 것이다. 농업은 농민들만의 문제가 아니고 국민 모두의 문제이므로 농업의 역할과 가치를 깊이 인식하여야 한다. 1990년대, 우리나라의 농업인구가 전체 인구의 18%를 차지하는 상황에서 농업의 위축과 이탈은 토양유실, 대기정화기능마비, 이농 및 탈농민으로 농촌의 공동화, 대도시 주택문제, 공해문제, 교통문제 등의 악화를 초래하였다. 결국, 농업이 붕괴되면 이로 인한 모든 해결책은 소비자들의 납세부담으로 이어지게 됨을 인식하여야 한다.

결론적으로, 소비자이익과 권리실현을 위해서는 소비선택의 중요성을 충분히 인식하여야 한다. 우리나라 산업별 경쟁력과 부담에 대한 관심과 기초지식을 근간으로 소비자 개개인의 선택이 중요성함 인식하여 책임 있는 선택을 해야 하는 시점이다.

3) 합리적 소비생활의 실천

자유경쟁 및 시장개방 속에서 합리적인 소비생활은 필수적이다. 외국에서는 소비자들의 합리적인 선택과 철저한 소비자책임의 실천으로 저질의 외국상품이나 부당한 영업행위는 철저하게 배척당한다. 그러나 우리나라 소비자들이 값이 비쌀 수록 구매가 증가하는 행태 그리고 합리적이지 못한 소비행태를 계속적으로 유지한다면 자유무역체제로 인한 긍정적인 측면의 기능이 제대로 성과를 갖지 못한다. 과소비와 사치성 소비가 계속된다면 물가상승 및 국민소득 유출 그리고 소비의 외부성 효과로 부정적 효과를 창출하게 된다. 자유경쟁과 시장개방에 따른 국내산업의 경쟁력과 소비자이익 증대 여부는 사실상 건전하고 합리적인 소비선택에 의해 좌우된다는 점을 우리나라 소비자들은 충분히 인지하여야 한다. 우리 기업이 외국으로 진출할 경우 가장 무서운 상대가 그 나라의 정부나 기업이 아니고 그 나라의 소비자이다. 시장개방의 최고 감시자는 소비자인 것이다. 지금처럼 외국제품이라면 품질과 가격에 상관없이 무분별하게 구입하는 소비행태는 건전한 국내기업에게 치명적이며 소비자에게도 이익을 제공하지 못한다. 가격과 품질 그리고 서비스에 상응하여 철저하고 분별력 있는 합리적 소비선택을 통해 소비자이익과 복지를 실현하면서 동시에 국내기업의 제품과 서비스 향상을 유도할 수 있어야 한다.

참고문헌

김기홍(1991). **변모하는 국제무역질서 GATT, 우루과이 라운드, 그리고한국**. 한울출판사.

김석호 · 박성용 · 황정선(1988). **수입상품에 관한 소비자보호방안연구**. 한국소비자보호원 연구보고서.

김세원 외(1995). **OECD가입과 금융시장개방**. 비봉출판사.

김준한 외(1994). **그린라운드와 한국경제**. 웅진출판.

노형화(1993). 다국적 기업의 환경문제와 이에 대한 대응. **소비생활연구**, 11, 55-67.

대외경제연구원(1996). OECD가입의 분야별 평가와 과제.

서정희(1993). **소비자주권론**. 울산대학교 출판부.

송보경 · 김재옥(1987). **소비자운동: 저항인가 협력인가**. 소비자문제를 연구하는 시민의 모임.

아이언모리슨 저 · 황태호 · 한용석 역(1996). **제2의 커브: 새로운 기술, 새로운 소비자, 새로운 시장이 몰려온다**. 아이언모리슨 번역판. 경향신문사 출판.

윤영각(1995). **WTO시대의 반덤핑제도**. 도서출판 한송.

윤정혜 · 여정성(1996). **서비스거래에서의 소비자피해 실태와 바람직한 피해구제방안의 모색**. 한국소비자학회 1996년도 총회 및 학술대회 논문집.

정원 · 박송동(1992). **수입자유화 어떻게 대응할 것인가**. 법문사.

한국사회과학연구소 사회복지연구실(1995). **한국 사회복지의 이해**. 도서출판 동풍.

한국소비자보호원(1989). **OECD회원국의 소비자정책**. 기획관리자료, 89-06.

한철수(1994). **서비스산업개방과 WTO**. 다산출판사.

한홍렬(1996). 주요 선진국무역규제의 불공정성에 관한 연구. 대외경제정책연구원 정책자료, 96-14.

CHAPTER 13

미래 소비환경과 소비자

인간은 무한한 욕구를 충족시키기 위해 다양한 활동을 끊임없이 지속하며 생활한다. 현대사회에서 인간의 모든 활동은 개개인의 욕구를 충족시키기 위한 것으로 볼 수 있으며, 이렇게 개인의 욕구를 충족시키는 과정과 다양하고 광범위한 소비행동은 불가분의 관계를 갖는다. 즉, 인간의 모든 행동이 소비를 위한 것이지만 개개인이 소비행동은 소비자가 처해있는 소비환경에 의해 많은 영향을 받게 된다. 그러나 소비환경은 여러 가지 요인에 의해 끊임없이 변화하게 되고 그에 따라 인간의 소비행동 유형도 변화하게 되는 것이다. 인간의 소비행동은 소비문화와 소비환경의 복합적인 산물이라 할 수 있다. 특히 미래 소비행동을 예측하는 것은 소비자 스스로 자신의 생활을 예측하고 준비함으로써 만족 극대화를 위해서나 성공적인 마케팅활동을 위해서나 핵심 사안이라 할 수 있으므로 본 절에서는 소비자에게 중대한 영향을 미칠 수 있는 소비환경의 변화, 즉 미래 소비환경의 측면을 살펴보고자 한다.

미래 소비환경의 모습은 크게 다섯 가지 특성과 연결시켜 살펴 볼 수 있는데, 이는 과학기술의 발달, 사회불안정성 증대와 고령화, 기후변화로 인한 녹색소비실천에 대한 사회적 압력, 소득수준의 향상 그리고 금융시장의 변화 등이다. 이 같은 특성이 반영된 미래 소비환경의 모습을 구체적으로 살펴보면 다음과 같다.

1 미래 소비환경

1) 과학기술의 발달

인류는 지속적으로 진보하고자 노력해 왔으며, 현대 과학기술의 발달은 그러한 진보를 성취하는 데 가장 혁명적인 역할을 하였다. 과학기술 혁신으로 말미암아 말할 수 없이 큰 득을 보아 왔다. 첨단 과학기술로 오늘날 인류는 우주를 정복하고, 물질적인 삶의 풍요를 누리고 많은 질병을 이겨 낼 수 있게 됨으로써 수명이 늘어났으며, 일상생활의 온갖 편익을 누릴 수 있게 되었고, 세상의 이치에 대한 많은 지식을 얻게 되었다.

그러나 과학기술의 발달은 애초에 양면성을 가지고 있는 것으로 과학기술 발달의 결과가 인간에게 갖가지 위험과 파괴를 안겨 주기도 했던 것이다. 예를 들어, 과거 원자력기술의 획기적인 진보가 에너지 분야에 엄청난 편익을 가져다 주었지만, 그것이 무기로 돌변한 결과는 가공한 것이었다. 그래서 전문가들은 과학기술이 일견 중립적인 것 같지만 실은 인간의 악의와 이념 같은 요인 때문에 결코 중립적이 아니라고들 한다. 과학기술은 물질주의적 진보관, 도구주의적 자연관에 근거하여 인간 중심적 세계관을 낳게 하였고, 결국 인구의 기하급수적인 증가, 생태계의 파괴 등과 같은 오늘날의 폐단에 이르게 된 것이다. 현대 사회에서 앞으로 과학기술이 나아가야 할 길은 기술 문명을 반성적으로 재평가하고, 그것의 의미와 기능을 보다 거시적인 시각에서 이해하고 통제하는 데 있다. 그리고 과학기술은 생태계 전체의 공존의 자연관으로 나아갈 때, 스스로의 의미를 창출할 수 있다.

인간게놈지도의 공표가 있을 때 그 연구에 참여했던 한국인 과학자는 21세기는 게놈과학의 시대가 될 것이라고 예언하기도 했다. 생명과학과 생물공학의 긍정적인 효과는 거의 무한한 반면, 이를 이용한 인간복제, 유전자 조작에 의한 농축산물의 변형이 가져다 줄 인체에 대한 악영향, 환경오염 등 무서운 결과도 얼마든지 예측 가능하다.

그런데 21세기 과학기술의 발달은 정보통신 기술, 미세기술, 로봇기술 등에서도 상상을 초월하는 진전을 기대할 수 있는데, 현재 우리 곁에는 미처 예기치 못한 많은 문제점들이 이미 드러나고 있다.

우선 정보통신기술을 악용하는 분야에서 가장 심각한 보기는 인권침해에 해당하는 각종 감청, 도청, 몰래카메라와 비디오 촬영 등을 들 수 있고, 인터넷이라는 새로운 사이버 공간에서 일어나는 각종 비행과 범죄가 있다.

어린이와 사춘기 청소년 및 학생들이 온갖 음란물과 폭력물에 그대로 노출되어 있고, 심지어 자살, 폭발물사용, 성폭력 등을 부추기고 실행케 하는 끔찍한 사건들이 그대로 방치된 채 가속적으로 번져나가고 있다. 그런가 하면, 디지털 기술을 악용하여 대형 금융사고를 자행하는 일이 하루가 멀다 하고 언론의 지면을 채우고 있다.

생명과학의 영역에서 제기되고 있는 철학적인 문제와 실질적인 쟁점은 상당히 심층적인 논의를 요하는 것이지만, 인터넷상의 각종 비행, 비리, 범죄는 하루가 다르게 무섭게 번져 가는 현상이므로 이에 대한 대책은 전 사회가 나서서 강구하는 데 공동보조를 맞추어야 할 사항이다. 특히 우리의 자라나는 세대에게 미칠 악영향을 생각하면 참으로 다급한 문제가 아닐 수 없다. 미래에 지금 수준으로 상상할 수 없는 편익을 주는 과학기술이 인간과 자연에 어떤 영향을 미칠 것인지에 대한 진지한 숙고와 자숙이 필요할 때이다.

이제 다소 미시적인 측면에서 소비자의 생활과 가장 밀접한 관계를 가지고 있으면서 진행되고 있는 디지털기술의 발달 상황을 인터넷과 모바일의 일상화, 스마트 시대의 도래, IT 컨버전스의 확대 등의 측면에서 살펴보고 가까운 미래의 기술소비 모습을 살펴보기로 하자.

(1) 인터넷과 모바일의 일상화

소비자 인터넷 이용 증가와 이동통신 가입자 수의 증가를 보면 소비자 생활 속 디지털 기술의 소비현황을 볼 수 있는데, 2010년 5월 현재 만 3세 이상 인구의 인터넷 이용률은 77.8%로 전년대비 0.6% 증가하였으며, 인터넷 이용자 수는 37,010천 명으로 나타났다. 2010년 이동전화 가입자 수는 49,988천 명, 초고속인터넷 가입자 수는 16,718천 명에 이르고 있다.

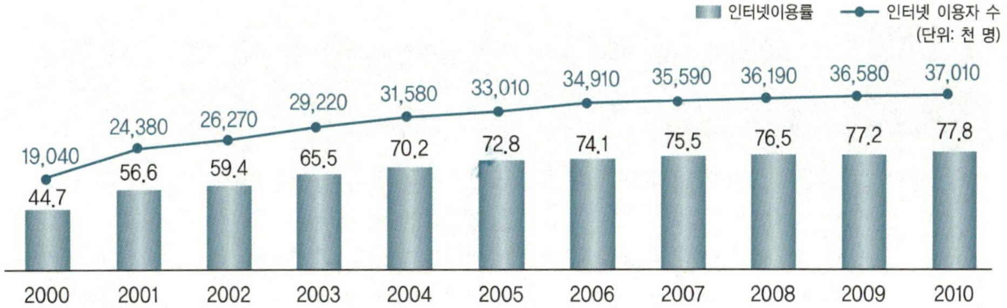

그림 13-1 인터넷이용률 및 이용자수 변화 추이

출처: 방송통신위원회·한국인터넷진흥원(2010). 2010년 인터넷 이용실태조사.

인터넷 이용자 10명 중 8명이 이메일을 이용하고, 인터넷 이용자의 65.7%가 SNS를 이용, 20대 인터넷 이용자의 90.1%가 인터넷 쇼핑을 이용하는 것으로 나타나고 있다. 이용자의 대부분인 98.5%가 가정에서 인터넷을 사용하고 있어 인터넷은 이미 영향력이 큰 매체로 확고히 자리를 잡고 있음을 알 수 있다.

이러한 인프라를 바탕으로 디지털은 우리의 삶과 소비생활영역에 광범위하게 전개되고 있음을 알 수 있는데, 인터넷이 지속적인 성장을 거듭하면서 소비환경을 바꾸는 원동력이 되고 있다. 구글을 비롯한 검색엔진의 강화, 블로그, 페이스북, 트위

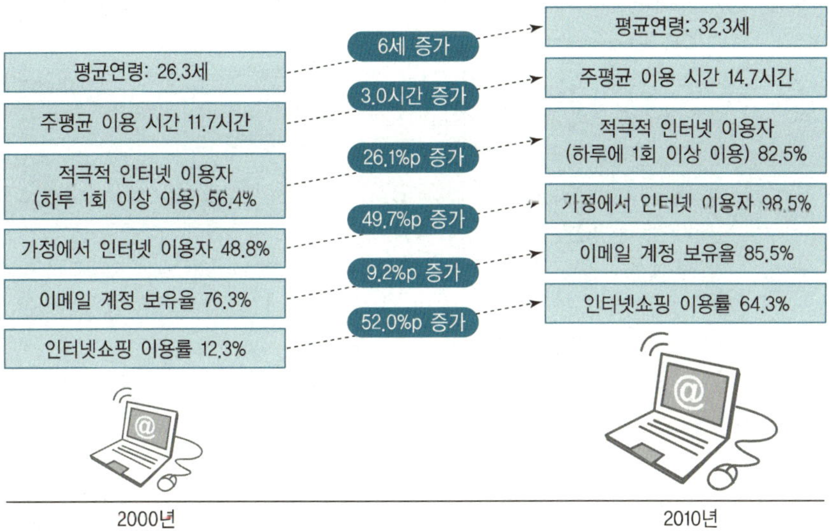

그림 13-2 인터넷 이용 실태

출처: 방송통신위원회. 한국인터넷진흥원(2010). 2010년 인터넷 이용실태조사.

소비자 휴게실 13-1

인터넷 쇼핑; 40대 클릭 파워 급부상… 5년 새 매출 비중 12%P 늘어

인터넷 쇼핑몰의 주 고객층이 바뀌고 있다. 전체 매출에서 20대가 차지하는 비중은 뚝 떨어지고 40대 같은 장년층이 새로운 소비 파워로 등장한 것이다. 이 기사는 롯데닷컴 사이트 회원 1,500만 명의 연령별 구매를 살펴본 결과이다.

기사에 따르면 매출에서 20대가 차지하는 비중은 2005년 42.8%에서 2011년 상반기 32.4%로 줄었다. 반면에 40대의 비중은 같은 기간 14.7%에서 26.2%로, 50대 이상은 3.8%에서 10%로 증가했다.

1인당 월평균 구매 액에서도 40대의 강세가 뚜렸했다. 인터넷 쇼핑몰에서 '청년이 줄고 장년이 뜨는' 판도 변화는 크게 세 가지 요인에 의한 것으로 분석된다. 상대적으로 슬로 어댑터(slow adapter)인 장년층이 인터넷 쇼핑몰 사용에 익숙해지기 시작했으며, 2000년대 초반 인터넷 쇼핑을 이용했던 당시 30대가 이젠 장년층이 됐고 청년 취업난에 20대가 허리띠를 졸라맸다는 점이다.

청년층과 장년층은 주로 구매하는 상품에서도 차이가 난다. 20대 고객은 패션의류를 가장 많이 사서 구매액의 1/4을 소비했다. 이와 달리 40대는 식품류(34%)가 1위였다. 이는 20대는 쇼핑몰에서 주로 개인을 위한 소비를 하면 반면, 40대는 가족을 위한 물품을 많이 사기 때문이다.

40대의 부상은 쇼핑몰업체들의 마케팅 판매전략에 양향을 미치고 있다. 우선 장년층 수요에 비춰 '우유배달상품'에 이르기까지 식품 품목이 다양해졌다. 한편 스마트폰을 이용한 모바일 쇼핑은 아직 청년층이 대세였다. 11번가 모바일 쇼핑몰에서 20대가 40%, 30대가 45%를 차지한 반면, 40대의 비중은 9%에 그쳤다.

젊은 층 위주여서 모바일 쇼핑몰은 많이 팔리는 상품과 서비스도 온라인과 달랐다. 11번가 모바일 쇼핑몰에서 제일 많이 팔린 스포츠용품 및 여행, 레저상품이 같은 11번가 온라인 쇼핑몰에선 10위에 그쳤다. 여가와 건강 등을 중요하게 생각하는 젊은 세대의 라이프스타일이 반영된 것이다.

모바일쇼핑은 '시간과 장소에 구애받지 않는다'는 특성도 나타냈다. 인터넷 쇼핑몰의 경우 출퇴근시간인 오전 6~9시, 오후 6~10시 매출이 저조한 반면, 모바일 쇼핑몰에선 시간과 관계없이 거래가 꾸준이 발생했다. 인터넷은 야외활동이 많은 토, 일요일(각각 7%, 8%) 거래율이 가장 낮았지만 모바일에선 요일과 관계없이 10% 넘는 거래율을 보였다.

출처: 조선일보(2011년 11월 7일자).

터 등과 같은 SNS의 확산 등 개방·공유·참여라는 웹 2.0의 기본 특성이 소비자들의 일상 속에서 역동적으로 구현되면서 세상을 빠르게 바꾸어가고 있다(조용수·정재영, 2010).

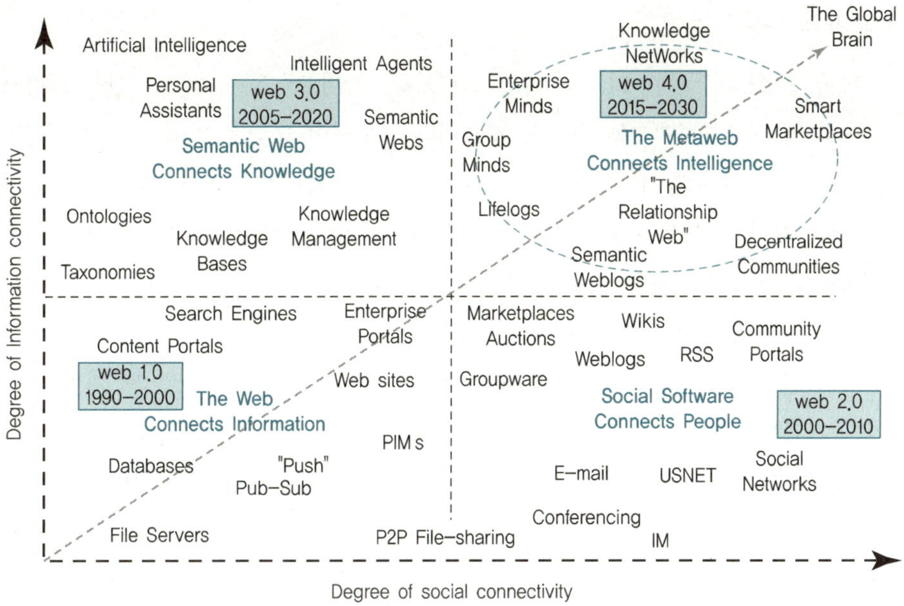

그림 13-3 웹의 진화에 따른 특성

소비자의 인터넷 참여를 용이하게 해주는 제품개발로 쉽게 콘텐츠를 만들고 간편하게 인터넷에 업로드 할 수 있어 소비자가 적극적으로 참여하여 정보, 지식을 만들고 공유하는 열린 인터넷으로 상호작용성이 높은 동적인 웹이 특징이다.

또한 이동 단말기에서 일반 웹에 접속할 수 있는 기술인 모바일 웹의 발달로 인해 이동 통신, 홈 네트워크 등에 사용되는 각종 단말기에서 유선 웹 사이트에 접속할 수 있게 되었는데, 모바일 웹의 경우는 쇼핑, 사진, 소셜 등이 주요 비중을 차지하고 있으며 다양한 채널을 통해 어느 단말에서나 쉽게 들어와서 물품을 구매하고, 사진을 확인하고 소셜 서비스를 사용하는 것이다(강현정·이범일, 2008).

다가올 시대에는 기술과 내용(시맨틱 웹), 활용의 공간(모바일 웹), 사용자 인터페이스(3D웹, 가상현실) 등의 진화를 바탕으로 지금보다 더 지능화 되고 개인화된 서비스들이 제공될 것이다. 언제 어디서나 그리고 누구나 손쉽고 편안하게 접근할 수 있으며, 더 빠르고 똑똑한, 개인화·맞춤화된 정보를 제공하는 웹의 시대가 오고 있음을 예상할 수 있는데, 이러한 편리함에 수반되는 위험요소의 증가 역시 어렵지 않게 예측할 수 있다.

(2) 스마트시대의 도래

과거에 없었던 강력한 기능을 가진 스마트폰, 스마트 TV, 스마트 가전, 스마트 도시는 다기능/고기능뿐 아니라 인공지능이나 자동제어 능력을 가져 소비자가 설정하기 이전에 기기가 알아서 맞춰주는, 말 그대로 똑똑한 것을 의미한다. 스마트 환경 내에 존재하는 수많은 공급자들은 소비자를 만족시키기 위해 그들의 모든 지성을 총동원하는데 소비자는 스마트 환경이 제공하는 장터인 앱스토어나 안드로이드 마켓에서 마음에 드는 것을 사면되는 것이다.

스마트 환경은 개방성과 자유를 가능토록 하는데, 구글은 안드로이드 마켓을 열었지만 거기서 무엇이 팔리는지 일일이 간섭하지 않는데 애플은 가끔씩 앱스토어에 올라오는 프로그램을 검열하여 비난을 받곤 한다. 창의의 자유를 허락받은 개발자들은 소비자를 위해 그들의 지성을 마음껏 발휘할 수 있고 소비자는 이 덕분에 자신에게 가장 알맞은 제품을 스스로 정의하여 사용할 수 있다는 점에서 선택과 사고의 몫이 공급자에서 소비자에게로 넘어갔음을 알 수 있다.

같은 소비자라 하더라도 처한 상황에 따라 요구가 달라질 수 있어 소비자 각자가 그리는 가장 이상적이고 직관적인 세계를 이해하여야 하기 때문에 스마트시대는 객관의 시대에서 주관의 시대로 변화되었다. 기업이 정의해 놓은 기준에 소비자를 끼워 넣고 가르치는 것도, 기업이 공통으로 정해진 객관적 목표수준을 향해 달려가는 것도 스마트 시대에 맞지 않는 측면인 것이다(손민선, 2010).

한편 2030년 전국 규모의 구축을 목적으로 진행되고 있는 스마트그리드는 미래 소비자의 생활환경의 중심축이라고 할 수 있다. 소위 똑똑한 전력망이라고 불리우는 스마트 그리드는 기존의 전력망에 정보기술(IT)을 접목하여 전력 공급자와 소비자가 양방향으로 실시간 정보를 교환함으로써 에너지 효율을 최적화하는 차세대 지능형 전력망이다.

발전-송전·배전-판매의 단계로 이루어지던 기존의 단방향 전력망이 전력 공급자와 소비자가 양방향으로 실시간 정보를 교환함으로써 에너지 효율을 최적화하는 지능형 전력망으로 발전한 것이다(이창용, 2010). 소비자는 전력 사용 현황을 실시간으로 파악하여 요금이 비싼 시간대를 피하여 사용 시간과 사용량을 조절함하는데, 스마트그리드로 전력망을 개선하면 불필요한 발전설비 투자를 줄일 수 있고,

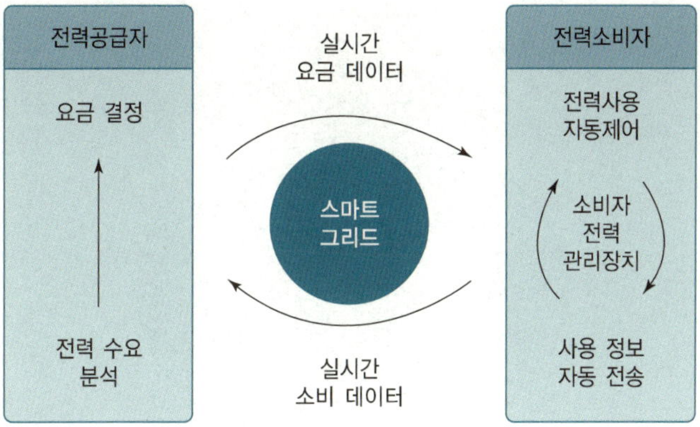

그림 13-4 스마트 그리드 기본 개념도

CO_2 저감 등 환경문제 해결에도 기여하게 된다(그림 13-4).

세탁기, 냉장고 등 전력소비가 많은 대형가전제품을 스마트 가전제품으로 개발하여 스마트그리드와 연계하면 전력의 수요공급에 따라 전력사용량을 조정하여 절전효과를 얻을 수 있을 것이라 전망하고 있다.

(3) IT 컨버전스의 확대

디지털 컨버전스 현상은 유선과 무선의 통합, 통신과 방송의 융합, 온라인과 오프라인의 결합 등을 말한다. 유선·무선의 통합의 대표적인 예로는 휴대폰으로 휴대폰은 이동전화의 기능은 물론, 디지털카메라와 MP3, 게임, 방송 시청, 금융 업무의 기능을 한데 갖추는 등 끊임없이 진화하고 있다통신·방송의 융합의 대표적인 예로는 DMB를 들 수 있다. DMB의 실현으로 휴대폰·PDA나 차량용 리시버를 통하여 이동하면서도 다채널 멀티미디어 방송을 볼 수 있게 되었다. 유비쿼터스 사회에서는 모든 사물과 기기에 소형 컴퓨터칩이 내장되어 단일 네트워크로 연결됨으로써 언제 어디서나 끊김 없이 정보를 이용할 수 있음. 이와 같이 유비쿼터스 사회로 진입하는 데에는 디지털 컨버전스의 일반화가 전제되어야 한다(이성호·복득규, 2009).

그림 13-5에 나타난 것처럼 IT 컨버전스가 인터넷을 기반으로 미디어와 커뮤니케이션을 통합함에 따라 통합 플랫폼을 구축하여 개별 소비자에게 맞춤형 융합서비스를 제공한다. 이로 인해 개인맞춤형, 상호작용적인 라이프스타일 미디어가 신소비모델을 창출하며 부상하였다. 라이프스타일 미디어의 특성으로는 첫째, '자유'로

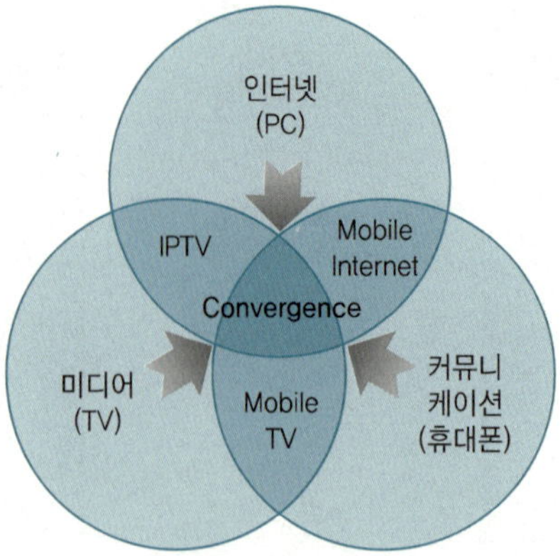

그림 13-5 인터넷, 미디어, 커뮤니케이션의 대융합

써 유비쿼터스 TV 등의 출현으로 시청자들은 시공간의 제약을 극복한 능동적 시청이 가능함을 내용으로 한다. 둘째는, '참여'로서 사회적 네트워크를 활용해 소비자의 코멘트, 창작, 협업, 공유를 유도하는 것이다. 셋째, '역동성'으로 소비자 요구에 따라 실시간 동적으로 패키징되는 동영상 콘텐츠 등장을 말한다. 넷째, '상호연결'로 동영상 화면의 객체에 링크를 내재하여 이를 클릭하면 상호연결된 동영상으로 이동하여 흥미를 지속적으로 유지, 확장함을 내용으로 한다(Baya & Gauntt, 2006).

대중미디어가 'One-Source Muti-Use'를 추구하는 반면, 개인맞춤형 미디어는 수많은 콘텐츠 중 소비자에게 적합한 것들만 선별하여 맞춤형 콘텐츠로 재구성하는 'Muti-Source Personalized-Use'를 추구하는 특성을 갖는다.

2) 사회불안정성 증대와 고령화

인간의 고통과 불편을 줄이기 위해 고안된 문명이 진화하고 심화할수록, 인간이 느끼는 소외감과 불안이 상승하는 건 현대사회의 역설적인 한 단면이다. 소비자가 사는 세상은 온갖 종류의 불안이 가득하고 이 불안이 미래에 감소할 가능성은 희박하다. 각종 재난과 재해, 끔찍한 테러, 사이버 범죄, 묻지마 살인, 존속살인, 유괴 등의 발생은 안전 서비스에 대한 수요를 더욱 증대시킬 것이다. 또한 평균 수명의 증대는 의료정보와 서비스에 대한 수요증대를 수반하고 있어 여기에서는 디지털과 결합된 안전서비스 확대와 헬스케어 서비스 등을 간단히 살펴본다.

(1) 디지털과 결합된 안전서비스 확대

안전(secure)은 사람들을 사고나 위험에서 벗어나게 하고 동시에 행복과 편리성을 선사할 수 있는 개념으로 소비자들은 안전에 대한 욕구가 증가하고 있다(Seri 영상보고서, 2010). 가정의 홈네트워크 시스템도 IT기술의 결합으로 더욱 진화된 형태로 주택 내·외부 실시간 경비서비스, 화재 등 긴급 상황 자동 대응시스템, 유·무선 홈네트워크의 보안 및 프라이버시 방어시스템에 대한 수요가 더욱 높아지고 있다.

일본에서는 어린이 안전에 관해 많은 관심을 가지고 있는데, 일례로, 일본의 책가방 제조업체인 교와(Kyowa)사는 GSP 터미널이 달린 위치를 추적하는 가방을 출시하였는데 어린이의 정확한 위치를 알려주는 GPS 네트워크와 휴대폰 기지국을 이용해 책가방의 위치를 추적한다. 이와 같이 미래에는 쾌적하고 안전한 삶을 위해 다양한 시스템이 요구될 것이다.

그러나 안전과 보안을 위해 설치한 센서나 웹 카메라가 해킹을 당했을 경우 타인에 의해 개인의 프라이버시가 심각하게 침해 될 수 있어 이러한 서비스에 대한 보안 문제가 중요한 해결 과제가 될 것이다.

(2) 헬스케어 서비스 요구 증대

고령인구의 증가와 삶의 질에 대한 관심이 증대하면서 IT기술을 융합한 유헬스케어(U-Health) 서비스로 건강한 라이프스타일에 대한 수요가 더욱 높아질 전망. 유헬스 케어는 원격 환자모니터링과 같이 우무선 네트워킹 기술을 활용하여 "언제니, 어디서나" 이용가능한 건강관리 및 의료서비스를 지칭한다(강성욱·김재윤, 2007).

사회·경제적인 여건 변화로 소비자의 의료비 지출과 의료기관 방문이 지속적으로 증가하고 소비자도 과거 수동적인 환자에서 적극적인 소비주체로 인터넷 등을 통해 의료정보를 찾고 있으며 활용하고 있는 추세이다. 병원에서도 정보화로 인해 병원간 또는 병원과 재택환자 간 건강정보 송수신의 기반이 조성되어 치료가 더욱 용이하게 되었다.

유헬스 서비스의 시작으로 병원에서 단발성 치료에 국한 되었던 기존 서비스가 홈 헬스케어 서비스로 가정 등 실생활 전 영역에서 평생을 거쳐 제공되어 시·공간적으로 확대되었다. 홈 헬스케어 서비스는 집에서 웹을 통해 의사의 의료서비스를 제공받기 때문에 홈에서 비전문가가 건강상태를 스스로 모니터링 가능한 사용이 편리하고 신뢰성이 높은 다양한 형태의 가정용 의료기기가 필요하다는 측면에서 추후 이들 제품에 대한 시장 확대 가능성이 매우 크다고 할 수 있겠다.

3) 기후변화로 인한 녹색소비실천에 대한 사회적 압력

(1) 심각해지는 기후변화

인구증가와 산업화 진행에 따라 온실가스 배출량이 과거에 비해 급증하면서 지구온난화로 인해 기후변화 현상이 전 세계적으로 확산되면서 다양한 기상 이변이 발생하고 있다. 2007년 한국의 온실가스 배출량은 1990년 대비 113.0% 증가하여 OECD 평균인 17.4%를 크게 상회했다. 화석연료의 급격한 사용 증가는 대기 중 이산화탄소 등 온실가스 농도 증가를 가져와 지표면과 해수면의 온도가 상승하여 자연생태계에 변화가 발생되고 있다. 이러한 기상이변으로 인해 전 세계적으로 경제적 피해가 급증하는 추세이고, 이는 생활환경에도 많은 영향을 초래하고 있다. 특히 우리나라의 경우 지난 100년 동안에 전 세계 평균온도가 0.74℃ 증가한 것에 비해 두 배 이상 더 온도가 상승했으며, 해수면의 경우 더 심각하여 세 배 정도 증가하여 2℃ 이상 증가하는 등 심각한 기후상승을 보이고 있다.

기후변화에 대응하는 가장 큰 두 축은 온실가스를 줄여 기후변화를 완화, 적응하는 것이다. 완화전략(mitigation)은 기후변화의 근본 원인을 저감하는 정책을 수립하여 추진하는 것으로 온실가스 저감화, 에너지 효율 개선 등이 여기에 포함되며, 적응전략(adaptation)은 기후변화에 효과적으로 적응할 수 있도록 사회 전반의 체질개선을 하는 것으로 기후변화의 영향분석 및 평가능력, 재해 관련 제도 정비 등이 포함된다(민승규·강희찬, 2007).

(2) 에너지 절감 의무화

기후변화의 원인으로 지목되는 온실가스는 화석에너지의 사용으로 발생한다, 우리나라의 경우 에너지의 97%를 수입하고 있고 이중 83%가 화석에너지인데, 발전의

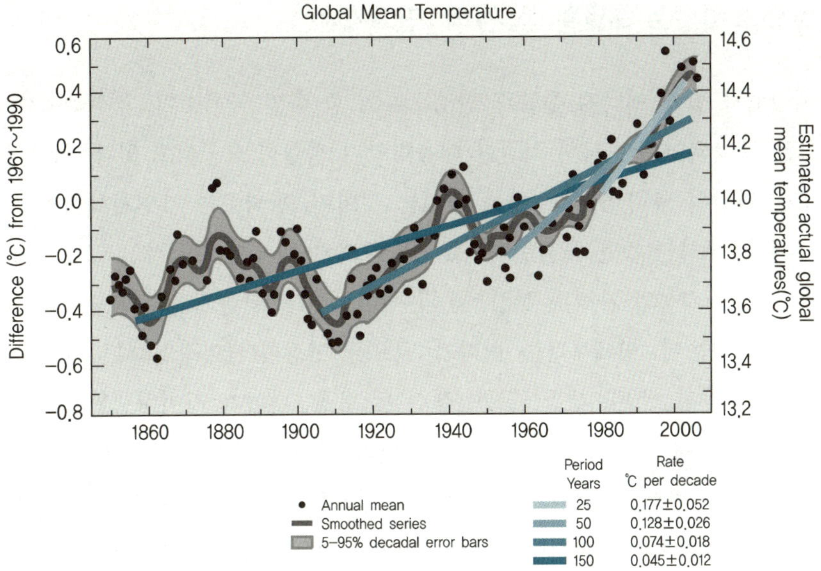

그림 13-6 지구 평균 온도

대부분을 이런 화석에너지 의존하고 있는 실정이다.

우리나라 GDP 대비 전력사용량(kWh/GDP$)은 0.580으로 국민소득이 두 배인 일본(0.206)보다 2.8배나 과다하다[13](2008). 또한 1인당 에너지소비량(TOE/인)은 한국이 4.48, 일본이 4.13, 전력사용량(MWh/인)은 한국이 8.06, 일본이 8.22로 모두 소득수준에 비해 과다한 상황이다(2008). 우리나라 온실가스 배출량의 43%가 가정, 상업, 수송 등 비 산업부문에서 배출되고 있어 저탄소 녹색 생활이 더욱 중요하나고 힐 수 있다(2005년 기준).

의식주 소비 중 에너지 소비는 주거부문이 가장 많이 차지하고 있다. 이에 정부는 녹색생활을 위한 노력으로 탄소제로건물을 추진하고 있다 즉, 에너지 문제와 지구온난화에 따라 국가 에너지 소비의 25%를 차지하는 건축분야에서 건축물 에너지 소비총량제를 도입하고, 주택의 경우 2012년에 냉난방 에너지의 50%를, 2017년에는 60%를 절감토록 계획하고 있다. 또한 2025년에는 필요한 에너지를 완전히 자급자족하는 '제로에너지 건축물'의 의무화를 추진하기로 하는 등 소비생활에서 에너지 절감이 중요한 이슈로 떠오를 전망이다(그린스타트, http://www.greenstart.kr).

---

13) IEA: Energy Balances of OECD Countries

4) 녹색소비, 녹색생활 실천의 필요성

녹색산업과 함께 에너지 절감과 환경보호의 한 축인 녹색소비, 녹색생활이 핵심 트렌드로 부각되어 소비자의 적절한 대응방안이 절실히 요구되고 있다. 녹색생활은 협의로는 자원의 낭비 및 과소비를 줄이는 것이며, 광의로는 자연친화적이며 여유로운 삶을 추구하는 것을 포함한다. 소득의 증가와 경제의 지속적인 고성장세를 유지하기 위해서 그동안 가정과 상업부문의 에너지 사용과 온실가스 배출량은 지속적으로 증가하였는데, 이제부터는 변화가 필요한 시점이다(이정일 외 6인, 2009).

이에 따라 가정, 소비, 생활, 교통, 생산 및 유통, 나아가 사이버생활에 이르기까지 다양한 분야에서 녹색생활의 실천이 모색되어져야 하는데, 녹색생활은 현재의 라이프스타일의 변화뿐 아니라 미래 세대를 배려한 삶과 소비패턴까지 변화하는 것을 포함하는 의미이다. 녹색생활은 기존의 생활패턴을 변경해야 하므로 이로 인해 불편함을 감수해야 하거나 비용이 수반되는 것으로 선택적 소비의 성격을 지닌다.

녹색생활의 유형은 표 13-1에 제시된 바와 같이 추가적 투자유형에 따라 소극형과 적극형으로 구분될 수 있고, 참여자의 규모에 따라 개별형과 동참형으로 구분될 수 있다. 소극형 녹색생활은 현재의 소비패턴에 대한 많은 투자가 이루어지지 않고 추진될 수 있는 방식이며 적극적 녹색생활은 많은 투자가 동반되는 것으로 신재생에너지 이용 확대, 에너지 고효율 제품 구매, 나무심기 등 탄소흡수원 확대 등이 이용된다.

개별형 녹색생활은 개개인의 삶의 형태를 녹색생활로 전환하는 것으로 정부는 이를 효율적으로 추진하기 위해 각종 인센티브 혹은 제재의 방식을 취하고 있다. 대표

표 13-1 녹색생활 참여의 유형과 내용

유 형	내 용
소극형 녹색참여생활	적정 실내온도 유지, 플러그 뽑기, 걷기 생활화, 쿨맵시 확대, 점심시간에 냉난방 끄기, 에너지관리표준과 절약목표설정, 자동차 경제속도(60~80km) 준수, 공회전 금지, 과적 방지, 반찬 적정량 제공, 1회용품 사용 자제 등
적극형 녹색참여생활	신재생에너지 이용확대, 고효율 가전제품 사용, LED 등 고효율조명기기 이용 확대, 그린홈 이용 확대, 냉난방 기기 교체, 열병합 발전기 이용확대, 그린카 이용 확대, 자전거 이용, 바이오 에너지 이용 확대, 나무심기 등 탄소흡수원 확대 등

> **탄소캐쉬백**
>
> • 추진목적: 국민들의 기후변화 대응에 대한 인식제고와 에너지 고효율, 온실가스 저배출 제품으로의 자발적인 소비행태 전환을 유도하고 기후변화에 대한 전국민 공감대 형성
>
> • 탄소캐쉬백 개요: 소비자가 저탄소제품(고효율제품, 대기전력 저감 우수제품 등)의 구매 또는 저탄소 실천 매장을 이용할 경우, 인센티브로 판매액의 일정비율을 탄소캐쉬백 포인트로 적립, 소비자는 적립된 포인트를 대중교통 이용, 제품 재구매 등에 활용
>
> 탄소 캐쉬백(carbon cashbag)의 이용 흐름도
>
> 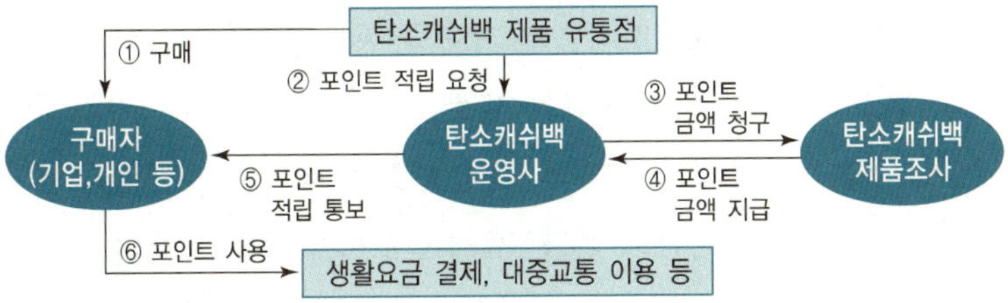
>

적인 인센티브로는 탄소마일리지제도, 탄소캐쉬백제도 등이 있으며, 하이브리드카 구매 보조, 고효율제품 설치 보조 등이 있다. 제재형방식에는 에너지 및 탄소 배출량에 따른 에너지세 혹은 탄소세를 부과하거나 혼잡통행료 부과 등이 있다.

동참형 녹색생활은 국민 다수 혹은 전체가 공동으로 참여하는 것으로 정부는 이를 위해 사회시스템 변경 등의 방식을 취할 수 있다. 동참형 녹색생활로 음식물쓰레기 분리수거, 쓰레기 종량제, 자동차 요일제, 우측통행 등이 시행되고 있다.

현재에도 다양한 프로그램들이 시행되고 있지만 온실가스가 만족스러운 수준으로 감축되지 않을 경우 현재의 프로그램들을 강화하거나 새로운 수준의 강도 높은 프로그램들이 등장하여 소비자 참여를 강제함으로써 우리 생활에 영향을 줄 가능성도 상당하다 하겠다.

5) 소득수준의 향상

과학과 기술이 발전하고 그에 따라 인간생활에 유용한 기기들이 생산·판매된다 해도 소비자들의 구매력은 소비생활에 의한 삶의 질을 좌우하는 핵심적인 요소이다. 소비자의 구매력은 개인의 소득 수준에 의해서 크게 영향을 받게 된다. 소득의

증가는 필수적으로 소비지출을 증가시키고, 특히 삶의 질 향상을 위한 라이프스타일의 변화에 따른 수요증대 등을 포함 소비의 고급화를 가져온다.

진보를 계량할 때 경제 자료에 깊이 의존하기에, 1950년 이래로 세계경제가 거의 10배 성장했고, 그에 따른 생활수준의 향상을 우리 현대 문명의 더없는 성취라고 본다. 이 기간에 세계의 1인당 소득은 거의 4배 증가하여, 과거에 상상도 못할 차원으로 생활수준을 높였다. 한 세기 전에는 세계경제의 연간 성장률이 수십억 달러 수준에 불과했지만, 오늘날에는 조 단위로 측정되고 있다.

주류 경제학자가 보기에 세계경제는 과거도 눈부실 뿐 아니라 미래도 전망이 밝다. 주류 경제학자들은 2008~2009년의 세계 경기 후퇴와 국제 금융 체제가 거의 붕괴에 이른 사건이 유달리 크긴 하지만 길게 보았을 때 일시적인 흔들림이며, 다시 평소의 성장으로 돌아갈 것이라고 본다. 세계은행이든 골드먼삭스든 도이치뱅크든 간에 경제 성장을 예측하는 기관들은 세계경제가 연간 약 3%씩 팽창한다고 말하는데, 이 속도라면 2035년이면 세계경제는 2010년 규모의 두 배가 될 것이다. 이 예측에 따르면, 앞으로 수십 년 동안의 경제 성장은 최근 수십 년 동안의 성장을 다소 확대 추정하면 된다는 의미이다.

우리나라도 예외일 수는 없는데, 지난 50년 동안, 한국의 1인당 GDP는 1960년 79달러에서 2010년 2만 달러로 200배 이상 성장하였다. 게다가 소득(경제)의 증가는 의식수준의 향상을 가져옴으로써 소비패턴에 영향을 주게 된다. 의식수준은 소득수준에 따라 발달하며, 1단계 '우리' 중심의 공동체의식(3,000달러 미만) → 2단계 '나' 중심의 자아의식(3,000달러 이상) → 3단계 '너' 중심의 사회의식(1만 달러 이상) → 4단계 '약자' 중심의 배려의식(3만 달러 이상)으로 발전한다. 즉, 소득의 변화에 따라 사회의 모습이나 의식 그리고 놀이문화 등이 달라지게 된다. 예를 들어, 레저 문화의 경우, 소득수준에 따라 볼링 → 골프 → 요트 → 우주여행으로 변화할 것이며, 우리나라의 경우 이미 미세하나마 골프에서 요트로 이동하고 있다. 한국의 골프회원권은 2008년 4월을 정점으로 대세 하락기에 접어들었다. 한국의 소득수준이 3만 달러 대의 선진국이 되었을 때 한국의 골프회원권 가격이 미국과 일본보다 비쌀 이유가 없다. 왜냐하면 소득 향상에 따라 레저도 변하기 때문이다. 한국에서 1만 달러 미만 시절 인기 레저였던 볼링은 골프에 그 지위를 넘겨주고 쇠락의 길을 걸었듯이 3만 달러 시대에는 골프가 요트에게 그 자리를 넘겨줄 것이다.

의식 수준도 소득의 향상될수록 상승곡선을 그리게 되어 점차 왕따, 촌지, 부정부패 등 불합리한 구조를 벗어나게 된다. 또한 교육 수준이 높아지고 독서문화나 출판사업 등도 성장하게 될 것이다(김영찬, 2010).

게다가 김영찬(2010)은 고소득 사회가 될수록 어린이·노약자·동물 등 우리 주변의 약자에 대한 배려심이 높아질 것이다고 하였다. 약자를 먼저 생각하는 세상에 어필하는 제품과 서비스에 관심이 증대된다는 것이다. 예를 들어, 놀이공원에서 '사람과 눈이 마주치면 싫어하는 동물의 특성'을 배려하여 동물을 보호하기 위한 동물관람 안경처럼, 이미 가족의 일원으로 대접받는 애완동물을 위한 또는 주인과 애완동물이 함께 즐길 수 있는 놀이기구나 콘텐츠 등도 그중 하나가 될 수 있다는 것이다.

6) 금융환경의 변화

오늘날 금융자유화, 금융통합화, 금융증권화, 금융디지털화 등으로 특징지워지는 국제 금융환경의 변화 속에서 우리나라도 수많은 제도적 개혁 및 개방을 해왔고, 앞으로도 국제 금융환경은 지속적으로 우리나라 소비자의 생활에 직간접으로 영향을 주게 될 것이다.

게다가 국내 금융환경 측면에서 살펴보면 지속적인 저금리와 인플레이션, 부동산시장의 불확실성, 고용형태의 변화, 금융상품의 다양화와 금융상품 구조의 복잡화 등이 진행되고, 가계 내적인 측면에서는 평균 수명의 증가 또는 가구주 및 배우자의 조기사망 및 질병, 사고위험성의 증대, 핵가족화, 자녀 수의 급감, 가계부채의 증가, 소비성향의 증가 등에 기인한 다양한 가계 불안정성의 확대로 인해 생활의 급변을 예고하고 있다.

이미 지속적인 저금리로 미래의 소비를 위한 저축보다는 미래의 소득을 앞당겨 쓰는 형태의 소비가 증가하게 되었다. 또한 금융시장의 불안정과 변동은 소비자로 하여금 고수익보다는 안전성을 더욱 고려하게 하는 요인이 되어 소비자의 재무 관련 행동에 많은 영향을 미치게 되었다. 즉 현재 진행되고 있는 금융환경의 변화는 미래 소비자의 여러 행동과 생활에 다양한 방식으로 영향을 미치게 될 것이다.

특히 앞서 언급한 IT 컨버전스의 확대로 개인소비자의 자산과 소비를 통합, 관리하는 자동화된 프라이빗뱅킹 서비스가 구현될 것인데 소비자가 이용하는 은행, 카드, 증권 등 다양한 금융기관의 개인계좌를 통합, 관리하여 자산 및 소비내역을 유무선으로 실시한 파악하고 투자 및 소비계획을 지원하는 환경도 가까운 시일 안에 구축될 것이다. 그러나 이를 위해서는 대다수의 금융기관들이 정보 공유에 참여하도록 유도하는 것이 선결조건이다.

2 소비자

이제는 소비자측면에서의 변화 양상을 살펴보는데, 이는 슈퍼 컨슈머의 등장, 소비자 안전의식증가와 디지털환경에서의 안전욕구 증가, 로하스족의 확대, 윤리적 소비자 증가 등으로 요약할 수 있다.

1) 슈퍼 컨슈머 등장

디지털 기술과 인터넷 발달은 소비자가 거래의 주도권을 가질 수 있게 하였는데, 그동안 정보의 약자로서 기업에 끌려 다녔던 소비자가 서로 연결 되어 정보를 공유하면서 정보력이 증가되었다. 최근 소비자가 원하는 가격을 부르고 기업이 이에 응하는 인터넷 역경매 사이트 등이 생겼는데 항공권, 호텔 숙박권, 렌트카, 장거리 전화서비스 등 상품이 소비자주도형 거래의 형태를 띤다(이은영 외, 2007).

또한 상품과 거래에 관한 정보를 독점하여 우위를 누렸던 기업의 정보 독점구조가 붕괴되고 있으며 소비자들이 연결되어 서로 뭉치면서 기업에 대항하는 힘을 가지게 되었다. 디지털 환경은 소비자의 발언권을 강화하여 소비자는 자신이 원하는 제품이나 서비스를 요구할 수 있게 되었고, 소비자가 보다 능동적으로 불만이나 요구사항을 기업에 제시한다. 또한 디지털 환경은 소비자의 선택권을 강화한다. 다양한 제품을 비교할 수 있는 인터넷 사이트, 제품에 대한 사용후기를 올리는 사이트 등을 통해 다양하고 풍부한 정보를 접근할 수 있어 정보의 불균형이 사리지고 있다.

디지털 시대의 소비자는 과거의 수동적 소비자에서 벗어나 적극적으로 정보탐색을 하고 제품을 평가하는 소비자로서 인터넷을 통해 얻을 수 있는 정보로 다른 소비자와 연대하고 집단행동을 하며 기업에 막강한 영향력을 행사하는 슈퍼 컨슈머가 등장한 것이며, 슈퍼 컨슈머는 지속적으로 확대될 전망이다.

2) 소비자 안전의식 증가와 디지털 환경에서의 소비자안전

복잡한 IT기술을 통한 디지털 제품과 서비스 생산과 판매 그리고 외국상품의 국내 유입으로 소비생활이 편리하고 풍부해졌으나 안전성이 확인되지 않은 신기술과 신제품, 각종 불법, 불량상품이 나타나고 있다. 이로 인해 위해 및 안전성에 관한 소비자들의 의식이 높아지고 있다.

소비자의 안전할 권리는 모든 소비자가 신체 생명상의 위해를 받지 않고 안전한 소비생활을 영위할 권리를 말하며, 이는 인간으로서 가지는 기본적인 욕구이며 또한 소비자의 기본권이다. 최근 제품의 고도화 및 불명확한 유통과정 등으로 소비자들은 소비생활에 대한 안전의 욕구가 더욱 증대되고 있다. 식품, 의약품, 차량, 전기용품, 시설물 등 그 외 기타소비물품에 대하여 예기치 못한 상해나 사망사고로부터 안전을 확보하고자 하는 성향이 확대되고 있다.

소비자 대상 소비자안전의식실태조사(소비자원, 2007)에서 상품 구입 시 가장 중요하게 고려하는 사항에 대하여 질문한 결과, 식품, 유아·아동용품, 의약품, 화장품, 스포츠, 레저용품 자동차 등 대부분이 안전성을 최우선적으로 고려한다고 응답하였다. 1998년 동일조사에서 의약품, 화장품은 구입 시 성능과 효능을 가장 중요하게 고려한다는 조사와 비교할 때 모든 제품에서 소비자는 안전성을 고려하는 비중이 증가되고 있음을 알 수 있다.

한편 인터넷과 정보통신기술의 발달은 인간의 생활환경에 광범위한 영향력을 행사하고 있는데, 이러한 변화는 금융산업 분야에서도 영향을 주어 전자지급거래, 전자증권거래, 전자보험거래 등 다양한 형태의 전자금융거래가 나타나고, 우리의 일상생활 속에서 활성화되고 있다. 그러나 비대면 거래를 기반으로 하는 전자금융거래는 비대면 거래를 기반으로 하여 금융거래를 하여 이용자 본인의 확인이나 거래의 진정성 확인이 상대적으로 어려워지고 있다. 본인 확인 절차가 너무 간소하거나 본인의 동의 없이 제3자가 무단으로 결제하는 경우 소비자피해가 발생하는데, 최근 잇따른 개인정보 대거 유출 사고로 인해 소비자들의 피해가 급증하고 있어 이에 대한 보안문제가 해결되어져야 할 필요성이 커지고 있고 이런 필요성은 추후 더욱 커질 것이다. 이처럼 전자적 장치를 통하여 거래는 전자적 위조 및 변조, 해킹 등의 경우 그 원인 파악이나 책임규명이 어렵고, 그로 인하여 발생한 손실에 대한 책임을 누구에게 부담시켜야 하는지에 대하여 분쟁이 발생할 소지가 많다.

3) 로하스(LOHAS)족의 확대

WHO는 건강의 정의를 '건강이란 질병이 없거나 허약하지 않는 것만 말하는 것이 아니라 신체적, 정신적, 사회적으로 안녕한 상태' 라고 의미를 밝히고 있다. 현대사회로 접어들면서 소비자들은 건강 관심도가 높아졌으며 건강을 매우 가치 있게 여기는 경향이 증대하고 있고. 그 경향은 연령대가 높아질수록 더욱 강해지는 것으로 나타난다. 최근 로하스(Lifestyle of Health and Sustainability, LOHAS)족이 점점 많아지고 있는데, 로하스는 웰빙(well-being)의 트렌드와 지속가능성을 강조한 개념으로 자신과 가족 그리고 미래의 후손까지도 건강한 삶을 위해 지속가능한 라이프스타일을 살아가는 것으로 의미한다. 로하스의 대표적인 활동으로는 장바구니 사용, 천으로 만든 기저귀나 생리대 사용, 일회용품 사용 줄이기, 프린터의 카트리지 재활용 등이 있다.

로하스의 개념은 환경과 미래에도 지속이 가능한 발전을 고려하는 '사회적 웰빙' 이라는 점에서 개인을 중심으로 잘 먹고 잘 살기를 추구하는 웰빙과 차이가 있다. 예를 들어 가족의 건강을 위하여 집안의 벽지를 친환경 소재로 바꾸는 것은 웰빙이다. 그러나 벽지의 원료가 재생이 가능한 것인지, 폐기할 때 환경 파괴 성분이 나오지 않는지 등을 따지는 것은 로하스이다.

4) 윤리적 소비자 증가

지금 이미 가격과 품질 뿐만 아니라 윤리와 나눔, 환경보호 등을 추구하는 '착한 소비', '윤리적 소비' 가 소비트렌드로 부상하고 있다. 윤리적 소비는 소비자의 구매가 또 다른 기부로 연결되어 소비자로 하여금 현명한 소비를 할 수 있도록 하며, 기업은 판매와 동시에 사회공헌에 동참하는 효과를 볼 수 있는 기능하는데 윤리적 소비는 소비자의 개별적·도덕적 신념에 따라 사회적 책임을 실천하는 소비행동으로 정의할 수 있다(홍연금·송인숙, 2010). 여기서 사회적 책임이란 경제적 책임, 법적 책임, 지속가능한 소비의 책임, 동시대 인류를 위한 책임이 포함된다. 표 13-2는 사회적 책임범위에 따른 윤리적 소비실천 행동의 예를 나타내고 있다.

표 13-2 사회적 책임 범위에 따른 윤리적 소비실천 행동

사회적 책임범위	윤리적 소비실천 영역
경제적 책임	경제주체로서 가져야 하는 기본적인 경제윤리 의식을 통한 합리적 소비행동
법적 책임	계약이행의 의무, 법적 소비자책임, 불법적 소비행동금지 등
지속가능한 소비에 대한 책임	환경친화적 소비(환경친화적 제품구매, 재활용, 중고제품 이용, 쓰레기 분리수거, 쓰레기 줄이기), 소비절제, 자발적 간소화
동시대 인류를 위한 책임	공정무역, 로컬구매, 공동체 화폐운동, 공정여행, 나눔·기부

출처: 홍연금·송인숙(2010). 윤리적 소비에 대한 개념 논의와 실천영역 연구. 소비자정책교육연구.

참고문헌

강성욱·김재윤(2007). **유헬스(u-Health)의 경제적 효과와 성장전략**. Issue Paper. 삼성경제연구소.

강현정·이범일(2008). **모바일 웹 2.0시대의 시장변화와 전망**. SERI Issue Paper.

김영찬(2010). **왜 소득이 미래를 결정하는가**. 황금고래.

민승규·강희찬(2007). **기후변화에 어떻게 대응할 것인가?**. 삼성경제연구소.

Seri 영상보고서(2010). **미래산업과 만나는 세 가지 키워드**. 삼성경제연구소.

손민신(2010). **스마트 시대의 스마트 경영**. LG Business Insight.

이성호·복득규(2009). **IT 컨버전스의 진화**. SERI 경제포커스.

이은영 외(2007). **커스터머 인사이드**. 삼성경제연구소.

이정일 외 6인(2009). **삶과 환경을 바꾸는 녹색생활**. Issue Paper. 삼성경제연구소.

이창용(2010). **스마크 그리드와 신사업 기회**. SERI 경영노트.

조용수·정재영(2010). **LGERI의 미래생각(5): 웹 2.0+시대의 성공조건**. LG Business Insight.

홍연금·송인숙(2010). **윤리적 소비에 대한 개념 논의와 실천영역 연구**. 소비자정책교육연구.

Baya, V. & Gauntt, J.D.P(2006). *The Rise of Lifestyle Media: Achieving Success in the Digital Convergence Era*. Price Waterhouse Coopers.

그린스타트(http://www.greenstart.kr)

찾아보기

ㅂ

ㅅ

ㅇ

저자 소개

김기옥

연세대학교 주생활학과 졸업

미국 Univ. of Illinois at Urbana-Champaigh 소비자경제학(박사)

현재 성균관대학교 소비자가족학과 교수

주요논문 및 저서

에센셜 연구방법/에센셜 통계분석(2012)

소비자복지, 어떻게 측정할 것인가?(2011)

소비자정보론: 디지털사회와 소비자(2011)

소비욕구 측정을 위한 척도개발(2008)

가계경제분석(2003)

허경옥

이화여자대학교 경제학과 졸업

미국 Univ. of Wisconsin-Madison 소비자학 (석사·박사)

현재 성신여자대학교 생활문화소비자학과 교수

주요논문 및 저서

에센셜 연구방법/에센셜 통계분석(2012)

소비자 투자와 자산관리(2012)

소비자상담과 피해구제(2011)

소비자안전(2011)

소비자학의 기초(2010)

새로 쓰는 소비자의사결정(2009)

정순희

이화여자대학교 소비자학과 졸업

미국 Univ. of Illinois at Urbana-Champaigh 소비자경제학(박사)

현재 이화여자대학교 사회과학대학 소비자학과 교수

주요논문 및 저서

탄소성적표시제품의 인지도와 구매행동에 영향을 미치는 요구연구(2011)

그린 소비자의 특성에 관한 질적연구(2010)

노인소비자를 고려한 사용성 모형 개발을 위한 기초연구(2009)

새로 쓰는 소비자의사결정(2009)

소비자재정설계(2003)

김혜선

서울대학교 농가정학과 졸업

서울대학교 농가정학(석사)

미국 Texas A & M 농경제학(박사)

현재 순천대학교 사회과학대학 사회복지학부 소비자학트랙 교수

주요논문 및 저서

소비자법과 정책의 이론과 실제(2011)

소비자정보론(2008)

소비자와 시장경제(2003)

소비자교육의 이해(2002)

가계재무관리(1998)

시장경제와 소비자

MARKET ECONOMY AND CONSUMER

2012년 3월 26일 초판 발행 | 2014년 8월 13일 2쇄 발행

지은이 김기옥 · 정순희 · 허경옥 · 김혜선 | **펴낸이** 류제동 | **펴낸곳** (주)교문사

전무이사 양계성 | **책임편집** 성혜진 | **본문디자인** 에바다에딧 | **표지디자인** 이혜진
제작 김선형 | **영업** 이진석 · 정용섭 · 송기윤

출력 현대미디어 | **인쇄** 동화인쇄 | **제본** 한진제본

우편번호 413-756 | **주소** 경기도 파주시 교하읍 문발리 출판문화정보산업단지 536-2
전화 031-955-6111(代) | **팩스** 031-955-0955
등록 1960. 10. 28. 제406-2006-000035호

홈페이지 www.kyomunsa.co.kr | **E-mail** webmaster@kyomunsa.co.kr

ISBN 978-89-363-1249-7 (93590) | **값 20,000원**

* 잘못된 책은 바꿔 드립니다.